HANS-ULRICH KARPEN

Die Verweisung
als Mittel der Gesetzgebungstechnik

NEUE KÖLNER RECHTSWISSENSCHAFTLICHE ABHANDLUNGEN

HERAUSGEGEBEN VON
DER RECHTSWISSENSCHAFTLICHEN FAKULTÄT
DER UNIVERSITÄT ZU KÖLN

HEFT 64

Berlin 1970

WALTER DE GRUYTER & CO.

vormals G. J. Göschen'sche Verlagshandlung · J. Guttentag, Verlagsbuchhandlung
Georg Reimer · Karl J. Trübner · Veit & Comp.

Die Verweisung als Mittel der Gesetzgebungstechnik

Hans-Ulrich Karpen

Berlin 1970

WALTER DE GRUYTER & CO.

vormals G. J. Göschen'sche Verlagshandlung · J. Guttentag, Verlagsbuchhandlung
Georg Reimer · Karl J. Trübner · Veit & Comp.

Archiv-Nr. 27 08 701

Satz und Druck: Max Schönherr, Berlin 65

INHALT

EINLEITUNG

A. ERSTER TEIL

FORMENLEHRE

B. ZWEITER TEIL

VERWEISUNG UND VERFASSUNG

ZUSAMMENFASSUNG

LEITSÄTZE

LITERATUR

Anschütz, Gerhard — Die Verfassung des Deutschen Reiches, Kommentar, 14. Aufl. 1933.

Apelt, Willibalt — Die Gesetzgebungstechnik, Schriftenreihe der Hochschule für politische Wissenschaften München, Heft 5, München 1951.

Arndt, Adolf — Umwelt und Recht (Zu den Einsatzgruppenprozessen), NJW 1964, S. 486.

— Private Betriebs-„Justiz"?, NJW 1965, S. 26.

Aymans, Winfried — Das gesetzestechnische Mittel des Verweises, Archiv für Katholisches Kirchenrecht, Bd. 133 (1964), S. 293.

Bachof, Otto — Begriff und Wesen des sozialen Rechtsstaats in verwaltungsrechtlicher Sicht, VVDStRL Heft 12, S. 37.

— Teilrechtsfähige Verbände des öffentlichen Rechts, AöR Bd. 83, S. 208.

— Verfassungsrecht, Verwaltungsrecht, Verfahrensrecht in der Rechtsprechung des Bundesverwaltungsgerichts, Bd. 1, Tübingen 1963; Bd. 2, Tübingen 1967.

Barbey, Günther — Rechtsübertragung und Delegation. Eine Auseinandersetzung mit der Delegationslehre Heinrich Triepels, Diss. Münster 1962.

Baumbach, Adolf — *Duden*, Konrad — Handelsgesetzbuch, Kommentar, 17. Aufl. München und Berlin 1966.

Baur, Fritz — Betriebsjustiz, JZ 1965, S. 163.

Bayer, Herm.-Wilfried — Die Bundestreue, Tübingen 1961.

Becker, Peter — Juristendeutsch in der Gesetzessprache, NJW 1967, S. 917.

Beling, Ernst — Methodik der Gesetzgebung, insbesondere der Strafgesetzgebung, Berlin 1922.

Berber, Friedrich — Lehrbuch des Völkerrechts, Bd. 1–3, München und Berlin 1960—1964.

Bettermann, Karl-Aug. — Die „Kleine Mietpreisreform" und ihre Rechtsgültigkeit, JZ 1952, S. 65.

— Zur Verfassungsbeschwerde gegen Gesetze und zum Rechtsschutz des Bürgers gegen Rechtssetzungsakte der öffentlichen Gewalt, AöR Bd. 86, S. 129.

— Der Schutz der Grundrechte in der ordentlichen Gerichtsbarkeit, in: Die Grundrechte, 3. Bd., 2. Halbbd., Berlin 1959, S. 779.

Bierling, Ernst-Rudolf Juristische Prinzipienlehre, Bd. 1–4, Tübingen 1894—1911.

Binding, Karl Die Normen und ihre Übertretung, 1. Bd., 3. Aufl. Leipzig 1916.

Böckenförde, Ernst-Wolfgang Gesetz und gesetzgebende Gewalt, Berlin 1958.

— Die Organisationsgewalt im Bereich der Regierung, Berlin 1964.

Boehmer, Gustav Einführung in das bürgerliche Recht, 2. Aufl. Tübingen 1965.

Bullinger, Martin Die Unterermächtigung zur Rechtsetzung, ungedruckte Tübinger Diss. 1955.

— Die Selbstermächtigung zum Erlaß von Rechtsvorschriften, Heidelberg 1958.

— Der überregionale Verwaltungsakt, JuS 1964, S. 228.

Canaris, Claus-Wilhelm Die Feststellung von Lücken im Gesetz, Berlin 1964.

Conradi, Brigitte Die Mitwirkung außerstaatlicher Stellen beim Erlaß von Rechtsverordnungen, Diss. Heidelberg 1962.

Cronau, Günter Der Haushaltsplan als Ermächtigungsgrundlage für die sozialgestaltende Verwaltung, Diss. Münster 1962.

Dietz, Rolf Betriebsverfassungsgesetz, Kommentar, 4. Aufl. München und Berlin 1967.

Draht, Martin Die Gewaltenteilung im heutigen Deutschen Staatsrecht, in: Faktoren der Machtbildung, Schriften des Instituts für politische Wissenschaften, Bd. 2, Berlin 1952.

Dreher, Eduard Was ist Strafrecht i. S. des Art. 74 GG? NJW 1952, S. 1282.

Drews, Bill — *Wacke*, Gerhard Allgemeines Polizeirecht, 7. Aufl. Berlin und Köln 1961.

Dyroff, Anton Rechtssatzung und Gesetz, Annalen des Deutschen Reichs 1889, S. 817.

Dürig, Günter Urteilsanmerkung zu OLG Düsseldorf, NJW 1961, S. 1831, NJW 1961, S. 1831.

Eiser - Riederer - Sieder Energiewirtschaftsgesetz, Kommentar, Loseblatt München 1961 f.

Engisch, Karl Die Einheit der Rechtsordnung, Heidelberg 1935.

Enneccerus, Ludwig — *Nipperdey*, Hans-Carl	Allgemeiner Teil des Bürgerlichen Rechts, 15. Aufl. Tübingen 1959, 1960.
Erman, Walter (Hrsg.)	Handkommentar zum Bürgerlichen Gesetzbuch, 4. Aufl. Münster 1967.
Ermacora, Felix	Der verfassungsrechtliche Gesetzesvorbehalt, DÖV 1960, S. 561.
Eschenburg, Theodor	Die Herrschaft der Verbände, Stuttgart 1955.
Esser, Josef	Wert und Bedeutung der Rechtsfiktionen, Frankfurt/Main 1940.
Evers, Hans-Ulrich	Verbände — Verwaltung — Verfassung, Der Staat, Bd. 3 (1964), S. 41.
Eyermann, Erich - *Fröhler*, Ludwig	Verwaltungsgerichtsordnung, Kommentar, 4. Aufl. München und Berlin 1965.
Fischbach, Oskar Georg	Bundesbeamtengesetz, 3. Aufl. Köln und Berlin 1964.
Fitting - Kraegeloh - Auffarth	Betriebsverfassungsgesetz, Handkommentar, 7. Aufl. Berlin und Frankfurt/M. 1966.
Fleiner, Fritz	Institutionen des Deutschen Verwaltungsrechts, 8. Aufl. Tübingen 1928.
Frey	Tarifvertragliche Verweisung auf andere, künftige Tarifverträge, Arbeit und Recht 1958, S. 306.
Friesenhahn, Ernst	Parlament und Regierung im modernen Staat, VVDStRL Heft 16, S. 9 (zit.: aaO).
—	Gutachtliche Stellungnahme zu den beim Bundesverfassungsgericht anhängigen Verfahren, die die Gewährung von Zuschüssen aus dem Bundeshaushaltsplan an die politischen Parteien zum Gegenstand haben. (unveröff.) 1966.
Forsthoff, Ernst	Montesquieus Esprit des Lois, DRZ 1948, S. 405.
—	Begriff und Wesen des sozialen Rechtsstaats, VVDStRL Heft 12, S. 8.
—	Norm und Verwaltungsakt im geltenden und künftigen Baurecht, DVBl 1957, S. 113.
—	Lehrbuch des Verwaltungsrechts Bd. 1, Allgemeiner Teil, 9. Aufl. München und Berlin 1966.
Fuhr, Eberhard	Kommentar zur Gewerbeordnung, Loseblatt, Neuwied und Berlin 1961 f.
Gamillscheg, Franz	Nipperdey und seine Kritiker, JZ 1965, S. 47.
Galperin, Hans - *Siebert*, Wolfgang	Kommentar zum Betriebsverfassungsgesetz, 3. Aufl. Heidelberg 1958.
(ohne Namen)	Geheimwissenschaft (Glosse), NJW 1956, S. 1307.

Geib, Ekkehard — Schleswig-Holsteinisches Landesbeamtenrecht, Kommentar des Landesbeamtengesetzes, Stuttgart 1956.

Geller – Kleinrahm – Fleck — Die Verfassung des Landes Nordrhein-Westfalen, Göttingen 1963.

Giacometti, Zaccaria — Verordnungsrecht und Gesetzesdelegation, in: Festgabe der Rechts- und staatswissenschaftlichen Fakultät der Universität Zürich zum Schweizerischen Juristentag 1928, Zürich 1928, S. 73.

— Allgemeine Lehren des rechtsstaatlichen Verwaltungsrechts, Zürich 1960.

von Gierke, Julius — Handelsrecht und Schiffahrtsrecht, 8. Aufl. Berlin 1958.

Giese, Friedrich — Der Zeitpunkt der „Verkündung" eines Gesetzes durch „Ausgabe" des Gesetzblattes, DÖV 1953, S. 45.

— Verkündung und Gesetzeskraft, AöR Bd. 76, S. 464.

Göhler – Buddendiek – Lenzen — Lexikon des Nebenstrafrechtes, München und Berlin 1963.

Götz, Volkmar — Recht der Wirtschaftssubventionen, München und Berlin 1966.

Graf, Albert — Hat der Landtag des Landes Nordrhein-Westfalen oder einer seiner Ausschüsse das Recht, die Erläuterungen des Haushaltsplanes (die rechte Seite des Etats) mit die Landesregierung bindender Wirkung zu ändern?, DVBl 1965, S. 931.

Grawert, Rolf — Verwaltungsabkommen zwischen Bund und Ländern in der Bundesrepublik Deutschland, Berlin 1967.

Gumpert, Jobst — Anmerkungen zu den Urteilen des Arbeitsgerichtes Wilhelmshaven vom 25. 6. 1956 und des BAG vom 27. 7. 1956, BB 1956, S. 959 und 996.

— Bezugnahmen auf Tarifverträge in Arbeitsverträgen und Tarifverträgen, BB 1961, S. 1277.

Gutherz — Beiträge zu einem System der Gesetzestechnik, Schweizerische Zeitschrift für Strafrecht, 1907, S. 346.

Haas, Dieter — Stellungnahme zu Quaritsch: „Das parlamentslose Parlamentsgesetz", in: Quaritsch a.a.O., S. 46–56.

Häberle, Peter — Unmittelbare staatliche Parteienfinanzierung unter dem Grundgesetz, JuS 1967, S. 64.

Häuber, Hagen — Das Rechtsverordnungsrecht nach Art. 80 GG, Diss. Heidelberg 1959.

Hallier, Hans-Joachim — Die Ausfertigung und Verkündung von Gesetzen und Verordnungen in der Bundesrepublik Deutschland, AöR Bd. 85, S. 391.

Hamann, Andreas	Das Grundgesetz für die Bundesrepublik Deutschland vom 23. Mai 1949, Kommentar, 2. Aufl. Neuwied und Berlin 1961.
—	Grundgesetz und Strafgesetzgebung, Neuwied und Berlin 1963 (zit.: a.a.O.).
Handbuch des Deutschen Staatsrechts	Hrsg. von Gerhard Anschütz und Richard Thoma, Bd. I u. II, Tübingen 1930, 1932.
Harbich, Jürgen	Der Bundesstaat und seine Unantastbarkeit, Berlin 1965.
Haueisen, Fritz	Ausschlußfristen in Rechtsverordnungen — ausreichende Ermächtigung, NJW 1963, S. 1438.
Heckel, Johannes	Wehrrecht und Wehrmachtbeamtentum, Die Heeresverwaltung Bd. 6 (1941), S. 58.
—	Buchbesprechung von E. R. Huber: „Verfassungsrecht des Großdeutschen Reiches", Krit. Vierteljahresschrift für Gesetzgebung und Rechtswissenschaft, NF Bd. 31 (1941), S. 245.
Hedemann, Justus Wilh.	Einführung in die Rechtswissenschaft, 2. Aufl. Berlin und Leipzig 1927.
—	Die Flucht in die Generalklauseln, Tübingen 1933.
—	Wesen und Wandel der Gesetzgebungstechnik, in: Festschrift für Walter Schmidt-Rimpler, Karlsruhe 1957, S. 23
Helfritz, Hans	Allgemeines Staatsrecht, 5. Aufl. 1949.
Hellbach	Gesetzgebungstechnik, DJZ 1926, S. 802.
Henrichs, Wilhelm	Anmerkung zu BVerwGE 17, 192, DVBl 1964, 150.
Hereth, Franz	Buchbesprechung von Mang-Simon: Bayerische Bauordnung, Kommentar, München 1962 f., NJW 1963, S. 1489.
Herschel, Wilhelm	Verweisungen in Tarifverträgen und Betriebsvereinbarungen, BB 1963, S. 1220.
Herrmann, W.	Ist die VO zur Bekämpfung übertragbarer Krankheiten ein förmliches Gesetz i. S. des Art. 104 I GG?, DVBl 1956, S. 638.
Herzog, Roman	Neue Wege der Normenkontrolle?, BayerVerwBl 1959, S. 276.
—	Gesetzgeber und Verwaltung, VVDStRL Heft 24, S. 183.
—	Zwischenbilanz im Streit um die bundesstaatliche Ordnung, JuS 1967, S. 193 (zit.: a.a.O.).
Hesse, Konrad	Der unitarische Bundesstaat, Karlsruhe 1962.
—	Grundzüge des Verfassungsrechts der Bundesrepublik Deutschland, 2. Aufl. Karlsruhe 1967 (zit.: a.a.O.).

Hollerbach, Alexander — Verträge zwischen Staat und Kirche in der Bundesrepublik Deutschland, Frankfurt/M. 1965.

Horlacher, Hellmut — Ermächtigung der Exekutive zur Neufassung von Gesetzen, DÖV 1956, S. 490.

Huber, Ernst-Rudolf — Verfassungsrecht des Großdeutschen Reiches, 2. Aufl. 1937, 1939.

— Buchbesprechung von Werner Weber: Die Verkündung von Rechtsvorschriften, AöR Bd. 104 (1944), S. 336.

— Wirtschaftsverwaltungsrecht, Bd. 1 und 2, 2. Aufl. Tübingen 1953.

Hueck, Alfred — Anmerkung zu BAG, AR-Blattei, TV IV Entsch. 8, AR-Blattei TV IV Entsch 8 zu 4.

Hueck – *Nipperdey* – *Tophoven* – *Stahlhacke* — Tarifvertragsgesetz, Kommentar, 4. Aufl. München und Berlin 1964.

Hueck, Alfred – *Nipperdey*, Hans C. — Lehrbuch des Arbeitsrechts, Bd. 1 und 2, 6. Aufl. Berlin, Frankfurt/M. 1957, 1959; Bd. 1 u. 2, 1. Hälfte, 7. Aufl. Berlin, Frankfurt/M. 1963, 1966.

van Husen, Paulus — Die Entfesselung der Dritten Gewalt, AöR Bd. 78, S. 49.

Iffland, Hans — Verweisung in Tarifverträgen und Betriebsvereinbarungen, Der Betrieb 1964, S. 1737.

Imboden, Max — Der nichtige Staatsakt, Zürich 1944.

— Montesquieu und die Lehre von der Gewaltentrennung, Berlin 1959.

— Das Gesetz als Garantie rechtsstaatlicher Verwaltung, Basel 1962.

Jacobi, Erwin — Das Verordnungsrecht im Reiche seit dem November 1918, AöR Bd. 39 (1926), S. 273.

Jagmetti, Riccardo — Vollziehungsverordnungen und gesetzvertretende Verordnungen, Aarau o. J.

Jahrreiß, Hermann — Herrschaft nach dem Maß des Menschen, in: Mensch und Staat, Köln und Berlin 1957, S. 3.

— Größe und Not der Gesetzgebung, in: Mensch und Staat, Köln und Berlin 1957, S. 19.

Jansen, G. J. — Der Ablauf des Preisgesetzes zum 30. 6. 1950 wegen Verfassungswidrigkeit der Verlängerungsgesetze, JR 1953, S. 408.

Jellinek, Georg — Gesetz und Verordnung, Freiburg 1887 (Neudruck Aalen 1964).

— System der subjektiven öffentlichen Rechte, 1892.

— Allgemeine Staatslehre, 3. Aufl. 1920, 6. Neudruck, Darmstadt 1959.

Jellinek, Walter	Gesetz, Gesetzesanwendung und Zweckmäßigkeitserwägung, Tübingen 1913 (zit.: a.a.O.).
—	Verwaltungsrecht, 3. Aufl. (Nachdruck) Offenburg 1948.
Jesch, Dietrich	Unbestimmter Rechtsbegriff und Ermessen in rechtstheoretischer und verfassungsrechtlicher Sicht, AöR Bd. 82, S. 163.
—	Zulässigkeit gesetzesvertretender Verwaltungsverordnungen?, AöR Bd. 84, S. 74.
—	Gesetz und Verwaltung, 2. Aufl. Tübingen 1968, (zit.: a.a.O.).
von Ihering, Rudolf	Geist des römischen Rechts auf den verschiedenen Stufen seiner Entwicklung, 2. Teil, 2. Abtlg., 4. Aufl. 1883, 8. Aufl. (Nachdruck) Basel o. J.
Kääb, Artur – *Rösch,* Walter	Bayerisches Landesstraf- und Verordnungsgesetz, Kommentar, München 1958.
Kaiser, Joseph H.	Die Repräsentation organisierter Interessen, Berlin 1956.
Kaskel, Walter – *Dersch,* Herrmann	Arbeitsrecht, 5. Aufl. Berlin 1957.
Kastner, Oswald	Zur Gesetzestechnik des Allgemeinen Bürgerlichen Gesetzbuches, in: Festschrift zur Jahrhundertfeier des Allgemeinen Bürgerlichen Gesetzbuches am 1. Juni 1911, Wien 1911, S. 533.
Katzenstein, Dietrich	Rechtliche Erscheinungsformen der Machtverschiebung zwischen Bund und Ländern seit 1949, DÖV 1958, S. 593.
Kelsen, Hans	Das Problem der Souveränität und die Theorie des Völkerrechts, Tübingen 1920.
—	Hauptprobleme der Staatsrechtslehre, Tübingen 1923.
—	Allgemeine Staatslehre, Berlin 1925, Nachdruck Bad Homburg 1966.
—	Reine Rechtslehre, 2. Aufl. Wien 1960.
Kern, Ernst	Bundestag und Bundesregierung, MDR 1950, S. 655.
Kienapfel, Diethelm	Betriebskriminalität, JZ 1965, S. 599.
Kipp, Heinrich	Entstehung, Aufgaben und Rechtsstellung von Hilfseinrichtungen von Regierung und Parlament, DÖV 1957, S. 513.
Kistner, Peter	Die Freiheitsentziehung auf Grund von Verordnungsrecht (Zur Verfassungsmäßigkeit des § 71 STVZO), DRiZ 1962, S. 118.
Klein, Friedrich	Bonner Grundgesetz und Rechtsstaat, ZgesStW Bd. 106 (1950), S. 370.

— Verfassungsrechtliche Grenzen der Gemeinschaftsaufgaben, in: Gemeinschaftsaufgaben zwischen Bund, Ländern und Gemeinden, Berlin 1961, S. 125.

Kleinrahm, Kurt — Gesetzgebungshilfsdienst für deutsche Parlamente. Zur Ontologie der gesetzgeberischen Willensbildung, AöR Bd. 76, S. 137.

Klinger, Hans — Verwaltungsgerichtsordnung, Kommentar, 2. Aufl. Göttingen 1964.

Klug, Ulrich — Juristische Logik, 3. Aufl. Berlin 1966.

Kölble, Josef — Verwaltungsabkommen zwischen Bund und Ländern, DÖV 1960, S. 650.

— Gemeinschaftsaufgaben zwischen Bund und Ländern sowie zwischen den Ländern, in: Gemeinschaftsaufgaben zwischen Bund, Ländern und Gemeinden, Berlin 1961, S. 17.

— Gemeinschaftsaufgaben der Länder und ihre Grenzen, NJW 1962, S. 1081.

Köttgen, Arnold — Der Einfluß des Bundes auf die deutsche Verwaltung und die Organisation der bundeseigenen Verwaltung, JöRNF Bd. 3 (1954), S. 67.

— Der soziale Bundesstaat, in: Neue Wege der Fürsorge, Festgabe für H. Muthesius zum 75. Geburtstag, 1960.

Kohler, Josef — Technik der Gesetzgebung, AcP Bd. 96 (1905), S. 345.

Kohlrausch – Lange — Strafgesetzbuch, Kommentar, 39/40. Aufl. Berlin 1950; 43. Aufl. Berlin 1961.

Kommentar zum Bonner Grundgesetz — (Bonner Kommentar), bearbeitet von H. J. Abraham u. a., Hamburg 1950 ff.

Kopp, Hans — Inhalt und Form der Gesetze als ein Problem der Rechtstheorie, Bd. 1 und 2, Zürich 1958.

Krüger, Herbert — Rechtsverordnung und Verwaltungsanweisung, in: Rechtsprobleme in Staat und Kirche, Festgabe für Rudolf Smend, Göttingen 1952, S. 211.

— Rechtsstaatliche Gesetzgebungstechnik, DÖV 1956, S. 550.

— Rechtsetzung und technische Entwicklung, NJW 1966, S. 617.

Krüger, Hildegard — Kritische Bemerkungen zur Gesetzgebungstechnik, DVBl 1956, S. 711.

Küster, Otto — Das Gewaltenproblem im modernen Staat, AöR Bd. 75, S. 397.

Kunschert, Adalbert — Die Ermächtigung zum Erlaß von Rechtsverordnungen im Sinne des Grundgesetzes, Diss. Saarbrücken 1957.

Laband, Paul — Das Staatsrecht des Deutschen Reiches, 5. Aufl. in 4 Bänden, Tübingen 1911—1914.

Lange, Richard — Der Strafgesetzgeber und die Schuldlehre, JZ 1956, S. 73.

— Nur eine Ordnungswidrigkeit?, JZ 1957, S. 223.

Larenz, Karl — Methodenlehre der Rechtswissenschaft, Berlin 1960.

Lechner, Hans - *Hülshoff*, Klaus — Parlament und Regierung, Textsammlung des Verfassungs-, Verfahrens- und Geschäftsordnungsrechtes der obersten Bundesorgane, 2. Aufl. München und Berlin 1958.

Lehmann, Heinrich - *Hübner*, Heinz — Allgemeiner Teil des Bürgerlichen Gesetzbuches, 15. Aufl. Berlin 1966.

Leibholz, Gerhard — Das Wesen der Repräsentation und der Gestaltwandel der Demokratie im 20. Jahrhundert, 3. Aufl. Berlin 1966.

Leibholz - *Rinck*, H. J. — Grundgesetz für die Bundesrepublik Deutschland. Kommentar an Hand der Rechtsprechung des Bundesverfassungsgerichtes, Köln 1966.

Lerche, Peter — Föderalismus als nationales Ordnungsprinzip, VVDStRL Heft 21, S. 66.

Loening, Hellmuth — Der ministerialfreie Raum in der Staatsverwaltung, DVBl 1954, S. 173.

von Mangoldt, Hermann — Das Bonner Grundgesetz, 2. Aufl. Berlin und Frankfurt/M. 1953.

v. Mangoldt, Hermann - *Klein*, Friedrich — Das Bonner Grundgesetz, 2. Aufl. Berlin und Frankfurt/M. 1957 f.

Maunz, Theodor — Anmerkung zum Urteil BVerfG, BayerVerwBl 1966, S. 345; BayerVerwBl 1966, S. 347.

— Deutsches Staatsrecht, 16. Aufl. München und Berlin 1968. (zit.: a.a.O.).

Maunz, Theodor - *Dürig*, Günter — Grundgesetz, Kommentar, München und Berlin 1966 f.

Maurach, Reinhart — Deutsches Strafrecht, Allgemeiner Teil, 3. Aufl. Karlsruhe 1965.

Mayer, Otto — Deutsches Verwaltungsrecht, Bd. 1, 1. Aufl. 1895; 3. Aufl. 1924. Bd. 2, 1. Aufl. 1896; 3. Aufl. 1924.

Meilicke, Heinz — Landesrechtliche Anwendung der Abgabenordnung, in: Gegenwartsfragen des Steuerrechts: Festschrift für Armin Spitaler, 1958, S. 194.

Merkl, Adolf — Allgemeines Verwaltungsrecht, Wien und Berlin 1927.

Meschede, Helmut — Delegation der Rechtsetzungsbefugnis auf die Exekutive, Diss. Würzburg 1963.

Meyer, Georg – *Anschütz*, Gerhard — Lehrbuch des deutschen Staatsrechts, 7. Aufl. München 1919.

Meyer-Cording, Ulrich — Betriebsstrafe und Vereinsstrafe im Rechtsstaat, NJW 1966, S. 225.

Michels, Gerhard — Strafbare Handlung und Zuwiderhandlung, Berlin 1963.

Monz, Heinz — Das Verhältnis der Bundesländer untereinander, Göttingen 1964.

Müller, Fritz — Straßenverkehrsrecht, 22. Aufl. Berlin 1959.

Müller, Hanswerner — Neuverkündung von Gesetzen, DVBl 1962, S. 841.

— Handbuch der Gesetzgebungstechnik, 1. Aufl. Köln und Berlin 1963, 2. Aufl. 1968.

Nawiasky, Hans — Bayerisches Verfassungsrecht, München und Berlin 1923.

— Allgemeine Staatslehre, Bd. 1—4, Zürich und Köln 1945—1958.

— Allgemeine Rechtslehre, 2. Aufl. Einsiedeln 1948.

Nawiasky – Leusser – Schweiger – Zacher — Verfassung des Freistaates Bayern, 1. Aufl. München und Berlin 1948; 2. Aufl. München und Berlin 1964.

Nebinger, Robert — Das württembergische Polizeistrafgesetz und die Handhabung der Polizeigewalt in Württemberg, 2. Aufl. Stuttgart 1930.

Neumann, Oskar — Das Blankostrafgesetz, Breslau 1908.

Neumann-Duesberg, Horst — Betriebsverfassungsrecht. Ein Lehrbuch, Berlin 1960.

Nickusch, Karl-Otto — Die Normativfunktion technischer Ausschüsse und Verbände als Problem der staatlichen Rechtsquellenlehre, Diss. München 1964.

— § 330 StGB als Beispiel für eine unzulässige Verweisung auf Regeln der Technik, NJW 1967, S. 811.

Nikisch, Arthur — Anmerkung zum Urteil BAGE 3, 303, AP Nr. 12 zu § 3 TVG.

Oetker, Friedrich — Die gesetzlichen Merkmale in Haupt- und Nebenfrage, Der Gerichtssaal Bd. 64 (1904), S. 55.

Ossenbühl, Fritz — Die verfassungsrechtliche Zulässigkeit der Verweisung als Mittel der Gesetzgebungstechnik, DVBl 1967, S. 401.

Ossenbühl, Fritz — Verwaltungsvorschriften und Grundgesetz, Bad Homburg und Zürich 1969.

Palandt — Bürgerliches Gesetzbuch, bearb. von Danckelmann u. a., 27. Aufl. München und Berlin 1968.

Partsch, Karl Josef — Parlament und Regierung im modernen Staat, VVDStRL Heft 16, S. 74.

Patzig, Werner — Theorie und Praxis des Rechts der Ordnungswidrigkeiten, DÖV 1954, S. 360.

— Landesgesetzgeber und Ordnungswidrigkeitenrecht, DÖV 1956, S. 261 und 295.

— Gesetz und Ordnungswidrigkeiten, Sonderdruck aus: M. von Brauchitsch, Verwaltungsgesetze des Bundes und der Länder, Bd. 1, 1. Halbbd., Köln und Berlin 1963 (zit.: a.a.O.).

Paul, Wolfgang — Die strafrechtliche Ahndung im Seeverkehrsrecht, Köln und Berlin 1965.

Peters, Hans — Lehrbuch der Verwaltung, Berlin, Göttingen 1949.

— Die staatsrechtliche Ermächtigung, Sonderdruck aus den Deutschen Landesreferaten zum III. Internationalen Kongreß für Rechtsvergleichung, 1950, S. 841.

— Rechtsstaat und Rechtssicherheit in: Recht, Staat und Wirtschaft, 3. Bd., Düsseldorf 1951, S. 66.

— Postverwaltung und Demokratie, DÖV 1951, S. 225.

— Der Kampf um den Verwaltungsstaat, in: Verfassung und Verwaltung, Festschrift Laforet, München 1952, S. 19.

— Die Gewaltentrennung in moderner Sicht, Köln, Opladen 1954.

Peters, Hans - *Ossenbühl*, Fritz — Die Übertragung von öffentlich-rechtlichen Befugnissen auf die Sozialpartner unter besonderer Berücksichtigung des Arbeitszeitschutzes, Berlin und Frankfurt/M. 1967.

Peters, Karl — Strafprozeß. Ein Lehrbuch, 2. Aufl. Karlsruhe 1966.

Poetzsch, Fritz — Die Verfassungsmäßigkeit der vereinfachten Gesetzgebung, AöR Bd. 40, S. 156.

— Empfiehlt es sich, in die Reichsverfassung neue Vorschriften über die Grenzen zwischen Gesetz und Rechtsverordnung aufzunehmen?, in: Verhandlungen des 32. Deutschen Juristentages, Bamberg, Berlin und Leipzig 1922, S. 35.

Poetzsch - *Heffter*, Fritz — Handkommentar der Reichsverfassung, 3. Aufl. Berlin 1928.

Pohle, Ekhard — Organisation und Wirksamkeit der Interessenverbände, VerwArch Bd. 53 (1962), S. 333.

Quaritsch, Helmut — Das parlamentslose Parlamentsgesetz, 2. Aufl. Hamburg 1961.

Raape, Leo — Internationales Privatrecht, Berlin, Frankfurt/M. 1961.

Raisch, Peter	Methodische Bedenken gegen Generalklauseln im Kartellrecht am Beispiel der Mißbrauchsaufsicht über marktbeherrschende Unternehmen, JZ 1965, S. 625.
—	Nochmals: Methodische Bedenken gegen Generalklauseln im Kartellrecht am Beispiel der Mißbrauchsaufsicht über marktbeherrschende Unternehmen, Schlußwort, JZ 1967, S. 404.
Ramm, Thilo	Die Rechtssprechung des Bundesarbeitsgerichtes, JZ 1964, S. 494, 546, 582.
Redeker, Konrad	Urteilsanmerkung zu OLG Bremen, NJW 1963, S. 726; NJW 1963, S. 726.
Reuß, Wilhelm	Die Organisation der Wirtschaft, in: Die Grundrechte, Bd. 3, 1. Halbbd., Berlin 1958.
Ridder, Helmut	Preisrecht ohne Boden, AöR Bd. 87, S. 311.
Rietdorf, Fritz	Gesetz über Aufbau und Befugnisse der Ordnungsbehörden — Ordnungsbehördengesetz —, Kommentar, Stuttgart 1957.
von Rönne, Ludwig	Das Staatsrecht der Preußischen Monarchie, Bd. 1–4, 4. Aufl. Leipzig 1881—1884.
Roesen, Anton	Rechtsfragen der Einsatzgruppenprozesse, NJW 1964, S. 133.
Rosin, Heinrich	Das Polizeiverordnungsrecht in Preußen, 2. Aufl. Berlin 1895.
Rotberg, Hans-Eberh.	Gesetz über Ordnungswidrigkeiten, 3. Aufl. Berlin 1964.
Rotering	Verordnungsrecht und Blankettsatzung, in: Archiv für Kriminalanthropologie und Kriminalistik Bd. 46 (1912), S. 71.
Roxin, Claus	Sinn und Grenzen staatlicher Strafe, JuS 1966, S. 377.
—	Täterschaft und Tatherrschaft, 2. Aufl. Hamburg 1967 (zit.: a.a.O.).
Rumetsch, Rudolf	Kommunalabgabengesetz für Rheinland-Pfalz, Kommentar, 2. Aufl. Siegburg 1966.
Rupp, Hans-Heinrich	Grundfragen der heutigen Verwaltungsrechtslehre, Tübingen 1965.
Sachse, Karl W. A. – *Topka*, E.	Niedersächsisches Beamtengesetz, Kommentar, Neuwied 1961.
Samper, Rudolf	Kommentar zum bayerischen Polizeiaufgabengesetz, München 1965.
von Savigny, Friedrich Karl	Vom Beruf unserer Zeit für Gesetzgebung und Rechtswissenschaft, 1814.

Sax, Walter — Das strafrechtliche „Analogieverbot", Göttingen 1953.

— Grundsätze der Strafrechtspflege, in: Die Grundrechte, 3. Bd., 2. Halbbd., Berlin 1959.

Severin, Ursula — Das Bundesgesetzblatt, Diss. Bonn 1962.

Smend, Rudolf — Ungeschriebenes Verfassungsrecht im monarchischen Bundesstaat (1916), in: Staatsrechtliche Abhandlunlungen, Berlin 1955, S. 39.

— Verfassung und Verfassungsrecht (1928), in: Staatsrechtliche Abhandlungen, Berlin 1955, S. 119.

Spanner, Hans — Grundsätzliche Fragen des Verordnungsrechtes, BayerVerwBl 1962, S. 225.

Der Staat und die Verbände — Hrsg. vom Bundesverband der Deutschen Industrie, 1957.

Stahlhacke, Eugen — Bezugnahme auf Tarifverträge in Betriebsvereinbarungen, Der Betrieb 1960, S. 579.

Stammler, Rudolf — Theorie der Rechtswissenschaft, Halle a. d. S. 1911.

Stern, Klaus — Zur Grundlegung einer Lehre des öffentlich-rechtlichen Vertrages, VerwArch Bd. 49, S. 106.

— Rechtsfragen der öffentlichen Subventionierung Privater, JZ 1960, S. 518 und 557.

— Ermessen und unzulässige Ermessensausübung, Berlin 1964.

Strafgesetzbuch — (Leipziger Kommentar) hrsg. von Jagusch, Mezger u. a., Bd. 1 und 2, Berlin 1957, 1958.

Stratenwerth, Fritz H. — Verordnung und Verordnungsrecht im Deutschen Reich. (Eine verfassungsgeschichtliche und systematische Studie), Diss. Berlin 1936.

Süsterhenn, Adolf (Hrsg.) — Föderalistische Ordnung, Koblenz 1962.

Süsterhenn, Adolf - *Schäfer*, Hans — Kommentar der Verfassung für Rheinland-Pfalz, Koblenz 1950.

Schack, Friedrich — Die Verlagerung der Gesetzgebung im gewaltenteilenden Staat, in: Festschrift, Karl Haff zum 70. Geburtstag dargebracht, Innsbruck 1950.

— Die gesetzvertretenden Verordnungen, DÖV 1962, S. 652.

— Ausführungsverordnungen und gesetzergänzende Verordnungen, JZ 1964, 252.

Schäfer, Karl Wilhelm — Das Recht der Regeln der Technik, Diss. Köln 1965.

Scheer, Bernhard — Deutsches Presserecht, Kommentar, Hamburg 1966.

Scheer, Bernhard - *Trubel*, Hans — Preußisches Polizeiverwaltungsgesetz, 6. Aufl. Hamburg 1961.

Scheuerle, Wilhelm A.	Rechtsanwendung, Nürnberg und Düsseldorf 1952.
Scheuner, Ulrich	Gesetz und Einzelanordnung, Festschrift Hübner, Jena 1935, S. 190.
—	Das parlamentarische Regierungssystem in der Bundesrepublik (Probleme und Entwicklungslinien), DÖV 1957, S. 633.
—	Die Aufgabe der Gesetzgebung in unserer Zeit, DÖV 1960, S. 601.
—	Struktur und Aufgabe des Bundesstaates in der Gegenwart, DÖV 1962, S. 641.
—	Wandlungen im Föderalismus der Bundesrepublik, DÖV 1966, S. 513.
Schick, Walter	Haushaltsplan und Haushaltsgesetz vor Gericht, JZ 1967, S. 271.
Schiedermair, J.	Das Polizeistrafgesetzbuch für Bayern, 2. Aufl. München 1931.
Schiedermair, Rudolf	Einführung in das bayerische Polizeirecht, München und Berlin 1961. (Zit.: a.a.O.)
Schläpfer, Ernst	Die Lehre von der Gesetzestechnik, Diss. Bern 1930.
Schmidt, Ingo	Methodische Bedenken gegen Generalklauseln im Kartellrecht am Beispiel der Mißbrauchsaufsicht über marktbeherrschende Unternehmen, — Eine Erwiderung —, JZ 1967, S. 247.
Schmidt - Bleibtreu, Bruno - *Klein*, Franz	Kommentar zum Grundgesetz für die Bundesrepublik Deutschland, Neuwied 1967.
Schmidt - Leichner, Erich	Die Folgen der Verfassungswidrigkeit des § 71 Straßenverkehrszulassungsordnung. Was wird aus § 21 Straßenverkehrsgesetz?, NJW 1962, S. 1369.
Schmitt, Carl	Verfassungslehre, München und Berlin 1928, Neudruck Berlin 1954.
—	Vergleichender Überblick über die neueste Entwicklung des Problems der gesetzgeberischen Ermächtigungen; legislative Delegationen, ZaöRuVR 1936, S. 252.
—	Die Lage der europäischen Rechtswissenschaft, Tübingen 1950.
Schneider, Hans	Kabinettsfrage und Gesetzgebungsnotstand nach dem Bonner Grundgesetz, VVDStRL Heft 8, S. 21.
—	Verträge zwischen Gliedstaaten im Bundesstaat, VVDStRL Heft 19, S. 1.
—	Über den Beruf unserer Zeit für Gesetzgebung, NJW 1962, S. 1273.
Schneider, Peter	Zur Problematik der Gewaltenteilung im Rechtsstaat der Gegenwart, AöR Bd. 82, S. 1.

Schönke, Adolf – *Schröder*, Horst — Strafgesetzbuch, Kommentar, 13. Aufl. München u. Berlin 1967.

Schreiber, Rupert — Die rechtliche Beurteilung allgemeiner Geschäftsbedingungen, NJW 1967, S. 1441.

Schröcker, Sebastian — Die Übernahme von Bundesrecht als Landesrecht, NJW 1967, S. 2285.

Schröder, Horst — In welcher Weise empfiehlt es sich, die Grenzen strafrichterlichen Ermessens im künftigen Strafgesetzbuch zu regeln? Verhandlungen des 41. Deutschen Juristentages, Berlin 1955, Bd. 1, 2. Halbbd., Tübingen 1955, S. 561.

Schrödter, Hans — Bundesbaugesetz, Kommentar, Berlin und Frankfurt/M. 1964.

Schulz — Anmerkung zum Urteil BVerwG, NJW 1962, S. 506; NJW 1962, S. 506.

Tesar, Otto — Gesetzestechnik und Strafrechtsschuld, ZStW Bd. 32 (1911), S. 378.

Thoma, Richard — Der Polizeibefehl im Badischen Recht, 1. Teil, Tübingen 1906.

— Der Begriff der modernen Demokratie in seinem Verhältnis zum Staatsbegriff, in: Hauptprobleme der Soziologie, Erinnerungsgabe für Max Weber, Bd. 2, 1923, S. 37.

Totzek, Wilhelm — Besatzung und Polizei (Zum Polizeirecht in der britischen Zone), AöR Bd. 75, S. 193.

Triepel, Heinrich — Empfiehlt es sich, in die Reichsverfassung neue Vorschriften über die Grenzen zwischen Gesetz und Rechtsverordnung aufzunehmen? Verhandlungen des 32. Deutschen Juristentages Bamberg, Berlin und Leipzig 1922, S. 11.

— Delegation und Mandat im öffentlichen Recht, Stuttgart und Berlin 1942.

Übertragung rechtsetzender Gewalt im Rechtsstaat — (Weinheimer Tagung 1951); Wissenschaftliche Schriftenreihe des Instituts zur Förderung öffentlicher Angelegenheiten, Bd. 12, 1952.

Unverferth — Die Ermächtigungsgesetzgebung im geltenden Verfassungsrecht, Diss. Göttingen 1952.

Usteri, Martin — Theorie des Bundesstaates, Zürich 1954.

Vialon, Friedrich Karl — Haushaltsrecht, Berlin 1959.

Vogel, Klaus — Gesetzgeber und Verwaltung, VVDStRL Heft 24, S. 125.

Volkmar, Dieter — Allgemeiner Rechtssatz und Einzelakt, Berlin 1962.

Wach, Adolf — Handbuch des Deutschen Zivilproyeßrechtes, 1. Bd., 1885.

—	Legislative Technik, in: Vergleichende Darstellung des deutschen und ausländischen Strafrechts, Allgemeiner Teil, 6. Bd., Berlin 1908, S. 1.
Wacke, Gerhard	Staatsrechtliche Prüfung der Zusatzsteuer (Gutachten zu § 8 UStG), Köln 1957.
—	Verfassung und Polizeiverordnungen, DÖV 1955, S. 456.
Wannagat	Lehrbuch des Sozialversicherungsrechtes, 1. Bd., Tübingen 1965.
Warda, Heinz-Günter	Zur Abgrenzung von Tatbestands- und Verbotsirrtum bei Blankettstrafgesetzen, JR 1950, S. 546.
—	Die Abgrenzung von Tatbestands- und Verbotsirrtum bei Blankettstrafgesetzen, Berlin 1955.
Weck, Herrmann	Die Sprache im Deutschen Recht, Berlin 1913.
Weidenbach, Peter	Die verfassungsrechtliche Problematik der Blankettstrafgesetze, Diss. Tübingen 1965.
Welzel, Hans	Der Parteiverrat und die Irrtumsprobleme, (Tatbestands-, Verbots- und Subsumtionsirrtum), JZ 1954, S. 276.
—	„Gesetzmäßige Judentötungen"?, NJW 1964, S. 521.
—	An den Grenzen des Rechts. Die Frage nach der Rechtsgeltung, Köln, Opladen 1966.
Weber, Werner	Die Verkündung von Rechtsvorschriften, Stuttgart 1942.
—	Zur Gültigkeit des Preisgesetzes, DÖV 1957, S. 33.
—	Spannungen und Kräfte im westdeutschen Verfassungssystem, 2. Aufl. Stuttgart 1958.
—	Die Teilung der Gewalten als Gegenwartsproblem, in: Festschrift für Carl Schmitt, Berlin 1959, S. 253.
Winckelmann, Rudolf	„Die Rechtsprechung des Bundesverfassungsgerichtes zu Art. 80 GG", NJW 1959, S. 961.
Wirsing, Erich	Die Verordnungspraxis der Bundesministerien, Diss. Köln 1952.
Woesner, Horst	Generalklausel und Garantiefunktion der Strafgesetze, NJW 1963, S. 273.
Wolff, Bernhard	Die Ermächtigung zum Erlaß von Rechtsverordnungen nach dem Grundgesetz, AöR Bd. 78, S. 194.
Wolff, Gerhard	Gesetzgebungskompetenz und Blankettstrafrecht, DVBl 1962, S. 663.
Wolff, Hans J.	Die Rechtsgrundlagen der sogenannten Ordnungsverwaltung, MDR 1950, S. 5.
—	Verwaltungsrecht. Ein Studienbuch, München und Berlin; Bd. 1, 6. Aufl. 1965; Bd. 2, 2. Aufl. 1967; Bd. 3, 2. Aufl. 1967.

Wolff, Karl	Die Gesetzessprache, Wien 1952.
Zinn, Georg August	Der Bund und die Länder, AöR Bd. 75, S. 291.
Zitelmann, Ernst	Die Kunst der Gesetzgebung, Dresden 1904 (zit.: a.a.O.).

ABKÜRZUNGEN

ABGB	Allgemeines Bürgerliches Gesetzbuch für Österreich
ABl	Amtsblatt
AG	Amtsgericht
Anm	Anmerkung
AO	Reichsabgabenordnung vom 13. 12. 1919 (RGBl. 1993) i. d. F. vom 22. 5. 1936 (RGBl 161)
AöR	Archiv des öffentlichen Rechts, Neue Folge
AR-Blattei	Arbeitsrechts-Blattei, verl. von Forkel
Art	Artikel
AT	Allgemeiner Teil
BAnz	Bundesanzeiger
BAG	Bundesarbeitsgericht
BayerVerwBl	Bayerische Verwaltungsblätter
BB	Der Betriebs-Berater
BBG	Bundesbeamtengesetz vom 14. 7. 1953 (BGBl 551)
BFinH	Bundesfinanzhof
BGBl	Bundesgesetzblatt Teil I
BGBl II	Bundesgesetzblatt Teil II
BGHZ	Bundesgerichtshof, Entscheidungen in Zivilsachen
BGHSt	Bundesgerichtshof, Entscheidungen in Strafsachen
BK	Kommentar zum Bonner Grundgesetz (Bonner Kommentar)
BNotO	Bundesnotarordnung vom 24. 2. 1961 (BGBl 98)
BRAO	Bundesrechtsanwaltsordnung vom 1. 8. 1959 (BGBl 565)
BStBl	Bundessteuerblatt
BVerfG	Bundesverfassungsgericht
BVerwG	Bundesverwaltungsgericht
BVerwGG	Gesetz über das Bundesverwaltungsgericht vom 23. 9. 1952 (BGBl 625)
DJZ	Deutsche Juristenzeitung
DÖV	Die öffentliche Verwaltung
DRZ	Deutsche Rechts-Zeitschrift
DRiZ	Deutsche Richterzeitung
DVGW	Deutscher Verband von Gas- und Wasserfachmännern
DVO	Durchführungsverordnung
DVBl	Deutsches Verwaltungsblatt
E	Amtliche Sammlung der Entscheidungen
EGBGB	Einführungsgesetz zum Bürgerlichen Gesetzbuch vom 18. 8. 1896 (RGBl 604)

Fn	Fußnote
GewO	Gewerbeordnung i. d. F. der Bekanntmachung vom 26. 7. 1900 (RGBl 871)
GGO	Gemeinsame Geschäftsordnung
GMinBl	Gemeinsames Ministerialblatt
GVBl	Gesetz- und Verordnungsblatt
HDStR	Handbuch des Deutschen Staatsrechtes
HRR	Höchstrichterliche Rechtsprechung
i.d.F.	in der Fassung
i.e.S.	im engeren Sinne
i.w.S.	im weiteren Sinne
JMinBl	Justizministerialblatt
JöR	Jahrbuch des öffentlichen Rechts
JR	Juristische Rundschau
JuS	Juristische Schulung
JW	Juristische Wochenschrift
JZ	Juristenzeitung
KAG	Kommunalabgabengesetz
KG	Kammergericht
KO	Konkursordnung vom 10. 2. 1877 (RGBl 351) i. d. F. vom 20. 5. 1898 (RGBl 369, 612)
LAG	Gesetz über den Lastenausgleich (Lastenausgleichsgesetz vom 14. 8. 1952 [BGBl 446])
MDR	Monatsschrift für Deutsches Recht
MinBl	Ministerialblatt
MilReg	Militärregierung
NF	Neue Folge
nF	neue Fassung
NJW	Neue Juristische Wochenschrift
NRW	Nordrhein-Westfalen
OLG	Oberlandesgericht
OVG	Oberverwaltungsgericht
RAG	Reichsarbeitsgericht
RAO	Rechtsanwaltsordnung (Reichsrechtsanwaltsordnung i. d. F. vom 21. 2. 1936 [RGBl 107] und Rechtsanwaltsordnung für die Britische Zone vom 10. 3. 1949 [VoBl Brit. Zone 80])
RegBl	Regierungsblatt
RGBl	Reichsgesetzblatt Teil I
RGBl II	Reichsgesetzblatt Teil II
RGSt	Reichsgericht, Entscheidungen in Strafsachen
RGZ	Reichsgericht, Entscheidungen in Zivilsachen
RFinH	Reichsfinanzhof
Rdnr	Randnummer
RStBl	Reichssteuerblatt

RVO	Reichsversicherungsordnung vom 19. 7. 1911 (RGBl 509) i. d. F. vom 15. 12. 1925 (RGBl 779)
RzW	Rechtsprechung zum Wiedergutmachungsrecht
StGH	Staatsgerichtshof
StVO	Straßenverkehrsordnung i. d. F. vom 29. 3. 1956 (BGBl 327)
StVZO	Straßenverkehrszulassungsordnung i. d. F. vom 29. 3. 1956 (BGBl 271)
TV	Tarifvertrag
TVG	Tarifvertragsgesetz
UStG	Umsatzsteuergesetz
VDE	Verband Deutscher Elektrotechniker
VerglO	Vergleichsordnung vom 26. 2. 1935 (RGBl 321)
VerfGH	Verfassungsgerichtshof
VerwGH	Verwaltungsgerichtshof
VerwArch	Verwaltungsarchiv
VerwRspr	Verwaltungsrechtsprechung in Deutschland (Sammlung oberstrichterlicher Entscheidungen aus dem Verfassungs- und Verwaltungsrecht)
VO	Verordnung
VVDStRL	Veröffentlichungen der Vereinigung der Deutschen Staatsrechtslehrer
WiGB	Gesetzblatt der Verwaltung des Vereinigten Wirtschaftsgebietes
WRV	Verfassung des Deutschen Reiches (Weimarer Reichsverfassung) vom 11. 8. 1919 (RGBl 1383)
ZaöRuVR	Zeitschrift für ausländisches öffentliches Recht und Völkerrecht
ZgesStW	Zeitschrift für die gesamten Staatswissenschaften
ZStW	Zeitschrift für die gesamte Strafrechtswissenschaft

Im übrigen werden die gebräuchlichen Abkürzungen verwendet.

EINLEITUNG

Abschnitt I

EINFÜHRUNG

1. *Der Stand des Problems*

Die Verweisung ist eines der wichtigsten und am häufigsten angewandten Mittel der Gesetzgebungstechnik. Ein Blick in jedes beliebige Gesetzblatt zeigt, daß kaum ein Gesetz und kaum eine Verordnung nur aus in sich geschlossenen Rechtsvorschriften bestehen: oft muß vielmehr bei der Rechtsanwendung eine Norm durch andere Normen desselben Gesetzes oder anderer Gesetze ergänzt werden, auf die besonders hingewiesen wird. Wegen der dadurch bedingten umständlichen Arbeit des „Vorschriftenblätterns" und der Erschwerung des Verständnisses stößt die Verweisungstechnik oft auf heftige Kritik, die sich jedoch in der Regel darauf beschränkt, sie als „unklar", „lästig", „leidig" etc. zu schelten.

Gegenstand eingehenderer wissenschaftlicher Beschäftigung ist die Verweisung bisher vorwiegend unter *hermeneutischen Gesichtspunkten* gewesen. Ordnet etwa eine Norm die „entsprechende", „sinngemäße" Anwendung einer näher bezeichneten anderen Norm an, so ist es Aufgabe der Auslegung, an Hand einer sorgfältigen normativen Bewertung beider Vorschriften Möglichkeiten und Grenzen der analogen Anwendung festzustellen. Bei manchen Verweisungsnormen, wie etwa bei § 951 Abs. 1 Satz 1 BGB, muß die Auslegung auch die Frage beantworten, ob es sich um eine schlichte „Rechtsfolgenverweisung" handelt oder um eine „Grundverweisung", bei welcher der volle Tatbestand der Norm, auf die verwiesen wird, im Rahmen der verweisenden Norm noch zu prüfen ist[1].

2. *Die Aufgabe*

Diese für die Anwendung jeder Verweisungsnorm grundlegend wichtigen Fragen sind schon weitgehend erforscht und werden in dieser Arbeit nur berührt. Im Mittelpunkt steht demgegenüber die Durchleuchtung der Verweisungstechnik unter *verfassungsrechtlichen*

---

[1] Zu § 951 BGB: BGHZ 17, 236 (238); *Erman-Hefermehl*, a.a.O., § 951, Anm. 3: „Rechtsfolgenverweisung" = „Umfangsverweisung".

Gesichtspunkten. Die sich hier ergebenden Bedenken sind angedeutet, wenn man etwa an die zahlreichen Verweisungen von Bundesgesetzen auf Landesgesetze oder umgekehrt, von Gesetzen auf Verordnungen, Verwaltungsvorschriften etc. denkt. Dieser Probleme hat sich die Wissenschaft bisher kaum angenommen. Einen Hinweis enthalten die Glosse „Geheimwissenschaft"[2], die von einer „Unsitte" und einer „Hintertür" der Gesetzgebung spricht, und Hanswerner Müllers[3] Bemerkung, die Verweisung sei „die undurchsichtigste" Art der Behandlung von Regeln[4]: im übrigen stellt Müller bei seiner gründlichen Untersuchung der Verweisungsformen verfassungsrechtliche Gesichtspunkte ausdrücklich zurück[5]. Erst Ossenbühl hat sie in seinem Aufsatz „Die verfassungsrechtliche Zulässigkeit der Verweisung als Mittel der Gesetzgebungstechnik" einer näheren Betrachtung unterzogen[6].

Die Verweisung hat bisher deshalb im Schatten der verfassungsrechtlichen Erforschung der Gesetzgebung und des Gesetzes gestanden, weil man ihr als „bloß formaler Gesetzgebungstechnik" eine grundsätzliche und grundgesetzliche Bedeutung nicht zugemessen hat. Dabei besteht um so mehr Anlaß, sie mit verfassungsrechtlichen Kriterien zu untersuchen, als mit der stärkeren Betonung des materialen Rechtsstaatsprinzips durch das Grundgesetz „auch eine Vermehrung und schärfere Konturierung der formalen Kategorien und Rechtstechniken einhergegangen ist, die der Realisierung des (materialen) Rechtsstaats dienen sollen"[7]. In die Analyse wird auch das *Blankettstrafgesetz* einbezogen, das als Sonderfall der Verweisungstechnik bisher noch gar nicht behandelt worden ist und unter dem Aspekt der Art. 103 Abs. 2 und 104 Abs. 1 Satz 1 GG besondere verfassungsrechtliche Fragen aufwirft.

3. *Zur Methode der Arbeit*

Zwei Hinweise zur Methode dieser Arbeit seien vorangestellt:

Entscheidend ist zunächst, daß die zahlreichen Verweisungsformen und ihre Verwendung im Einzelfall nach streng *objektiven Gesichtspunkten* analysiert und gewürdigt werden, unabhängig von der *jeweiligen Absicht* des Gesetzgebers und den *gewählten Bezeichnungen.* Eine Verweisung, die vom Gesetzgeber im guten Glauben als harmlose, verfassungsrechtlich unbedenkliche Verknüpfung von Vorschriften gewollt und auch so formuliert ist, kann bei kritischer Bewertung, über die Funktion einer (formalen) Gesetzgebungstechnik hin-

---

[2] NJW 1956, 1307. [3] A.a.O., S. 167.

[4] Einige verfassungsrechtliche Gesichtspunkte bringt auch *Bullinger,* Unterermächtigung S. 20, ders., Selbstermächtigung, S. 20 ff.

[5] A.a.O., S. VIII. [6] DVBl 1967, 401—408.

[7] *Peters-Ossenbühl,* a.a.O., S. 72.

ausgehend, in den verfassungsrechtlichen Bereich hineinragen und erst dort eigentlich problematisch werden. Mitunter muß die Verfassungswidrigkeit einer Verweisungsnorm sogar *gegen* den ausdrücklich erklärten Willen des Gesetzgebers, den Rahmen verfassungsgemäßer Gesetzgebungsformen einhalten zu wollen, aufgedeckt werden: zwar ist der Gesetzgeber in gewissem Umfange frei in der Wahl und auch Neuschaffung legislativer Formen, jedoch findet jede (einfach-)gesetzgeberische Tätigkeit ihre Grenzen an der Verfassung. Es steht nicht in der Macht des Gesetzgebers, eine nach Struktur und praktischem Effekt verfassungswidrige Gesetzgebungstechnik durch die Erklärung, sie sei verfassungsgemäß, dem Nichtigkeitsurteil zu entziehen[8].

Eine *zweite Vorbemerkung:* um diese Untersuchung über die häufig unanschauliche und schwer verständliche Verweisungstechnik selbst möglichst lesbar zu gestalten, werden *zahlreiche Beispiele* aus der *Gesetzgebungspraxis* herangezogen. Sie werden — um die Mühe des Nachschlagens zu ersparen — auch nicht durch Angabe der Fundstellen in den Gesetzblättern zitiert, sondern weitgehend im Wortlaut wiedergegeben: auf Beispielsverweisungen innerhalb der Arbeit wird zugunsten wiederholter Anführung der Belegstellen verzichtet.

4. Zur Gliederung der Arbeit

Nach einer kurzen Einführung in die *Gesetzgebungstechnik* wird im *ersten Teil* ein Überblick über die reichhaltige *Formenlehre* der Verweisung und der Blankettstrafgesetze gegeben, ferner eine Begriffsbestimmung versucht und die Verweisung von verwandten Erscheinungen abgegrenzt. Der *zweite Teil* ist der Prüfung der *verfassungsrechtlichen Bedenken* vorbehalten, die sich insbesondere unter den Aspekten des *Rechtsstaates* (Gewaltenteilung, Rechtssicherheit), der *Demokratie* und (vor allem für die Verweisungen von Bundes- auf Landesrecht und umgekehrt) des *Bundesstaates* ergeben, für die *Blan-*

---

[8] *Ossenbühl,* a.a.O., S. 403. Gegen dieses wichtige Grundprinzip verstößt etwa BVerfGE 8, 155 (163), indem es die „Weisungen" des Präsidenten des Bundesausgleichsamtes nach § 346 i. V. m. § 319 Abs. 2 Satz 1 LAG als Verwaltungsvorschriften, nicht (richtig!) als Rechtsverordnungen wertet; dazu *Jesch,* AöR 84, 74 (84). Zur Frage der Einordnung rechtlicher Erscheinungen nach objektiven Kriterien auch *Wolff,* AöR 78, 218, 219 (Milderungserlasse im Steuerrecht), *Forsthoff,* DVBl 1957, 115, Fn. 2, BVerwGE 18,1 (3, 4) (Verwaltungsakt oder Rechtsnorm), *Bachof,* VVDStRL 12, 66, 67, dazu auch der Formenmißbrauch der Verweisung auf Begriffsbestimmungen anstatt einer Ermächtigung zu Begriffsbestimmungen in § 1 Ziff. 10 UStG (dazu *Bullinger,* Unterermächtigung, S. 20 und näher unter A AA II 4 b dd aaa und A AA III 2 a). In diesem Zusammenhang wichtig vor allem die Formenvertauschung von dynamischer Verweisung und Delegation (dazu näher unter B AA I 3 und 4).

kettstrafgesetze unter den speziellen Anforderungen der Art. 103 Abs. 2 und 104 Abs. 1 Satz 1 GG. Abschließend werden die *Ergebnisse* zusammengefaßt, insbesondere die *Vor- und Nachteile* der Verweisungstechnik gegenübergestellt und leitsatzartige *Empfehlungen* gegeben, wann und wie sich der Gesetzgeber der Verweisungstechnik bedienen darf, wenn er ihrer Neuorientierung am Grundgesetz gerecht werden will.

Abschnitt II

DIE GESETZGEBUNGSTECHNIK

1. Zur gegenwärtigen Situation der Gesetzgebungstechnik

Die Verweisung ist ein *Mittel der Gesetzgebungstechnik.* Damit behandelt die Arbeit eine Einzelfrage aus einem rechtswissenschaftlichen Randgebiet, das nach guter Pflege im 18. und beginnenden 19. Jahrhundert[9] im Zuge der Hinwendung zum Positivismus, für den erst das in Kraft getretene, fertige Gesetz[10] Gegenstand wissenschaftlichen Interesses war, immer mehr in den Hintergrund trat. In den letzten Jahrzehnten sind der Gesetzgebungstechnik nur wenige Arbeiten gewidmet worden[11]. Erst in jüngster Zeit hat sich Hanswerner Müller in seinem *„Handbuch der Gesetzgebungstechnik"*[12] der Materialsammlung als Grundlage wissenschaftlicher Bearbeitung in umfassender Weise angenommen: das Buch will in erster Linie den Bedürfnissen der gesetzgeberischen Praxis dienen und hat in diesem Sinne den Charakter eines Anleitungs- und „Musterbuches"[13].

2. Der Begriff

Der *Begriff* „Gesetzgebungstechnik"[14] und der *Gegenstand der Disziplin* sind in der Wissenschaft keineswegs gesichert: bedeutungsgleich oder in geringem Umfange abweichend werden die Begriffe „Kunst der Gesetzgebung"[15], „legislative Technik"[16], „juristische

---

[9] Dazu *Schneider,* NJW 1962, 1273 (1278).

[10] Nach den großen Kodifikationen des HGB, StGB und BGB konzentrierte sich die Wissenschaft fast ausschließlich auf deren dogmatische Durcharbeitung.

[11] Darunter die öfter heranzuziehende Schrift von Karl *Wolff* „Die Gesetzessprache", die auch die beste Bibliographie zu den älteren Arbeiten über die Gesetzgebungstechnik enthält (a.a.O., S. 119 bis 121).

[12] 1. Aufl. Köln, Berlin 1963; 2. Aufl. 1968.

[13] A.a.O., S. VII.

[14] So *Müller,* a.a.O., S. VIII; *Ossenbühl,* a.a.O., S. 401; auch *Kohler,* a.a.O., S. 345.

[15] *Zitelmann,* a.a.O., S. 4.

[16] Vgl. den Titel von *Wachs* Arbeit.

Technik"[17], „Technik des Rechtes"[18], „Gesetzestechnik"[19] verwandt. Die Gesetzgebungstechnik will zwar auch das fertiggestellte Gesetz und seine Bestandteile analysieren — Aufbau und Einteilung, Formulierung, Überschrift, Vorspruch, Ausfertigungsvermerk[20] —, hat aber in erster Linie die Aufgabe, schon bei der Herstellung des Gesetzentwurfes praktische Hilfe zu leisten. Weil der Begriff „Gesetzgebungstechnik" dieses Aufgabengebiet stärker berücksichtigt, soll ihm gegenüber dem Begriff „Gesetzestechnik" der Vorzug gegeben werden. Dabei muß allerdings betont werden, daß die „Gesetzgebungstechnik" es nicht mit den verfassungsrechtlichen Fragen des Gesetzgebungsverfahrens — Initiative, Lesungen, Beschluß, Einspruchs- und Zustimmungsrechte, Ausfertigung, Verkündung — zu tun hat[21].

3. Aufgabe und Standort

Aufgabe der Gesetzgebungstechnik im Vorstadium des Gesetzesbeschlusses ist es — kurz formuliert —, einen *vorgegebenen Rechtsstoff richtig, systematisch und verständlich darzustellen*[22].

Sie steht damit am Ende eines drei Stufen umfassenden Verfahrens, das jeder Gesetzentwurf durchläuft. Am Anfang steht ein *rechtspolitischer* gesetzgeberischer *Willensakt*. Dieser muß gedanklich durchdrungen, begrifflich gefaßt sowie logisch, methodologisch und systematisch mit anderen Normen in Verbindung gebracht werden: das ist im wesentlichen Aufgabe der *Rechtsdogmatik*, der Disziplin, durch die die Rechtswissenschaft am nachhaltigsten auf die Gesetzgebung einwirkt. Schließlich muß die so konkretisierte Norm formuliert und in den Bezugszusammenhang des Gesetzes eingestellt werden.

Beling[23] will diese drei Schritte deutlich getrennt wissen: die erste Stufe sei die „Frage nach dem richtigen Recht", der „Willensdenk-

---

[17] *Jhering*, a.a.O., S. 322 f.; *Savigny*, a.a.O., S. 48.

[18] *Stammler*, a.a.O., S. 559.

[19] *Tesar*, a.a.O., S. 378; *Schläpfer*, a.a.O., S. 85; *Kastner*, a.a.O., S. 537; K. *Wolff*, a.a.O., S. VII; *Aymanns*, a.a.O., S. 295.

[20] *Müller*, a.a.O., S. VIII. [21] *Müller*, a.a.O., S. VIII.

[22] *Jhering*, a.a.O., S. 325: Die Gesetzgebungstechnik untersucht, wie das Recht, ganz abgesehen von seinem Inhalt, eingerichtet und gestaltet sein müsse, damit die Anwendung der Rechtssätze auf den konkreten Fall möglichst vereinfacht, erleichtert und gesichert werde. *Savigny*, a.a.O., S. 24 ff., S. 49: „... wenn die Darstellung eine eigene, selbständige Form hat und zugleich den Stoff zu lebendiger Anschauung bringt". *Stammler*, a.aO., S. 563: „... Aufgabe besteht in der Mitteilung von bestimmtem Rechte an andere ... Danach ist die juristische Technik die Lehre von dem rechtlichen Ausdrucke".

[23] A.a.O., S. 9 gegen *Wach*, a.a.O., S. 1, *Zitelmann*, a.a.O., S. 16, 19, 31. Die deutliche Scheidung der drei Stufen hält *Beling*, a.a.O., S. 12, Anm. 10 für besonders wichtig, wenn es um die Beurteilung von Fehlern bei der Gesetzgebung geht.

akt"[24], der unabhängig von jeder Form sei. Auf der zweiten Stufe werde die sachliche Wertung als gefunden vorausgesetzt: jetzt sei es Aufgabe der „Gesetzesmethodik", den Stoff begrifflich zu durchdringen und die Sachentscheidung methodisch durchzuarbeiten, ihren „Denkgehalt" festzulegen. Dann erst könne die „Gesetzesredaktion oder -technik" den Rechtssatz sprachlich gestalten. Beling macht also einen deutlichen Unterschied zwischen den Entstehungsstufen Gedanke — Begriff — Wort.

Demgegenüber unterscheiden Zitelmann[25] und Savigny[26] nur die inhaltliche und technische Seite der Gesetzgebung[27]: jene betreffe den Stoff, diese die Form.

Diesem rechtstheoretischen Streit braucht hier nicht weiter nachgegangen zu werden[28]. Wichtig ist nur, den Standort der Gesetzgebungstechnik klar hervorzuheben. Für diesen Zweck genügt es, bei der Herstellung eines Gesetzentwurfes zu unterscheiden[29]: die rechtspolitische Konzipierung der Rechtssätze sowie ihre inhaltliche und rechtslogische Durchdringung — dieser Schritt soll *Normsetzung*[30] genannt werden — und die systematische und sprachliche Redaktion der Einzelnormen sowie des Gesetzes als Ganzes — *Gesetzgebungstechnik*[31] genannt. Beide Begriffe lassen sich unter dem Oberbegriff der *Gesetzeslehre* zusammenfassen, der wissenschaftlichen Untersuchung des *Gesetzgebungsverfahrens* im o. a.[32], nicht verfassungsrechtlich verstandenen Sinne.

---

[24] A.a.O., S. 12: „Rechtspolitik", „Rechtsinhaltspolitik". [25] A.a.O., S. 5.

[26] A.a.O., S. 21: „Das Vorhandene muß gründlich erkannt und richtig ausgesprochen werden. Jenes betrifft den Stoff, dieses die Form". Ähnlich *Stammler*, a.a.O., S. 563: „Es handelt sich dann nicht mehr um das einheitliche Bestimmen eines rechtlichen Gedankens als Inhalt unseres Bewußtseins, sondern um seine Äußerung gegenüber Dritten".

[27] *Schläpfer*, a.a.O., S. 58, *Aymanns*, a.a.O., S. 294.

[28] Die Abgrenzung der „Frage nach dem richtigen Rechte" (Rechtsinhaltspolitik, *Beling*, a.a.O., S. 12) von der Gesetzgebungsmethodik (*Beling*, a.a.O., S. 12) dürfte zudem erhebliche Schwierigkeiten bereiten. Läßt sich ein Rechtsgedanke überhaupt ohne Zuhilfenahme rechtswissenschaftlich erarbeiteter Begriffe und Kategorien sowie gedanklicher Verknüpfungen — alles Bestandteile der Methodik! — denken und ausdrücken? *Beling* meint, oft genüge ein loses Sprachgewand für Begriffe, — „rem tene, verba sequentur!" —: aber muß sich nicht auch schon die lockere Formulierung eines Gedankens der juristischen Form bedienen?

[29] So auch *Schläpfer*, a.a.O., S. 85 ff., so wohl auch *Gutherz*, a.a.O., S. 348: „Sprachliche und gedankliche Verkörperung".

[30] *Schläpfer*, a.a.O., S. 85: „Gesetzestechnik zur Auffindung des Rechtssatzes", Objekt der Technik ist der Rechtssatz.

[31] *Schläpfer*, a.a.O., S. 85: „Gesetzestechnik des Ausdrucks und der Gesetzesanordnung", Objekt der Technik beim „Ausdruck" ist der Rechtssatz, bei der „Gesetzesanordnung" das Gesetz.

[32] Siehe oben unter II 2.

4. *Aufgaben im einzelnen*

Beispielhaft umfaßt damit das *Arbeitsfeld der Gesetzgebungstechnik* folgendes:

a) *Begriffsbildung und Ordnung des Rechtsstoffes*

Zunächst ist der *Rechtsstoff* zu *sichten* und unter Berücksichtigung späterer anschaulicher und präziser Darstellung zu *ordnen*. Die Begriffe müssen einheitlich gebraucht werden; wenn irgendmöglich, sollen hergebrachte Begriffe verwandt werden[33]. Der Rechtsstoff muß in seine Grundbestandteile zerlegt werden, logisch konzentriert und systematisch angeordnet werden[34]. Die Vorschriften müssen unter Beachtung des „Gesetzes der Sparsamkeit"[35] geschickt verwandt werden: auf diese Weise kann der Umfang des Gesetzes in Grenzen gehalten werden (*quantitative Vereinfachung*). Dabei muß der Gesetzgeber schon *gesetzgebungstechnische Erfahrungen* verwerten: etwa erwägen, ob es vorteilhafter ist, gleiche oder ähnliche Vorschriften an der jeweils benötigten Gesetzesstelle zu wiederholen oder in einen vorgezogenen Allgemeinen Teil aufzunehmen oder jeweils auf den Standort der ersten Verwendung der Regel zu verweisen[36], oder er muß entscheiden, wie das Regel-Ausnahmeverhältnis am zweckmäßigsten zu gestalten ist[37]. Der Gesetzgeber muß sich auch um eine *qualitative Vereinfachung* des Stoffes bemühen. Diesem Zweck dient ebenfalls eine präzise Begriffsbildung. Ferner müssen die Einheit des Gegenstandes gewahrt bleiben und eine innere Ordnung und Symmetrie der Rechtsvorschriften angestrebt werden. Ein wichtiges Hilfsmittel dazu ist eine geschickte Abschnitts- und Kapiteleinteilung. Besondere Sorgfalt muß der Vermeidung von Widersprüchen und Lükken gewidmet werden[38]: das erfordert besondere Weitsicht und Phantasie.

b) *Verständliche Darstellung*

Sodann kommt es wesentlich auch auf die *verständliche Darstellung* an: die Normadressaten müssen ohne größere Mühe erkennen können, was angeordnet ist. Der Gesetzgeber muß sich hier philologischer Methoden bedienen: bei der Wortwahl und Begriffsformulierung, bei der Satzbildung und der Verknüpfung von Sätzen und

---

[33] Eine scharfe Terminologie ist unabdingbare Voraussetzung guter Gesetzgebungstechnik: *Zitelmann*, a.a.O., S. 16, 17; *Kastner*, a.a.O., S. 550.

[34] *Zitelmann*, a.a.O., S. 17. Für unsere Rechtsordnung erscheint die systematische Anordnung als selbstverständlich; es läßt sich aber auch eine rein praktische Anordnung denken.

[35] *Jhering*, a.a.O., S. 330. [36] Dazu näher unter A AA I 2.

[37] *Beling*, a.a.O., S. 13, dazu näher unter A AA III 3 d cc.

[38] *Beling*, a.a.O., S. 14, dazu näher unter A AA III 3 a („Generalverweisung") und A AA VII 3.

Rechtsgedanken. Er muß sich entscheiden, ob das Gesetz volkstümlich sein soll oder ob es nur Juristen und gebildeten Laien zugänglich zu sein braucht[39]. Der Gesetzgeber kann sehr weitgehend abstrahieren und dadurch eine große Straffung des Rechtsstoffes erreichen[40] oder aber konkreter und damit lebensnäher formulieren. Die *Gesetzessprache* muß kurz, einfach, klar, deutlich[41] und schlicht sein[42]: sie sollte nicht belehren, sondern anordnen[43] [44].

c) Zur Abgrenzung

Diese Anführung der wichtigsten Aufgaben der Gesetzgebungstechnik läßt schon erkennen, daß eine klare *Grenzziehung gegenüber der Normsetzung* häufig nicht möglich ist. Wird ein Allgemeiner Teil gebildet, so dient das in erster Linie der systematischen Aufgliederung und Durchsichtigkeit des Gesetzesstoffes: das ist Aufgabe der Gesetzgebungstechnik. Ein Allgemeiner Teil verlangt aber zugleich eine starke Abstrahierung von Begriffen und Vorschriften: eine Aufgabe, die nur nach eingehender dogmatischer Durchdringung des Gesetzsetzesstoffes gelöst werden kann und häufig auch den Inhalt einzelner Vorschriften bestimmt, etwa in der Form, daß rechtsähnliche Rechtsinstitute einander in den Rechtsfolgen angeglichen werden. Damit wird das Gebiet der Normsetzung berührt. Oder: eine Lücke kann sowohl auf einen Mangel bei der Normsetzung als auch auf eine Ungeschicklichkeit bei der gesetzgebungstechnischen Durcharbeitung des Materials zurückzuführen sein.

5. Die Gesetzgebungstechnik als Technik und Kunst

Als Gegenstand wissenschaftlicher Erforschung[45] ist die Gesetzgebungstechnik zunächst eine *Technik*[46], weil sie bewußt, sinnvoll und methodisch die allgemeinen Regeln und Erfahrungen, die sie bei der Analyse zahlloser vorhandener Gesetze gesammelt hat, auf neue

---

[39] K. *Wolff*, a.a.O., S. 3.

[40] Vgl. den Allgemeinen Teil des BGB, dazu näher unter A AA I 2.

[41] Gegen *„Juristendeutsch"* und schlechten Stil wenden sich K. *Wolff*, a.a.O., S. 14 und *Becker*, a.a.O., S. 917; eine erheiternde Sammlung von *Gesetzessprachdummheiten* bringt K. *Wolff*, a.a.O., S. 15 ff.

[42] K. *Wolff*, a.a.O., S. 11—13. [43] „Lex moneat, non doceat".

[44] Der Gesetzessprache widmet sich auch besonders *Hedemann*, Festschrift, S. 31 ff., siehe auch das Kapitel über die Gesetzessprache bei *Müller* (a.a.O., S. 93 ff.) mit zahlreichen Literaturangaben.

[45] Die Gesetzgebungstechnik steht als wissenschaftliche Disziplin im Gegensatz zur *Hermeneutik* oder Auslegungslehre: diese befaßt sich mit der Erklärung des *Inhalts* der Vorschriften, jene beschäftigt sich mit der *Form* im steten Hinblick auf den Akt der Gesetzgebung, vgl. *Kastner*, a.a.O., S. 537.

[46] Siehe den Art. „Technik" im Staatslexikon, hrsg. von der Görres-Gesellschaft, Bd. 8, Freiburg 1962, S. 924; *Zitelmann*, a.a.O., S. 4.

Gesetzentwürfe anwendet und Vorschläge macht, wie der Gesetzgeber am zweckmäßigsten vorgehen soll. Als Technik ist sie einer Fassung in Regeln zugänglich und erlernbar[47], im Gegensatz zur Normsetzung, die stets von der sich wandelnden rechtspolitischen Zielsetzung des Gesetzgebers abhängig ist. Die Gesetzgebungstechnik ist aber zugleich eine Kunst[48] und die Lehre von der Gesetzgebungstechnik damit eine *Kunstlehre*[49]. Ein vollständiges, präzises und sprachlich schönes Gesetz, das so genau ist, daß die Entscheidung jedes künftigen Rechtsfalles mit Sicherheit und ohne große Mühe aus ihm entnommen werden kann[50] — das Ziel einer guten Gesetzgebungstechnik —, ist zugleich ein Kunstwerk. Je besser ein Gesetz ist, desto populärer wird es auch. So dient die Gesetzgebungstechnik schließlich auch der *Rechtspolitik*[51] und erleichtert die Durchsetzung eines Gesetzes.

Da die Gesetze gegenwärtig immer zahlreicher und zudem abstrakter, spezialisierter, „technischer" werden, müßten die Anstrengungen der Gesetzgebungstechnik, sie so verständlich wie möglich darzustellen, um so größer sein, und das Interesse der Wissenschaft müßte sich dieser Disziplin gerade verstärkt zuwenden. Demgegenüber wird heute immer wieder beklagt[52], daß das Handwerkszeug der Gesetzgebungstechnik in Wissenschaft und Praxis weitgehend vernachlässigt wird: die Gesetzentwürfe sind häufig eilig konzipiert, schlecht durchdacht und flüchtig formuliert; ständig sind Novellierungen erforderlich. Die Wissenschaft wendet sich anderen Problemen zu. Zur Behebung dieses Mißstandes ist bisher wenig getan worden[53].

---

[47] Deshalb bezeichnet *Müller*, a.a.O., S. VII sein Buch als „Anleitungsbuch" zur Erstellung technisch einwandfreier Gesetze und K. *Wolff*, a.a.O., S. VIII seine Abhandlung als „Lehrbuch der Gesetzestechnik" und als „Sprachlehre" für den Gesetzgeber; eine „Schulung" in der Gesetzgebungstechnik schlug *Hellbach*, a.a.O., S. 802 vor. Allerdings muß die Einschränkung gemacht werden, daß die Gesetzgebung als Technik im allgemeinen nur innerhalb eines Landes oder wenigstens einer Kulturgruppe oder -stufe erlernbar ist (*Schläpfer*, a.a.O., S. 102).

[48] *Kastner*, a.a.O., S. 537; *Wach*, a.a.O., S. 1; *Schläpfer*, a.a.O., S. 7.

[49] *Zitelmann*, a.a.O., S. 3; *Beling*, a.a.O., S. 10, 11.

[50] Dazu *Zitelmann*, a.a.O., S. 19, 31. [51] *Kastner*, a.a.O., S. 536.

[52] Schon *Zitelmann*, a.a.O., S. 4; *Kastner*, a.a.O., S. 540; K. *Wolff*, a.a.O., S. VIII, ferner *Strauß*, Übertragung, S. 174; *Peters*, Recht, Staat und Wirtschaft, Bd. III, S. 66 ff.; eine schlechte Gesetzgebungstechnik verstößt nach *Krüger*, DÖV 1956, 550 gegen rechtsstaatliche Prinzipien, ähnlich Hild. *Krüger*, DVBl 1956, 711.

[53] Wenn man von *Müllers* Arbeit einmal absieht. Einzelne *Richtlinien* enthält der zweite Abschnitt der GGO der Bundesministerien (2. Teil) (*Lechner-Hülshoff*, a.a.O. unter Nr. 38); nach § 34 Abs. 2 sollen danach alle Gesetzentwürfe der Bundesregierung, bevor sie dem Kabinett vorgelegt werden, der Gesellschaft für Deutsche Sprache e. V. vorgelegt werden. K. *Wolff*, a.a.O., S. 1 schlägt die Beauftragung von „Sprachkundigen" sowie die Errichtung eines „Sprachamtes" vor (a.a.O., S. 2).

6. *Die Verweisung als Mittel der Gesetzgebungstechnik*

Die *Verweisung* ist in diesem Zusammenhang vielleicht das jedem Juristen vertrauteste gesetzgebungstechnische Hilfsmittel. Sie wird nicht nur häufig angewandt, sondern ist auch besonders gefährlich, da sie zwar den Umfang eines Gesetzes einschränkt[54], es aber zugleich volksfremd macht sowie zu Auslegungsschwierigkeiten führt[55] und damit die wenig erfreuliche Situation der Gesetzgebungstechnik besonders beleuchtet. Der Gesetzgeber muß deshalb bei ihrer Verwendung besonders behutsam vorgehen. Indem diese Arbeit Möglichkeiten und Grenzen der Verweisungstechnik untersucht, dient sie zugleich der Verbesserung der Gesetzgebungstechnik im allgemeinen.

[54] Dazu näher unter A AA I 1 a.

[55] Dazu näher unter A AA VII 3 und B AA II 3 c.

A ERSTER TEIL

FORMENLEHRE

Im folgenden ersten Teil soll untersucht werden, welche *Gründe* den Gesetzgeber veranlassen, sich der Verweisungstechnik zu bedienen, sowie ein Überblick über die mannigfaltigen *Verweisungsformen* in allen Rechtgebieten (Kapitel AA), insbesondere im Strafrecht in Gestalt der *Blankettstrafgesetze* (Kapitel BB) gegeben werden.

KAPITEL AA

ZUR FORMENLEHRE DER VERWEISUNG

Abschnitt I

VOR- UND NACHTEILE DER VERWEISUNGSTECHNIK

1. Gründe für die Anwendung der Verweisungstechnik

Jede Verweisung beeinträchtigt die Geschlossenheit und Anschaulichkeit des Gesetzes und verletzt die gesetzgebungstechnische Regel, daß jede Vorschrift eine Gedankeneinheit bilden sollte[1]. Gleichwohl kann kein modernes Gesetz ohne Verweisungen auskommen. Dabei sind es im wesentlichen folgende Ziele, die der Gesetzgeber mit Hilfe der Verweisungstechnik anstrebt: die Gesetzesökonomie (a.), die Systembildung und Rechtsvereinheitlichung (b.), die Entlastung des Gesetzgebers (c.), die Anpassung an andere Vorschriften (d.), die Enthöriger Stellen an der Gesetzgebung (f.); schließlich verweist der Gesetzgeber wegen der Unmöglichkeit, den ganzen Rechtsstoff in die Norm selbst aufzunehmen (g.). Häufig treffen mehrere dieser Gründe zusammen.

a) Gesetzesökonomie

Der Gesetzgeber muß bemüht sein, den Umfang eines Gesetzes in Grenzen zu halten, um die Übersicht und damit das Verständnis zu erleichtern[2]: er muß einfach und knapp formulieren und *„Raum sparen"*.

---

[1] *Kastner*, a.a.O., S. 549. [2] § 684 Satz 1 BGB.

„Liegen die Voraussetzungen des § 683 nicht vor, so ist der Geschäftsherr verpflichtet, dem Geschäftsführer alles, was er durch die Geschäftsführung erlangt, nach den Vorschriften über die Herausgabe einer ungerechtfertigten Bereicherung herauszugeben":

Verzichtete der Gesetzgeber hier auf die Verweisung[3], so müßte er in die Vorschrift als Tatbestand die Voraussetzungen der berechtigten Geschäftsführung ohne Auftrag, die in § 683 BGB geregelt sind, und als Rechtsfolge die Regeln der ungerechtfertigten Bereicherung der §§ 812 ff. BGB aufnehmen. Demgegenüber wird die prägnante Kürze der Norm durch eine Verweisung im Tatbestand und in der Rechtsfolge erreicht.

b) Systembildung und Binnenverweisung. Rechtsvereinheitlichung und Außenverweisung

Die Verweisung in § 684 Satz 1 BGB hat zugleich den Zweck, die *Systembildung* innerhalb des Gesetzes sichtbar zu machen. Die Vorschrift ist insoweit ein typisches Beispiel einer *Binnenverweisung*[4], der Verweisung auf Vorschriften *desselben Gesetzes*[5], die in der Regel der normativen Verknüpfung verschiedener Vorschriften und Rechtsinstitute dient.

„Macht der Besitzer nach dem Eintritt der Rechtshängigkeit oder nach dem Beginne der im § 990 bestimmten Haftung notwendige Verwendungen, so bestimmt sich die Ersatzpflicht des Eigentümers nach den Vorschriften über die Geschäftsführung ohne Auftrag"[6].

Durch die Verweisung erspart sich der Gesetzgeber den Erlaß besonderer Haftungsbestimmungen für die Zeit nach dem Eintritt der Rechtshängigkeit (Knappheit des Gesetzes!) und gibt zugleich zu erkennen, daß er die Ersatzpflicht des Eigentümers gegenüber dem Besitzer in der normativen Bewertung der des Geschäftsherrn gegenüber

---

[3] Dazu K. *Wolff*, a.a.O., S. 7; *Kastner*, a.a.O., S. 552.

[4] Binnenverweisungen gibt es auch in Verfassungen: z. B. verweist Art. 75 GG auf Art. 72 GG, dazu näher unter A AA IV.

[5] *Aymanns*, a.a.O., S. 309; *Kastner*, a.a.O., S. 551; K. *Wolff*, a.a.O., S. 8; *Kastner*, a.a.O., S. 553 meint, es sei zwar grundsätzlich gleichgültig, wie Verweisungsparagraph und bezogener Paragraph zueinander stünden, jedoch könne man kaum von einer eigentlichen Verweisung sprechen, wenn die Paragraphen unmittelbar aneinander anschlössen (z. B. bei der Verweisung von § 991 auf § 990 BGB); hier sei ein Sprung nicht vonnöten, da die Brücke ohnehin geschlagen sei. Hier handele es sich oft um einen einheitlichen Gedankengang, dessen Glieder nur aus Gründen der Übersichtlichkeit auf mehrere Paragraphen verteilt seien. — Die Beobachtung ist zutreffend, jedoch erhebt sich die Frage: wie weit müssen Verweisungsnorm und Verweisungsobjekt voneinander getrennt sein, damit von einer echten Verweisung gesprochen werden kann? Es erscheint daher zweckmäßiger, von der Einheit jeder Vorschrift ausgehend, diesen Grenzfall ebenfalls dem Verweisungsbegriff zuzuordnen.

[6] § 994 Abs. 2 BGB.

dem Geschäftsführer gleichachtet (Systembildung!). Ähnlich regelt das Gesetz durch die Globalverweisung:

„Auf den Tausch finden die Vorschriften über den Kauf entsprechende Anwendung“[7]

den ganzen Vertragstypus „Tausch“ mit einem Satz und zeigt, daß es Kauf und Tausch für normativ vergleichbare Tatbestände hält[8]: ein Gesichtspunkt, der für die Auslegung wertvolle Anhaltspunkte bietet.

Der systematischen Gliederung des Gesetzesstoffes dient auch die Verweisung auf Begriffsdefinitionen[9]. Jede Vorschrift des BGB, die den Begriff „Sache“ verwendet[10], enthält eine stillschweigende Verweisung auf § 90 BGB[11]:

„Sachen im Sinne des Gesetzes sind nur körperliche Gegenstände“;

jedesmal ist der Begriff „Sache“ also zu lesen als „Sache im Sinne des § 90 BGB“. Die — schon unübersichtliche! — Verweisungskette § 2271 Abs. 3 — § 2289 Abs. 2 — § 2238 — § 2336 im Erbrecht des BGB ist ein einprägsames Beispiel für die Schwächen der Verweisungstechnik, aber auch für ihre systembildende Kraft.

Durch die Verweisung können aber nicht nur Bezüge innerhalb eines Gesetzes hergestellt werden. Ebenso können Einzelnormen eines Gesetzes oder ein Gesetz als Ganzes in vielfältigen Beziehungen zu *anderen Gesetzen*[12] stehen, ein Gesetz des Zivilrechtes etwa zum Strafgesetzbuch oder ein Spezialgesetz zum allgemeinen Gesetz:

„Soweit dieses Gesetz keine Bestimmungen über das Verfahren enthält, sind das Gerichtsverfassungsgesetz und die Zivilprozeßordnung entsprechend anzuwenden“[13].

Diese *Außenverweisungen*[14] sind eines der wichtigsten gesetzgebungstechnischen Mittel, das Ineinandergreifen der Vorschriften der *Gesamtrechtsordnung* sichtbar zu machen, und dienen zugleich der *Rechtsvereinheitlichung*.

---

[7] § 515 BGB. [8] *Engisch*, a.a.O., S. 27, Fn. 3.

[9] Dazu *Aymanns*, a.a.O., S. 298 ff. mit zahlreichen Beispielen aus dem Kirchenrecht, auch *Larenz*, a.a.O., S. 161 und *Kastner*, a.a.O., S. 554; siehe dazu unter A AA III 1.

[10] Z. B. § 903 BGB.

[11] § 90 BGB ist ein sog. „definitorischer Rechtssatz“, dazu *Larenz*, a.a.O., S. 161.

[12] Vgl. dazu *Aymanns*, a.a.O., S. 301, 304; *Weck*, a.a.O., S. 53; *Kastner*, a.a.O., S. 552.

[13] § 173 VwGO.

[14] *Aymanns'* (a.a.O., S. 309) Begriff *„ausscheidende“* Verweisung (so auch *Kastner*, a.a.O., S. 553, K. *Wolff*, a.a.O., S. 8) ist weniger glücklich, da der Inhalt des Verweisungsobjektes gerade *einbezogen* wird.

c) Entlastung des Gesetzgebers

Durch eine Verweisung erleichtert sich der Gesetzgeber zugleich die Arbeit,

> „Auf die Kommunalabgaben sind die folgenden Vorschriften in der jeweils geltenden bundesrechtlichen Fassung sinngemäß anzuwenden:
> 1. die §§ 1 bis 7,8 ... des Steueranpassungsgesetzes ...“[15]

indem er auf eine eigene Regelung ganz oder teilweise verzichtet. Dagegen ist nichts einzuwenden, es sei denn, die Erleichterung arte in Bequemlichkeit aus und der Gesetzgeber werde seinen Aufgaben hinsichtlich der Prüfung des Gesetzestextes und der Beschlußfassung nicht mehr gerecht[16].

d) Anpassung an andere Vorschriften

Oft verfolgt der Gesetzgeber mit der Verweisung hauptsächlich das Ziel, die eigenen Vorschriften der von *einer anderen* rechtsetzenden Instanz erlassenen *Regelung anzupassen,* etwa Landesrecht an Bundesrecht anzugleichen. So bestimmt § 87 Abs. 2 Satz 1 des Beamtengesetzes des Landes Niedersachsen[17]:

> „Der Beamte erhält Beihilfen in Krankheits-, Geburts- und Todesfällen nach den für die Beamten des Bundes geltenden Vorschriften.“

Gelegentlich bestimmt das Gesetz ausdrücklich, daß die Angleichung auch für den Fall einer Änderung der Vorschrift, auf die verwiesen wird, gelten solle[18]:

> „Für die Reise- und Umzugskostenvergütungen der Beamten gelten die *jeweiligen* Bundesvorschriften entsprechend“[19].
> oder:
> „... als Heimkehrer nach den Vorschriften des Heimkehrergesetzes vom 19. Juni 1950 (Bundesgesetzblatt S. 221) in der *jeweils geltenden Fassung*“[20].

e) Entlastung des Gesetzes

Durch eine Verweisung können Normen auch von sehr speziellen und umfangreichen Vorschriften freigehalten werden und sich auf grundlegende Anordnungen *beschränken.* Das ist häufig bei *Technischen Vorschriften* der Fall. In der Regel ermächtigt hier das Gesetz die Verwaltungsbehörden zum Erlaß von Rechtsverordnungen,

---

[15] § 3 Abs. 1 KAG des Landes Baden-Württemberg vom 18. 2. 1964 (GVBl 71).

[16] Dazu näher unter B AA I 7 und B BB.

[17] Vom 14. 7. 1960 (GVBl 145).

[18] Zu dieser sog. „dynamischen“ Verweisung siehe unter AA VII 1 und unter B passim.

[19] § 104 des Beamtengesetzes für das Land Schleswig-Holstein vom 19. 3. 1956 (GVBl 19).

[20] § 230 Abs. 2 Nr. 2 des LAG.

die ihrerseits auf die Regelwerke Technischer Verbände und Ausschüsse Bezug nehmen. So ermächtigte § 13 Abs. 2 des Gesetzes zur Förderung der Energiewirtschaft (Energiewirtschaftsgesetz)[21] den Reichswirtschaftsminister zum Erlaß von Vorschriften und Anordnungen über die Erhaltung vorhandener und die Errichtung zusätzlicher Energieanlagen sowie über die Abgabe von Energie. § 1 der daraufhin ergangenen 2. Durchführungsverordnung[22] lautet:

„Elektrische Anlagen ... sind ordnungsmäßig, d. h. nach den anerkannten Regeln der Elektrotechnik einzurichten und zu unterhalten. Als solche gelten die Bestimmungen des Verbandes Deutscher Elektrotechniker (VDE)."

In ähnlicher Weise *entlasten* sich manche Gesetze durch die Verwendung von Generalklauseln, die stillschweigend auf konkretisierende Vorschriften der Wirtschaft und Technik verweisen. Bestraft wird etwa nach § 337 a des Entwurfes eines Strafgesetzbuches (E 1962 StGB) die Verletzung „allgemein anerkannter Regeln der Technik" bei der Installation ... von Gas- oder elektrischen Geräten: damit sind nach der Amtlichen Begründung die umfangreichen Bestimmungen des VDE gemeint[23].

f) Beteiligung sachverständiger Kreise

Gerade bei Verweisungen auf Technische Vorschriften verfolgt der Gesetzgeber außer seiner Entlastung den weiteren Zweck, *sachverständige Kreise an der Normsetzung* zu beteiligen. Im Sinne des Subsidiaritätsprinzips wird dadurch zugleich die Möglichkeit beschränkter Selbstverwaltung geschaffen und ein Ausgleich zwischen den Bedürfnissen staatlicher Reglementierung und den Interessen der in erster Linie betroffenen Normadressaten angestrebt[24].

g) Unmöglichkeit der Gesamtwiedergabe des Textes

Ein letzter Grund für die Verweisung ist die Schwierigkeit oder *Unmöglichkeit, den Gesamtinhalt der Anordnung in den Text der Vorschrift aufzunehmen.* Das ist vor allem bei der Bezugnahme auf geographische Angaben der Fall:

„Die in den zu dieser Verordnung gehörenden und bei den Unteren Naturschutzbehörden in R., S., W. und M. aufliegenden Karten mit

---

[21] Z. B. das Energiewirtschaftsgesetz vom 13. 12. 1935 (RGBl 1451).

[22] Vom 31. 8. 1937 (RGBl 918 i. d. F. der Verordnung vom 17. 7. 1942, RGBl 468).

[23] Nachweise und nähere Untersuchung dieser Verweisungsform unter B AA I 7.

[24] Dazu näher unter B AA I 7 a.

[25] § 1 einer Landschaftsschutzverordnung entsprechend der Musterverordnung auf Grund des § 13 Abs. 2 der Durchführungsverordnung zum Reichsnaturschutzgesetz; dazu BVerwG DVBl 1964, 147.

grüner Umrahmung eingetragenen und in grüner Farbe flächenhaft angelegten Landschaftsteile ... werden ... mit dem Tage der Bekanntgabe dieser Verordnung dem Schutze des Reichsnaturschutzgesetzes unterstellt"[25].

Aus der Not wird hier zugleich eine Tugend: die Verweisung auf die ausgelegte Karte mit zeichnerischer und farblicher Umgrenzung des Schutzbereiches macht den Inhalt der Verordnung deutlicher, als wenn das Landschaftsschutzgebiet durch Kennzeichnung der betroffenen Parzellen an Hand der Katastereinteilung im einzelnen umschrieben würde[26].

2. *Verweisung, Wiederholung, Allgemeiner Teil*

Wenn der Gesetzgeber eine Norm setzen will, die *innerhalb eines Gesetzes* an mehreren Stellen angewandt werden soll, so kann er das gesetzgebungstechnisch auf dreierlei Art tun: er kann die Vorschrift an einer Stelle im vollen Wortlaut aufnehmen und sich in den übrigen Anwendungsfällen mit einer *Verweisung* auf diese Stelle begnügen; er kann die Vorschrift auch an jeder Stelle *wiederholen* oder sie mit anderen mehrmals benötigten Regeln in einen *„Allgemeinen Teil"* einreihen.

Will der Gesetzgeber einen Rechtsgedanken aus *einem anderen Gesetz* übernehmen, so kann er ihn an der Bedarfsstelle im *vollen Wortlaut* aufnehmen oder auf die andere Norm unter Angabe der Fundstelle *Bezug nehmen*[27].

Die Wiederholung und Bildung eines Allgemeinen Teils sind nicht Gegenstand dieser Arbeit, sollen der Verweisung jedoch als verwandte Mittel der Gesetzgebungstechnik gegenübergestellt werden, um deren Vor- und Nachteile schärfer hervorzuheben. Dabei soll allerdings einer abschließenden Bewertung der Verweisung nicht vorgegriffen werden: sie kann nur das Ergebnis der weiteren Darstellung sein[28].

a) Verweisung und Wiederholung

Eine *Wiederholung* anstelle einer Binnenverweisung fördert die Anschaulichkeit und Einprägsamkeit der Einzelnorm als Sinneinheit,

> *„Beschlagnahmen* dürfen nur durch den Richter, bei Gefahr im Verzug auch durch die Staatsanwaltschaft und ihre Hilfsbeamten ... angeordnet werden"[29]
>
> *„Durchsuchungen* dürfen nur durch den Richter und bei Gefahr im Verzug auch durch die Staatsanwaltschaft und ihre Hilfsbeamten ... angeordnet werden"[30],

---

[26] Vgl. dazu näher unter A AA V 2 ee und B AA II 2 b cc ccc sowie *Henrichs*, a.a.O., S. 150; dazu auch *Quaritsch*, a.a.O., S. 25, 26.

[27] Vgl. zum folgenden *Müller*, a.a.O., S. 58—61, 164.

[28] Dazu unter Zusammenfassung I 1, 2.

[29] § 98 Abs. 1 StPO.

[30] § 105 Abs. 1 StPO.

während Querverbindungen zu gleichlautenden oder ähnlichen Vorschriften nicht sichtbar werden. Im Falle der Außenverweisung erleichtert die Wiederholung der in einem anderen Gesetz — etwa dem (Bundes-)Rahmengesetz — enthaltenen Vorschriften an der benötigten Stelle — etwa im rahmenausfüllenden (Landes-)Gesetz —:

„§ 2 Grundsatz. (1.) Eine Benutzung der Gewässer bedarf der behördlichen Erlaubnis (§ 7) oder Bewilligung (§ 8), soweit ..."[31].

„§ 2 Grundsatz. (1.) Eine Benutzung der Gewässer bedarf der behördlichen Erlaubnis (§ 10) oder Bewilligung (§ 11), soweit ..."[32],

das Verständnis des (jetzt geschlossenen) Gesetzeswerkes. Auf der anderen Seite läßt die Wiederholung aber, im Gegensatz zur Verweisung, nicht auf den ersten Blick erkennen, welches Bundes-Rahmenvorschriften und rahmenausfüllende Landesvorschriften sind. Der entscheidende Nachteil der Wiederholung, der durch eine Verweisung vermieden wird, ist jedoch das erhebliche Anschwellen des Gesetzesumfanges: ein BGB ohne Verweisung wäre ein unüberschaubares Konvolut! Die Wiederholung kann auch dazu führen, daß ein Gesetz unausgewogen und „detaillastig" wird, etwa bei der wörtlichen Aufnahme umfangreicher Technischer Bestimmungen wie der Regeln des Verbandes Deutscher Elektrotechniker. Ein weiterer Nachteil der Wiederholung wurde bereits angedeutet: die gemeinsame Quelle mehrerer Vorschriften tritt nicht in Erscheinung[33]. Erschwert wird auch die Auffindung von Parallelnormen zum Zwecke der Auslegung. Darin liegt ein wesentlicher Vorteil der Verweisung: insbesondere dann, wenn auf besonders häufig gebrauchte Normen verwiesen wird, kann bei Anwendung der Verweisungsnorm auf den bekannten Wortlaut der herangezogenen Vorschrift und ihre Interpretation zurückgegriffen werden[34]. Würde das Gesetz den Text der Vorschrift wiederholen, statt zu verweisen, so könnte man nicht sicher sein, ob der Wortlaut gegenüber dem bekannten nicht doch abgewandelt[35] und die geläufige Auslegung also unanwendbar ist.

Zusammenfassend läßt sich also sagen: die Wiederholung erleichtert das Verständnis der Einzelnorm, erschwert aber den Überblick über die Systematik des Gesetzes und der Rechtsordnung[36].

---

[31] Wasserhaushaltsgesetz v. 20. 7. 1957 (BGBl 1110).

[32] Niedersächsisches Wassergesetz v. 7. 7. 1960 (GVBl 105).

[33] Es sei denn, die Wiederholungsnorm enthalte *zusätzlich* einen Hinweis auf die gemeinsame Quelle, etwa in Form eines Klammerzusatzes.

[34] Das ist bei Begriffsverweisungen besonders wichtig und gilt auch im Falle der Verweisung zur „entsprechenden Anwendung".

[35] *Aymanns,* a.a.O., S. 304.

[36] Ein weiterer Nachteil der Wiederholung: Gesetzesänderungen lassen sich bei der Verweisung leichter durchführen. Es bedarf nur der Änderung der Grundnorm, auf die an anderen Stellen verwiesen wird; dazu siehe die „*Verweisungsverjüngung*" unter A AA VI 1 b.

b) Verweisung und Allgemeiner Teil

Enthält ein Gesetz einen *„Allgemeinen Teil"*, so bedeutet das nichts anderes, als daß alle gemeinsamen Vorschriften vor die Klammer gezogen und zum Gegenstand der (meist stillschweigenden) Verweisung durch die Normen im „Besonderen Teil" gemacht werden[37]. Aus Gründen der Gesetzesökonomie und der Systematik kann kein größeres Gesetzeswerk auf einen Allgemeinen Teil verzichten. Mitunter enthalten Gesetzbücher mehrere ineinandergeschachtelte Allgemeine Teile: das Erste Buch des BGB enthält die für das Zweite bis Fünfte Buch gemeinsam geltenden Vorschriften, der Erste bis Sechste Abschnitt des Zweiten Buches die Allgemeinen Vorschriften für die einzelnen Schuldverhältnisse; auch einzelne Abschnitte werden noch mit Allgemeinen Vorschriften eröffnet, etwa beim Kauf.

Ein Allgemeiner Teil verstärkt die Vorteile der Verweisung — das Gesetz wird gestrafft, die systematische Gliederung tritt deutlich hervor, die Anwendung wird erleichtert —, aber auch ihre Nachteile. Sie bestehen insbesondere darin, daß die Vorschriften des Allgemeinen Teils sehr abstrakt, inhaltlich zusammenhanglos und daher schwer verständlich sind. Auch die nachfolgenden Normen des Besonderen Teiles werden durch die Herauslösung wesentlicher Elemente weniger anschaulich. Die (stillschweigenden) Verweisungen auf den Allgemeinen Teil kann nur der Fachmann erkennen und bei der Auslegung richtig berücksichtigen: Gesetze dieser Art sind daher unpopuläre „Juristengesetze".

c) Zusammenfassung

Stellt man die entscheidenden *Vor- und Nachteile* der Verweisung, insbesondere der Bildung eines Allgemeinen Teiles, und der Wiederholung *einander gegenüber*, so muß sich der Gesetzgeber in jedem Einzelfalle entscheiden, ob er der Kürze, Prägnanz und systematischen Gliederung — dann Verweisung — oder der Verständlichkeit, Anschaulichkeit, Volkstümlichkeit — dann Wiederholung — den Vorzug geben will. In der Praxis entscheidet er sich teilweise prinzipiell für eine Form — so das BGB für die Verweisung —; teilweise wählt er einen Mittelweg und verwendet Verweisung und Wiederholung im Wechsel[38]; mitunter ersetzt er später eine Wiederholung durch eine Verweisung[39] oder umgekehrt.

---

[37] *Bierling*, a.a.O., Bd. IV, S. 449, Anm. 13; *Kastner*, a.a.O., S. 550.
[38] *Müller*, a.a.O., S. 60, Fn. 22—24. [39] *Müller*, a.a.O., S. 61, Fn. 26—28.

Abschnitt II

DIE VERWEISUNGSNORM: GRUNDLAGEN, TERMINOLOGIE, EINTEILUNG UND ABGRENZUNG GEGENÜBER VERWANDTEN ERSCHEINUNGEN

Der Begriff „Verweisung“ umfaßt verschiedene Formen der gegenseitigen Bezugnahme von Normen, die im folgenden Abschnitt dargestellt werden (1—4). Dabei ist insbesondere die „echte“ von der „unechten“ Verweisung abzugrenzen (3—4). Es schließt sich ein Überblick darüber an, wie die Verweisung im Gesetz formuliert werden kann (5).

1. *Zur Terminologie*

„*Verweisung*“[1] und „*Bezugnahme*“ werden in der Sprache des Gesetzes[2], der Rechtsprechung[3] und Lehre[4] weitgehend inhaltsgleich für jede Form des gesetzlichen „*Nennens*“ einer anderen Vorschrift desselben oder eines anderen Gesetzes gebraucht. Unterschieden werden muß zwischen der Vorschrift, die die Verweisung ausspricht, der „verweisenden Vorschrift“, — der „Verweisungsnorm“, „Verweisungsgrundlage“[5], „unterstützten Norm“[6], „ergänzten Rechtsnorm“[7] — und der Vorschrift, auf die verwiesen wird — der „bezogenen Vorschrift“, dem „*Verweisungsobjekt*“[8], der „Hilfsnorm“[9], der „ergänzenden Anordnung“[10] —. Nach der Bedeutung, die dem „Nennen“ zukommt, lassen sich folgende *Formen* unterscheiden:

2. *Bezugnahme, Zitat, Anführung*

Oft wird in einer Norm eine andere Vorschrift erwähnt, ohne daß der Bezugnahme eine rechtserhebliche Bedeutung beizumessen wäre:

---

[1] *Aymanns*, a.a.O., S. 293 spricht von „Verweis“, so auch *Ermacora*, a.a.O., S. 561 ff.

[2] Vgl. § 46 Abs. 3 des Verschollenheitsgesetzes vom 4. 7. 1939 (RGBl 1186): „... verwiesen wird ...“ mit Art. XI Abs. 1 des 4. Bundesänderungsgesetzes zur Gewerbeordnung vom 5. 2. 1960 (BGBl 61): „Soweit ... Bezug genommen wird“.

[3] Z. B. BVerfGE 5,25 und BVerfG NJW 1966, 1499 (1501) (Parteienfinanzierungsurteil).

[4] *Herschel*, a.a.O., S. 1220; *Wirsing*, a.a.O., S. 83 („Beziehung“), *Warda*, a.a.O., S. 14; *Weidenbach*, a.a.O., S. 14, 23, 27, 33; *Jellinek*, a.a.O., S. 89, 188, 189, 191; *Müller*, a.a.O., S. 127, 130; *Gamillscheg*, a.a.O., S. 50.

[5] *Ossenbühl*, a.a.O., S. 401. [6] *Kastner*, a.a.O., S. 552.

[7] BVerwG NJW 1962, 506. [8] *Ossenbühl*, a.a.O., S. 401.

[9] *Kastner*, a.a.O., S. 553; *Aymanns*, a.a.O., S. 309. Das Begriffspaar „unterstützte Norm“ — „Hilfsnorm“ ist besonders treffend für die „echte“ Verweisung, dazu unten unter 4.

[10] BVerwG NJW 1962, 506.

„Ohne Zulassung findet die Revision statt, insoweit es sich bei einer auf § 48 des Ehegesetzes gestützten Klage darum handelt, ob ..."[11].

Genauso gut könnte es heißen:

„... bei einer Ehescheidungsklage wegen Aufhebung der häuslichen Gemeinschaft ..."

Die Bezugnahme auf § 48 Ehegesetz ist nur eine austauschbare Bezeichnungsart für die Klagegrundlage, die nicht einmal den Vorteil größerer Kürze hat. Diese Art der Verweisung soll *„Zitat"*, *„Erwähnung"*, *„Anführung"*[12] genannt werden.

3. *Verweisung „im weiteren Sinne"*

Nicht in jedem Falle scharf zu unterscheiden ist diese Form der lockeren Bezugnahme von der nächststärkeren.

„Für die Berechnung der Fristen gelten die Vorschriften des Bürgerlichen Gesetzbuches"[13].

Enthielte das Gesetz diese Vorschrift nicht, so würde der Gesetzesanwender, der über die Fristbestimmung im unklaren ist, auch ohne der Hinweis auf § 186 BGB stoßen:

„Für die in Gesetzen ... enthaltenen Frist- und Terminbestimmungen gelten die Auslegungsvorschriften der §§ 187—193."

Die Bezugnahme hat in diesem Falle keine über die Erleichterung der Gesetzesanwendung hinausgehende Bedeutung, sie ist nützlich, aber nicht notwendig[14]; ein notwendiger rechtlicher Zusammenhang zwischen Verweisungsnorm und Verweisungsobjekt wird nicht geschaffen[15]. Das gilt auch für eine Vorschrift wie etwa § 274 ABGB:

„In Rücksicht auf Ungeborene wird ein Sachwalter entweder für die Nachkommenschaft überhaupt, oder für eine bereits vorhandene Leibesfrucht (§ 22) aufgestellt. Im ersten Falle hat der Sachwalter dafür zu sorgen, daß ..."

wer die Norm, die dem § 1912 BGB entspricht, liest, wird schon aus ihr allein ersehen, daß eine Leibesfrucht als rechtsfähig angesehen wird, sonst ließe das Gesetz nicht die Bestellung eines Kurators zu. Die Verweisung auf § 22 ABGB mit dem Grundsatz „nasciturus pro iam nato habetur, quotiens de eius commodis quaeritur" dient nur der Erleichterung des Gesetzesverständnisses.

---

[11] § 547 Abs. 1 ZPO i. d. F. des Art. 3 des Familienrechtsänderungsgesetzes vom 11. 8. 1961 (BGBl 1221).

[12] *Müller,* a.a.O., S. 126; siehe auch § 32 der GGO Teil II.

[13] § 222 Abs. 1 ZPO. [14] So *Müller,* a.a.O., S. 168; K. *Wolff,* a.a.O., S. 8

[15] *Jellinek,* a.a.O., S. 96.

Diese Form der Verweisung soll „*Hinweis*"[16], „deklaratorische"[17], „unechte" Verweisung genannt werden[18] und mit der „konstitutiven", „echten" Verweisung unter dem Oberbegriff der „*Verweisung im weiteren Sinne*" zusammengefaßt werden[19]. Aymanns[20] charakterisiert den Hinweis als „empfehlend", Kastner[21] nennt ihn „erläuternde" Verweisung. Der Begriff „*Bezugnahme*"[22] umfaßt sowohl das Zitat als auch die Verweisung in der Form des Hinweises sowie die „echte Verweisung".

4. *„Echte" Verweisung, Verweisung „im engeren Sinne"*

a) Definition Müllers

Eine auch rechtlich verbindliche Verknüpfung zwischen Verweisungsnorm und Verweisungsobjekt schafft die „*Verweisung im engeren Sinne*".

> „Für die Ausschließung und Ablehnung der Gerichtspersonen gelten §§ 41 bis 49 der Ziviprozeßordnung entsprechend."[23]

Durch diese Verweisung werden die bezeichneten Vorschriften der Zivilprozeßordnung für den Verwaltungsprozeß anwendbar gemacht.

Hanswerner Müller[24] sieht die Rechtswirkung dieser Verweisung im Gegensatz zum Hinweis darin, daß durch sie „die Geltung einer an sich für einen anderen Bereich erlassenen Vorschrift auf das neue Gesetz ausgedehnt wird, d. h. erst die *(echte) Verweisung* macht die anderswo stehende Regelung auch hier anwendbar", und nennt diese „eigentliche", „echte" Verweisung — wie Herschel[25] — „konstitutiv".

b) Ergänzung der Definition: Die „echte" Verweisung als unvollständiger Rechtssatz

Müller geht damit bei der *Definition* der „echten Verweisung" — wie sie weiterhin genannt sein soll — vom *Verweisungsobjekt* aus, dessen Geltungsbereich durch die Verweisung erweitert wird. Betrachtet man sie demgegenüber aus der Sicht der *Verweisungsnorm*, so bewirkt sie, daß eine von sich aus unvollständige Norm durch die

---

[16] *Müller*, a.a.O., S. 168; *Aymanns*, a.a.O., S. 295; *Jellinek*, a.a.O., S. 96: „Schlichter Hinweis".

[17] *Müller*, a.a.O., S. 169; *Herschel*, a.a.O., S. 1220.

[18] K. *Wolff*, a.a.O., S. 80 nennt den Hinweis „Anführung".

[19] Auch *Jellinek*, a.a.O., S. 96 faßt den „schlichten Hinweis" als Form der Verweisung auf. *Aymanns*, a.a.O., S. 295 rechnet den Hinweis nicht zu den „Verweisen".

[20] A.a.O., S. 295. [21] A.a.O., S. 552; so auch K. *Wolff*, a.a.O., S. 8.

[22] Nicht so scharf trennt *Jellinek*, a.a.O., S. 89: er gebraucht „Bezugnahme" und „Verweisung" bedeutungsgleich und unterteilt die Bezugnahme in die „Übernahme" (S. 89) (Rezeption), die „Verweisung auf rechtliche Anschauungen" (S. 91), die „Verweisung auf Sätze der eigenen" (S. 91) und „Sätze einer fremden Rechtsordnung" (S. 93).

[23] § 54 Abs. 1 VwGO. [24] A.a.O., S. 169. [25] A.a.O., S. 1220.

Hinzunahme des Verweisungsobjektes vervollständigt wird: (echte) Verweisungsnormen sind ***unvollständige Rechtssätze***[26].

aa) Vollständige und unvollständige Rechtssätze

Vollständige Rechtssätze sind solche, die für sich allein, ohne Hinzunahme anderer Vorschriften, ein Gebot oder Verbot enthalten oder etwas gewähren[27], z. B. das Eigentum oder ein anderes Recht. Sie enthalten einen vollständigen Tatbestand und eine vollständige Rechtsfolge, etwa:

„Wer den Tatbestand X setzt, ist dem anderen zum Schadenersatz verpflichtet"

als Gebot, oder:

„Wer die tatbestandlichen Voraussetzungen X, Y, Z erfüllt, erlangt Eigentum"

als Gewährung.

Demgegenüber gibt es Rechtssätze, welche nicht allein, sondern erst in Verbindung mit anderen geeignet sind, ein Rechtsverhältnis —

---

[26] *Nipperdey*, a.a.O., S. 197; *Larenz*, a.a.O., S. 160; *Bierling*, a.a.O., Bd. I, S. 87 unterscheidet: „selbständige" und „unselbständige" Rechtssätze, so auch *Engisch*, a.a.O., S. 27, Fn. 1. So dem Sinne nach auch *Jellinek*, a.a.O., S. 91, 92, der das Verweisungsobjekt als „Ausführungsverordnung" der ergänzungsbedürftigen Verweisungsnorm betrachtet.

1. Die ***unvollständigen Rechtssätze*** teilt *Nipperdey*, a.a.O., S. 197—199, ein in:
   a) andere Rechtssätze bestimmende oder abändernde Rechtssätze (*Larenz*, a.a.O., S. 160: erläuternde Rechtssätze), dazu rechnen die begriffsentwickelnden (definierenden), beschränkenden (verneinenden) (*Larenz*, a.a.O., S. 163: einschränkende Rechtssätze) und abändernden Rechtssätze.
   b) verweisende Rechtssätze im weiteren Sinne (so auch *Larenz*, a.a.O., S. 164), dazu rechnet er die verweisenden Rechtssätze im engeren Sinne (die nur eine Verweisung enthalten), die Fiktionen (dazu unten unter d.) und die aufhebenden Rechtssätze.
2. *Bierling*, a.a.O., S. 87 ff. teilt die unvollständigen Rechtssätze ein in: andere Rechtssätze modifizierende, das sind begriffsentwickelnde und verneinende, und rein formale, das sind einfach aufhebende und formell verweisende (und deren Abart: die Fiktion, a.a.O., S. 101).
3. *Engisch*, a.a.O., S. 27, Fn. 3 folgt *Bierling* im wesentlichen: begriffsentwickelnde, erlaubende (ein Verbot einschränkende), verneinende und eine Rechtsfolge näher bestimmende Normen; zu den unvollständigen Rechtssätzen zählen nach seiner Einteilung vor allem die Verweisungen (a.a.O., S. 27, Fn. 1).

[27] *Nipperdey*, a.a.O., S. 196; *Bierling*, a.a.O., S. 87 nimmt die Gewährung nicht in seine Definition auf.

Gebot, Verbot, Gewährung — zu normieren[28] [29]. Eine Norm wie § 173 BGB:

„Die Vorschriften des § 170, des § 171 Abs. 2 und des § 172 Abs. 2 finden keine Anwendung, wenn der Dritte das Erlöschen der Vertretungsmacht bei der Vornahme des Rechtsgeschäftes kennt oder kennen muß"

ergibt für sich keinen Sinn. Erst im Zusammenhang mit den bezogenen Normen, die das Fortdauern der Vollmacht und die Anscheinsvollmacht regeln, wird ihre Bedeutung erkennbar: sie schränkt den Anwendungsbereich jener Normen ein[30], indem sie dem Bösgläubigen die Berufung auf den Gutglaubensschutz bezüglich der fortbestehenden Vollmacht verwehrt[31]. Ebenso erhält die Anordnung:

„Für die Reise- und Umzugskostenvergütungen der Beamten gelten die jeweiligen Bundesvorschriften entsprechend"[32].

erst im Zusammenhang mit den entsprechenden Bundesgesetzen und -rechtsverordnungen eine materielle Bedeutung: sie bewirkt die Angleichung der bezeichneten Rechtsverhältnisse der Landesbeamten an die der Bundesbeamten.

bb) Offene und verdeckte Unvollständigkeit

In der Regel — wie auch in den angeführten Beispielen — fällt die Unvollständigkeit der Verweisungsnorm dadurch ins Auge, daß in die „Sinn-Lücke" ein Zitat des Verweisungsobjektes unter Angabe der Paragraphenzahl und der Fundstelle eingefügt ist. Es gibt jedoch auch unvollständige Verweisungsnormen, die vollständig und ohne Ergänzung sinnvoll erscheinen. So enthält § 706 Abs. 1 BGB:

„Sind vertretbare oder verbrauchbare Sachen beizutragen, so ist im Zweifel anzunehmen, daß ..."

eine Verweisung auf die Begriffsdefinitionen der „Sache" (§ 90 BGB), der „vertretbaren Sache" (§ 91 BGB) und der „verbrauchbaren Sache" (§ 92 BGB) und muß durch sie ergänzt werden. Es sind dies die Fälle der „stillschweigenden Verweisung"[33]. Es kommt nicht darauf an, ob die Verweisungsnorm ohne Ergänzung durch das Verweisungobjekt überhaupt einen Sinn ergibt, sondern ob der vom

---

[28] *Nipperdey,* a.a.O., S. 197; *Bierling,* a.a.O., S. 87; *Engisch,* a.a.O., S. 27, Fn. 3.

[29] Daß auch vollständige Rechtssätze sich gegenseitig ergänzen und bedingen, betont *Bierling,* a.a.O., S. 105, jedoch bildet jeder Rechtssatz eine selbständige Sinneinheit.

[30] § 173 BGB ist ein „beschränkender" (*Nipperdey,* a.a.O., S. 198), „teilweise verneinender" Rechtssatz (*Bierling,* a.a.O., S. 91; *Engisch,* a.a.O., S. 28).

[31] Ähnlich § 864 Abs. 1 BGB.

[32] § 104 des Landesbeamtengesetzes des Landes Schleswig-Holstein i. d. F. vom 9. 7. 1962 (GVBl 294).

[33] Dazu unter 5 b.

Gesetzgeber gewollte Sinn in der Norm selbst voll zum Ausdruck kommt oder sich erst durch die Hinzunahme der anderen Norm ergibt[34].

cc) Arten der Unvollständigkeit

aaa) Verweisung im Tatbestand

Unvollständig kann die Verweisungsnorm zunächst im *Tatbestand*[35] sein. Dieser kann in *vollem Umfange* durch das Verweisungsobjekt ergänzt werden. So verweist die Strafnorm:

„ein solcher Verbrecher soll mit schwerem Kerker ... bestraft werden"[36]

auf § 147 des Österreichischen Strafgesetzes (Abtreibung einer fremden Leibesfrucht), der lautet:

„dieses Verbrechens[37] macht sich auch derjenige schuldig, der ... wider Willen der Mutter die Abtreibung der Leibesfrucht bewirkt ..."

Auch in den *Blankettstrafgesetzen* ist regelmäßig der ganze Tatbestand in dem Verweisungsobjekt, der Ausfüllungsnorm, enthalten:

„Wer die vom Kaiser zur Verhütung des Zusammenstoßens der Schiffe auf See ... erlassenen Verordnungen übertritt, wird mit Geldstrafe bestraft" [38]

Der Tatbestand kann auch nur *teilweise* durch das Verweisungsobjekt ergänzt werden:

„Liquidatoren, welche die ihnen nach dem § 42 Abs. 2 und dem §§ 50 bis 52 obliegenden Verpflichtungen verletzen ... sind ... den Gläubigern für den daraus entstehenden Schaden verantwortlich" [39]

Besonders häufig wird ein Teil des Tatbestandes durch eine an anderer Stelle, meist im Allgemeinen Teil des Gesetzes, angeführte Begriffsdefinition ergänzt[40].

bbb) Verweisung in der Rechtsfolge

Die Verweisungsnorm kann auch im Tatbestand vollständig sein, die *Rechtsfolgen* jedoch *ganz*

---

[34] *Kastner*, a.a.O., S. 551.

[35] *Larenz*, a.a.O., S. 165, siehe vor allem die Ausführungen zu § 951 Abs. 1 BGB. Allerdings findet sich bei *Larenz* ein gewisser Widerspruch: es wird zwar anerkannt, daß auch im *Tatbestand* verwiesen werden kann, der verweisende Rechtssatz jedoch definiert (a.a.O., S. 164) als der Rechtssatz, der die *Rechtsfolge* nicht unmittelbar, sondern mittelbar durch Verweisung bestimmt.

[36] § 148 des Österreichischen Strafgesetzes von 1945.

[37] Die Kennzeichnung des Delikts findet sich in § 144 des Österreichischen Strafgesetzes: „Abtreibung der eigenen Leibesfrucht".

[38] § 145 StGB; zu den Blankettstrafgesetzen näher unter A BB II, insbesondere unter 4 a.

[39] § 53 BGB. [40] Vgl. § 607 Abs. 1 BGB und § 91 BGB.

„Für die Ausschließung und Ablehnung der Gerichtspersonen gelten §§ 41 bis 49 der Zivilprozeßordnung entsprechend“[41],

in anderer Formulierung:

„Was vorstehend von den Gemeinden bestimmt ist, gilt ... auch von diesen“[42] (sc. Armenkommunen als gesetzlich anerkannten Verbänden der Armenpflege)

oder *teilweise*

„Die Bestimmungen in den§§ 18 bis 36, 38 des Gesetzes vom 11. Juni 1870, betreffend das Urheberrecht an Schriftwerken ... finden auch auf das Urheberrecht an Mustern und Modellen *mit der Maßgabe* entsprechendeAnwendung, daß ...“[43]

dem Verweisungsobjekt entnehmen. Im letztgenannten Beispiel ändert die Verweisungsnorm die Rechtsfolgen des Verweisungsobjektes für ihre Bedürfnisse ab.

ccc) Die Fiktion als Sonderfall der Verweisung in der Rechtsfolge

Ein schwerer erkennbarer Sonderfall der Verweisung in der Rechtsfolge ist die *Fiktion.* Statt anzuordnen:

„Anfechten kann seine Erklärung auch, wer sich über solche Eigenschaften der Person oder Sache geirrt hat, die im Verkehr als wesentlich angesehen werden“

sagt das Gesetz:

„Als Irrtum über den Inhalt der Erklärung gilt auch der Irrtum über solche Eigenschaften ...“[44]

und verweist damit auf die Rechtsfolgen des § 119 Abs. 1 BGB, der die Anfechtungsmöglichkeit bei einem Inhalts- oder Erklärungsirrtum eröffnet. Das Gesetz fingiert also, der Tatbestand Y sei ein Fall des Tatbestandes X, um die Rechtsfolgen X für Y zur Anwendung zu bringen[45]. In dieser Formulierung liegt nicht die Behauptung, der Tatbestand Y sei in der Wirklichkeit ein Fall des Tatbestandes X[46]. Der Gesetzgeber will vielmehr erreichen, daß Y an dieser Stelle und für diese Rechtsfolgen so behandelt wird, als falle er unter den Tatbestand X. Die Fiktion ist also nur ein Hilfsmittel des wissenschaftlichen Denkens[47] und darüber hinaus ein Mittel der Gesetzgebungstechnik, das eine besonders knapp formulierte Verwei-

---

[41] § 54 Abs. 1 VwGO.

[42] § 9 des Freizügigkeitsgesetzes vom 1. 11. 1867 (BGBl des Norddeutschen Bundes 55).

[43] § 14 Abs. 1 des Gebrauchsmustergesetzes vom 11. 1. 1876 (RGBl 11).

[44] § 119 Abs. 2 BGB.

[45] Dazu *Larenz,* a.a.O., S. 166, vgl. auch die Fiktionen in §§ 96, 911 BGB und die wohl bekannteste in § 1923 Abs. 2 BGB.

[46] Dazu *Larenz,* a.a.O., S. 166; *Schläpfer,* a.a.O., S. 24.

[47] *Bierling,* a.a.O., Bd. I, S. 102; zu weiteren Gründen für den Gebrauch von Fiktionen *Larenz,* a.a.O., S. 167, 168.

sung[48] ermöglicht. Wegen der in der Fiktion für den Rechtsanwender liegenden Gefahr, die Gleichsetzung der verschiedenen Sachverhalte weiter auszudehnen, als es für die Anwendung des Verweisungsobjektes notwendig und vertretbar ist[49], sollte der Gesetzgeber nach Möglichkeit auf die Fiktion verzichten und sich der offenen Verweisung bedienen[50] [51].

ddd) Verweisung im Tatbestand und in der Rechtsfolge

Eine Vorschrift kann *sowohl im Tatbestand als auch in der Rechtsfolge* auf andere Vorschriften verweisen.

„Wer infolge der Vorschriften der §§ 946 bis 950 einen Rechtsverlust erleidet, kann ... Vergütung in Geld nach den Vorschriften über die Herausgabe einer ungerechtfertigten Bereicherung fordern“[52].

dd) Funktion des Verweisungsobjektes bei der Vervollständigung der Verweisungsnorm

Die Sinnvervollständigung kann in einer *Erläuterung, Ergänzung* oder *Einschränkung* der Verweisungsnorm durch das Verweisungsobjekt bestehen.

aaa) Erläuterung der Verweisungsnorm

Die Vorschrift, auf die verwiesen wird, kann die Verweisungsnorm zunächst *erläutern*[53]. Erst das Verweisungsobjekt:

„Kaffee, auch geröstet oder entkoffeiniert ...“[54].

---

[48] *Larenz*, a.a.O., S. 168; *Esser*, a.a.O., S. 25, 37 ff. (S. 27: „... daß die Rechtsfiktion geschichtlich nie die Bedeutung einer Vergewaltigung der Wirklichkeit, sondern nur die der Verweisung in bestimmten Formen und Grenzen hatte, daß sie sich also nicht durch die Besonderheit ihres *Inhalts*, sondern durch die ihrer *Form* von anderen Rechtssätzen unterscheidet). Zur Fiktion als einem Sonderfall der Verweisung auch *Zitelmann*, a.a.O., S. 16; *Nipperdey*, a.a.O., S. 198; *Kohler*, a.a.O., S. 365; *Bullinger*, Unterermächtigung, S. 21.

[49] *Larenz*, a.a.O., S. 168; K. *Wolff*, a.a.O., S. 111.

[50] So *Bierling*, a.a.O., Bd. I, S. 102, 103; ders., Bd. IV, S. 449 ff.; *Larenz*, a.a.O., S. 172 („manchmal wohl angebrachtes, manchmal unnötiges, aber unschädliches, manchmal auch unangebrachtes Ausdrucksmittel des Gesetzes“).

[51] Zur Gesetzesformulierung bei der Verweisung auf Regeln der Technik „als solche gelten ...“ und deren rechtlicher Beurteilung siehe unter B AA I 7 d.

[52] § 951 Abs. 1 Satz 1 BGB.

[53] *Aymanns*, a.a.O., S. 298: „regelerläuternde Verweisung“, K. *Wolff*, a.a.O., S. 8: „erläuternde Verweisung“, *Bierling*, a.a.O., Bd. I, S. 89: „begriffsentwickelnd“, ebenso *Engisch*, a.a.O., S. 27, Fn. 3; *Nipperdey*, a.a.O., S. 198 — alle aus der Sicht des Verweisungsobjektes, das ein „erklärender, definierender, deklaratorischer“ Rechtssatz genannt wird (*Nipperdey*, a.a.O.); *Kastner*, a.a.O., S. 550: „parallele“ Verweisung, *Larenz*, a.a.O., S. 160: „erläuternde“ Rechtssätze.

[54] Nr. 0901 des Zolltarifs, Zolltarifgesetz vom 27. 7. 1957 (BGBl 1395).

läßt erkennen, was der Gesetzgeber in der Steuervorschrift:

„Kaffee ... sind alle unter Nr. 0901 ... des Zolltarifs fallenden Erzeugnisse"[55].

Der Erläuterung dienen auch viele der stillschweigenden Verweisungen auf die gesetzlichen Definitionen des Allgemeinen Teils des BGB[56].

bbb) Ergänzung der Verweisungsnorm

Das Verweisungsobjekt kann die Verweisungsnorm auch *ergänzen*[57], insbesondere ihren Anwendungsbereich *erweitern*:

„Die gleichen Vorschriften gelten für den Anteil eines Miterben"[58],

oder in allgemeiner Form mit einem Zitat des Verweisungsobjektes:

„§ 1. Für T gilt R. § 2. Dasselbe wie für T gilt für § X."

Hier wird der Anwendungsbereich der Norm „für T gilt R" erst dann überschaubar, wenn man die bezogene Vorschrift § X hinzunimmt.

ccc) Einschränkung der Verweisungsnorm

Das Verweisungsobjekt kann schließlich die Geltung der Verweisungsnorm *einschränken*[59]. Das geschieht besonders häufig in der Form des von Aymanns und anderen sog. „Vorbehaltes"[60] einer anderen Regel und dient zur Kennzeichnung des Regel-Ausnahmeverhältnisses:

„Erzeugnisse und sonstige Bestandteile einer Sache gehören auch nach der Trennung dem Eigentümer der Sache, soweit sich nicht aus den §§ 954 bis 957 ein anderes ergibt"[61].

In der allgemeinen Form:

„§ 1. Für T gilt R, unbeschadet der Vorschrift des § X.

§ X. R gilt nicht für die Fälle T_1, T_2."

„Vorbehalten" wird hier die an der bezeichneten Gesetzesstelle geregelte Ausnahme zu der von der Verweisungsnorm selbst ange-

---

[55] § 1 Abs. 2 Kaffeesteuergesetz vom 30. 7. 1953 (BGBl 708).

[56] Vgl. §§ 90, 91, 92 Abs. 1 BGB, siehe dazu unter AA II 5 b.

[57] Übereinstimmend „ergänzende Verweisung" bei *Aymanns*, a.a.O., S. 298; *Kastner*, a.a.O., S. 28; *Nipperdey*, a.a.O., S. 198: „abändernde Rechtssätze".

[58] § 859 Abs. 2 ZPO.

[59] So auch *Aymanns*, a.a.O., S. 300: „regeleinschränkende Verweisung", *Kastner*, a.a.O., S. 550, *Engisch*, a.a.O., S. 28; *Larenz*, a.a.O., S. 163: „einschränkende Rechtssätze", *Nipperdey*, a.a.O., S. 168: „beschränkende Rechtssätze".

[60] *Aymanns*, a.a.O., S. 306 ff. Deshalb wird die einschränkende Verweisung von *Aymanns* auch bedeutungsgleich als „vorbehaltliche Verweisung" bezeichnet. Ausführlich zum „Vorbehalt" in dieser Anwendung des Begriffes unter AA III 3 d cc.

[61] § 953 BGB.

ordneten Regel. Erst dann kennt man den wirklichen Anwendungsbereich dieser Regel, wenn man die Einschränkungen berücksichtigt, die den zunächst zu weit gefaßten Rechtssatz auf sein richtiges Maß zurückführen[62] [63].

ddd) Funktion der Fiktion

Nicht nur durch eine offene Verweisung, sondern auch durch eine *Fiktion*[64] als Form der verdeckten Verweisung kann eine Norm erläutert, ergänzt oder eingeschränkt werden. Die Bestimmung:

> „Früchte, die von einem Baume ... auf ein Nachbargrundstück hinüberfallen, gelten als Früchte dieses Grundstücks“[65]

erweitert den Anwendungsbereich der §§ 953 ff. i. V. m. §§ 99 ff. BGB über den Erwerb von Erzeugnissen einer Sache. Wenn das Gesetz dagegen fingiert:

> „Wer zur Zeit des Erbfalles noch nicht lebte, aber bereits erzeugt war, gilt als vor dem Erbfalle geboren“[66]

so schränkt es die Regel des § 1923 Abs. 1 i. V. m. § 1 BGB zugunsten des „nasciturus“ ein: „Die Rechtsfähigkeit des Menschen beginnt“ eben doch nicht ausnahmslos „mit der Vollendung der Geburt“, wie § 1 BGB zunächst postuliert[67].

ee) Das Verweisungsobjekt als vollständiger oder unvollständiger Rechtssatz

Ist die Verweisungsnorm stets ein unvollständiger Rechtssatz, so kann das *Verweisungsobjekt* eine *vollständige:*

> „Für die Ausschließung und Ablehnung der Gerichtspersonen gelten §§ 41 bis 49 der Zivilprozeßordnung entsprechend“[68]

oder eine *unvollständige* Norm sein. Letzteres ist insbesondere dann der Fall, wenn sich die Bedeutung des Verweisungsobjektes in der Definition, Ergänzung oder Einschränkung der Verweisungsnorm erschöpft und ihm darüber hinaus kein selbständiger Anwendungsbereich verbleibt[69].

---

[62] *Nipperdey*, a.a.O., S. 198.

[63] *Kastner*, a.a.O., S. 553 ist der Ansicht, daß in den Fällen, in denen auf die oben geschilderte Weise eine ganze Gruppe von Fällen als Ausnahme von der Regel ausgeschieden werde, keine (einschränkende) Verweisung, sondern nur ein Behelf der Gesetzessystematik vorliege: dazu näher unter AA III 3 d cc.

[64] *Larenz*, a.a.O., S. 166; siehe dazu unter AA II 4 b cc ccc.

[65] § 911 BGB. [66] § 1923 Abs. 2 BGB. [67] *Larenz*, a.a.O., S. 167.

[68] § 54 Abs. 1 VwGO, ähnlich § 55 VwGO.

[69] In der Regel hat das unvollständige Verweisungsobjekt nur diese Hilfsfunktion, in manchen Fällen ergänzen sich aber unvollständige Verweisungsnorm und unvollständiges Verweisungsobjekt gegenseitig zu vollständigen

ff) Zusammenfassung und Ergebnis

In Ergänzung der Definition Hanswerner Müllers[70] läßt sich die *„konstitutive"*, *„echte" Verweisung* nach diesen Feststellungen kennzeichnen als dasjenige gesetzgebungstechnische Hilfsmittel, durch das der Gesetzgeber anordnet, eine ganz oder teilweise unvollständige Norm durch eine andere Norm oder den Teil einer anderen Norm zu ergänzen. Entweder knüpft der Gesetzgeber Rechtsfolgen an einen unvollständigen Rahmentatbestand, der an anderer Stelle ergänzt werden muß[71], oder er ordnet die Ergänzung der Norm durch eine an anderer Stelle auffindbare Rechtsfolge an. Da der Sinn der Verweisungsnorm ohne Hinzunahme des Verweisungsobjektes unvollständig bleibt, nennt Kastner[72] die echte Verweisung „begriffsbildende Verweisung" — treffender wäre die Bezeichnung „sinnbildende Verweisung"[73] —, und Aymanns[74] kennzeichnet den „Verweis" im Gegensatz zum empfehlenden Hinweis als den „verbindlichen Hinweis von einer Gesetzesstelle auf eine andere, durch den die Intention der ersten Gesetzesstelle sichtbar gemacht wird".

Diese echte Verweisung, die eine rechtserhebliche Anknüpfung an das Verweisungsobjekt enthält, steht im Vordergrund der im zweiten Teil dieser Arbeit angestellten verfassungsrechtlichen Untersuchungen und ist gemeint, wenn im folgenden der Begriff *„Verweisung"* ohne Zusatz verwandt wird.

Zu erwähnen ist noch, daß Herschel[75] und, ihm folgend, Schäfer[76] die Verweisung weiter untergliedern. Sie unterscheiden zwischen Verweisungen, deren Objekt für den Adressatenkreis der Verweisungsnorm schon gilt, und solchen, deren Objekt bisher einen anderen

---

Rechtssätzen. *Bierling*, a.a.O., Bd. I, S. 87 meint in seiner Definition des unvollständigen Rechtssatzes, unter den Ergänzungssätzen müsse mindestens ein vollständiger („selbständiger") sein: oft ergänzen sich aber zwei unvollständige Rechtssätze zur Vollständigkeit des einen, so etwa bei jeder Verweisung auf einen definitorischen Rechtssatz.

[70] A.a.O., S. 169, siehe oben unter a.

[71] Ähnlich *Bullinger*, Selbstermächtigung, S. 21: „Die Verweisung ist stets eine Blankettvorschrift mit der Bestimmung, wie dieses Blankett auszufüllen ist."

[72] A.a.O., S. 552, so auch K. *Wolff*, a.a.O., S. 8. *Larenz*, a.a.O., S. 161 spricht vom „Rahmen" der Verweisungsnorm und hebt damit ebenfalls auf ihre Unvollständigkeit ab.

[73] Oder auch „technische Verweisung im engeren Sinne". „Während also die erläuternde Verweisung nur nützlich ist, der Bequemlichkeit des Gesetzesverständnisses dient, ist die begriffsbildende Verweisung eine zur Herstellung des vom Gesetzgeber beabsichtigten Sinnes nötige, in ihrer Form aber von gesetzesökonomischen Erwägungen bestimmte Maßregel der Gesetzestechnik" (a.a.O., S. 552).

[74] A.a.O., S. 297. [75] A.a.O., S. 1220. [76] A.a.O., S. 71.

Adressatenkreis betraf. Der ersten Gruppe wäre etwa § 823 Abs. 2 BGB zuzurechnen. Den dort bezogenen Schutzgesetzen ist jeder Schädiger bereits unterworfen: eine Zuwiderhandlung ist in der Regel eine mit Sanktionen bedrohte Straftat oder Ordnungswidrigkeit. Durch die Verweisung wird an den Normverstoß zusätzlich die Verpflichtung zum Schadensersatz geknüpft. Auch die Verweisung eines Landesgesetzes auf Vorschriften eines für alle Bürger dieses Landes geltenden Gesetzes desselben Landes würde dieser Gruppe angehören. Alle anderen Verweisungsfälle sind der zweiten Gruppe zuzuordnen. Dazu rechnet Herschel u. a. die Verweisung auf fremde Rechtsordnungen durch § 4 EGBGB. Dazu gehört auch die Verweisung eines Landesgesetzes auf das Gesetz eines anderen Landes. Dieser Unterscheidung soll hier nicht weiter nachgegangen werden, da sie für die Bestimmung der Verweisungsstruktur keine neuen Gesichtspunkte enthält.

c) Die Rechtswirkung der „echten" Verweisung

Wertet man die Verweisung als ein der Wiederholung gleichwertiges und gegen sie jederzeit austauschbares gesetzgebungstechnisches Hilfsmittel zur Ergänzung unvollständiger Rechtssätze, so lassen sich manche Mißverständnisse ausräumen.

Die Verweisung *erstreckt die Anwendbarkeit* des Verweisungsobjektes auf den Geltungsbereich der Verweisungsnorm, aber sie *bewirkt nicht*, daß die bezogene Einzelvorschrift oder das Gesetz, die Rechtsverordnung, Verwaltungsvorschrift etc., der sie angehört, für den bisherigen Anwendungsbereich die Rechtsqualität der Verweisungsnorm erhält. Konkret: die formell-gesetzliche Verweisungsnorm:

„Rechtsverordnungen der Bundesregierung zur Durchführung des § 135 Abs. 3 des Bundesbeamtengesetzes sind entsprechend anzuwenden"[77]

verleiht der bezogenen Rechtsverordnung nicht formelle Gesetzeskraft[78]; ebensowenig gelten die in § 47 Abs. 1 Satz 1 des Bayrischen

[77] § 144 Abs. 3 Satz 2 Landesbeamtengesetz Rheinland-Pfalz vom 11. 7. 1962 (GVBl 73).

[78] *Zu Unrecht* nimmt daher OLG Düsseldorf NJW 1961, 1831 an, Art. 4 des Gesetzes zur Sicherung des Straßenverkehres vom 19. 12. 1952 (BGBl 832) habe den (nicht geänderten und ergänzten!) § 71 StVZO ausdrücklich bestätigt und mit formeller Gesetzeskraft ausgestattet. Das Gesetz geht vielmehr unzweifelhaft vom fortbestehenden Verordnungscharakter der StVZO aus (so *richtig Dürig*, NJW 1961, 1831 f.). *Anders* das Gesetz über das gerichtliche Verfahren bei Freiheitsentziehungen vom 29. 6. 1956 (BGBl 599), § 17 Abs. 2:

„Bis zu einer anderweitigen gesetzlichen Regelung gelten § 7 der Ausländerpolizeiverordnung vom 22. August 1938 (RGBl I S. 1053), die *Verordnung* zur Bekämpfung übertragbarer Krankheiten vom 1. Dezember 1938 (RGBl I S. 1721) und ... als *förmliche Gesetze* im Sinne des Art. 104 Abs. 1 des Grundgesetzes".

Besoldungsgesetzes[79] bezogenen Verwaltungsvorschriften des Bundesministers des Innern[80]:

> „Für die Gewährung von Beihilfen in Krankheits-, Geburts- und Todesfällen an Beamte, Beamtenanwärter, Warte- und Ruhestandsbeamte sowie an deren versorgungsberechtigte Hinterbliebene gelten die Beeihilfegrundsätze des Bundes"[81]

nun kraft dieser Verweisung in ihrem ursprünglichen Geltungsbereich, d. h. auf Bundesebene, mit Gesetzeskraft fort. Auch wird die in einer Rechtsverordnung enthaltene *Einzelvorschrift*, die Verweisungsobjekt eines Gesetzes ist, nicht zur formell-gesetzlichen Norm „aufgewertet", so daß die Rechtsverordnung teilweise mit Verordnungskraft, teilweise — soweit Verweisungsobjekt — mit Gesetzeskraft fortgälte: das würde die ganze Normenhierarchie umstoßen[82].

Hier sind die bezogenen materiell-gesetzlichen Vorschriften zu formellgesetzlichen *„aufgewertet"* worden (dazu *Dürig*, NJW 1961, 1831; Hild. *Krüger*, DVBl 1956, 711). Aus der Formulierung und den Umständen muß eindeutig zu schließen sein, daß der Gesetzgeber nichtgesetzliche Vorschriften *„in seinen Willen aufgenommen"* hat und „aufwerten wollte". Dieser „Bestätigungswille" des Gesetzgebers ist auch Voraussetzung für die Fortgeltung vorkonstitutionellen Rechtes (BVerfGE 11, 126 [131]); kritisch dazu *Dürig*, NJW 1961, 1831. Eine einfache *Globalverweisung* genügt für eine Willensaufnahme nicht, z. B. § 1 Abs. 2 der 2. DVO zum Energiegesetz vom 31. 8. 1937 (RGBl 918) i. d. F. der VO vom 17. 7. 1942 (RGBl 468): „Als solche Regeln gelten die Bestimmungen des Verbandes Deutscher Elektrotechniker (VDE)". Dazu näher unter B AA I 6 c. Wie hier auch (für die DVGW-Bestimmungen!) BVerwG NJW 1962 506, zustimmend *Schulz*, a.a.O., *Drews-Wacke*, a.a.O., S. 393; *Hereth*, a.a.O., S. 1490, im Ergebnis auch *Nickusch*, a.a.O., S. 208. Zum Problem der „Willensaufnahme" auch der Streit um § 8 der Neufassung des UStG vom 1. 9. 1951 (BGBl 791), siehe BFH, BStBl III 1951, 6, 9, und *Wacke*, Staatsrechtliche Prüfung, S. 66 ff.: die bloße „Erwähnung" ist kein neuer gesetzgeberischer Entschluß!

[79] Vom 14. 6. 1958 (GVBl 101).

[80] Vom 17. 3. 1959 (GMBl 167) (auch BAnz Nr. 54, S. 1).

[81] Bedenken begegnet demgegenüber die Rechtsprechung des Bundesverwaltungsgerichts (E 10, 322 [323] mit Angabe früherer Entscheidungen) zu den *Grundsteuerbilligkeitsrichtlinien*, die am 22. 1. 1940 (RStBl 121) als Verwaltungsvorschriften erlassen wurden; die Formulierung von § 33 Abs. 3 des Grundsteuergesetzes in der Fassung vom 10. 8. 1951:

> „Die ... geltenden Richtlinien für Billigkeitsmaßnahmen ... sind letztmalig auf die Grundsteuer für das Rechnungsjahr 1950 anzuwenden"

enthält einen *Hinweis* auf geltende Vorschriften, *keine Verweisung* zur Lückenergänzung: Daher haben die Richtlinien, entgegen der Ansicht des Bundesverwaltungsgerichtes, ebensowenig wie die StVZO (s. oben) Gesetzeskraft erlangt, abgesehen von der für diesen Fall erforderlichen Verkündung im Gesetzblatt. Dazu näher unten B AA II 2 c. Kritisch zu dem Urteil auch *Bachof*, Verfassungsrecht, Bd. I, S. 244.

[82] *Dürig*, NJW 1961, 1831; *soweit* stimmt die hier vertretene Auffassung mit der *Schröckers* (a.a.O., S. 2288) überein: „Ein im Landesgesetz bezogenes

Die Verweisung bedeutet vielmehr nur, daß der *Wortlaut* des Verweisungsobjektes, sein *Inhalt*[83], in die Verweisungsnorm übernommen wird, nicht anders, als wenn in der verweisenden Vorschrift anstelle der Verweisungsformel und der Angabe der Fundstelle des Verweisungsobjektes dessen voller Text wiederholt würde. Das Gesetz oder die Rechtsverordnung, auf die verwiesen wird, werden also — in *der Form* und *soweit* sie bezogen sind — *Bestandteil der Verweisungsnorm.* Daraus folgt, daß das Verweisungsobjekt, unabhängig davon, welche Rechtsqualität es hat, für den Anwendungsbereich der Verweisungsnorm auf Grund deren Geltungsbefehles in Kraft tritt und mit deren Rechtscharakter ausgestattet wird[84]. Verweist beispielsweise ein Landesgesetz auf Einzelvorschriften einer Bundesrechtsverordnung, so gelten diese im Lande kraft Gesetzesbeschlusses des Landesparlamentes als formell-landesgesetzliche Normen, unbeschadet ihrer weiteren Anwendbarkeit als nur materielle Rechtsnormen im Bundesbereich. Verweist ein Gesetz des Landes A auf Verwaltungsvorschriften eines anderen Landes B, so gelten sie im Lande A mit normativer Kraft, unbeschadet ihrer nur verwaltungsinternen Fortgeltung im Lande B.

Die Ausführungen Schröckers[85] zur Verweisung von Landesrecht auf Bundesrecht lassen erkennen, daß er die Verweisung insoweit in anderem Lichte sieht. Nach seiner Ansicht wird das Verweisungsobjekt nicht Bestandteil der Verweisungsnorm, gilt vielmehr auch im durch die Verweisung erweiterten Anwendungsbereich kraft des *ursprünglichen* Geltungsbefehles und auch mit der ursprünglichen Rechtsqualität. Verwiese ein Landesgesetz auf ein Gesetz oder eine Rechtsverordnung des Bundes, so würden diese nicht zu Landesgesetzen im formellen Sinne, sondern nur zu Landesrecht im materiellen Sinne; verwiese ein Landesgesetz auf eine Verwaltungsvorschrift des Bundes, so sei nur die Verweisungsnorm mit formeller Gesetzeskraft ausgestattet, das Verweisungsobjekt gelte auch für den Landesbereich als Verwaltungsvorschrift des Bundes, kraft der Ermächtigung des zuständigen Bundesministers zu ihrem Erlaß. Schröcker meint weiter, die Bundesvorschriften seien im Lande jeweils nur *so anzuwenden, als seien* sie von den zuständigen Landesorganen erlassen worden, während sie nach der hier vertretenen Ansicht *Landesrecht sind,* von den Landesorganen beschlossen werden und auch beschlossen werden müssen.

Bundesgesetz wird durch die Übernahme nicht zum Landesgesetz im formellen Sinne".

[83] *Engisch,* a.a.O., S. 26, Fn. 3: die Worte als Sinnträger werden übernommen.

[84] So auch *Ossenbühl,* a.a.O., S. 402 f.

[85] A.a.O., S. 2289.

Schröcker erläutert allerdings nicht im einzelnen, wie nach seiner Ansicht der Verweisungsmechanismus für jeden denkbaren Fall der (echten) Verweisung zu verstehen ist, und beschränkt sich auf die Untersuchung landesrechtlicher Verweisungen auf Bundesrecht. Seine Ausführungen lassen jedoch nur den Schluß zu, daß er die Verweisung prinzipiell nicht allein als gesetzgebungstechnisches Hilfsmittel ansieht, sondern ihr eine darüber hinausgehende, kompetenzändernde Funktion zuerkennt und insoweit von der hier vertretenen Ansicht abweicht. Den Vorgang der Verweisung von Landesrecht auf Bundesrecht vergleicht Schröcker[86] mit der Fortgeltung früheren Reichsrechtes gemäß Art. 123 GG, den Kollisionsnormen des Internationalen Privatrechtes und der Umsetzung allgemeiner Völkerrechtsregeln in staatliches Recht nach Art. 25 Satz 1 GG. Auf diese Argumente soll im Zusammenhang der Verweisung landesrechtlicher Normen auf Bundesrecht[87] noch näher eingegangen werden.

5. *Die Verweisung in der Gesetzessprache*

Der Gesetzgeber kann die Verweisung an *verschiedenen Stellen* aussprechen und sich *unterschiedlicher Ausdrucksmöglichkeiten* bedienen.

a) Ausdrückliche Verweisung

Der Gesetzesklarheit dient die *ausdrückliche* Verweisung. Von ihr macht der Gesetzgeber mit Recht am häufigsten Gebrauch. Dabei erleichtert es das Verständnis, wenn die Verweisungsformel in die *Verweisungsnorm* aufgenommen wird, der Hinweis auf die Ergänzungsnorm also dort erfolgt, wo die „Lücke" besteht:

> „Für die Fristen gelten die Vorschriften der §§ 222 ... der Zivilprozeßordnung"[88].

Der Gesetzgeber kann aber auch im *Verweisungsobjekt* anordnen, daß sein Geltungsbereich auf andere Fälle auszudehnen sei:

> „Der Genossenschaftsverband ... kann heranziehen. Dies ist entsprechend auf Zweiganstalten ... anzuwenden"[89].

Die Zweiganstalten sind erst an einer späteren Stelle des Gesetzes erwähnt[90]. Diese Lokalisierung der Verweisungsformel hat den Vorteil, daß der tatsächliche Anwendungsbereich einer Norm — an Ort und Stelle in unmittelbarer und gegebenenfalls an anderer Stelle in entsprechender Anwendung (wie im Beispiel) — an der Norm selbst abgelesen werden kann, während bei Aufnahme der Verwei-

---

[86] A.a.O., S. 2289, 2290. [87] Siehe unter AA VI 2 d.

[88] § 57 Abs. 2 VwGO.

[89] § 9 des Freizügigkeitsgesetzes vom 1. 11. 1867 (BGBl des Norddeutschen Bundes 55).

[90] §§ 783 ff.

sungsformel in die Verweisungsnorm (oder die Verweisungsnormen) das Gesetz an keiner Stelle darüber Auskunft gibt, wo das Verweisungsobjekt außer an seinem Standort noch Anwendung findet. Dem steht aber der Nachteil gegenüber, daß bei der Anwendung der unvollständigen Vorschrift (der Verweisungsnorm) die an anderer Stelle des Gesetzes untergebrachte Teilregelung leicht übersehen wird[91], im Beispiel also bei §§ 783 ff. des Freizügigkeitsgesetzes mangels eines Hinweises nicht beachtet wird, daß der Abschnitt über die „Genossenschaftsverbände" mit heranzuziehen ist. Will man diesen Nachteil durch einen zusätzlichen Hinweis auf die ergänzenden Vorschriften ausgleichen, so läßt sich auch die ganze Verweisung in die ergänzungsbedürftige Norm hinüberziehen. Aus diesen Gründen bevorzugt der Gesetzgeber in der Praxis die erstbeschriebene Form.

b) Stillschweigende Verweisung

Die Verweisung kann auch *stillschweigend*[92], *konkludent*[93] erfolgen, wie in der Regel bei Verweisungen auf den Allgemeinen Teil eines Gesetzes[94] [95], vor allem auf gesetzliche Begriffsdefinitionen[96]. Eine ausdrückliche Verweisung wie: „Sachen im Sinne des § X" erfolgt in diesen Fällen selten.

Stillschweigend verwiesen wird auch auf gemeinsame Vorschriften, die in einem anderen Gesetz untergebracht sind, wie etwa aus der generellen Anordnung des Art. 33 EGBGB hervorgeht:

> „Soweit in dem Gerichtsverfassungsgesetze, der Zivilprozeßordnung, der Strafprozeßordnung ... an die Verwandtschaft oder die Schwägerschaft rechtliche Folgen geknüpft sind, finden die Vorschriften des Bürgerlichen Gesetzbuchs über Verwandtschaft oder Schwägerschaft Anwendung."

Stillschweigende Verweisungen auf an anderer Stelle explizierte Begriffe enthalten auch zahlreiche Tatbestandsmerkmale und Generalklauseln, etwa in Blankettstrafgesetzen, die Paul[97] daher anschaulich „wertausfüllungsbedürftige", „*wertverweisende*" Tatbestandsmerkmale nennt, während sich allgemein die Bezeichnung „normative" Tatbestandsmerkmale durchgesetzt hat[98]. Ein Beispiel bietet § 154 StGB: das Merkmal „Meineid" ist nur dann im vollen, vom Gesetzgeber beabsichtigten Sinne zu erfassen, wenn man die StPO- und ZPO-Vorschriften über den Eid hinzunimmt. Für die Frage der Eidesmündigkeit etwa verweist § 154 StGB auf § 60

[91] *Müller,* a.a.O., S. 170.

[92] *Müller,* a.a.O., S. 170; *Engisch,* a.a.O., S. 26 Fn. 3.

[93] So *Warda,* a.a.O., S. 13.

[94] Dazu vor allem *Aymanns,* a.a.O., S.296; K. *Wolff,* a.a.O., S. 7.

[95] Dazu oben unter I 2. [96] Dazu vgl. oben unter 4 b ee.

[97] A.a.O., S. 27. [98] Dazu *Schönke-Schröder,* a.a.O., § 59, Rdn. 10.

Nr. 1 StPO und § 393 Nr. 1 ZPO[99]: erst aus ihnen ist zu entnehmen, daß sich ein noch nicht Sechzehnjähriger nicht wegen Meineides nach § 154 StGB strafbar machen kann. Ebenso verweist das normative Tatbestandsmerkmal „pflichtwidrig dienen" in § 356 StGB:

> „Ein Anwalt oder ein anderer Rechtsbeistand, welcher ... beiden Parteien durch Rat oder Beistand pflichtwidrig dient ..."

für die Pflichten der Rechtsanwälte konkludent auf §45 Nr. 2 der Bundesrechtsanwaltsordnung[100].

Stillschweigend kann ein Gesetz auch insoweit auf ein anderes verweisen, als es keine eigenen Regeln aufstellt. So nimmt Rotberg[101] mit Recht an, daß das Gesetz über Ordnungswidrigkeiten[102], das sich in zahlreichen ausdrücklichen Einzelverweisungen[103] an das StGB anlehnt, auch beim Fehlen einer ausdrücklichen Verweisung die sinngemäße Anwendung strafrechtlicher Vorschriften gestattet. Auch jedes rahmenausfüllende (Landes-)Gesetz verweist stillschweigend auf das (Bundes-)Rahmengesetz, da sich die Gesamtregelung erst aus dem Zusammenspiel von Bundes- und Landesvorschriften ergibt, wenn es nicht sogar ausdrücklich verweist:

> „Über die Bewilligung nach § X des Y-Gesetzes wird nach folgendem Verfahren entschieden"[104]

oder die Rahmenvorschriften — um ein umfassendes Bild der gesetzlichen Regelung zu geben — wiederholt[105]. Gelegentlich stellt das Gesetz auch — aus übergroßer Vorsicht — der ausdrücklichen Verweisung eine summarische stillschweigende an die Seite:

> „Einer Verweisung steht es gleich, wenn die Anwendbarkeit der in Satz 1 bezeichneten Vorschriften stillschweigend vorausgesetzt wird"[106] [107].

---

[99] Dazu *Schönke-Schröder*, a.a.O., § 153, Vorbem. Rdn. 30; *Jellinek*, a.a.O., S. 91; „Die ZPO und die StPO haben insoweit den Charakter von Erläuterungen zum Strafgesetzbuch; ihre Wirkung ist die einer Ausführungsverordnung."

[100] Vom 1. 8. 1959 (BGBl 565), i. d. F. vom 19. 12. 1964 (BGBl 1065, 1081); dazu BGHStE 7, 261 (263 f.); *Schönke-Schröder*, a.a.O., § 356, Rdn. 17; a. A. *Lange*, JZ 1956, 73 (75); *Welzel*, JZ 1954, 276 (277); dazu näher unter A BB II 5 b.

[101] A.a.O., S. 32. [102] Vom 25. 3. 1952 (BGBl 117).

[103] Z. B. §§ 9—11, 14, 28 Abs. 1, 30, 38 Abs. 2 usw.; Bedenken gegen eine summarische subsidiäre Anwendbarkeit hat *Patzig*, a.a.O., S. 15 und ders., DÖV 1956, 261 (265).

[104] Dazu *Müller*, a.a.O., S. 284.

[105] Z. B. das Niedersächsische Wassergesetz vom 7. 7. 1960 (GVBl 105).

[106] Art. XI Abs. 1 des 4. Änderungsgesetzes zur Gewerbeordnung vom 5. 2. 1960 (BGBl 61).

[107] Ein *weiteres Beispiel* stillschweigender Verweisung: soweit in Gesetzen und Verordnungen Feiertage rechtserheblich sind, wie in § 193 BGB:

„... so tritt an die Stelle des Sonntags oder des Feiertags der nächstfolgende Werktag"

Grundsätzlich bestehen gegen stillschweigende Verweisungen keine Bedenken, jedoch wird zu prüfen sein, ob sich aus dem Gesichtspunkt der Gesetzesbestimmtheit und -klarheit nicht Schranken für ihre Anwendbarkeit ergeben[108].

c) Verweisungsformeln

Eine Regel, wie die Verweisung *sprachlich* am geschicktesten ausgedrückt werden kann, läßt sich kaum aufstellen. Der Gesetzgeber bedient sich unterschiedlicher Formulierungen.

Oft verwendet er die Begriffe „verweisen" und „bezugnehmen" selbst:

„... beziehen sich diese Verweisungen auf die entsprechenden Vorschriften dieses Gesetzes"[109],

oder:

„... wird verwiesen auf ..."[110],

oder:

„soweit dieses Gesetz auf das Wertpapierbereinigungsgesetz ... Bezug nimmt, ..."[111].

Häufig ordnet der Gesetzgeber an, das Verweisungsobjekt solle auch für den Bereich der Verweisungsnorm *„gelten"*:

„Die gleichen Vorschriften gelten für den Anteil eines Miterben"[112].

Diese Formel sollte vermieden werden, da sie typisch für die Fiktion ist:

„Als Irrtum über den Inhalt der Erklärung *gilt* auch der Irrtum über solche Eigenschaften ..."[113],

und deshalb zu Verwechselungen Anlaß geben könnte. Oft sagt das Gesetz auch, andere Vorschriften „sind anzuwenden" oder „finden Anwendung",

„Die Vorschriften des § 211 Abs. 2 und des § 212 finden entsprechende Anwendung"[114]

---

wird, soweit es staatliche oder staatlich anerkannte Feiertage sind, auf die einschlägigen Landesgesetze und, soweit es kirchliche sind, auf das Kirchenrecht Bezug genommen (*Jellinek*, a.a.O., S. 93). Dagegen liegt *keine stillschweigende Verweisung* vor, wenn eine andere Vorschrift nur zur Auslegung herangezogen wird, wie etwa bürgerlich-rechtliche Vorschriften im öffentlichen Recht (vgl. dazu u. a. H. J. *Wolff*, Lehrbuch Bd. I, § 28 b 6): es handelt sich dabei nur um ein hermeneutisches Hilfsmittel (a. A. *Jellinek*, a.a.O., S. 95).

[108] Siehe unter B AA II 3 c dd.

[109] Art. XI Abs. 1 des 4. Bundesänderungsgesetzes zur Gewerbeordnung vom 5. 2. 1960 (BGBl 61).

[110] § 46 Abs. 3 des Verschollenheitsgesetzes vom 4. 7. 1938 (RGBl 1186).

[111] § 72 des 2. Änderungsgesetzes zum Wertpapierbewertungsgesetz vom 28. 8. 1953 (BGBl 940).

[112] § 859 Abs. 2 ZPO.

[113] § 119 Abs. 2 BGB; *Müller*, a.a.O., S. 177.

[114] § 477 Abs. 2 Satz 1 BGB.

oder: die Verweisungsnorm „richtet sich nach" dem Verweisungsobjekt:

„Im übrigen richtet sich das Beschwerdeverfahren nach dem 14. Abschnitt dieses Gesetzes"[115].

Oft heißt es kurz:

„... so steht dem Geschäftsführer der im § 683 bestimmte Anspruch zu"[116].

oder:

„... die sich aus den §§ 677, 678, 681, 682 ergebenden Ansprüche"[117].

oder:

„... das Ende der Unterbrechung bestimmt sich nach den Vorschriften des § 211"[118]

oder: etwas „regelt sich nach" der im Verweisungsobjekt getroffenen Anordnung. Besonders knapp und empfehlenswert ist eine Formulierung wie:

„... so haftet er dem Eigentümer nach den Vorschriften über den Schadensersatz wegen unerlaubter Handlungen"[119].

Beliebt ist auch die Ausdrucksweise:

„Der Erhebung der Klage stehen gleich:
1. Die Zustellung eines Zahlungsbefehls ..."[120]

oder — besonders dann, wenn die Geltungserstreckung im Verweisungsobjekt angeordnet ist —:

„Dasselbe wie für X gilt auch für Y"

oder:

„Dasselbe wie hier gilt auch für die §§ X und Y"
„Dasselbe wie hier gilt auch für den Abschnitt Z"

Grundsätzlich kann der Gesetzgeber frei zwischen diesen Formulierungsmöglichkeiten wählen, jedoch sollte der Gebrauch wenigstens innerhalb eines Gesetzes *einheitlich* sein: untunlich ist es, aus Gründen sprachlicher Abwechslung ständig zu variieren.

d) Zitat des Verweisungsobjektes

Eine ganze „Gesetzessprachlehre" ließe sich schreiben, wenn man die Gesetzblätter daraufhin durchsieht, wie das Verweisungsobjekt *zitiert* wird[121]. Hier sollten folgende Regeln *gelten*:
Die Vorschrift, auf die verwiesen wird, ist mit Paragraph bzw. Artikel, Absatz und Satz zu zitieren; das Gesetz, dem sie angehört, ist mit authentischer Bezeichnung, Datum des Erlasses, Fundstelle im Gesetzblatt oder an anderem Bekanntmachungsort in der letzen, jetzt gültigen Fassung, möglichst mit allen Änderungsgesetzen anzuführen. Bei Verweisungen innerhalb eines Gesetzes genügt natürlich die Angabe des Paragraphen:

---

[115] § 166 VwGO. [116] § 684 BGB.
[117] § 687 BGB. [118] § 214 Abs. 3 BGB.
[119] § 992 BGB. [120] § 209 Abs. 2 BGB.
[121] Vgl. das von K. *Wolff*, a.a.O., S. 9 f. zusammengetragene Material.

„Auf Streitigkeiten über Ansprüche von Seeleuten aus § 1066 a Abs. 2 sind die §§ 1108, 1109 anzuwenden"[122].

Obwohl die Form des korrekten Zitates teilweise durch amtliche Anordnungen[123] vorgeschrieben ist, lassen manche Gesetze in diesem Punkte viel zu wünschen übrig.

Über manche Einzelfragen der Zitiertechnik läßt sich streiten, etwa darüber, ob das Zitat außer dem offiziellen Titel des bezogenen Gesetzes, welcher oft umständlich, dessen Anführung aber gleichwohl unerläßlich ist:

„Die Bestimmungen in den §§ 18 bis 36, 38 des Gesetzes vom 11. Juni 1870, betreffend das Urheberrecht an Schriftwerken ... (Bundesgesetzbl. 1870 S. 339)"[124].

auch — jedenfalls als Klammerzusatz — die schlagwortartige, gängige Kurzform — „Urheberrechtsgesetz" — enthalten kann oder sogar sollte und ob sich spätere Verweisungen in demselben Gesetz ganz auf die Kurzform beschränken dürfen[125]. Oberster Grundsatz sollte bei allem Bemühen um Vereinfachung und Volkstümlichkeit die Gewährleistung von Klarheit und sicherer, schneller Auffindbarkeit der Vorschriften bleiben, die in manchen Fällen mit einem gewissen Formalismus erkauft werden muß.

Abschnitt III

DAS VERWEISUNGSOBJEKT

Die Verweisungsnorm kann zu ihrer Ergänzung auf einen Begriff, eine Einzelvorschrift, einen Vorschriftenkomplex, ein bestimmtes Gesetz oder sogar eine ganze Rechtsordnung verweisen. Auszuscheiden sind hier jedoch einige der Verweisung auf den ersten Blick ähnliche Formen der Bezugnahme auf andere Vorschriften, insbesondere der Vorbehalt anderweitiger Regelung des Sachgebietes.

1. Begriffe

Verweisungsobjekt kann zunächst ein *Begriff*[1] sein, wie in den Verweisungen auf gesetzliche Definitionen des Allgemeinen Teiles

---

[122] § 1770 Abs. 1 RVO.

[123] Vgl. dazu die Vorschriften zur äußeren Form der Gesetze und zum Zitat in §§ 31—34 der GGO der Bundesministerien (Teil II) sowie etwa das Rundschreiben des Österreichischen Bundeskanzleramtes vom 19. 3. 1948 (K. *Wolff*, a.a.O., S. 9).

[124] § 14 Abs. 1 des Gebrauchsmustergesetzes vom 11. 1. 1876 (RGBl 11).

[125] Dazu K. *Wolff*, a.a.O., S. 9; vgl. zum ganzen auch *Müller*, a.a.O., S. 126 ff.: „Die Anführung anderer Gesetze".

[1] Dazu *Larenz*, a.a.O., S. 161 und vor allem das reichhaltige Material bei *Müller*, a.a.O., S. 146 ff.

eines Gesetzes[2]. Stillschweigende Verweisungen durch die Bildung von Kernworten[3], wie „verbrauchbare Sachen", „vertretbare Sachen", die in einem Paragraphen definiert sind, beeinträchtigen die Lesbarkeit des Gesetzes nicht so stark wie ausdrückliche Verweisungen:

„Für X im Sinne des § Y gilt..."

Es gibt aber auch Außenverweisungen zur Begriffserklärung:

„Für Mineralöl gelten die jeweiligen Begriffsbestimmungen des Zolltarifs..."[4] [5].

Keine Verweisung ist die einer anderen Stelle erteilte Ermächtigung[6] zur Begriffsbestimmung:

„Die Bundesregierung wird ermächtigt, durch Rechtsverordnung ... die in diesem Gesetz verwendeten Begriffe zu bestimmen"[7] [8].

2. *Einzelvorschriften*

Verweisungsobjekt können *Einzelvorschriften* oder *Teile* von ihnen[9] sein.

a) *Ermächtigungsnorm als Verweisungsobjekt*

Die bezogene Vorschrift kann im Einzelfall eine *Ermächtigung* enthalten:

„Die Bundesregierung wird ermächtigt, durch Rechtsverordnungen ... die in ... § 8 (des Umsatzsteuergesetzes vom 16. 10. 1934, RGBl S. 942) ... vorgesehenen Bestimmungen zu erlassen..."[10].

§ 8 des bezogenen Gesetzes lautet:

„Der Reichsminister der Finanzen wird ermächtigt, Maßnahmen zum Ausgleich der verschiedenen Umsatzsteuerbelastung der einstufigen und

---

[2] Siehe dazu unter I 2 b; vgl. etwa die Verweisung des § 987 Abs. 1 auf § 100 BGB für den Begriff „Nutzungen".

[3] Dazu *Kastner*, a.a.O., S. 554 ff.; K. *Wolff*, a.a.O., S. 7.

[4] § 1 Abs. 1 der Verordnung zur Durchführung des Mineralölsteuergesetzes vom 26. 5. 1953 (BGBl 237).

[5] Vgl. auch die Verweisung von § 154 StGB auf die StPO und ZPO, dazu unter II 5 b.

[6] Zur Abgrenzung der Verweisung von der Ermächtigung siehe näher unter B AA I 3 b dd.

[7] § 18 Abs. 1 Nr. 1 des UStG i. d. F. vom 1. 9. 1951 (BGBl 791) auf Grund des Gesetzes zur Änderung des UStG und des Beförderungssteuergesetzes vom 28. 6. 1951 (BGBl 404) und die dazu erlassenen Durchführungsbestimmungen vom 1. 9. 1951 (BGBl 796).

[8] Vgl. auch die Ermächtigungen zur Begriffsbestimmung in § 5 Abs. 4 der Arbeitszeitordnung vom 30. 4. 1938 (RGBl 44) („Das Gewerbeaufsichtsamt kann bestimmen, welche Arbeiten als Vor- und Abschlußarbeiten gelten") und in § 11 Abs. 2 des Heimarbeitsgesetzes vom 14. 3. 1951 (BGBl 191); dazu *Peters-Ossenbühl*, a.a.O., S. 35 ff.

[9] *Bierling*, a.a.O., Bd. I, S. 101.

[10] § 1 Nr. 10 des Gesetzes zur Änderung des UStG und des Beförderungssteuergesetzes vom 28. 6. 1951 (BGBl 402).

der mehrstufigen Unternehmen zu treffen."

Hier taucht die Frage auf, ob eine nach Art. 129 Abs. 3 GG erloschene Ermächtigung zum Erlaß von Rechtsverordnungen durch Bezugnahme in einem nachkonstitutionellen Gesetz erneuert werden kann[11].

b) Die Weiterverweisung, Verweisungsketten

Das Verweisungsobjekt kann seinerseits *Verweisungsnorm* sein: dann handelt es sich um eine *Weiterverweisung*[12]; entweder als Binnenverweisung:

„Macht der Besitzer ... nach dem Beginne der im § 990 bestimmten Haftung ..."[13].

§ 990 BGB lautet:

„War der Besitzer ..., so haftet er nach den §§ 987, 989 ..."

oder als Außenverweisung:

„Bis zum Erlaß einer einheitlichen Regelung ... sind ... für das Verfahren vor dem Bundesverwaltungsgericht die Vorschriften des Gesetzes über das Bundesverwaltungsgericht anzuwenden"[14].

Der mitbezogene § 73 Abs. 2 Bundesverwaltungsgerichtsgesetz lautet:

„Bis zum Erlaß eines Gerichtskostengesetzes für das Bundesverwaltungsgericht sind die Vorschriften des Gerichtskostengesetzes vom 18. Juni 1878 (Reichgesetzbl. S. 141) in der jeweils geltenden Fassung entsprechend anzuwenden."

Gerade im BGB gibt es umfangreiche *Verweisungsketten,* z. B. § 1550 — § 1525 — § 1383 — § 954 — § 955[15] [16], die das Gesetzesverständnis außerordentlich erschweren.

c) Die Unterverweisung

Der Weiterverweisung auf eine ranggleiche Norm steht die gestufte — oder *Unterverweisung*[17] — auf rangniedere Vorschriften gegenüber. So bezieht sich die auf Grund der Ermächtigung des § 6 StVG ergangene StVZO in § 35 h Abs. 1:

„In Kraftomnibussen sind Verbandkästen, die dem Normblatt DIN 13 163, Ausgabe November 1957, entsprechen ..."

---

[11] Siehe dazu unter B BB.

[12] *Kastner,* a.a.O., S. 553 nennt das erste Verweisungsobjekt, das weiter verweist, „Hilfsnorm 1. Ordnung", das zweite „Hilfsnorm 2. Ordnung"; zum Verweisungszusammenhang auch *Jellinek,* a.a.O., S. 90 mit weiteren Beispielen.

[13] § 994 Ab. 2 BGB. [14] § 189 Abs. 1 VwGO.

[15] Zu diesem „Muster"-Beispiel siehe *Kohler,* a.a.O., S. 355.

[16] Siehe auch das von *Hedemann,* Festschrift S. 35, Fn. 29 herangezogene Beispiel: dazu unter AA I 1 b.

[17] *Müller,* a.a.O., S. 175 gebraucht die Begriffe „gestufte Verweisung" und „Weiterverweisung" bedeutungsgleich.

auf Vorschriften des Deutschen Normenausschusses ohne Normqualität. Die auf Grund der Ermächtigung des § 24 Abs. 1 und 3 der Gewerbeordnung ergangene „Verordnung über die Errichtung und den Betrieb von Dampfkesselanlagen“[18] verweist in § 6 auf die „allgemein anerkannten Regeln der Technik“. Als solche gelten die ebenfalls nichtgesetzlichen[19] Dampfkesselbestimmungen des Deutschen Dampfkesselausschusses[20], welche in DIN 17155, Ziffer 3.5.1 wieder auf das Handbuch für das Eisenhüttenlaboratorium unterverweisen[21].

d) Die Rückverweisung

Eine *Rückverweisung* des Verweisungsobjektes auf die Verweisungsnorm gibt es nur im Internationalen Privatrecht[22].

3. Gesetze, Gesetzeskomplexe

Eine Norm kann auch auf ein bestimmtes *Gesetz als Ganzes*[23] oder einen näher bezeichneten *Gesetzeskomplex* oder auf *„Gesetze“* überhaupt Bezug nehmen. In diesen Fällen liegt jedoch selten eine (echte) Verweisung vor: in der Regel handelt es sich um *Kompetenzabgrenzungen* und *Vorbehalte* mit Hinweischarakter.

a) Die Generalverweisung

Der Gesetzgeber kann die Angleichung der von ihm beabsichtigten Regelung an ein schon bestehendes Gesetz dadurch erreichen, daß er die Vorschriften dieses *Gesetzes en bloc* für anwendbar erklärt, ohne oder nur mit geringfügigen Änderungen:

„1. Die Reichsabgabenordnung gilt für alle Abgaben, die durch Bundesfinanzbehörden oder durch Landesfinanzbehörden verwaltet werden.

2. Die folgenden Vorschriften ... werden aufgehoben ...“[24].

oder aber — meist in den Schluß- und Übergangsbestimmungen — in Form einer ergänzenden und subsidiären Generalverweisung nach weitgehender Regelung der Materie durch das Gesetz selbst:

---

[18] Vom 8. 9. 1965 (BGBl 1300).

[19] Zum Rechtscharakter der Technischen Bestimmungen unter B AA I 7 c; dazu auch *Schäfer*, a.a.O., S. 107.

[20] Dazu *Fuhr*, a.a.O., § 24, S. 9 g.

[21] Zum Formenmißbrauch zwischen Unterverweisung und Unterermächtigung (Art. 80 Abs. 1 Satz 4 GG) siehe unter B AA I 3; über Weiterverweisungen und Unterverweisungen in Blankettstrafgesetzen siehe unter A BB II 3 g.

[22] Dazu unter 4 b aa und *Nipperdey*, a.a.O., S. 394.

[23] *Bierling*, a.a.O., Bd. I, S. 101.

[24] § 39 des Gesetzes über die Finanzverwaltung vom 6. 9. 1950 (BGBl 448); ähnlich § 98 VwGO.

„Soweit dieses Gesetz keine Bestimmungen über das Verfahren enthält, sind das Gerichtsverfassungsgesetz und die Zivilprozeßordnung entsprechend anzuwenden, wenn ...“[25].

Diese Verweisung dient primär der Ausfüllung von Lücken, die bei der Anwendung des verweisenden Gesetzes möglicherweise erkannt werden[26]. Diese beiden Formen der *Generalverweisung* sind (echte) Verweisungen. Es ist Aufgabe der Auslegung, im Einzelfalle festzustellen, welche Norm des bezogenen Gesetzes zur Vervollständigung des verweisenden Gesetzes heranzuziehen ist[27].

b) Das Verlängerungsgesetz, das Übernahmegesetz

Mitunter besteht ein Gesetz überhaupt nur aus einer Generalverweisung auf ein anderes Gesetz, so im Falle des *Verlängerungsgesetzes:*

„Die Geltungsdauer des Übergangsgesetzes über Preisbildung und Preisüberwachung (Preisgesetz) ... wird bis zum Inkrafttreten eines neuen Preisgesetzes verlängert.“[28]

oder des *Übernahmegesetzes*:

„In den ... bremischen Gebietsteilen kommen vom 1. Juli 1879 ab die Vorschriften des Gesetzes vom 1. Juli 1869, betreffend ... hamburgischen Gebietsteilen (Bundesgesetzbl. S. 370) zur Anwendung“[29].

Ähnliches gilt für die *Berliner Gesetze zur Übernahme von Bundesrecht*[30].

c) Andere Gesetze als Tatbestandsmerkmale

Bezieht sich dagegen ein Gesetz allgemein auf *„gesetzliche Bestimmungen“*, *„Gesetze“*, *„Bundesgesetze“*, *„Landesgesetze“* etc., so liegt in der Regel keine Verweisung vor. In den Fällen:

„Ein Rechtsgeschäft, das gegen ein *gesetzliches Verbot* verstößt, ist nichtig ...“[31].

„Die richterliche Gewalt wird durch unabhängige, nur dem *Gesetz* unterworfene Gerichte ausgeübt“[32].

---

[25] § 173 VwGO; ähnlich in anderer Formulierung § 2 des Gesetzes über den Bundesfinanzhof vom 29. 6. 1950 (BGBl 257) bezüglich der Reichsabgabenordnung.

[26] *Müller*, a.a.O., S. 177.

[27] Ähnlich summarisch wird in zahlreichen polizeirechtlichen Gesetzen auf das Gesetz über Ordnungswidrigkeiten verwiesen, vgl. dazu die Zusammenstellung von *Patzig*, DÖV 1954, 361 (frühere Verweisungen auf das Wirtschaftsstrafgesetz) und ders., DÖV 1956, 297; dazu auch *Rotberg*, a.a.O., § 3 Anm. II a.

[28] Gesetz vom 29. 3. 1951 (BGBl 223); vgl. zum Verlängerungsgesetz unter AA VI 2 c.

[29] Gesetz vom 28. 6. 1879 (RGBl 159).

[30] Z. B. das Gesetz zur Übernahme des 8. Gesetzes über die Anpassung der Renten ... vom 14. 1. 1966 (GVBl 136).

[31] § 134 BGB.

[32] § 1 Gerichtsverfassungsgesetz.

„Die Revision kann nur darauf gestützt werden, daß ... Verletzung einer Vorschrift des Bundesrechts ..."[33].

und ähnlichen Bestimmungen wird nicht — wie bei der Verweisung — der Norminhalt eines bestimmten Verweisungsobjektes zur Ergänzung der Verweisungsnorm herangezogen: „gesetzlich", „Gesetz" etc. sind vielmehr nichts anderes als nichtergänzungsbedürftige *Tatbestandsmerkmale*[34].

d) Der Gesetzesvorbehalt

Ähnlich ist es bei Bezugnahmen wie:

„Niemand darf gegen sein Gewissen zum Kriegsdienst mit der Waffe gezwungen werden. Das Nähere regelt ein Bundesgesetz"[35].

oder:

„Fähig, am Verfahren beteiligt zu sein, sind ... Behörden, soweit das Landesrecht dies bestimmt"[36].

„Unberührt bleiben die landesrechtlichen Vorschriften, welche ..."[37].

Dieser Formulierung bedient sich der Gesetzgeber, um einer anderen gesetzgebenden Instanz die Detailregelung *vorzubehalten* und *Kompetenzen abzugrenzen.* Häufig werden diese Fälle allerdings nicht scharf von der Verweisung unterschieden.

aa) Begriffliche Klärung

Zunächst wird schon der Begriff *„Vorbehalt"* in verschiedener Bedeutung verwandt[38]. Man spricht vom *„generellen"*[39] oder *„allgemeinen"*[40] *Gesetzesvorbehalt* und meint die generelle Begrenzung der Grundrechte durch „die verfassungsmäßige Ordnung", die seit dem Urteil des Bundesverfassungsgerichtes vom 16. 1. 1957[41] vielfach[42] als „verfassungsmäßige Rechtsordnung", die alle materiell und formell der Verfassung gemäßen Gesetze umfaßt[43], verstanden wird.

Der *„spezielle Gesetzesvorbehalt"* erlaubt dem einfachen Gesetzgeber, den Inhalt eines Grundrechtes erst zu bestimmen (wie in Art. 14 Abs. 1 Satz 2 GG) oder in ein Grundrecht einzugreifen und Schranken für seine Ausübung aufzurichten (wie in Art. 5 Abs. 2

---

[33] § 549 ZPO.

[34] *Engisch,* a.a.O., S. 27, Fn. 3.

[35] Art. 4 Abs. 3 GG.

[36] § 61 Nr. 3 VwGO.

[37] Art. 111 EGBGB.

[38] Zum Vorbehaltsbegriff vor allem Thoma, HDStR Bd. II, S. 221 f.

[39] Dazu *Maunz,* a.a.O., S. 105 (kritisch!).

[40] *Maunz-Dürig,* Art. 2 Abs. 1, Rdn. 17 *(Dürig).*

[41] BVerfGE 6, 32 (38 f.).

[42] Dazu kritisch *Maunz-Dürig,* a.a.O., Rdn. 18 ff.

[43] *Maunz,* a.a.O., S. 105 bezeichnet diesen Vorbehalt als „Verfassungsvorbehalt zur Interpretation immanenter Grundrechtsschranken".

GG)[44] [45]. Im Zusammenhang damit versteht man schließlich unter dem „Vorbehalt des Gesetzes" — und diese Version soll hier ganz außer Betracht bleiben — einen Bestandteil des Prinzips der Gesetzmäßigkeit der Verwaltung und damit des Rechtsstaates, der besagt, daß staatliche Handlungen auf formelle Gesetze gegründet sein müssen[46].

Diese Fälle des Gesetzesvorbehaltes in der Verfassung[47] sind *keine Verweisungen*; sie haben auch nicht die Bedeutung eines Hinweises, da sie nicht auf bestimmte andere Normen hinweisen, die im Zusammenhang mit der vorbehaltenden Norm zu sehen sind. Der Vorbehalt ist hier vielmehr ein besonderes gesetzgebungstechnisches Mittel, den Stufenbau der Rechtsordnung und die sie konstituierenden Abhängigkeiten sowie die sich aus der Gewaltenteilung ergebenden Prinzipien vom Vorbehalt und Vorrang des Gesetzes sichtbar zu machen[48] und schließlich die staatlichen Aufgaben aufzugliedern[49].

bb) Der Vorbehalt zur Kompetenzabgrenzung im Bund-Länder-Verhältnis

Die Funktion des Vorbehaltes, Kompetenzen zuzuweisen, wird besonders bei den *Vorbehalten landesrechtlicher Regelung in Bundesgesetzen* deutlich:

> „Die Länder können ... für das Gebiet des Personalvertretungsrechtes von diesem Gesetz abweichende Vorschriften ... erlassen"[50].

> „Das Jagdrecht unterliegt den Beschränkungen dieses Gesetzes und der in seinem Rahmen ergangenen landesrechtlichen Vorschriften"[51].

Gehört die gesetzlich zu regelnde Materie dem Bereiche der *kon-*

---

[44] *Maunz*, a.a.O., S. 104, 162.

[45] Zur Unterscheidung: „Vorbehalt an die Gesetzgebung mittels Delegation" (wohl nicht zutreffend: dazu näher unter bb und B AA I 3 b dd) und „Vorbehalt mittels Vorbehalts im engeren Sinne" siehe *Ermacora*, DÖV 1960, 561 (562) und die dort zitierte Literatur. Zum Gesetzesbegriff im Gesetzesvorbehalt siehe *Maunz-Dürig*, a.a.O., Art. 72, Rdn. 11.

[46] Dazu *Maunz-Dürig*, a.a.O., Art. 20, Rdn. 127.

[47] Es gibt auch Gesetzesvorbehalte in Gesetzen selbst (vgl. § 365 Satz 1 LAG), die aber als Ankündigung weiterer gesetzlicher Regelung ohne den Charakter einer Verweisung zu verstehen sind; *Müller*, a.a.O., S. 75.

[48] *Ermacora*, a.a.O., S. 561.

[49] Insofern sind Verfassungsnormen mit Gesetzesvorbehalt Ergänzungen der Art. 72—75 GG, dazu *Maunz-Dürig*, a.a.O., Art. 72, Rdn. 11.

[50] § 187 Abs. 2 VwGO.

[51] § 1 Abs. 6 des Bundesjagdgesetzes vom 29. 11. 1952 (BGBl 780).

kurrierenden Gesetzgebung[52] [53] des Bundes an — wie im ersten Beispiel das Verfahrensrecht[54] — oder gehört sie zur *Rahmenkompetenz*[55] — wie im zweiten Beispiel das Jagdrecht[56] —, so regelt das Bundesgesetz den Rechtsstoff nur in den Grenzen der Bundeszuständigkeit und überläßt die[57] Detailnormierung den Landesgesetzen, auf die es ausdrücklich hinweist. Im Gegensatz zur Verweisungsnorm ist die „vorbehaltende Norm" aber nicht unvollständig. Zwar ergibt sich die gesetzliche Gesamtregelung erst aus dem Zusammenwirken von Bundes- und Landesgesetz; das Bundesgesetz enthält jedoch eine vollständige, wenn auch auf Grund der Kompetenzverteilung sachlich begrenzte Anordnung. Der Unterschied zur Verweisung wird besonders deutlich, wenn man beachtet, daß diese nur ein gesetzgebungstechnisches Mittel ist, mit dessen Hilfe der Gesetzgeber in gedrängter Kürze anordnet, was er durch eigene Textformulierung auch selbst regeln dürfte, und daß sie stets gegen die Wiederholung austauschbar ist: die Möglichkeit umfassender Eigenregelung anstelle des vorbehaltenden Hinweises hat der Bundesgesetzgeber aber im Falle der konkurrierenden und Rahmen-Kompetenz gerade nicht. In manchen Fällen läßt sich der Hinweis auch durch eine einfache sprachliche Änderung beseitigen, wodurch jede Verwechslung mit der Verweisung ausgeschlossen wird. Statt:

> „Unberührt bleiben die landesgesetzlichen Vorschriften, welche im öffentlichen Interesse das Eigentum in Ansehung tatsächlicher Verfügungen beschränken"[58].

---

[52] Im Bereich der *ausschließlichen Gesetzgebung* des Bundes kann das Bundesgesetz den Landesgesetzgeber nur ausdrücklich ermächtigen, einzelne Gegenstände zu regeln (Art. 71 GG): dazu *v. Mangoldt-Klein*, a.a.O., S. 1427, 1425. Hier ist *Bullingers* (Unterermächtigung, S. 18) Definition des Vorbehaltes glücklich: als des Verzichtes des mit Vorrang Rechtsetzenden auf die Sperrwirkung seiner rechtsatzweisen Regelung zugunsten des schwächer Rechtsetzungsermächtigten.

[53] Im Bereich der konkurrierenden Gesetzgebung kann der Bundesgesetzgesetzgeber auf die ergänzenden Landesgesetze *ausdrücklich hinweisen* (so die o. a. Beispiele). Zu den anderen Möglichkeiten der Bezugnahme auf das Landesrecht vgl. z. B. § 36 Abs. 1 Satz 2 VwGO, § 9 Abs. 3 VwGO, § 187 Abs. 2 VwGO, § 350 b Abs. 3 LAG. Zur ausdrücklichen Ermächtigung siehe *v. Mangoldt-Klein*, a.a.O., S. 1433 und *Müller*, a.a.O., S. 70.

[54] Art. 74 Nr. 1 GG.

[55] Der Bundesgesetzgeber kann die Länder auch zur Rahmenausfüllung verpflichten: vgl. § 71 Abs. 1 Satz 1 des Deutschen Richtergesetzes vom 8. 9. 1961 (BGBl 1665); zur Bezugnahme zwischen Bundes- und Landesrecht im Rahmen des Art. 75 GG siehe auch *Müller*, a.a.O., S. 282.

[56] Art. 75 Nr. 3 GG.

[57] Art. 72 Abs. 1, 2, Art. 75 GG; zur *Rahmenkompetenz* vor allem BVerfGE 4, 115 (130), *Maunz-Dürig*, a.a.O., Art. 75, Rdn. 13, *v. Mangoldt-Klein*, a.a.O., S. 1688.

[58] Art. 111 EGBGB.

könnte das Gesetz auch sagen:

„Auf die öffentlich-rechtlichen Eigentumsbeschränkungen tatsächlicher Art findet das BGB überhaupt keine Anwendung"[59].

Zusammenfassend läßt sich also sagen: der Vorbehalt in dem eben erörterten Sinne beläßt[60] oder überläßt[61] einer anderen Stelle eine Zuständigkeit, die diese kraft Verfassung schon hat, ohne Minderung und ohne Mehrung, und macht durch den Hinweis auf die andere Stelle dieses Kompetenzverhältnis sichtbar[62] [63].

cc) Der „Vorbehalt" als Form einschränkender Verweisung

„Vorbehalte" werden vielfach[64] auch solche in einer Vorschrift enthaltenen Formeln genannt, die den Zweck haben, bestimmte Fallgruppen von Tatbeständen als *Ausnahmen* der eben angeordneten *Regel* zu entziehen oder den Erlaß abweichender Vorschriften durch eine andere Instanz zuzulassen.

Durch diesen „Vorbehalt" kann zunächst die *gesamte Anordnung* für bestimmte Fälle außer Kraft gesetzt und einer anderen Regelung zugänglich gemacht:

„Beschlüsse werden mit Stimmenmehrheit gefaßt, soweit nicht das Gesetz etwas anderes vorschreibt"[65].

oder einer schon bestehenden anderen Regel unterstellt werden:

„Erzeugnisse ... gehören ... dem Eigentümer der Sache, soweit sich nicht aus den §§ 954 bis 957 ein anderes ergibt"[66].

„... erwirbt das Eigentum an ihnen, unbeschadet der Vorschriften der §§ 955 bis 957 ..."[67].

Der „Vorbehalt" kann auch anordnen, daß der *gesamte Tatbestand,* für den eben eine Rechtsfolge festgelegt wurde, unter be-

---

[59] *Jellinek,* a.a.O., S. 96.

[60] Soweit das Bundesgesetz nicht weniger regelt, als es regeln darf.

[61] Soweit das Bundesgesetz weniger regelt, als es regeln darf. Auch bei einer Ermächtigung der Länder im Bereich der ausschließlichen Gesetzgebung des Bundes handelt es sich um ein „Überlassen" (vgl. dazu Art. 71 GG).

[62] Ähnlich *Jellinek,* a.a.O., S. 96, *Triepel,* a.a.O., S. 83; *Bullinger,* Unterermächtigung, S. 18; *Müller,* a.a.O., S. 69, 70; *Rosin,* a.a.O., S. 65, Fn. 65; so auch *Laband,* a.a.O., Bd. II, S. 103 (das Reichsgesetz verweist auf die Autonomie der Einzelstaaten).

[63] Angemerkt sei an dieser Stelle, daß es sich weder bei den Gesetzesvorbehalten in der Verfassung noch im Verhältnis des Bundes zu den Ländern um eine *Ermächtigung* zur Gesetzgebung handelt; dazu ausführlich unter B AA I 3 b dd; zumindest mißverständlich *Ermacora,* a.a.O., S. 561, 562: „delegierender Vorbehalt"; siehe dazu unter aa., dazu auch *Peters,* Ermächtigung, S. 840.

[64] *Aymanns,* a.a.O., S. 300; *Kastner,* a.a.O., S. 549.

[65] § 35 Abs. 1 Satz 1 der Gemeindeordnung für das Land Nordrhein-Westfalen.

[66] § 953 BGB. [67] § 954 BGB.

stimmten Umständen einer anderen Rechtsfolge unterfallen soll. So folgt etwa der grundsätzlichen Regelung des Eigentümer-Besitzer-Verhältnisses in den §§ 985 ff. BGB die Sondervorschrift des § 992 BGB:

„Hat sich der Besitzer durch verbotene Eigenmacht ... den Besitz verschafft, so haftet er dem Eigentümer nach den Vorschriften über den Schadensersatz wegen unerlaubter Handlungen"[68].

Schließlich kann der Gesetzgeber mittels des „Vorbehaltes" eine bestimmte *Fallgruppe des Regeltatbestandes* der Regelrechtsfolge entziehen und einer Sonderrechtsfolge unterwerfen:

„Auf einen solchen Vertrag finden die Vorschriften über den Kauf Anwendung; ist eine nicht vertretbare Sache herzustellen, so treten an die Stelle des § 433 ... die Vorschriften über den Werkvertrag ..."[69].

Dieser „Vorbehalt" ist eine *Form der regeleinschränkenden (echten) Verweisung*[70]; die gesetzliche Gesamtregelung wird erst unter Hinzunahme der Ausnahmen erkennbar. Im Sinne klarer Terminologie ist es zweckmäßig, diese gesetzgebungstechnische Form des Regel-Ausnahme-Verhältnisses von den anderen Formen des *Vorbehaltes*, die keine Verweisungen sind, zu unterscheiden und den Begriff „Vorbehalt" in diesem Zusammenhang zu vermeiden.

4. *Die Verweisung auf andere Rechtsordnungen*

Es gibt auch Normen, die auf eine *andere Rechtsordnung* insgesamt oder einzelne Vorschriften anderer Rechtsordnungen Bezug nehmen: so die Anknüpfung an *völkerrechtliche Normen*[71] und das *Recht fremder Staaten.*

a) Völkerrecht

aa) Theorien zum Verhältnis des Völkerrechtes zum innerstaatlichen Recht

Soweit es die Bezugnahme auf *Völkerrecht* betrifft, ist zunächst zu fragen, ob Art. 25 Satz 1 GG:

---

[68] Abweichend insoweit *Kastner*, a.a.O., S. 553, der es nicht als echte Verweisung bezeichnet, wenn eine Vorschrift — wie § 684 BGB — eine bestimmte Fallgruppe aus der Regelung ausscheidet (§ 684 im Verhältnis zu § 683 BGB) und einem anderen Hauptstück des Gesetzes (hier §§ 812 ff. BGB) unterstellt: das sei nur ein Behelf der Gesetzessystematik.

[69] § 651 Abs. 1 Satz 2 BGB. [70] Dazu näher unter AA IV 3.

[71] Auch die Verweisung auf *kirchenrechtliche Normen* wird vielfach als Verweisung auf eine besondere, von der innerstaatlichen unabhängigen Rechtsordnung angesehen: eine Bezugnahme der staatlichen und kirchlichen Rechtsordnung könne es nur auf der Völkerrechtsebene (dazu siehe *Hollerbach*, a.a.O., S. 96 ff.) oder auf der Ebene des „Staat-Kirche-Rechtes" geben (so *Hollerbach*, a.a.O., S. 100 im Anschluß an *Berber*, Lehrbuch, Bd. I, S. 165). Dazu auch *Jellinek*, a.a.O., S. 93.

„Die allgemeinen Regeln des Völkerrechts sind Bestandteil des Bundesrechts"

eine Verweisungsnorm ist.

Diese Anordnung will das Verhältnis der wichtigsten Bestandteile des Völkerrechts zum deutschen innerstaatlichen Recht mit verfassungsrechtlicher Bindungswirkung klären und damit für den Geltungsbereich des Grundgesetzes zu dem Streit der monistischen und dualistischen Theorien Stellung nehmen[72].

Völkerrecht und innerstaatliches Recht bilden grundsätzlich zwei selbständige, nach Entstehung und Geltung unterschiedliche Rechtsordnungen. Nach den monistischen Theorien sind sie jedoch eingebettet in eine übergeordnete, einheitliche Rechtsordnung, wobei teils dem Völkerrecht, teils dem innerstaatlichen Recht der Primat zuerkannt wird, während sie nach der dualistischen Lehre in voller Unabhängigkeit einander gegenüberstehen[73]. Völkerrecht und innerstaatliches Recht können nach der dualistischen Theorie nur durch die Umsetzung völkerrechtlicher Normen in innerstaatliches Recht in Beziehung treten, und zwar mittels eines Transformations-, Inkorporations- oder Rezeptionsaktes[74] des staatlichen Gesetzgebers.

Art. 25 Satz 1 GG entscheidet sich nicht ausdrücklich für eine der beiden Lehren[75]. Unter Heranziehung der Entstehungsgeschichte läßt sich aber feststellen, daß der Verfassungsgeber von der dualistischen Theorie ausgegangen ist und Art. 25 GG als *generelle Transformationsvorschrift* für die allgemeinen Völkerrechtsregeln konzipiert hat[76].

bb) Art. 25 Satz 1 GG als generelle Verweisungsnorm

Die Regeln des Völkerrechts sind nach dem Wortlaut des Art. 25 GG *Bestandteil des Bundesrechts* und erzeugen Rechte und Pflichten unmittelbar für die Bewohner des Bundesgebietes. Die Transformation ist nicht anders zu verstehen denn als *generelle (echte) Verweisung* auf die bezeichneten Völkerrechtsnormen.

Sie tastet deren Völkerrechtsqualität nicht an, erstreckt ihre unmittelbar bindende Geltungskraft aber auf den staatlichen Bereich und stellt sie insoweit innerstaatlichen bundesrechtlichen Normen gleich[77].

---

[72] Dazu *Maunz-Dürig*, a.a.O., Art. 25, Rdn. 4 ff.

[73] *Maunz-Dürig, a.a.O.*

[74] Zu den Unterschieden der Begriffe siehe *Maunz-Dürig*, a.a.O., Art. 25, Rdn. 7 ff., *Schröcker*, a.a.O., S. 2290, Fn. 26.

[75] *Maunz-Dürig*, a.a.O., Art. 25, Rdn. 12; *v. Mangoldt-Klein*, a.a.O., S. 673; a. A. BVerfGE 1, 208 (233): „Nachdem Art. 25 GG allgemein den Primat des Völkerrechts vor dem innerstaatlichen Recht als Verfassungsgrundsatz ... proklamiert hat."

[76] *Maunz-Dürig*, a.a.O.

[77] *Maunz-Dürig*, a.a.O., Art. 25, Rdn. 21; *Schröcker*, a.a.O., S. 2290.

Ob sie innerstaatlich mit Verfassungsrang, formell-gesetzlichem oder nur materiell-gesetzlichem Rang gelten, kann nur im Einzelfall nach den Maßstäben des innerstaatlichen Rechts beurteilt werden[78]. Die Verweisung des Art. 25 GG unterscheidet sich von anderen Verweisungsnormen, etwa von den ähnlich umfassenden „Übernahmegesetzen"[79], dadurch, daß das Verweisungsobjekt nur klassifiziert, nicht konkret unter Angabe der Fundstelle bestimmt wird. Ein prinzipieller Unterschied ergibt sich daraus nicht. Dasselbe gilt für die „Vertrags-Gesetze" nach Art. 59 Abs. 2 GG, die — neben der Ermächtigung des Bundespräsidenten zum endgültigen Abschluß — die Umsetzung eines völkerrechtlichen Vertrages in unmittelbar verbindliches innerstaatliches Recht bewirken[80].

b) Recht fremder Staaten

Innerstaatliche Normen können auch an das *Recht fremder Staaten* anknüpfen.

aa) Die Kollisionsnormen des Internationalen Privatrechtes

Hier ist zunächst an die Vorschriften des *Internationalen Privatrechts* zu denken wie etwa:

> „Ein Ausländer, der zur Zeit seines Todes seinen Wohnsitz im Inlande hatte, wird nach den Gesetzen des Staates beerbt, dem er zur Zeit seines Todes angehörte"[81].

Diese Vorschriften faßt Herschel[82] als konstitutive Verweisungsnormen auf, die anderes Recht, welches für die Adressaten der Verweisungsnorm bisher nicht galt, mittelbar anwendbar machten, und Jellinek[83] meint, das ausländische Gesetz werde deshalb angewandt, weil es einen Teil der inländischen Rechtsordnung bilde.

Herschels Ansicht kann nicht gefolgt werden, und die Formulierung Jellineks ist zumindest mißverständlich[84]. Die Kollisionsnormen des Internationalen Privatrechts bestimmen, welche nationale Rechtsordnung Anwendung finden soll, wenn eine Person, ein Rechtssubjekt oder ein Rechtsverhältnis Anknüpfungspunkte an verschiedene Rechtsordnungen aufweisen[85]. Ihre Aufgabe ist es, ohne eigene

---

[78] *Maunz-Dürig*, a.a.O., Art. 25, Rdn. 22 f.

[79] Dazu oben unter III 3 b. [80] BVerfGE 1, 396 (410 f.).

[81] Art. 25 Satz 1 EGBGB. [82] A.a.O., S. 1220.

[83] A.a.O., S. 94.

[84] Mißverständlich ist auch die Bemerkung *Schröckers*, a.a.O., S. 2290: „Die Kollisionsnorm selbst ist inländisches Recht ... Sie erstreckt den Geltungsbereich des ausländischen Rechts auf das Inland"; die weiteren Ausführungen " ... daß das ausländische Gesetz nicht in innerstaatliches umgewandelt, sondern als ausländisches Recht im Inland angewendet wird, ..." zeigen, daß an eine (echte) Verweisung (im hier verstandenen Sinne!) nicht gedacht ist.

[85] *Nipperdey*, a.a.O., S. 382 ff.

materielle Regelung des Sachverhaltes — wenn auch gelegentlich mit eigenen Einschränkungen[86] (wie der ordre-public-Klausel[87]) und Vorbehalten — die Weichen zwischen verschiedenen Rechtsordnungen zu stellen[88] und so zu einer mittelbaren Lösung der streitigen Rechtsfragen zu führen. Die Kollisionsnormen führen im Gegensatz zur Verweisung jedoch nicht zur inhaltlichen Einverleibung des Rechtes fremder Staaten in das deutsche Recht[89].

Diese Bedeutung der Bezugnahme auf ausländische Rechtsordnungen[90] wird besonders deutlich, wenn man berücksichtigt, daß sie nur eine mögliche gesetzgebungstechnische Form — und nur eine der im deutschen Internationalen Privatrecht verwandten Formen! — der Abgrenzung von Rechtsordnungen ist. Der Gesetzgeber kann (wie in dem oben angeführten Beispiel des Art. 25 Satz 1 EGBGB) im Wege einer negativen Abgrenzung anordnen, die von ihm gesetzten Normen seien für gewisse Sachverhalte unanwendbar, und diese einer fremden Rechtsordnung unterstellen, die zugleich durch eine pauschale Bezugnahme bezeichnet wird. In gleicher Weise kann der Gesetzgeber aber positiv anordnen, die von ihm erlassenen Normen seien nur unter gewissen, von ihm selbst aufgezählten Voraussetzungen anwendbar:

> „Das eheliche Güterrecht wird nach den deutschen Gesetzen beurteilt, wenn ..."[91].

Dabei wird der Hinweis auf das ausländische Recht vermieden, ohne daß eine sachliche Änderung einträte[92].

bb) Verweisungen auf ausländisches Recht

Gegenüber den Kollisionsvorschriften, die auf eine fremde Rechtsordnung als Ganze Bezug nehmen, ist eine (echte) Verweisung auf

---

[86] Etwa Art. 12, 17 Abs. 4 EGBGB.

[87] Etwa Art. 30 EGBGB, dazu *Raape*, a.a.O., S. 91 ff.

[88] Wenn man die Wirkung der Kollisionsnormen nur in der Abgrenzung der eigenen Rechtsordnung sieht, lassen sich einige Streitfragen leicht entscheiden, dazu *Nipperdey*, a.a.O., S. 394.

[89] *Raape*, a.a.O., S. 121; *Nipperdey*, a.a.O., S. 395, *Schröcker*, a.a.O., S. 2290; deshalb kann das fremde Recht auch nicht im Wege des Vorlegungsverfahrens nach Art. 100 GG auf seine Vereinbarkeit mit dem Grundgesetz überprüft werden. Die Kollisionsnormen des EGBGB selbst sind selbstverständlich Bundesrecht.

[90] Zur wichtigen Unterscheidung zwischen „Sachnormverweisung" und „Gesamtverweisung" siehe *Nipperdey*, a.a.O., S. 392.

[91] Art. 15 Abs. 1 EGBGB. *Nipperdey*, a.a.O., S. 391: sog. „einseitige Kollisionsnormen", siehe auch Art. 14, 18—20, 22 EGBGB.

[92] Andere Kollisionsvorschriften enthalten sowohl Abgrenzungen eigenen Rechts als auch Bezugnahmen auf fremdes Recht, wie Art. 17 Abs. 1, 21 EGBGB oder Art. 13, 15 Abs. 2 EGBGB. Zur näheren Einteilung siehe *Nipperdey*, a.a.O.

Einzelgesetze oder -vorschriften eines ausländischen Staates durchaus denkbar. Ramm[93] meint allerdings, ein Gesetz könne nicht auf den Willen anderer Rechtsetzender verweisen; es sei unvorstellbar, daß ein deutsches Gesetz anordne, ein französisches Gesetz sei anzuwenden. Versteht man die Verweisung jedoch als Übernahme allein des *Inhaltes* einer fremden Norm, so bestehen keine Bedenken gegen Verweisungen auch auf ausländisches Recht[94]. Eine Vorstufe unmittelbarer Verweisung sind die Fälle, in denen internationale Abkommen, wie z. B. das Abkommen über den Internationalen Währungsfonds von Bretton Woods[95], dazu zwingen, im Inland ausländisches Recht mit seinem wechselnden Inhalt zu berücksichtigen. Auch im Zuge der zunehmenden europäischen Verflechtung gewinnen — etwa durch die Marktordnungen — ausländische Gesetzgebungsakte in wachsendem Umfang unmittelbaren Einfluß auf das deutsche Recht[96].

Abschnitt IV

VERWEISUNGSNORM UND VERWEISUNGSOBJEKT IN DER RANGORDNUNG DER RECHTSQUELLEN

Verweisungsnorm und Verweisungsobjekt können derselben Stufe in der Rangordnung der Rechtsquellen angehören. Sehr zahlreich sind aber die Fälle, in denen auf Vorschriften einer höheren oder niederen Stufe verwiesen wird. In Einzelfällen wird auch der Bereich staatlicher Rechtsquellen „unterschritten" und auf außernormative Bestimmungen verwiesen.

1. Verweisung von Verfassungsnormen auf Völkerrecht, Verfassungsrecht, formelle Gesetze

Verfassungsrecht als die höchste Stufe staatlicher Normsetzung kann auf *Völkerrechtsnormen* verweisen und sie in innerstaatliche Normen „transformieren" (Art. 25 Satz 1 GG)[1]. Verfassungsrechts-

---

[93] A.a.O., S. 548.

[94] *Engisch*, a.a.O., S. 26 Fn. 3; *Jellinek*, a.a.O., S. 90. *Engisch* hält — unter Berufung auf *Zitelmann* — Art. 7 Abs. 2 EGBGB für eine Verweisung; dem kann man folgen: eine ausländische Norm, die die Volljährigkeit schon in einem früheren Alter als § 2 BGB eintreten läßt, ändert deusches Recht unmittelbar ab.

[95] Vgl. BGBl 1952 II 638; *Berber*, Lehrbuch, Bd. I, S. 161 ff.

[96] *Gamillscheg*, a.a.O., S. 50.

[1] Dazu näher unter A AA III 4 a und H. J. *Wolff*, Lehrbuch, Bd. I, § 25 IV, sowie *Maunz-Dürig*, a.a.O., Art. 25, Rdn. 4 ff.; dort auch zur Verweisung auf *kirchenrechtliche Normen;* dazu auch *Schmidt-Bleibtreu*, a.a.O., S. 612 ff.

sätze können ferner auf andere *Verfassungsrechtssätze* verweisen, wie Art. 140 GG auf Art. 136, 137, 138, 139 und 141 der Weimarer Reichsverfassung[2]. Nehmen Verfassungsnormen auf *Gesetze* Bezug, so handelt es sich in der Regel um einen Gesetzesvorbehalt mit Hinweischarakter[3].

2. *Verweisungen in Gesetzen*

a) Verweisung auf Völkerrecht, Recht andererer Staaten, Verfassungsrecht

Formelle Gesetze können auf *Völkerrecht, Recht anderer Staaten*[4] und *Verfassungsrecht* Bezug nehmen.

b) Verweisung auf Gesetze

Gesetze können auf andere *formell-gesetzliche* Vorschriften verweisen. Dabei dienen Binnenverweisungen in erster Linie der Straffung und systematischen Gliederung des Gesetzesstoffes, Außenverweisungen der Rechtsangleichung.

c) Verweisung auf Rechtsverordnungen

Verweisungsobjekt eines formellen Gesetzes kann auch eine *Verordnung* sein. Auszunehmen ist hierbei allerdings die große Gruppe der Gesetze, welche die Exekutive zum Erlaß von Rechtsverordnungen ermächtigen:

> „Die Feststellung von Schäden ... an Wirtschaftsgütern, die ... wird durch Rechtsverordnung entsprechend den Grundsätzen dieses Gesetzes geregelt ...“[5].

Zwischen Verweisung und Ermächtigung muß scharf unterschieden werden[6]. Verweisungen auf Verordnungen enthalten etwa:

> „Als Vermögenssteuer sind die Beträge zu entrichten, die nach der Verordnung des Direktors der Verwaltung für Finanzen ...“[7]

---

[2] Dazu im einzelnen unter AA VI 2 c. Auch Landesverfassungsrecht kann auf Bundesverfassungsrecht verweisen oder Bundesverfassungsrechtsnormen wiederholen: Dazu *Müller*, a.a.O., S. 162.

[3] Dazu unter AA III 3 d aa. [4] Dazu unter III 4 b bb.

[5] § 11 a Abs. 2 des Gesetzes über die Feststellung von Vertreibungsschäden und Kriegsschäden i. d. F. vom 1. 12. 1965 (BGBl 2049).

[6] Siehe dazu die Abgrenzung unter B AA I 3 b dd. Eine andere Frage ist es, ob nicht im Einzelfall eine Verweisung trotz rechtsdogmatisch sauberer Unterscheidung von der Ermächtigung im praktischen Effekt einer Ermächtigung gleichkommt. Sie kann erst auf Grund einer unter verfassungsrechtlichen Gesichtspunkten wertenden Untersuchung der Verweisungsformen näher beleuchtet werden (siehe unter B AA I 3 b dd ccc und 4).

[7] § 17 des Gesetzes über die Vermögensteuerveranlagung ... vom 3. 6. 1949 (WiGBl 83).

oder:

„Rechtsverordnungen der Bundesregierung zur Durchführung des § 135 Abs. 3 des Bundesbeamtengesetzes sind entsprechend anzuwenden“[8].

Zahlreich sind auch Verweisungen von Blankettstrafgesetzen auf Polizeiverordnungen:

„Wer die vom Kaiser zur Verhütung des Zusammenstoßens der Schiffe auf See ... erlassenen Verordnungen ... übertritt ...“[9].

d) Verweisung auf Satzungen

Nehmen Gesetze auf *Satzungen*, etwa der Gemeinden, Bezug, so handelt es sich meist um einen Vorbehalt zugunsten der Autonomie[10]

e) Verweisung auf Gewohnheitsrecht

Denkbar ist auch, daß ein Gesetz auf *Gewohnheitsrecht* verschiedenen Ranges verweist. So hängt heute, vor allem in ländlichen Gegenden, die Pflicht der Anlieger, bei Glatteis zu streuen oder Straße und Weg zu reinigen, von gewohnheitsrechtlichen Normen ab. Das Gewohnheitsrecht bestimmt damit mittelbar die Personen, an die sich ein zu Schaden Gekommener bei der Verfolgung seiner Ersatzansprüche, etwa gemäß §§ 823 ff. BGB, halten muß[11].

f) Verweisung auf außernormative Gestaltungen

Verweisungsobjekt einer formell-gesetzlichen Norm können auch *außerhalb des staatlichen Rechtsquellensystems stehende Vorschriften* sein.

aa) Verwaltungsvorschriften

Besonderer Betrachtung bedürfen hier zunächst die *Verwaltungsvorschriften* der Exekutivbehörden[12], die nach herkömmlicher Auffassung keine Rechtsnormen sind, sondern für den internen Gebrauch der nachgeordneten Behörden und Ämter bestimmte Anweisungen mit eigenem Rechtscharakter[13]. Der Gesetzgeber bezieht sie insbesondere deshalb in seine Vorschriften ein, um sich den Sachverstand der Exekutive und die erleichterte Abänderbarkeit der Verwaltungs-

[8] § 144 Abs. 3 Satz 2 des Landesbeamtengesetzes Rheinland-Pfalz vom 11. 7. 1962 (GVBl 73).

[9] § 145 Nr. 1 StGB; vgl. dazu unter BB II 3 b.

[10] Beispiele bei *Laband*, a.a.O., Bd. I, S. 118, Fn. 1, dazu auch *Jellinek*, a.a.O., S. 92.

[11] *Jellinek*, a.a.O., S. 92.

[12] Besser als „Verwaltungsverordnungen“ (H. J. *Wolff*, Lehrbuch, Bd. I, § 25 VIII), wie in Art. 84 Abs. 2, 85 Abs. 2 GG.

[13] Zur Auslegung von Verwaltungsvorschriften und Abgrenzung gegenüber anderen verwaltungsinternen Anweisungen siehe BVerwGE 21, 264 (267) und *Schröcker*, a.a.O., S. 2287.

vorschriften zunutze zu machen. Ein Beispiel enthält das bereits angeführte Bayerische Besoldungsgesetz:

> „Für die Gewährung von Beihilfen ... gelten die Beihilfegrundsätze des Bundes“[14].

Die Beihilfegrundsätze sind als Verwaltungsvorschriften des Bundesministers des Innern ergangen[15]. Ebenso sind die in § 33 Abs. 3 des Grundsteuergesetzes in der Fassung vom 10. 8. 1951[16]:

> „Die in den einzelnen Ländern am 1. Januar 1951 geltenden Richtlinien für Billigkeitsmaßnahmen auf dem Gebiet der Grundsteuer sind letztmalig auf die Grundsteuer für das Rechnungsjahr 1950 anzuwenden“

bezogenen Richtlinien Verwaltungsvorschriften[17].

Auch die in vielen Landesbeamtengesetzen für anwendbar erklärten „Bundesvorschriften“ für die Reise- und Umzugskostenvergütungen umfassen — neben Gesetzen und Verordnungen — die dazu ergangenen Verwaltungsvorschriften[18]. Verweisungsfälle dieser Art[19]

---

[14] § 47 Abs. 1 Satz 1 des Gesetzes vom 14. 6. 1958 (GVBl 101).

[15] Vom 17. 3. 1959 (GMinBl 167). Ohne nähere Begründung nimmt der Bayerische Verfassungsgerichtshof (BayerVerfGHE 17 II, 61 [66]) entgegen der Selbstbezeichnung der Vorschriften als „Allgemeine Verwaltungsvorschriften über ...“ an, es handele sich um eine Rechtsverordnung (was für das Ergebnis der noch zu besprechenden Entscheidung aber nicht relevant ist); richtig als Verwaltungsvorschriften werten sie der Bayerische Verwaltungsgerichtshof (BayerVerwBl 1960, 321 [322]), *Ossenbühl*, a.a.O., S. 401; *Fischbach*, a.a.O., S. 696.

[16] BGBl 519.

[17] A. A. BVerwGE 10, 322 (323); siehe dazu die ausführliche Darstellung des Streitstandes unter AA II 4 c.

[18] *Geib*, a.a.O., S. 193 zu § 104 des Beamtengesetzes für das Land Schleswig-Holstein.

[19] Eine ähnliche Problematik ergibt sich bei folgender Ermächtigung zum Erlaß von Verwaltungsvorschriften: eine nähere Ausführung des § 3 Abs. 3 der Bundesnotarordnung vom 24. 2. 1961 (BGBl 98):

> „Ein Notar kann als Rechtsanwalt zugelassen werden.“

und des § 4 Abs. 1 BNotO:

> „Es werden nur so viele Notare bestellt, wie es den Erfordernissen einer geordneten Rechtspflege entspricht“

enthalten gemäß § 4 Abs. 2 Satz 1 BNotO:

> „In den Fällen des § 3 Abs. 2 können hierüber die Landesjustizverwaltungen die näheren Bestimmungen treffen“

für das Land Niedersachsen die als Verwaltungsvorschriften ergangenen Ausführungsrichtlinien des Landesjustizministers vom 30. 3. 1961 (Niedersächsischer Rechtspfleger 1961, 70); dazu die Entscheidung BGH NJW 1962, 1914 (1915 f.), die annimmt, § 4 Abs. 1 BNotO lege sich nur subsidiäre Bedeutung bei.

bedürfen einer besonderen Prüfung unter dem Gesichtspunkt einer Aufgabenverschiebung zwischen Legislative und Exekutive[20].

bb) Technische Vorschriften, Regeln privater Verbände

Zahlreich sind Verweisungen von Gesetzen und Verordnungen auf *außernormative Gestaltungen Privater* im Wirtschaftsrecht, besonders im Recht Technischer Vorschriften. Rechtsnormen dieser Art gehören einer Randzone des Rechtes an, die gekennzeichnet ist durch niedere, sehr spezielle und häufig nur den Betroffenen und Fachleuten bekannte Regeln. Sie werden vielfach kaum noch als „Recht" empfunden und stehen der Verwaltung näher als der Gesetzgebung[21]: insgesamt ein Rechtsgebiet, das noch einer Untersuchung unter verfassungsrechtlichen Aspekten harrt.

Auszuscheiden sind an dieser Stelle die Verweisungen auf Vorschriften *nichtstaatlicher, aber öffentlicher Verwaltungsträger*[22], so der Industrie- und Handelskammern, Innungen und Berufsgenossenschaften[23]: sie sind Personen des öffentlichen Rechts, und ihre im Rahmen der Autonomie ergehenden Vorschriften sind Satzungen mit Normqualität[24]. Gemeint sind vielmehr die Vorschriften *dem Staat nicht eingegliederter, privater Interessenverbände*[25] der Wirtschaft und Technik, die Gegenstand von Verweisungen sind:

> „Acetylenanlagen und Karbidlager müssen den folgenden Bestimmungen und den anerkannten Regeln der Wissenschaft und Technik entsprechend ausgeführt, vertrieben und erhalten werden. Als solche gelten ... die in Anlage A zusammengestellten „Technischen Grundsätze ...", deren Weiterbildung dem ... Deutschen Acetylenausschuß übertragen wird"[26].

In den meisten Fällen handelt es sich, wie hier, um die Heranziehung von Technischen Vorschriften sachkundiger Kreise. So auch in dem folgenden Beispiel:

---

[20] Dazu unter B AA I 6.

[21] Dazu *Bullinger*, Unterermächtigung, S. 14.

[22] Zur Einteilung vgl. *Bachof*, AöR 83, 241 ff.

[23] Nach §§ 623 ff. der Reichsversicherungsordnung, dazu eingehend *Wannagat*, a.a.O., S. 14, 67.

[24] Für die Vorschriften der Berufsgenossenschaften siehe dazu BVerfGE 1, 91 (94); *Wannagat*, a.a.O., S. 184.

[25] Dazu *Bachof*, a.a.O., S. 257 ff.

[26] § 3 der Verordnung über Herstellung, Aufbewahrung, Verwendung von Acetylen sowie über Lagerung von Kalziumkarbid vom 21. 12. 1923 (Bayer GVBl 393) auf Grund des § 24 GewO (a. F. v. 21. 6. 1869, BGBl des Norddeutschen Bundes 245); anders (Bildung gemischter Technischer Ausschüsse, die Technische Vorschriften erlassen) jetzt § 24 Abs. 2, 3, 4 GewO n. F. auf Grund des 4. Änderungsgesetzes vom 5. 2. 1960 (BGBl 665).

„Anlagen, die dieser Verordnung unterliegen, müssen gemäß den für sie auf Grund des § 24 der Gewerbeordnung erlassenen technischen Vorschriften ... errichtet und betrieben werden"[27] [28].

cc) Verschiedenes

Manche Normen verweisen auf *Willenserklärungen, Feststellungen* u. ä. anderer Stellen, und zwar nicht nur auf schon abgegebene, die als Tatbestandsmerkmale übernommen werden, sondern auch auf erst in Zukunft abzugebende und sich möglicherweise inhaltlich verändernde Willenserklärungen, so daß die Verweisung einer Verweisung auf nichtnormative Regeln nahekommt:

„Der Zinssatz ... beträgt ... zwei vom Hundert über dem jeweiligen Reichsbankdiskontsatz ..."[29].

„Die Höhe der Geldsumme, die ... zu zahlen ist ... Maßgebend ist der für den Tag der Fälligkeit *amtlich festgestellte Preis*"[30].

„Für ausländische Sorten (sc.: von Kulturpflanzen) kann auf Antrag der Sortenschutz gewährt werden, wenn die Gegenseitigkeit gewährleistet ist. Der *Bundesminister stellt fest,* ob die Gegenseitigkeit gewährleistet ist und macht ... im Bundesgesetzblatt bekannt"[31].

Ähnlich bestimmen §§ 1, 4 Ziff. 4 einer Steuerverordnung vom 17. 5. 1952[32] nur den Höchstbetrag der öffentlichen Abgabe, überlassen die jeweilige konkrete Festsetzung aber einer *„Bekanntmachung"* der Finanzbehörden. § 139 Abs. 5 der Gewerbeordnung verpflichtet die Arbeitgeber, der Polizeibehörde diejenigen *statistischen Mitteilungen* zu machen, die von der Bundesregierung oder einer Landeszentralbehörde *vorgeschrieben* werden.

dd) Generalklauseln

Schwierigkeiten bei der Auslegung bereiten *Generalklauseln,* die auf Wertvorstellungen des Volkes oder gewisser Bevölkerungskreise verweisen[33]. Dabei handelt es sich um „offene Tatbestandsmerkma-

---

[27] § 6 der Verordnung über brennbare Flüssigkeiten vom 18. 2. 1960 (BGBl 83).

[28] Dazu im einzelnen unter B AA I 7.

[29] § 1 Abs. 1 des Gesetzes über Wechsel- und Scheckzinsen vom 3. 7. 1925 (RGBl 93); dazu *Bullinger,* Selbstermächtigung, S. 20.

[30] § 1 der Verordnung über die Eintragung der Aufwertungsbeträge von Hypotheken und anderen dinglichen Rechten vom 9. 10. 1925 (RGBl 385); dazu *Bullinger,* Unterermächtigung, S. 21.

[31] § 14 Abs. 1 des Gesetzes über Sortenschutz und Saatgut von Kulturpflanzen (Saatgutgesetz) vom 27. 6. 1953 (BGBl 450); dazu *Bullinger,* Unterermächtigung, S. 21.

[32] BAnz. Nr. 98.

[33] Dazu *Hedemann,* Flucht, S. 19; *Herschel,* a.a.O., S. 1220; *Triepel,* a.a.O., S. 67; *Engisch,* a.a.O., S. 26, Fn. 3. Hierher gehören auch die von *Jellinek,* a.a.O., S. 89, 91 gesondert aufgeführten Verweisungen „auf die Rechtswissenschaft": jeder vom Gesetz verwandte Begriff bedarf der Auslegung, zu der die Wissenschaft beiträgt.

le", die einer Sinnergänzung an Hand außerhalb der Norm auffindbarer Maßstäbe bedürfen: insofern sind Vorschriften mit Generalklauseln den (unvollständigen!) Verweisungsnormen verwandt. Oft dienen Verweisungen auf Regeln, Technische Vorschriften etc. gerade dem Zweck, solche Generalklauseln als stillschweigende Verweisungen auf Anschauungen der Allgemeinheit oder bestimmter Fachkreise zu ersetzen und durch die Heranziehung eines genau bezeichneten Verweisungsobjektes zu konkretisieren. Statt es bei der Bezugnahme auf „Allgemeine Erfahrungssätze" zu belassen, verweist etwa die Verordnung zur Anlage C der Eisenbahnverkehrsordnung[34] auf ein Muster der Chemisch-Technischen Reichsanstalt. Manche Generalklauseln — wie in §§ 346, 359 HGB: „Handelsgebräuche" — verweisen kraft Verkehrssitte auf fixierte „Allgemeine Geschäftsbedingungen (AGB)"[35] [36].

ee) Verweisung auf Karten und Pläne

Verweisungsobjekt können auch *Karten, Pläne* und ähnliche *graphische Darstellungen* sein:
so in einem *Gesetz:*

> „§ 1 Der Durchführungsplan D 332 ... wird festgestellt. Der Durchführungsplan hat nach der Bekanntmachung im Amtlichen Anzeiger öffentlich ausgelegen.
>
> § 2 Das maßgebliche Stück des Planes ist beim Staatsarchiv niedergelegt"[37].

oder in *Verordnungen,* z. B. in Landschaftsschutzverordnungen:

> „Die in den zu dieser Verordnung gehörenden und bei den Unteren Naturschutzbehörden in R., S., W. und M. aufliegenden Landschaftsschutzkarten ... eingetragenen ... Landschaftsteile ... werden ... dem Schutze des Reichsnaturschutzgesetzes unterstellt"[38].

Diese Pläne werden in der Regel nicht in Gesetz- oder Amtsblättern veröffentlicht, sondern nur an einer besonders bezeichneten Stelle zur Einsicht ausgelegt.

---

[34] Vom 25. 2. 1928 (RGBl II 43 bei Randziffer 81).

[35] Dazu neuestens BGH NJW 1967, 1226 und Schreiber, a.a.O., insbesondere S. 1445.

[36] Zur Verwendung von Generalklauseln in Blankettstrafgesetzen, etwa in § 330 StGB, siehe näher unter BB II 5 b.

[37] Hamburgisches Gesetz über den Durchführungsplan D 332 vom 31. 3. 1958 (GVBl 91).

[38] So der Text der in BVerwGE 17, 192 bezogenen Landschaftsschutzverordnung, die auf Grund der §§ 5, 19 des Reichsnaturschutzgesetzes vom 26. 6. 1935 (RGBl 821) und der Verordnung zur Durchführung des Reichsnaturschutzgesetzes vom 31. 10. 1935 (RGBl 1275) ergangen ist.

3. *Verweisungen in Rechtsverordnungen*

Verordnungen können auf *förmliche Gesetze, Rechtsverordnungen, Satzungen und nichtnormative Regeln* verweisen:

a) Verweisung auf Gesetze

Ein Beispiel für die Verweisung auf ein *förmliches Gesetz* bietet etwa:

> „Die Vorschriften des § 53 Abs. 1 Satz 1, Abs. 2 und des § 60 Abs. 1 Nr. 6 des Reichsgesetzes über die Angelegenheiten der freiwilligen Gerichtsbarkeit gelten entsprechend"[39].

b) Verweisung auf Rechtsverordnungen

Verordnungen können auf *andere Verordnungen* verweisen:

> „In § 15 Abs. 2 werden im ersten Satz hinter dem Wort „Beträge" die Worte „außer in den Fällen des § 18" eingefügt"[40].

c) Verweisung auf Satzungen

Verordnungen verweisen schließlich auch auf *Satzungen* und *außernormative Gestaltungen,* letzteres insbesondere bei den (auf § 24 Abs. 1 der Gewerbeordnung gestützten) Rechtsverordnungen zum Schutze vor gefährlichen Anlagen, die auf Regelwerke Technischer Verbände[41] verweisen.

4. *Verweisungen in Satzungen*

Satzungen schließlich können auf *Gesetze, Verordnungen, Satzungen* und *außernormative Gestaltungen* verweisen. So nimmt § 26 der Geschäftsordnung[42] des Verfassungsgerichtshofes für den Freistaat Bayern auf Bundesgesetze Bezug[43]:

> „Soweit das Verfassungsgerichtshofsgesetz und diese Geschäftsordnung keine Bestimmungen über das Verfahren enthalten, sind die Vorschriften der Verwaltungsgerichtsordnung, ergänzend die der Zivilprozeßordnung heranzuziehen"[44].

---

[39] § 7 Abs. 3 Satz 2 der Verordnung über das Erbbaurecht vom 15. 1. 1919 (RGBl 72): nach § 35 eine Verordnung mit Gesetzeskraft!

[40] § 1 Nr. 6 der Verordnung zur Änderung und Ergänzung der Verordnung zur Durchführung des Wohnungsbau-Prämiengesetzes vom 8. 3. 1960 (BGBl 161).

[41] Siehe die Beispiele unter IV 2 f bb.

[42] Nach BVerfGE 1, 144 (148) handelt es sich bei den Geschäftsordnungen um „quasi-autonomes Satzungsrecht".

[43] Auf Grund des Art. 23 des Gesetzes über den Verfassungsgerichtshof i. d. F. vom 26. 10. 1962 (GVBl 337), erlassen am 15. 7. 1963 (GVBl 151).

[44] Ähnlich auch § 25 Abs. 3 der GO und die Verfassungsgerichtshofsgesetze und -geschäftsordnungen anderer Bundesländer.

und den Auftrag:

„Die Gemeinden ... sind verpflichtet, auch die übrigen Geldbezüge ihrer Beamten nach den für die Landesbeamten geltenden Vorschriften zu regeln“[45].

haben einige Gemeinden durch Verweisung ihrer Satzungen auf das entsprechende Landesgesetz erfüllt[46].

5. *Verweisungen auf Vorschriften mehrerer Rangstufen*

In manchen Fällen umfaßt die Verweisung *Vorschriften mehrerer Rangstufen* zugleich. Verweisen etwa Landesgesetze auf das „entsprechende Recht des Bundes“[47], so umfaßt die Verweisung formelle Gesetze wie Rechtsverordnungen, und die Auslegung[48] einer gesetzlichen Bestimmung wie § 104 des Beamtengesetzes für das Land Schleswig-Holstein[49]:

„Für die Reise- und Umzugskostenvergütungen der Beamten gelten die jeweiligen Bundesvorschriften entsprechend“

wird in der Regel ergeben, daß der Gesetzgeber mit dem Begriff „Vorschriften“ Gesetze, Rechtsverordnungen[50] und Verwaltungsvorschriften[51] erfassen wollte. Verweisungen dieser Art gibt es auch in Verordnungen und Satzungen.

Abschnitt V

RÄUMLICHER GELTUNGSBEREICH VON VERWEISUNGSNORM UND -OBJEKT

Verwiesen wird nicht nur *horizontal* auf Vorschriften derselben *Rechtsordnung* und desselben *räumlichen Geltungsbereiches*, sondern

[45] § 30 Abs. 1 des Besoldungsgesetzes für das Land Nordrhein-Westfalen i. d. F. vom 19. 8. 1965 (GVBl 258).

[46] Der Musterentwurf einer Satzung über die Erhebung einer Schankerlaubnissteuer auf Grund des § 24 der Gemeindeordnung für das Land Rheinland-Pfalz vom 25. 9. 1964 (GVBl 145) i. V. m. §§ 2, 3 und 6 des Kommunalabgabengesetzes vom 8. 11. 1954 (GVBl 139) verweist auf Vorschriften des KAG, des Steueranpassungsgesetzes und der RAO (dazu *Rumetsch*, a.a.O., S. 126).

[47] *Schröcker*, a.a.O., S. 2286.

[48] *Schröcker*, a.a.O., S. 2286, für das Beispiel: *Geib*, a.a.O., S. 193.

[49] i. d. F. v. 9. 7. 1962 (GVBl 295).

[50] Es gibt auch Verweisungen *allein* auf Rechtsverordnungen: vgl. § 144 Abs. 3 Satz 2 des Landesbeamtengesetzes Rheinland-Pfalz vom 11. 7. 1962 (GVBl 73).

[51] Es gibt auch Verweisungen *allein* auf Verwaltungsvorschriften: Vgl. § 47 Abs. 1 des Bayerischen Besoldungsgesetzes vom 14. 6. 1958 (GVBl 101).

auch *vertikal* auf Bestimmungen höherer oder niederer Rechtsordnungen mit weiterem oder engerem Geltungsbereich; hier ist insbesondere der Verweisungszusammenhang zwischen *Bundes- und Landesrecht* zu beachten.

1. *Verweisung von Bundesrecht auf Völkerrecht und Recht fremder Staaten*

Bundesrecht — seien es Verfassungsrechtssätze oder formell-gesetzliche Normen — kann zunächst auf das *Völkerrecht*[1] und das *Recht fremder Staaten*[2] Bezug nehmen.

2. *Verweisung von Bundesrecht auf Bundesrecht*

Verweisungen von *Bundesrecht* auf *Bundesrecht*[3] haben häufig den Zweck, ein Rechtsgebiet bis zum Erlaß eines Spezialgesetzes übergangsweise zu regeln:

> „Bis zum Erlaß ... sind ... für das Verfahren vor dem Bundesverwaltungsgericht die Vorschriften des Gesetzes über das Bundesverwaltungsgericht anzuwenden"[4].

oder dienen der Rechtsvereinheitlichung:

> „Soweit dieses Gesetz nicht abweichende Vorschriften enthält, sind auf die Beweisaufnahme §§ 358 bis 444 ... der Zivilprozeßordnung entsprechend anzuwenden"[5].

oder der Lückenschließung:

> „Soweit dieses Gesetz keine Bestimmungen über das Verfahren enthält, sind das Gerichtsverfassungsgesetz und die Zivilprozeßordnung entsprechend anzuwenden, wenn ..."[6].

3. *Hinweise zur Kompetenzabgrenzung zwischen Bundesrecht und Landesrecht*

Nimmt *Bundesrecht* auf *Landesrecht* oder *Landesrecht* auf *Bundesrecht* Bezug, so handelt es sich in der Regel um *Vorbehalte zur Kompetenzabgrenzung* zwischen Bundes- und Ländergesetzgebung mit Hinweischarakter[7]:

---

[1] Siehe unter AA III 4 a. [2] Siehe unter AA III 4 b bb.

[3] Eine nicht der Übergangsregelung dienende Verweisung auf das Zolltarifgesetz vom 27. 7. 1957 (BGBl 1395) enthält § 1 Abs. 2 des Kaffeesteuergesetzes vom 30. 7. 1953 (BGBl 708):

„Kaffee sind alle unter die Nummern 0901 und 2102 des Zolltarifs fallenden Erzeugnisse."

[4] § 189 Abs. 1 VwGO.

[5] § 98 VwGO, ähnlich § 72 Konkursordnung, § 115 Vergleichsordnung. Verweisungen dieser Art sind in den Verfahrensgesetzen der verschiedenen Gerichtsbarkeiten häufig anzutreffen.

[6] § 173 VwGO. [7] Dazu ausführlich unter AA III 3 d bb.

„Das Jagdrecht unterliegt den Beschränkungen dieses Gesetzes und der in seinem Rahmen ergangenen landesrechtlichen Vorschriften“[8].

(Als Bundesrecht — Landesrecht Hinweis)

„Die §§ 2 bis 4, ... dieses Gesetzes wiederholen inhaltlich die §§ 2 bis 7 ... des Wasserhaushaltsgesetzes, die einheitlich und unmittelbar als Bundesrecht gelten“[9].

(Als Landesrecht — Bundesrecht Hinweis).

4. *Verweisung von Bundesrecht auf Landesrecht*

(Echte) *Verweisungen* von *Bundesrecht* auf *Landesrecht* enthalten vorwiegend die Blankettstrafgesetze. So sind die Straftatbestände des § 367 Abs. 1 Nr. 5 StGB:

„Mit Geldstrafe ... wird bestraft ... wer ... bei der Aufbewahrung, Beförderung ... von Sprengstoffen ... die deshalb ergangenen Verordnungen nicht befolgt ...“

in den Sprengstoffverordnungen der Länder enthalten[10]. Ein älteres Beispiel: durch die Verweisung der alten Reichsverfassung von 1871:

„Das Präsidium des Bundes steht dem Könige von Preußen zu, welcher den Namen *Deutscher Kaiser* führt“[11].

ist das jeweils geltende preußische Thronfolgerecht Bestandteil des Reichsrechts geworden[12].

5. *Verweisung von Landesrecht auf Bundesrecht*

Verweisungen von *Landesrecht* auf *Bundesrecht* oder das *Recht anderer Länder* dienen in erster Linie der Rechtsvereinheitlichung. Häufig sind vor allem Verweisungen von *Landesgesetzen* auf *Bundesrecht*, und zwar hauptsächlich im Abgaben- und Beamtenrecht[13].

a) Im Abgabenrecht

Alle Länder haben *Abgabenordnungs-Anwendungsgesetze*[14] erlassen, deren wesentlicher Inhalt die Verweisung auf bestimmte — im einzelnen aufgeführte — Abgabengesetze des Bundes ist:

---

[8] § 1 Abs. 6 des Bundesjagdgesetzes vom 29. 11. 1952 (BGBl 780).

[9] § 174 Abs. 1 des Niedersächsischen Wassergesetzes vom 7. 7. 1960 (GVBl 105).

[10] Z. B. die Sprengstoffverordnung des Landes Baden-Württemberg vom 12. 6. 1954 (GVBl 85); vgl. auch Art. 39 des Bayerischen Gesetzes über das Landesstrafrecht und ... vom 17. 11. 1956 (GVBl 261).

[11] Art. 11.

[12] *Jellinek*, a.a.O., S. 98 („... die gleiche Bedeutung wie eine reichsrechtliche Ausführungsverordnung zu Art. 11 der Reichsverfassung“), *Laband*, a.a.O., Bd. I, S. 220 f.

[13] Vgl. dazu die Zusammenstellung bei *Schröcker*, a.a.O., S. 2285 f.

[14] Siehe die Fundstellen bei *Schröcker*, a.a.O., S. 2285, Fn. 2.

„Auf öffentlich-rechtliche Abgaben, die der Gesetzgebung des Bundes nicht unterliegen und von den Landesfinanzbehörden verwaltet werden, sind vorbehaltlich der in § 2 genannten Einschränkungen folgende Gesetze in der Fassung anzuwenden, die für die bundesrechtlich geregelten Steuern jeweils gilt:

1. Die Reichsabgabenordnung vom 22. Mai 1931 (RGBl I S. 161)

2 — 6 . . ."[15].

oder auch:

„Die Vorschriften der Reichsabgabenordnung und ihrer Nebengesetze finden in der jeweils geltenden Fassung auf die Kirchensteuern entsprechende Anwendung"[16].

Die Gesamtmaterie des Abgabenrechtes war früher in der Reichsabgabenordnung geregelt; später traten verschiedene Nebengesetze[17] hinzu. Das Abgabenrecht galt als vorkonstitutionelles Recht gemäß Art. 123 Abs. 1 GG fort, und zwar gemäß der Neuverteilung der Abgabenhoheit auf Bund und Länder als Bundesrecht für die der Gesetzgebung des Bundes unterliegenden Abgaben, als Landesrecht für die der Gesetzgebung der Länder unterliegenden Abgaben. Der Bund änderte später einige dieser Gesetze, u. a. durch die Abgabenordnung[18]. Die neue Fassung des Abgabenrechtes konnte sich aber nur auf die bundesgesetzlich zu regelnden Abgaben erstrecken: für die der Landeshoheit unterfallenden Abgaben galten die Vorschriften in der alten Fassung fort, es sei denn, sie wurden durch Landesgesetze geändert. Das allgemeine Abgabenrecht des Bundes deckte sich in zahlreichen Fällen nicht mehr mit dem des Landes. Dadurch wurde die Arbeit der Finanzverwaltung gehemmt, weil die Finanzämter und Landesfinanzämter sowohl für die Abgaben des Bundes als auch die der Länder zuständig sind. Durch die Verweisung der Landesgesetze auf die „jeweilige Fassung" des Bundesrechtes wollten die Landesgesetzgeber einen zeitlich lückenlosen Anschluß an die Änderungen des Bundesabgabenrechtes herstellen, das Bundes- und Länderabgabenrecht also „synchronisieren" und so der Rechtsvereinheitlichung und Verwaltungsvereinfachung dienen[19].

---

[15] § 1 des Baden-Württembergischen Gesetzes über die Anwendung bundesrechtlicher Vorschriften des allgemeinen Abgabenrechtes vom 27. 7. 1955 (GVBl 102).

[16] § 6 des Gesetzes über die Erhebung von Kirchensteuern im Land Nordrhein-Westfalen vom 30. 4. 1962 (GVBl 223); ähnlich § 3 Abs. 1 KAG von Baden-Württemberg vom 18. 2. 1964 (GVBl 71) und § 19 Abs. 1 des Bayerischen Kirchensteuergesetzes vom 26. 11. 1964 (Bayer BS II S. 653), dazu das Urteil BayerVerfGH BayerVerwBl 1958, 144.

[17] Z. B. das Steueranpassungsgesetz vom 16. 10. 1934 (RGBl 925) und das Steuersäumnisgesetz vom 24. 12. 1934 (RGBl 1271).

[18] Z. B. durch Art. 1 des Gesetzes zur Änderung von Vorschriften der Reichsabgabenordnung und anderer Gesetze vom 11. 7. 1953 (BGBl 511).

[19] *Schröcker*, a.a.O., S. 2288; näher zu dieser „dynamischen Verweisung" unter A AA VI 1 b.

b) *Im Beamtenrecht*

Ähnliche Gründe führten zu einer Häufung von Verweisungen in *Landes-Beamtengesetzen:*

> „Für die Reise- und Umzugskostenvergütungen der Beamten gelten die jeweiligen Bundesvorschriften entsprechend"[20].

Hier galt zunächst das Deutsche Beamtengesetz von 1937[21] für die Bundesbeamten als Bundesrecht, für die Landesbeamten als Landesrecht fort[22]; später erließen Bund und Länder eigene Beamtengesetze. Das besondere Bedürfnis für die Rechtsangleichung ergibt sich hier aus wirtschaftlichen, sozialen und politischen Gründen[23] und wird sogar in amtlichen Begründungen als Zweck dieser Verweisungstechnik genannt[24].

c) *Auf sonstigen Sachgebieten*

Auch auf *anderen Sachgebieten* finden sich zahlreiche landesrechtliche Verweisungen auf das Bundesrecht, etwa auf das Gesetz über Ordnungswidrigkeiten[25]. Die Verweisung ist dabei — neben dem Abschluß von Staatsverträgen und Verwaltungsabkommen[26] sowie der Errichtung gemeinsamer Einrichtungen[27] — nur eine, und zwar die unauffälligste, Form der Zusammenarbeit der Länder mit dem Bund, die der Überwindung oder Entschärfung der durch das Grundgesetz errichteten Kompetenzschranken auf solchen Gebieten dient, die zwar der Länderkompetenz unterliegen, aber aus sachimmanenten Gründen einer bundeseinheitlichen Regelung bedürfen, etwa auf dem Gebiet der Bildungsplanung und Wissenschaftsförderung. Diese Verweisungen werden besonderer Prüfung unter föderalistischen Gesichtspunkten unterzogen werden müssen[28].

---

[20] § 104 des Schleswig-Holsteinischen Landesbeamtengesetzes i. d. F. vom 9. 7. 1962 (GVBl 294); zu den entsprechenden Bestimmungen in den Beamtengesetzen der anderen Länder siehe *Schröcker,* a.a.O., S. 2285, Fn. 3.

[21] Vom 26. 1. 1937 (RGBl 39) mit zahlreichen Änderungen.

[22] *Maunz-Dürig,* a.a.O., Art. 124, Rdn. 9.

[23] *Schröcker,* a.a.O., S. 2288, dazu unter B CC I 1 b.

[24] Vgl. die amtliche Begründung zum Niedersächsischen Landesbeamtengesetz vom 14. 7. 1960 (GVBl 145) zu A (Allgemeines: „... verweist der Entwurf kurzerhand auf die zur Durchführung des BBG erlassenen Verordnungen und sonstigen Vorschriften. So wird verfahren ..." *(Sachse-Topka,* a.a.O., S. 20).

[25] I. d. F. vom 26. 7. 1957 (BGBl 861) und vom 26. 7. 1957 (BGBl II 713); siehe dazu die Aufstellung bei *Patzig,* a.a.O., S. 13, 14 und ders., DÖV 1954, 363.

[26] Vgl. hier das Lindauer Abkommen v. 23./25. 10. 1957, 14. 11. 1957 über den Abschluß völkerrechtlicher Verträge: Wortlaut bei *Maunz-Dürig,* a.a.O., Art. 32, Rdn. 45.

[27] Dazu näher unter B CC II 2. [28] Dazu näher unter B CC II 4.

d) Schröckers abweichende Ansicht

Auch bei der *Übernahme ganzer Bundesgesetze* oder *bundesrechtlicher Vorschriftenkomplexe* durch das Landesrecht, wie:

„Für die Reise- und Umzugskostenvergütungen der Beamten gelten die jeweiligen Bundesvorschriften entsprechend“[29],

handelt es sich um eine (echte) Verweisung, d. h. die Rezipierung des vom Bund erlassenen Verweisungsobjektes und seine Ausstattung mit der Geltungskraft der landesrechtlichen Verweisungsnorm. Ist das Verweisungsobjekt ein Bundesgesetz, so erhält es für das Land *formelle* und *materielle Gesetzeskraft* allein durch das verweisende *Landesgesetz:* übernommen wird nur der *Text des Bundesgesetzes.*

Zu anderen Ergebnissen kommt *Schröcker*[30]: die herangezogenen bundesgesetzlichen Vorschriften blieben *formell Bundesgesetze;* die landesgesetzliche Verweisung habe nur die Wirkung, sie zu *Landesgesetzen* im *materiellen* Sinne zu machen, zu *„Landesrecht“*[31]. Ein Durchgang durch das Landesgesetzgebungsverfahren und eine Verkündung seien daher entbehrlich. Für die Verweisung auf Rechtsverordnungen und Verwaltungsvorschriften des Bundes gelte Entsprechendes.

Die Erklärung dieses besonderen Rezeptionsvorganges mit dem Hinweis auf Art. 123 Abs. 1, 124, 125 GG, die Kollisionsnormen des Internationalen Privatrechtes sowie Art. 25 GG kann nicht überzeugen. Soweit Art. 123 ff. GG als Übergangsvorschriften Reichsrecht betreffen[32], bezwecken sie die Anpassung fortgeltenden alten Rechtes an die Zuständigkeitsverteilung des Grundgesetzes: nur insoweit können als formelle Reichsgesetze fortgeltende Vorschriften den Charakter von materiellem Landesrecht haben, ohne vom Landesgesetzgeber beschlossen worden zu sein. Rückschlüsse auf die nachkonstitutionelle Zulässigkeit dieses die Kompetenzordnung berührenden Verfahrens können aus Art. 123 ff. GG nicht gezogen werden.

Ein Vergleich der landesrechtlichen Verweisungsnorm mit einer Kollisionsnorm des Internationalen Privatrechtes[33] wird schon dadurch ausgeschlossen, daß die Kollisionsnorm — wie Schröcker selbst anerkennt — die Anwendung ausländischen Rechtes als *ausländisches Recht* anordnet, während die landesrechtliche Verweisungsnorm gerade die Heranziehung des sachgleichen Bundesrechtes *als Landes-*

---

[29] § 104 des Beamtengesetzes für das Land Schleswig-Holstein i. d. F. v. 9. 7. 1962 (GVBl 295); dazu auch unter A AA IV 5.

[30] A.a.O., S. 2288.

[31] A.a.O., S. 2289.

[32] Art. 123 GG erstreckt sich auf sämtliche beim Zusammentritt des 1. Bundestages in Geltung befindlichen Rechtsnormen, also auch auf frühere Ländergesetze (*Maunz-Dürig*, a.a.O., Art. 123, Rdn. 3).

[33] *Schröcker*, a.a.O., S. 2290, dazu näher unter AA III 4 b aa.

recht erreichen will, anstelle einer Regelung durch den an sich zuständigen Landesgesetzgeber selbst.

Auch der Vergleich mit Art. 25 Satz 1 GG kann die abweichende Ansicht Schröckers nicht stützen. Wie gezeigt[34], hat dieser „Generaltransformator" die Funktion einer (echten) Verweisungsnorm, die sich von anderen nur durch den hohen Grad der Unbestimmtheit des Verweisungsobjektes, nicht aber prinzipiell unterscheidet[35].

Man muß also zu dem *Ergebnis* kommen, daß auch die Rezeption umfangreicher bundesrechtlicher Vorschriftenkomplexe durch das Landesrecht eine Verweisung ist und im Rahmen der verfassungsrechtlichen Prüfung an den für jede Verweisung geltenden Maßstäben zu messen ist.

6. *Verweisung von Landesrecht auf Landesrecht*

Ebenso wie die Verweisung von *Landesrecht* auf Bundesrecht dient auch die Verweisung auf das *Recht anderer Länder* der Rechtsvereinheitlichung bei der Normierung solcher Sachgebiete, die der Gesetzgebungskompetenz der Länder unterliegen, einem Ziel, das die Länder bisweilen auch durch den Erlaß von auf gemeinsam erarbeiteten Gesetzentwürfen basierenden Parallelgesetzen zu erreichen suchen, wie z. B. bei den Landespressegesetzen[36] [37]. Verweisungen dieser Art erregen Bedenken vor allem unter bundesstaatlichen Gesichtspunkten[38].

7. *Überschneidungen der Einteilungen zu IV und V*

Einige der angeführten Beispiele haben schon gezeigt, daß sich in zahlreichen Verweisungen die *Einteilungen* der Abschnitte IV und V *überschneiden*, also etwa höherrangiges Recht mit regional begrenztem Geltungsbereich auf niederrangiges Recht mit umfassendem Geltungsbereich verweist. So können Bundesgesetze auf Landes-

---

[34] Dazu unter AA III 4 a bb.

[35] Der Vergleich mit Art. 25 Satz 1 GG ist zudem deshalb unglücklich, weil dieser die Aufgabe hat, zwei grundsätzlich voneinander unabhängige Rechtsordnungen durch die Übernahme völkerrechtlicher Regeln als innerstaatliches Recht miteinander zu verknüpfen, während Bundesrecht und Landesrecht einer staatlichen Rechtsordnung angehören, die nur als Folge der bundesstaatlichen Gliederung im Rahmen abgegrenzter Gesetzgebungskompetenzen von Bund und Ländern gemeinsam konstituiert wird.

[36] Dazu eingehend unter B CC II 2 d.

[37] Auch durch Staatsverträge und Verwaltungsabkommen, vgl. z.B. das Abkommen zwischen den Ländern Niedersachsen und Nordrhein-Westfalen über die Erweiterung der Zuständigkeit ihrer Polizeibeamten vom 16. 12. 1953 (GVBl NRW 431), oder die Errichtung gemeinsamer Einrichtungen (Beispiele dazu unter B CC II 2).

[38] Dazu unter B CC II 3 und 4.

verordnungen verweisen, wie im Falle der Blankettstrafgesetze, die durch Polizeiverordnungen der Länder ausgefüllt werden; andererseits können auch Landesgesetze auf Verordnungen und Verwaltungsvorschriften des Bundes verweisen[39].

8. *Ausdehnung und Einschränkung des räumlichen Geltungsbereiches*

Bisweilen wird der *räumliche Geltungsbereich* eines Gesetzes *ausgedehnt* oder *eingeschränkt*. Geltungsausdehnende Gesetze werden mitunter „*Erstreckungsgesetze*“[40] genannt, z. B. das „Gesetz über die Erstreckung des Tarifvertragsgesetzes“ vom 23. 4. 1953[41]. Teilweise nennen sie sich auch „*Einführungsgesetze*“, z. B. das „Gesetz zur Einführung von Bundesrecht im Saarland“[42], obwohl dieser Begriff meist in anderem Sinne — „Einführungsgesetz zum Bürgerlichen Gesetzbuche“[43] — verwandt wird. Ausdehnende[44] und einschränkende Gesetze sind eine Unterform der *Änderungsgesetze* und sollen mit diesen zusammen behandelt werden[45]. Die Ausweitung des räumlichen Geltungsbereiches wird in der Regel so ausgedrückt, daß ein Gesetz dort, wo es bisher noch nicht galt, „in Kraft gesetzt“ wird:

> „Das Gesetz der Verwaltung des Vereinigten Wirtschaftsgebietes über ... in den Ländern Baden ... in Kraft gesetzt“[46].

oder „eingeführt“[47] wird. Zugleich mit der räumlichen Erstreckung kann das Gesetz für den neuen Geltungsbereich auch inhaltliche Veränderungen des bezogenen Gesetzes anordnen[48].

Abschnitt VI

ZEITLICHER GELTUNGSBEREICH DES VERWEISUNGSOBJEKTES

Verweisungsobjekt kann eine Vorschrift sein, die gegenwärtig *in Kraft ist*; sie kann aber auch bereits *außer Kraft getreten sein* oder

---

[39] Vgl. § 47 Abs. 1 Satz 1 des Bayerischen Besoldungsgesetzes vom 14. 6. 1958 (GVBl 101), der auf Verwaltungsvorschriften des Bundes vom 17. 3. 1959 (GMinBl 167) verweist.

[40] *Müller*, a.a.O., S. 243.

[41] BGBl 156.

[42] Vom 30. 6. 1953 (BGBl 313).

[43] Vom 18. 8. 1896 (RGBl 604).

[44] Auch die Berliner Landesgesetze zur Übernahme von Bundesrecht gehören hierher (dazu unter AA III 3 b).

[45] Unter AA VII 4.

[46] § 1 Abs. 1 des Gesetzes zur Erstreckung des Fachstellengesetzes ... vom 20. 1. 1950 (BGBl 5).

[47] Vgl. z. B. § 1 Satz 1 des Gesetzes zur Einführung von Beamtenrecht des Bundes im Saarland vom 30. 6. 1959 (BGBl 332).

[48] Dazu näher unter AA VII 2.

erst *in Zukunft in Kraft treten.* Schließlich kann der Gesetzgeber auf die *„jeweilige Fassung"* einer Norm verweisen und damit mögliche inhaltliche Änderungen des Verweisungsobjektes für die Verweisungsnorm übernehmen.

1. Verweisung auf gegenwärtig geltende Vorschriften

a) Statische Verweisung

Im Regelfall wird auf Vorschriften verwiesen, die bei Inkrafttreten der Verweisungsnorm *in Kraft sind*:

„§§ 169, 171 a bis 198 des Gerichtsverfassungsgesetzes über die Öffentlichkeit, Sitzungspolizei ... finden entsprechende Anwendung"[1].

Ist das Gesetz, auf das verwiesen wird, bereits mehrfach geändert worden, so werden die zur Zeit geltenden Vorschriften häufig unter Angabe aller Änderungsgesetze zitiert:

„Das Gesetz über Notmaßnahmen auf dem Gebiet der Wirtschaft ... vom 30. Oktober 1947 ... in der Fassung des Gesetzes zur Änderung ... vom 5. August"[2].

„Abs. 1. Auf öffentlich-rechtliche Abgaben, soweit sie der Gesetzgebung des Landes unterliegen und durch Landesfinanzbehörden verwaltet werden, sind folgende Gesetze sinngemäß anzuwenden:

1. Die Reichsabgabenordnung vom 22. Mai 1931 (Reichsgesetzbl. I S. 161) in der Fassung des Gesetzes zur Änderung ..."[3]

oder es wird auf die *„derzeitige Fassung"*[4] verwiesen.

b) Dynamische Verweisung, Blankettverweisung

Verwiesen wird auch ausdrücklich auf die *„jeweilige Fassung"* des Verweisungsobjektes:

„Bis zum Erlaß eines Gerichtskostengesetzes für das Bundesverwaltungsgericht sind die Vorschriften des Gerichtskostengesetzes ... in der jeweils geltenden Fassung entsprechend anzuwenden"[5],

„Abs. 1. Auf öffentlich-rechtliche Abgaben, die der Gesetzgebung des Bundes nicht unterliegen und von den Landesfinanzbehörden verwaltet werden, sind vorbehaltlich der in § 2 genannten Einschränkungen folgende

---

[1] § 55 VwGO.

[2] Art. I des Zweiten Gesetzes zur Änderung des Bewirtschaftungsnotgesetzes vom 25. 2. 1949 (WiGBl 17).

[3] § 1 des Hessischen Gesetzes über die Anwendung der Reichsabgabenordnung ... (AO-Anwendungsgesetz) vom 5. 3. 1957 (GVBl 15) i. d. F. vom 17. 1. 1966 (GVBl 18).

[4] *Müller*, a.a.O., S. 173; K. *Wolff*, a.a.O., S. 9 hält die Bezugnahme der „derzeit gültigen Fassung" für überflüssig, verkennt dabei aber die Bedeutung dieser Formulierung für die Entscheidung des Streites, ob eine „statische" oder „dynamische" Verweisung vorliegt: dazu näher unten unter c.

[5] § 73 BVerwGG.

Gesetze in der Fassung anzuwenden, die für die bundesrechtlich geregelten Steuern jeweils gilt:

1. Die Reichsabgabenordnung ..."[6].

ferner — soweit es eine gesetzliche Begriffsbestimmung betrifft —:

„Für Mineralöl gelten die jeweiligen Begriffsbestimmungen des Zolltarifs ..."[7].

Die Gründe für diese Verweisungstechnik liegen auf der Hand: bei möglichen Änderungen des Verweisungsobjektes soll das „Gleichlaufen" der eigenen mit den geänderten Vorschriften aufrechterhalten bleiben, ohne daß der Gesetzgeber erneut tätig werden muß. Die Verweisung dient also in erster Linie der Entlastung des Gesetzgebers und der Rechtsvereinheitlichung[8]. Dieser gesetzgeberische Zweck wird dann besonders deutlich, wenn in einer späteren Fassung eines Gesetzes die ursprünglich selbst formulierte Regelung:

„Ein Vertreibungsschaden im Sinne dieses Gesetzes ist ... ein Schaden, der ..."[9]

oder die Verweisung auf die „derzeit gültige Fassung" eines anderen Gesetzes durch eine Verweisung auf die „jeweils gültige Fassung" ersetzt wird:

„Ein Vertreibungsschaden im Sinne dieses Gesetzes ist ein Vertreibungsschaden nach § 12 des Lastenausgleichsgesetzes"[10].

Diesem Zweck dient auch die sog. „*Verweisungsverjüngung*"[11] in Änderungsgesetzen zu Gesetzen, auf die in anderen Vorschriften verwiesen wird:

---

[6] § 1 des Baden-Württembergischen Gesetzes über die Anwendung bundesrechtlicher Vorschriften des allgemeinen Abgabenrechtes vom 27. 6. 1955 (GVBl 102). Ähnlich die Abgabenordnungs-Anwendungsgesetze aller anderen Länder mit Ausnahme Hessens (dazu siehe unter a); vgl. die Zusammenstellung bei *Schröcker*, a.a.O., S. 2285, Fn. 2; ähnlich die Verweisung der Landesbeamtengesetze auf die jeweilige Fassung der Bundesregelung: dazu *Schröcker*, a.a.O., Fn. 3.

[7] § 1 Abs. 1 der Verordnung zur Durchführung des Mineralölsteuergesetzes vom 26. 5. 1953 (BGBl 237).

[8] Dazu insbesondere *Schröcker*, a.a.O., S. 2288: Für die Fälle der Verweisung von Landesrecht auf Bundesrecht ist die Verweisung auf die „jeweilige Fassung" die Regel (*Schröcker*, a.a.O., S. 2286).

[9] § 3 Abs. 2 des Feststellungsgesetzes i. d. F. vom 14. 8. 1952 (BGBl 534).

[10] § 3 des Feststellungsgesetzes i. d. F. des 8. Änderungsgesetzes zum LAG vom 26. 7. 1957 (BGBl 809): nach herrschender Meinung (entgegen der hier vertretenen Ansicht: dazu weiter unten unter c) eine Verweisung auf die jeweils gültige Fassung.

[11] In Anlehnung an *Müller*, a.a.O., S. 206 ff.: „*Anführungsverjüngung*". Erkennt man die Zulässigkeit der „dynamischen Verweisung" an (dazu unter c) und spricht sogar eine Vermutung für sie, so erübrigt sich die Verweisungsverjüngung, so mit Recht *Müller*, a.a.O., S. 174.

„Soweit in anderen Gesetzen auf die durch dieses Gesetz aufgehobenen Vorschriften verwiesen ist, treten die entsprechenden Vorschriften dieses Gesetzes an ihre Stelle“[12].

Die Verweisung auf die „jeweils gültige Fassung“ wird „automatisch“[13], „antizipierend“[14] genannt (weil Neuverweisungen auf das geänderte Verweisungsobjekt vorwegnehmend), auch „wandelbare“[15] Verweisung im Gegensatz zur „unwandelbaren“. Verweisungsnormen mit einer „Automatik-Klausel“[16] werden „Automatik-Gesetze“[17] genannt. Diese Verweisungsform soll hier im Anschluß an Ossenbühl[18] *„dynamisch“* genannt werden, im Gegensatz zur *„statischen“ Verweisung* auf eine bestimmte oder die derzeit gültige Fassung des Verweisungsobjektes, weil dieser Begriff besonders deutlich zum Ausdruck bringt, daß die Verweisungsnorm inhaltlich ohne neuen Legislativakt dem jeweils neugefaßten Verweisungsobjekt angepaßt wird[19]. Auch der Begriff *„Blankettverweisung“*[20] kennzeichnet diesen Sachverhalt treffend.

Verweisungen dieser Art werden mit wachsendem Umfang der Gesetzgebungsarbeit immer häufiger verwandt und werfen besondere verfassungsrechtliche Probleme auf[21].

c) Vermutung für die statische oder dynamische Verweisung

Wird weder auf die „derzeitige Fassung“ verwiesen noch durch die Angabe des Datums des Erlasses oder Inkrafttretens des Verweisungsobjektes klargestellt, welche Fassung gemeint ist, aber auch nicht ausdrücklich auf die „jeweilige Fassung“ verwiesen, wie etwa in:

„Die Zeit der Verwendung eines Beamten ... kann ... nach Maßgabe der zu § 177 des Bundesbeamtengesetzes erlassenen Vorschriften ...“[22],

---

[12] § 46 Abs. 3 des Verschollenheitsgesetzes vom 4. 7. 1939 (RGBl 1186).

[13] *Schröcker*, a.a.O., S. 2286; *Geib*, a.a.O., S. 193.

[14] *Conradi*, a.a.O., S. 51.

[15] *Jellinek*, a.a.O., S. 94, der sich mit Recht gegen die Bezeichnung „echte Verweisung“ wendet, im Gegensatz zur „unechten Verweisung“ auf eine bestimmte Fassung.

[16] *Schröcker*, a.a.O., *Geib*, a.a.O.

[17] *Schröcker*, a.a.O. [18] A.a.O., S. 401.

[19] *Engisch*, a.a.O., S. 26, Fn. 3: „jetzige Fassung“, „jeweiliger Bestand“.

[20] Ohne einer Klärung des „Blankett“-Begriffes vorzugreifen, dazu unter A BB I; „Blankett-Verweisung“, „Blankettgesetz“; auch *Iffland*, Betrieb 1964, 1737 (1738); *Hueck-Nipperdey-Stahlhacke*, a.a.O., § 1, Rdn. 12; BAGE 3, 303 (308).

[21] Dazu näher unter B AA I 4.

[22] § 126 Abs. 1 des Landesbeamtengesetzes Rheinland-Pfalz vom 11. 7. 1962 (GVBl 73). Ähnlich die Verweisung von Art. 218 des Bayerischen Beamtengesetzes i. d. F. der Bekanntmachung vom 20. 12. 1966 (GVBl 1967, 153) auf das (Bundes-) Wiedergutmachungsgesetz:

„Auf Antrag ist bei Beamten, die durch eine Maßnahme der in § 5 Abs. 1

so ergibt sich die Frage, ob eine *statische* oder eine *dynamische Verweisung* beabsichtigt ist.

In einigen Fällen ergibt die Auslegung zweifelsfrei, daß die jeweilige Fassung gemeint ist, so in § 515 BGB:

> „Auf den Tausch finden die Vorschriften über den Kauf entsprechende Anwendung":

die gesetzliche Regelung soll wegen der normativen Ähnlichkeit beider Rechtsinstitute parallel laufen und auch bei Änderungen der Kaufvorschriften parallel gehalten werden[23].

Die Formulierung:

> „Die Landesregierung regelt, soweit erforderlich, durch Rechtsverordnung die der Eigenart des öffentlichen Dienstes des Landes entsprechende Anwendung
> 1. der Vorschriften des Mutterschutzgesetzes auf Beamtinnen
> 2. ..."[24].

läßt hingegen erkennen, daß eine Änderung des Bundesgesetzes im Lande nicht ohne ein Tätigwerden des Landesgesetzgebers anwendbar wird, andererseits berechtigt sie zu dem Rückschluß, daß die übrigen Verweisungsvorschriften in dem Gesetz sich auf die jeweils geltende Fassung des Verweisungsobjektes beziehen[25].

Ergibt der Gesetzeswortlaut jedoch keinen Anhaltspunkt für die Auslegung, so ist zu fragen, ob es möglicherweise unter Berücksichtigung des Zweckes der Verweisungstechnik eine *„Vermutung"* für die eine oder andere Form geben kann. Zu einer Beantwortung[26] dieser Frage kann man jedoch erst gelangen, wenn die verfassungsrechtlichen Bedenken gegen die dynamische Verweisung untersucht worden sind.

2. *Verweisung auf nicht oder nicht mehr geltende Vorschriften*

Verwiesen werden kann auch auf Vorschriften, die nicht oder nicht mehr in Kraft sind.

a) Verweisung auf überholte Fassungen geltender Vorschriften

So wird z. B. ausdrücklich auf eine inzwischen durch Gesetzesänderungen *überholte Fassung* einer noch geltenden Vorschrift verwiesen:

Nr. 1 Buchst. a bis e des Gesetzes zur Regelung der Wiedergutmachung nationalsozialistischen Unrechts für Angehörige ..."
Dazu BVerwG RzW 1967, 570.

[23] *Müller*, a.a.O., S. 180.

[24] § 96 des Beamtengesetzes für das Land Schleswig-Holstein vom 19. 3. 1956 (GVBl 19).

[25] *Schröcker*, a.a.O., S. 2286. [26] Dazu unter B AA I 8 b.

„Für die Ausschließung ... eines Mitgliedes des Verwaltungsgerichtshofes ... gelten die Vorschriften der Zivilprozeßordnung in der ungeänderten Fassung vom 13. Mai 1924 (RGBl I S. 437) entsprechend“[27].

Art. 3 der Verordnung zur Änderung der Straßenverkehrszulassungsordnung vom 24. 8. 1953[28] bestimmt:

„... gelten ... auch die §§ 21, 23, 24, 27, 28 und 60 der Verordnung über die Zulassung von Personen und Fahrzeugen zum Straßenverkehr ... wieder in der Fassung ...“.

Diese Fassung der Verweisungsformel dient der Rechtssicherheit und schneidet jeden Zweifel darüber ab, ob künftige Änderungen des Verweisungsobjektes auch die Verweisungsnorm ändern.

b) Verweisung auf außer Kraft getretene Vorschriften

Gegenstand der Verweisung kann aber auch eine Vorschrift sein, die *nicht mehr in Kraft* ist, auch nicht in abgeänderter Fassung:

„Die Bundesregierung wird ermächtigt, durch Rechtsverordnungen

1. zur Durchführung dieses Gesetzes die in ... § 8 ... vorgesehenen Bestimmungen zu erlassen“[29]

verweist auf die Ermächtigungsvorschrift des § 8 des Umsatzsteuergesetzes vom 16. 10. 1934[30]:

„Der Reichsminister der Finanzen wird ermächtigt, Maßnahmen zum Ausgleich der verschiedenen Umsatzsteuerbelastung ... zu treffen“,

die gemäß Art. 129 Abs. 3 GG am 23. 5. 1949 außer Kraft getreten ist[31].

Ob auch Art. 140 GG, der auf die Kirchenartikel der Weimarer Reichsverfassung verweist, hierher zu rechnen ist, hängt von der endgültigen wissenschaftlichen Klärung der Frage ab, ob die WRV schon während der Zeit des „Dritten Reiches“ oder mit seinem Zusammenbruch oder erst mit dem Inkrafttreten des Grundgesetzes außer

---

[27] § 17 Satz 1 des Verwaltungsgerichtsgesetzes für Bayern vom 25. 9. 1946 (GVBl 281); ähnlich § 13 Abs. 2 der Verordnung über die Verwaltungsgerichtsbarkeit in der britischen Zone (VO 165) (Amtsblatt der Militärregierung 1948, 799):

„Die hauptamtlichen Richer ... nach den Vorschriften des deutschen Gerichtsverfassungsgesetzes in der Fassung vom 22. März 1924 (RGBl I, 299) besitzen ...“

[28] BGBl 1131.

[29] § 1 Nr. 10 des Gesetzes zur Änderung des Umsatzsteuergesetzes und des Beförderungssteuergesetzes vom 28. 6. 1951 (BGBl 402).

[30] RGBl 942.

[31] BFinH BStBl III 1952, 6 (9); dazu *Wacke*, Staatsrechtliche Prüfung, S. 66 ff., vor allem auch zum Problem der Erneuerung der Ermächtigung durch das nachkonstitutionelle Gesetz vom 28. 6. 1951.

Kraft getreten ist[32], einer Streitfrage, der hier nicht nachgegangen werden soll.

c) Insbesondere: das Verlängerungsgesetz

In diesem Zusammenhang ist das „*Verlängerungsgesetz*" als eine Unterform der „Änderungsgesetze" zu erwähnen[33]: ein besonders häufig auftretender Fall der Verweisung auf ein ganzes Gesetz oder den Teil eines Gesetzes[34]. Durch einen Gesetzgebungsakt wird die befristete Geltungsdauer eines Gesetzes auf bestimmte oder unbestimmte Zeit verlängert. Verlängert werden vielfach Wirtschafts- und Steuergesetze, deren Geltung ursprünglich auf kurze Zeit beschränkt wurde und die bei Zeitablauf wegen unvorhergesehener Entwicklungen doch nicht entbehrlich geworden sind oder durch längerfristige Regelungen abgelöst werden konnten.

Häufig geben sich Verlängerungsgesetze schon in der amtlichen Überschrift als solche zu erkennen:

„Gesetz über die Verlängerung der Geltungsdauer des Energienotgesetzes"[35].

Solche Gesetze können aber außer der Erstreckung der zeitlichen Geltungskraft auch sachliche Änderungen und Ergänzungen des alten Gesetzes vornehmen. Ein Verlängerungsgesetz kann beschlossen und verkündet werden, solange das zu verlängernde Gesetz *noch in Kraft* ist. So verlängerte z. B. das „Gesetz zur Verlängerung des Gesetzes zur Sicherung der Düngemittel- und Saatgutversorgung" vom 30. 7. 1961[36]

„§ 1. Die Geltungsdauer des Gesetzes zur ... wird über den 1. August 1951 hinaus verlängert.

§ 2. Dieses Gesetz tritt am 1. August 1951 in Kraft",

das Düngemittelgesetz vom 19. 1. 1949[37], das gemäß § 7 bis zum 1. 8. 1951 befristet war. In diesen Fällen schließt sich das Verlängerungsgesetz nahtlos an das verlängerte Gesetz an, und es entsteht keine zeitliche „Lücke" in der Gesetzesgeltung.

Vielfach läßt der Gesetzgeber aber auch den Zeitpunkt des Außerkrafttretens verstreichen und erläßt *erst später* ein Verlängerungsgesetz, entweder mit Wirkung *ex nunc*[38], so daß eine „Gesetzeslücke"

---

32 Dazu *Quaritsch*, a.a.O., S. 28, Fn. 40; *Müller*, a.a.O., S. 172 hält auch Art. 140 GG für eine Verweisung auf erloschene Vorschriften.

33 Dazu unter A AA VII 4.

34 Dazu unter A AA III 3 b.

35 Vom 28. 3. 1953 (BGBl 89).

36 BGBl 476.

37 WiGBl 8.

38 Das „Gesetz zur Erstreckung und zur Verlängerung der Geltungsdauer des Bewirtschaftungsnotgesetzes ... und des Preisgesetzes" vom 21. 1. 1950 (BGBl VIII), in Kraft getreten am 1. 1. 1950, verlängerte ohne Rückwirkung das „Preisgesetz" vom 10. 4. 1948 (WiGBl 27), das — nur hinsichtlich seiner Ermächtigungen zu gesetzesändernden und -ergänzenden Verordnungen —

entsteht, oder, wie meist, mit *Rückwirkung* auf den Zeitpunkt des Außerkrafttretens des verlängerten Gesetzes: so bestimmt das „Gesetz zur Verlängerung des Übergangsgesetzes über Preisbildung und Preisüberwachung (Preisgesetz)" vom 10. 4. 1948[39] (das Preisgesetz war gemäß § 16 am 31. 12. 1948 außer Kraft getreten):

„§ 1. Die Geltungsdauer des Übergangsgesetzes ... wird bis zum 31. Dezember 1949 verlängert.

§ 2. Dieses Gesetz tritt am 1. Januar 1949 in Kraft."

Dieses Verlängerungsgesetz ist erst am 3. 2. 1949[40] erlassen worden. In ähnlicher Weise ist das Preisgesetz mehrmals verlängert worden, teilweise vor Geltungsablauf, teilweise nach Geltungsablauf mit Rückwirkung[41].

An diesen (rückwirkenden) Verlängerungsgesetzen nach Außerkrafttreten des zu verlängernden Gesetzes hat sich ein Streit über die Natur des Verlängerungsgesetzes entzündet[42]. Giese[43] sieht die rechtliche Wirkung des Verlängerungsgesetzes darin, daß es die aus dem früheren Gesetzesbefehl stammende Geltungskraft des alten Gesetzes zeitlich erstrecke. Sei dieses alte Gesetz daher erst einmal außer Kraft getreten, so sei „es selbst dem Gesetzgeber bei aller seiner Allmacht nicht gegeben (ist), „Tote" wieder zum Leben zu erwecken"[44]. Giese sieht in diesen Fällen nur die Möglichkeit eines Neuerlasses des ganzen Gesetzes.

Die Normengeltung kann jedoch nicht mit naturgesetzlichen Kategorien — ein Gesetz „wird geboren", „lebt", „stirbt", „wird wieder zum Leben erweckt" — erfaßt werden[45 46]. Richtig ist, daß ein Gesetz, dessen Geltungsdauer befristet ist, mit dem Tag des Außerkrafttretens seine Geltungskraft einbüßt.

Wird dann ein Verlängerungsgesetz erlassen, das die Geltungskraft der früher gültigen Bestimmungen „erstreckt", so beruht deren „neue" Geltung allein auf dem Gesetzesbefehl des Verlängerungsgesetzes. Die Verlängerung eines außer Kraft getretenen Gesetzes

---

gemäß Art. 129 Abs. 3 GG am 24. 5. 1949 außer Kraft getreten war; dazu *Bettermann*, JZ 1952, 65 (66).

[39] WiGBl 27. [40] WiGBl 14.

[41] Die Verlängerungsgesetze führt BVerfGE 8, 274 (278 f.) auf.

[42] In concreto am Fall des am 1. 3. 1949 in Kraft getretenen Änderungsgesetzes vom 29. 1. 1949 (GVBl 10) zum Hessischen Lohnsummensteuergesetz vom 13. 7. 1948 (GVBl 89), das am 31. 12. 1948 außer Kraft getreten war; vgl. dazu HessVerwGH VerwRspr 4, 540.

[43] A.a.O., S. 476.

[44] A.a.O., unter Berufung auf *Jellinek*, Verwaltungsrecht, S. 141; dagegen *Peters*, Lehrbuch, S. 83.

[45] *Hallier*, a.a.O., S. 418; HessVerwGH, a.a.O., S. 542.

[46] Auch *Müller*, a.a.O., S. 172 bedient sich der gleichnishaften Wendung vom „Einhauchen neuen Lebens".

kommt damit dem Erlaß eines neuen Gesetzes mit dem Inhalt des erloschenen gleich[47]. Bei dieser Betrachtung ist es nur noch eine gesetzgebungstechnische Frage, ob das Verlängerungsgesetz den Wortlaut des erloschenen Gesetzes vollinhaltlich wiederholt und erneut zur Verkündung bringt oder ob es nur die Verlängerung anordnet und für den Inhalt auf den früher verkündeten Text Bezug nimmt, in der allgemeinen Form:

„§ 1. Die Geltungsdauer des X-Gesetzes vom ... (BGBl I S. ...) wird bis zum ... verlängert.

§ 2. Dieses Gesetz tritt am ... in Kraft."

Das Verlängerungsgesetz ist damit nichts anderes als eine umfassende Verweisungsnorm, und die Entscheidung der Frage, ob es auf außer Kraft getretene Normen verweisen darf, ist primär unter dem Gesichtspunkt rechtsstaatlicher Verkündung von Gesetzen[48] und Erwägungen der Rechtssicherheit zu prüfen. Hier sieht wohl auch Ridder[49] die Problematik einer Geltungsverlängerung nach Geltungsablauf der „alten Normen".

d) Verweisung auf ungültige Vorschriften

In seltenen Fällen verweist eine Norm auch auf Vorschriften, die *überhaupt nicht in Kraft gewesen* sind, etwa weil sie durch Fehler beim Verfahren des Gesetzesbeschlusses oder mangelhafte Verkündung nichtig sind[50].

3. *Verweisung auf zukünftig geltende Vorschriften*

Denkbar sind auch Verweisungen auf erst *in Zukunft in Kraft tretende* Bestimmungen. Das ist insbesondere dann sinnvoll, wenn das Verweisungsobjekt bereits erlassen und verkündet ist, sein Inkrafttreten aber aufgeschoben werden soll[51]. Dann „gilt" die herangezogene Vorschrift zwar noch nicht, ist aber für die Verweisung schon konkret bestimmbar. Wird sie ganz oder teilweise übernommen, so tritt sie in dem Umfang der Übernahme kraft Gesetzesbefehles der Verweisungsnorm für deren Adressatenkreis *sofort in Kraft.*

---

[47] BVerfGE 8, 274 (290). [48] Dazu unter B AA II 2 b bb aaa.

[49] A.a.O., S. 315.

[50] Vgl. die Verweisung auf die „Billigkeitsrichtlinien" vom 22. 1. 1940, die als Verwaltungsvorschriften ergangen sind und — wie *Weber*, a.a.O., S. 14 nachweist — nicht im Ministerialblatt des Reichs- und Preußischen Ministeriums des Innern hätten veröffentlicht werden dürfen; siehe dazu auch BVerwGE 10, 322 (323) und *Bachof*, Verfassungsrecht, Bd. I, S. 244.

[51] *Müller*, a.a.O., S. 172.

Ist dagegen das Verweisungsobjekt noch nicht erlassen worden oder sogar ungewiß, ob ein Entwurf überhaupt Gesetz wird, so ist die vorweggenommene Verweisung wohl nur als Ankündigung späterer Angleichung aufzufassen, die zunächst ohne Bedeutung ist[52]:

„Nach Inkrafttreten des Reichsenteignungsgesetzes gelten für das Verfahren die Vorschriften des Reichsenteignungsgesetzes“[53].

Das Reichsenteignungsgesetz ist nie erlassen worden.

In diesen Fällen ist es besser, wenn der Gesetzgeber der Verweisungsnorm das Inkrafttreten des Verweisungsobjektes abwartet und dann in einem Änderungsgesetz die Verweisung nachholt, zumal er vorher nicht übersehen kann, wie das Verweisungsobjekt wirklich aussehen wird.

Eine Verweisung auf zukünftige Vorschriften *liegt nicht vor*, wenn der Gesetzgeber ein Rechtsgebiet zunächst nur in groben Zügen regelt, die Bestimmung näherer Einzelheiten durch später ergehende Vorschriften ankündigt und sich damit zugleich vorbehält[54]:

„Sobald hinreichende Unterlagen ... vorliegen, spätestens bis zum 31. März 1957, wird durch Gesetz bestimmt ...“[55].

oder:

„Spätestens im Zeitpunkt der Wiedervereinigung Deutschlands werden Entschädigungsberechtigte . . . denjenigen Entschädigungsberechtigten gleichgestellt werden, die ...“[56 57].

Eine (echte) Verweisung auf zukünftige Vorschriften ist dagegen die *„dynamische Verweisung“*[58].

Abschnitt VII

UNVERÄNDERTE UND VERÄNDERTE ÜBERNAHME DES VERWEISUNGSOBJEKTES

Die Verweisungsnorm kann das Verweisungsobjekt ohne inhaltliche Veränderungen und ohne jede eigene Regelung übernehmen.

---

[52] *Müller*, a.a.O., S. 172.

[53] § 11 Abs. 3 des Energiewirtschaftsgesetzes vom 13. 12.1935 (RGBl 1451).

[54] *Müller*, a.a.O., S. 75.

[55] § 365 Satz 1 LAG vom 14. 8. 1952 (BGBl 446).

[56] § 3 Halbsatz 1 des Gesetzes zu § 4 Abs. 4 des Altsparergesetzes vom 10. 12. 1954 (BGBl 438).

[57] Als Ermächtigung ist es anzusehen, wenn — in der Form der Ankündigung — bestimmt wird:

„Der Präsident des Bundesausgleichamts bestimmt ... wie die Anzahl der Gebäudegeschosse ...“ (§ 2 Abs. 1 Nr. 2 der 9. Verordnung zur Durchführung des Feststellungsgesetzes vom 14. 3. 1957 [BGBl 214]).

[58] Dazu oben unter 1 b.

Häufiger normiert jedoch der Gesetzgeber einen Teil der Materie selbst und verweist nur zur Ergänzung auf andere Vorschriften oder übernimmt diese mit sachlichen Änderungen.

1. *Übernahme ohne Änderungen*

Verweist eine Norm *ohne eigene Regelung* auf andere Vorschriften:

> „In den außerhalb der gemeinschaftlichen Zollgrenze gelegenen bremischen Gebietsteilen kommen vom 1. Juli 1879 ab die Vorschriften des Gesetzes vom 1. Juli 1869, betreffend die Sicherung der Zollvereinsgrenze in den vom Zollgebiete ausgeschlossenen hamburgischen Gebietsteilen Bundesgesetzbl. S. 370) zur Anwendung“[1],

so hat das lediglich die Wirkung einer Erstreckung des sachlichen, persönlichen oder räumlichen Geltungsbereiches des Verweisungsobjektes.

2. *Übernahme mit bezeichneten Änderungen*

Die Verweisungsnorm kann das Verweisungsobjekt aber auch für ihren Anwendungsbereich in Einzelheiten inhaltlich verändern und dabei genau angeben, worin die Änderungen bestehen sollen („*bezeichnete Veränderung*“).

a) Bei Außenverweisungen

Ist die Änderung nicht sehr umfangreich, so kann das Gesetz zunächst auf die anzuwendenden Vorschriften en bloc verweisen und dann ergänzend die eigene Regelung anschließen:

> „1. Für die Ausschließung und Ablehnung der Gerichtspersonen sind die §§ 41 bis 49 der Zivilprozeßordnung entsprechend anzuwenden.
>
> 2. Von der Ausübung des Richteramtes ist auch ausgeschlossen, wer ...“[2].

Ist die eigene Regelung umfangreicher und enthält sie sogar den eigentlichen Kern der Normierung, während die bezogenen Vorschriften nur der Ergänzung dienen sollen, so wird meist die eigene Regelung vorangestellt:

> „Der Vorsitzende oder ein von ihm zu bestimmender Richter hat schon vor der mündlichen Verhandlung ... Im übrigen gilt § 272 b Abs. 2, 3 ... der Zivilprozeßordnung entsprechend“[3].

Dieser Form der ergänzenden Verweisung bedient sich der Gesetzgeber besonders häufig in den Übergangs- und Schlußvorschriften

---

[1] Gesetz, betreffend die Sicherung der gemeinschaftlichen Zollgrenze ... vom 28. 6. 1879 (RGBl 159).

[2] § 13 BVerwGG, ähnlich § 54 VwGO. [3] § 87 VwGO.

eines Gesetzes (vorsorgliche „Generalverweisung“[4] zur Lückenschließung):

„Soweit dieses Gesetz keine Vorschriften über das Verfahren enthält, sind die Zivilprozeßordnung und das Gerichtsverfassungsgesetz entsprechend anzuwenden, wenn ...“[5].

Diese abschließende Globalverweisung auf Parallelgesetze (hier Verfahrensgesetze) ist nützlich. Fehlte sie, so würde der Gesetzesanwender zur Schließung einer Lücke möglicherweise ohnehin die analoge Anwendung verwandter Normen erwägen. Stets blieben jedoch Zweifel bestehen, ob gerade dieses konkrete Gesetz angewandt werden dürfe oder ob nicht auf allgemeine Rechtsgedanken, etwa des Prozeßrechtes, zurückzugreifen sei[6]. Solche Zweifel ergeben sich erfahrungsgemäß besonders häufig dann, wenn ein Gesetz Einzelverweisungen auf Vorschriften eines zur analogen Anwendung geeigneten anderen Gesetzes enthält. In solchen Fällen liegt der Umkehrschluß nahe, andere als die ausdrücklich herangezogenen Vorschriften sollten nicht (auch nicht analog!) angewandt werden. Solche Bedenken kann eine ausdrückliche Schlußverweisung ausräumen.

b) Bei Binnenverweisungen

Auch im Bereich der *Binnenverweisung* gibt es Normen mit teilweiser Eigenregelung und ergänzender Verweisung auf andere Vorschriften, die dabei mehr oder weniger stark modifiziert werden. Es können die Regel durch Verweisung, die Ausnahmen durch abweichende Eigennormierung angeordnet werden[7]:

„1. Erfüllt der Verkäufer die ... Verpflichtungen nicht, so bestimmen sich die Rechte des Käufers nach den Vorschriften der §§ 320 bis 327.

2. Ist eine bewegliche Sache verkauft und ... übergeben worden, so kann der Käufer ... Schadensersatz wegen Nichterfüllung nur verlangen, wenn ...“[8].

Umgekehrt kann die Verweisungsnorm die Regel festlegen und die Ausnahmen dem Verweisungsobjekt überlassen („Vorbehalt“)[9]:

„Erzeugnisse und sonstige Bestandteile ... gehören ... dem Eigentümer der Sache, soweit sich nicht aus den §§ 954 bis 957 ein anderes ergibt“[10].

Die gewünschten Änderungen können auch durch Formulierungen wie:

„Die Vorschriften der §§ 62 bis 69 ... sind *mit der Maßgabe* anzuwenden, daß ...“[11],

---

[4] *Müller*, a.a.O., S. 177. [5] § 173 VwGO.
[6] *Müller*, a.a.O., S. 177. [7] Dazu *Aymanns*, a.a.O., S. 306 ff.
[8] § 440 Abs. 1 und 2 BGB; in der allgemeinen Form:
„1. Für X gilt § Y (Verweisung).
2. Wenn aber X_1 gegeben ist, gilt Z (Teilregelung)“
[9] Dazu unter AA III 3 d cc. [10] § 953 BGB. [11] § 131 GVG.

„Die Vorschriften der §§ 2234 bis 2246 sind anzuwenden; der Bürgermeister *tritt an die Stelle* des Richters oder des Notars"[12].

eingeführt werden. Diese Art der Verknüpfung von Eigenregelung und Verweisung wirkt eleganter als die Gegenüberstellung nach dem Regel-Ausnahme-Schema.

3. *Übernahme in „entsprechender" Anwendung*

a) Die Verweisungsanalogie

Vielfach läßt sich die Regelung des Verweisungsobjektes deshalb nicht unverändert übernehmen, weil sich die Tatbestände von Verweisungsnorm und Verweisungsobjekt normativ nicht decken, sondern nur ähnlich[13] sind, eine Gleichbehandlung also nicht gerechtfertigt ist. In solchen Fällen sagt das verweisende Gesetz oft nicht, wie das Verweisungsobjekt inhaltlich umgeformt werden soll, damit es für die Zwecke der Verweisungsnorm „paßt", sondern verwendet — teils aus Bequemlichkeit, teils um der Rechtsanwendung Spielraum zu lassen — die Formel, das Verweisungsobjekt sei *„entsprechend"* oder *„sinngemäß"* anzuwenden.

Die „entsprechende Anwendung" rechtsähnlicher Normen unterscheidet sich in diesen Fällen der *„Verweisungsanalogie"*[14] prinzipiell nicht von der Analogie zur Ergänzung von Lücken[15]. Wenn die grundsätzliche[16] Zulässigkeit analoger Rechtsanwendung heute auch außer Frage steht[17], so ergeben sich gegen bestimmte Formen von Verweisungsanalogien sowie ein Übermaß ihrer Verwendung erhebliche Bedenken unter dem Gesichtspunkt der Rechtssicherheit[18].

b) Einzelformen

Die „entsprechende Anwendung" des Verweisungsobjektes wird *in unterschiedlicher Weise angeordnet.* Teilweise gibt die Verweisungs-

---

[12] § 2249 Abs. 1 Satz 3 BGB.

[13] Zur Erheblichkeit des „Ähnlichkeitsnachweises" für die analoge Anwendung von anderen Vorschriften siehe *Larenz,* a.a.O., S. 287 ff., *Klug,* a.a.O., S. 125 ff. (mit dem Begriff des „Ähnlichkeitskreises"). Dazu auch unter B BB II 3 c ee.

[14] *Canaris,* a.a.O., S. 24.

[15] Eine Lücke enthält die Verweisungsnorm selbstverständlich nicht, worauf *Canaris,* a.a.O., besonders hinweist; die unvollständige Eigennormierung wird ja durch die ausdrückliche Verweisung ergänzt.

[16] Ausnahmen: das strafrechtliche Analogieverbot (s. unter B DD I 1 a) und gewisse „analogiefeindliche" Normen (*Canaris,* a.a.O., S. 177 ff.).

[17] Siehe dazu die Belege unter B AA II 3 c ee.

[18] Dazu unter B AA II 3 c ee; vgl. die Andeutung von *Müller,* a.a.O., S. 180.

norm nicht einmal Anhaltspunkte dafür, welcher Gegenstand durch die entsprechende Anwendung anderer Vorschriften geregelt werden soll:

> „Die Vorschrift des § 278 findet entsprechende Anwendung"[19].

Bei der Rechtsanwendung ist also zunächst zu prüfen, welcher Teil der Norm ergänzungsbedürftig ist, und danach zu entscheiden, wie das Verweisungsobjekt zum Zwecke rechtsähnlicher Anwendung umgeformt werden muß[20].

Diese *„nackten"*[21] *Verweisungen* sind selten; meist bezeichnet das verweisende Gesetz den unvollständigen Tatbestands- oder Rechtsfolgeteil, der durch die entsprechende Anwendung des Verweisungsobjektes geschlossen werden soll:

> „Auf Streitigkeiten über Ansprüche von Seeleuten ... sind die §§ 1108, 1109 anzuwenden"[22],

oder kurz:

> „Die Regelung des § 8 ... gilt sinngemäß für Verkaufsstellen ..."[23].

Der Gesetzgeber gibt mitunter noch Hinweise, wo er die Grenzen der Analogie sieht:

> „... die Zivilprozeßordnung entsprechend anzuwenden, wenn die grundsätzlichen Unterschiede der beiden Verfahrensarten dies nicht ausschließen"[24].

Dieser Zusatz ist im Grunde entbehrlich, da eine analoge Anwendung ohnehin ausgeschlossen ist, wenn geregelter und zu regelnder Tatbestand nicht „rechtsähnlich" sind[25]. Bisweilen fügt der Gesetzgeber der Anordnung entsprechender Anwendung noch eine Änderung hinzu:

> „Die Bestimmungen in den §§ 18 bis 36 ... finden auch auf das Urheberrecht ... mit der Maßgabe entsprechende Anwendung, daß ..."[26],

oder:

> „Auf die Wandelung finden ... entsprechende Anwendung; im Falle des § 352 ist jedoch die Wandelung nicht ausgeschlossen, wenn ..."[27].

---

[19] § 254 Abs. 2 Satz 2 BGB; ähnlich § 36 Abs. 2 VwGO.

[20] Dazu *Müller*, a.a.O., S. 180.

[21] *Müller*, a.a.O., S. 179. [22] § 1770 Abs. 1 RVO.

[23] § 30 Abs. 2 des Gesetzes über den Ladenschluß vom 28. 11. 1956 (BGBl 875).

[24] § 173 VwGO. [25] *Larenz*, a.a.O., S. 288; dazu unter B AA II 3 c ee.

[26] § 14 Abs. 1 des Gebrauchsmustergesetzes vom 11. 1. 1876 (RGBl 11).

[27] § 467 Satz 1 BGB.

4. *Das Änderungsgesetz*

„*Änderungsgesetze*“[28] enthalten keine zusammenhängende und in sich verständliche Regelung eines Sachgebietes, sondern nur Rechtssätze, die auf andere Vorschriften verweisen und deren Inhaltsänderung anordnen. Sie geben sich in der amtlichen Überschrift meist als solche zu erkennen:

„Gesetz zur Änderung des Gesetzes über Zulagen und Mindestleistungen ...“[29].

Sie können das bezogene Gesetz ändern, indem sie Worte und Rechtssätze einfügen, streichen oder inhaltlich abändern, den örtlichen oder zeitlichen Geltungsbereich erstrecken[30] oder einschränken oder eine außer Kraft gesetzte Regelung erneuern[31]. Änderungsgesetze können auch einzelne neue Regelungen enthalten und sind insoweit zugleich „*Ergänzungsgesetze*“. Die neue Fassung eines Gesetzes ergibt sich in allen diesen Fällen aus dem Zusammenspiel der neuen mit den herangezogenen und teilweise inhaltlich geänderten alten Vorschriften.

KAPITEL BB

ZUR FORMENLEHRE DES BLANKETTGESETZES

In einem zweiten Kapitel soll an Hand der für die Verweisungstechnik erarbeiteten Einteilungsmerkmale die *Formenlehre* des „*Blankettgesetzes*“ und seiner Hauptuntergruppe, des „*Blankettstrafgesetzes*“, untersucht werden.

Abschnitt I

DAS BLANKETTGESETZ

Während Begriff und Formen der Untergruppe „Blankettstrafgesetz“ hinreichend geklärt[1] erscheinen, hat sich ein einheitlicher Gebrauch des *Begriffes* „*Blankettgesetz*“ noch nicht durchgesetzt.

---

[28] Wohl zu unterscheiden von den „*Ergänzungsgesetzen*“, die, „äußerlich selbständig, neben die bisherige Regelung eine sie lediglich inhaltlich beeinflussende“ setzen: *Müller*, a.a.O., S. 231, 232. Daneben sind Einzelverweisungen auf das ergänzte Gesetz selbstverständlich möglich.

[29] Vom 30. 4. 1952 (BGBl 259).

[30] Der zeitlichen Erstreckung dient das „Verlängerungsgesetz“ als Unterform des Änderungsgesetzes, siehe dazu unter VI 2 c.

[31] Vgl. dazu auch unter VI 2 c.

[1] Siehe dazu unter BB II.

1. Der Begriff in Rechtsprechung und Literatur

In Rechtsprechung und Schrifttum findet sich der Wortbestandteil *„Blankett-"* in den verschiedensten Begriffskombinationen.

a) „Blankettbegriffe"

Zunächst werden „Blankettgesetze"[2], Blankettvorschriften"[3], „Blankette"[4], „Blankettnormen"[5] solche Bestimmungen genannt, die *unbestimmte Begriffe* — unbestimmte Rechtsbegriffe[6], Generalklauseln[7], „Blankettbegriffe" — enthalten, deren Auslegung nur unter Zuhilfenahme außerhalb der Norm auffindbarer Wertmaßstäbe möglich ist[8]. Teilweise[9] rechnet man hierzu auch Ermessensnormen. Besondere Beachtung haben solche „unscharfen Begriffe" unter dem Gesichtspunkt ausreichender Konkretisierung des Gesetzesvorbehaltes für belastende Eingriffe gefunden, z. B. bei den polizeilichen Generalklauseln[10].

Der Bestandteil „Blankett-"[11] begegnet auch in Begriffen wie: Blankett- (Blanko-)Wechsel, Blankettermächtigung, Blankettunterschrift, Blankoidossament. „Blankett-" hat in diesen Fällen dieselbe Bedeutung wie die oft synonym gebrauchten Begriffsbestandteile „Pauschal-"[13], „Global-"[14], „General-"[15] und kennzeichnet *Formalbegriffe,* die der inhaltlichen Ausfüllung bedürfen[16].

---

[2] *Jellinek,* a.a.O., S. 97.

[3] *Hedemann,* Flucht, S. 57, 58.

[4] *Bettermann,* JZ 1952, 65 (67).

[5] *Rupp,* a.a.O., S. 202.

[6] *Jesch,* AöR 82, 163 (173), *Scheuerle,* a.a.O., S. 164.

[7] *Hedemann,* a.a.O.

[8] *Rupp,* a.a.O.

[9] *Stern,* Ermessen, S. 24: „Ermessensblankette", *Merkl,* a.a.O., S. 144.

[10] BVerfGE 8, 274 (289), *Jesch,* a.a.O., S. 222, ders., AöR 84, 74 (91), *Rupp,* a.a.O., S. 202, Fn. 328; *Bullinger,* Selbstermächtigung, S. 27, Fn. 33; H. J. *Wolff,* MDR 1950, 7 Fn. 17 unter Anknüpfung an *Totzek,* a.a.O., S. 199 f.; *Samper,* a.a.O., S. 29 („Blankettbegriffe"); *Drews-Wacke,* a.a.O., S. 73; *Holtkotten,* BK zu Art. 129 GG, Anm. D 2 b.

[11] BVerwGE 1, 104 (114): „Blankettbegriffe"; siehe auch Carl *Schmitt,* Verfassungslehre, S. 19: die ganze Verfassung als Blankettgesetz und S. 276: Blankettverweisung an unbestimmte Normen und das richterliche Ermessen; *Bullinger,* Unterermächtigung, S. 31: Blankobefehl; *Triepel,* Juristentag, S. 18: Gesetzgeber kann erschöpfend regeln oder Blankette ausstellen; *Weber,* DÖV 1957, 33 (34): Blankoermächtigung; *Jellinek,* a.a.O., S. 97: „Blankett" bei Überlassung der näheren Inhaltsbestimmung eines Reichsgesetzes an den Landesgesetzgeber.

[12] Dazu *Neumann,* a.a.O., S. 14, 15, *Nipperdey,* a.a.O., S. 962.

[13] „Blankett-Verweisung"-„Pauschalverweisung": *Nickusch,* a.a.O., S. 208.

[14] „Blankettermächtigung"-„Globalermächtigung": BVerfGE 2, 307 (328).

[15] „Generalermächtigungen": *Peters,* Ermächtigung, S. 851.

[16] *Bettermann,* JZ 1952, 65 (67).

b) „Blankettzustimmung", „Blankettmitwirkung"

In ähnlicher Bedeutung findet sich „Blankett-" in Begriffen wie: „Blankett-, Blanko-Zustimmung", „Blankettmitwirkung"[17] — etwa des Bundesrates beim Erlaß von Rechtsverordnungen der Bundesregierung oder eines Bundesministers gemäß Art. 80 Abs. 2 GG —, „Blankettermächtigung"[18] — etwa zur Studienförderung nach dem „Honnefer Modell" durch das Haushaltsgesetz oder zur Begriffsbestimmung[19] —.

c) „Blankettermächtigung"

Besonders häufig werden „Blankettgesetze" solche Gesetze genannt, die die Exekutive zum *Erlaß von Rechtsverordnungen* ermächtigen. Jedes zum Erlaß von Verordnungen ermächtigende Gesetz, auch wenn es sich nur um die Ermächtigung zu inhaltlich begrenzten Ausführungs- und Durchführungsverordnungen[20] handelt, wird von Kelsen[21] und den Anhängern der „Wiener Schule"[22] als Blankettgesetz[23] bezeichnet, ein Sprachgebrauch, der auf der synonymen Verwendung der Begriffe „Ermächtigung", „Delegation", „Verweisung", „Blankett"[24] beruht.

Andere[25] nennen Gesetze, die zum Erlaß von Ausführungs- und Durchführungsverordnungen ermächtigen, dann Blankettgesetze und sprechen von „Globalermächtigung"[26] oder „Generalermächtigung"

---

[17] *Bullinger*, Selbstermächtigung, S. 16.

[18] *Bachof*, VVDStRL 24, 183 ff. (226 ff.); ähnlich Georg *Jellinek*, System, S. 214.

[19] Dazu *Peters-Ossenbühl*, a.a.O., S. 35; vgl. § 5 Abs. 4 der Arbeitszeitordnung vom 30. 4. 1938 (RGBl 447):

„Das Gewerbeaufsichtsamt kann bestimmen, welche Arbeiten als Vor- und Abschlußarbeiten gelten."

Dazu auch unter B AA I 7.

[20] Hier ist die Einteilung der Verordnungen von *Klein*, Übertragung, S. 39 ff.; *Schack*, Verlagerung, S. 336 ff.; *Giacometti*, Verordnungsrecht, S. 73 ff.; *Jacobi*, HDStR Bd. II, S. 249 zugrundegelegt: also die Unterscheidung von *gesetzesabhängigen* (Ausführungs- und Durchführungsverordnungen) und *gesetzesvertretenden* Verordnungen (gesetzesändernde, gesetzesergänzende Verordnungen und Verordnungen des „vereinfachten Gesetzgebungsverfahrens"); zur Einteilung auch H. J. *Wolff*, Lehrbuch Bd. I, § 25 VII.

[21] Hauptprobleme, S. 556, Staatslehre, S. 236, Souveränität, S. 117.

[22] Z. B. *Nawiasky*, Rechtslehre, S. 77, Staatslehre, Bd. III, S. 81.

[23] So auch *Dyroff*, a.a.O., S. 878.

[24] Siehe dazu unter A AA IV 2 c aa und B AA I 3 b.

[25] *Bullinger*, Unterermächtigung, S. 39: „Blankovollzugsermächtigung" mit zahlreichen Beispielen.

[26] *Rupp*, a.a.O., S. 143; *Jesch*, a.a.O., S. 222: „Globalermächtigung" („Blankoscheck") als „inhaltlich und sachlich unbegrenzte Ermächtigung", ders. in AöR 84, 91; dazu *Peters*, Ermächtigung, S. 854; für die Zulässigkeit

— im Gegensatz zur Spezialermächtigung —, wenn das Gesetz im Gegensatz zu den Anforderungen des Art. 80 Abs. 1 Satz 2 GG keine oder nur allgemeine Bestimmungen über Inhalt und Umfang der Ermächtigung enthält:

> „Der Minister des Innern wird ermächtigt, ... zur Ausführung dieses Gesetzes Rechtsverordnungen und Verwaltungsvorschriften zu erlassen“[27] [28]

oder aber zwar Inhalt und Umfang der Ermächtigung festlegt, dabei aber Generalklauseln verwendet, die die „Zielformel“ im Ergebnis ebensowenig erkennen lassen:

> „Die für die Preisbildung zuständigen Stellen können Anordnungen und Verfügungen erlassen, durch die Preise ... festgesetzt oder genehmigt oder durch die der Preisstand aufrechterhalten werden soll“[29] [30].

Am häufigsten werden „Blankettgesetze“ solche Gesetze genannt, die zu gesetzesvertretenden[31], also gesetzesändernden und -ergänzenden, Verordnungen[32] ermächtigen[33], sowie „Ermächtigungsgesetze[34]“ zu

---

solcher Generaldelegationen unter der Geltung der Weimarer Reichsverfassung: *Poetzsch*, Juristentag, S. 47 ff.; dagegen: *Triepel*, Juristentag, S. 27 ff.

[27] § 35 des Hessischen Gesetzes über die Vergnügungssteuer vom 14.3.1956 (GVBl 83).

[28] Vgl. die Generalermächtigungen der Exekutive zu Ausführungs- und Durchführungsverordnungen in einigen Länderverfassungen: z. B. Art. 107 der Hessischen Verfassung, Art. 55 Abs. 2 Satz 2 der Bayerischen Verfassung; zur Anwendung der Grundsätze des Art. 80 GG über Art. 28 Abs. 1 GG in den Ländern vgl. HessStGH DÖV 1960, 341; *Maunz-Dürig*, a.a.O., Art. 80, Rdn. 19; B. *Wolff*, AöR 78, 194 (213).

[29] § 2 Abs. 1 des Preisgesetzes vom 10. 4. 1948 (WiGBl 27); fraglich ist, ob es sich nicht schon um eine Ermächtigung zu gesetzesvertretenden Verordnungen handelt.

[30] Hierzu auch die Frage der polizeilichen Generalklauseln.

[31] Dazu *Schack*, Verlagerung, S. 236; *Jacobi*, HDStR Bd. II, S. 249.

[32] Zur Zulässigkeit gesetzesvertretender Verordnungen nach Inkrafttreten des Grundgesetzes, insbesondere unter Berücksichtigung des Art. 80 GG, gibt es eine unübersehbare Rechtsprechung und Literatur; besonders wichtige Beiträge von *Klein*, Übertragung, S. 7 ff. (Bericht) sowie S. 79 ff. (Referat) und die anderen Berichte und Diskussionsbeiträge in: Übertragung, *Schack*, Verlagerung, S. 332 ff.; ders., DÖV 1962, 652 f. und JZ 1964, 252 f. sowie *Giacometti*, Verordnungsrecht, S. 73 f.

[33] *Weber*, DÖV 1957, 33; *Bettermann*, JZ 1952, 65 (66); vor allem zu den global ermächtigenden Verordnungen auf dem Gebiete des Wirtschafts- und Ernährungsnotrechtes (den „Rahmengesetzen“; vgl. dazu *Strauß*, Übertragung, S. 171, 187), *Haussleiter*, Übertragung, S. 199, so auch *Jesch*, a.a.O., S. 222.

[34] Ausgeklammert werden hier die meist auch *Ermächtigungsgesetze*“ genannten Ermächtigungen zu *Not- und Ausnahmeverordnungen*, die zum Teil auf Grund unmittelbarer Ermächtigung durch die Verfassung (vgl. Art. 48 Abs. 2 und 4 WRV) ergehen; dazu *Klein*, Übertragung, S. 40, 41; *Peters*, Ermächtigung, S. 851.

Rechtsverordnungen des vereinfachten Gesetzgebungsverfahrens[35] wie:

> „... kann die Reichsregierung ... diejenigen gesetzlichen Maßnahmen anordnen, welche sich zur Regelung des Überganges von der Kriegswirtschaft in die Friedenswirtschaft als notwendig und dringend erweisen"[36].

d) „Blankettverweisungen", „Blankettstrafgesetze"

„Blankettgesetze" werden auch *„dynamisch verweisende"* Gesetze[37] genannt, und schließlich wird der Begriff synonym für *„Blankettstrafgesetz"*[38] gebraucht.

2. *Definitionsversuch*

a) Hauptmerkmale des Blankettgesetzes

Überblickt man diese Varianten des Begriffes „Blankett-Gesetz", so kristallisieren sich *drei typische Merkmale* heraus, die eine Vorschrift zum „Blankett" machen. Negativ zeichnet sich jedes Blankett durch seine *Unvollständigkeit*[39] aus: ein Blankett ist ein lückenhafter, auf Ergänzung angelegter Rechtssatz[40]. Als positives Merkmal tritt hinzu die *Zuweisung* oder *Überlassung* der *Ergänzung* an eine andere Instanz[41]: sie füllt das Blankett aus und bestimmt so abschließend den Norminhalt[42]. Ein Stück der gesetzgebenden Gewalt wird also auf andere Instanzen (im weitesten Sinne) *„verlagert"*[43].

Unvollständig und auf Ergänzung durch andere Stellen angewiesen sind jedoch alle (echt) verweisenden[44] Rechtssätze: gleich-

---

[35] Bei ihnen zielt die Generalermächtigung auf die Regelung eines Gegenstandes oder ganzen Sachgebietes: siehe dazu BVerfGE 2, 307 (333): „Globalermächtigung"; ebenso BVerwGE 1, 104 (117), BVerwG DVBl 1955, 770 (771), *Schack*, Verlagerung, S. 346; *Jagmetti*, a.a.O., S. 167, 272, 273; *Klein*, Übertragung, S. 73: „Blankovollmacht"; *Bullinger*, Unterermächtigung, S. 38: „Globalermächtigung"; *Giacometti*, Verordnungsrecht, S. 79: „vereinfachte oder Blankettgesetzgebung"; *Nawiasky-Leusser*, a.a.O., Art. 55, Rdn. 6.

[36] § 1 des Gesetzes über eine vereinfachte Form der Gesetzgebung für die Zwecke der Übergangswirtschaft vom 17. 4. 1919 (RGBl 394).

[37] Z. B. BAG AR-Blattei TV IV Ent 8.

[38] So BVerfGE 14, 221 (253); *Michels*, a.a.O., S. 89; *Thoma*, Polizeibefehl, S. 317, 318; *Weidenbach*, a.a.O., S. 18, 22, 24, 26; *Warda*, a.a.O., S. 7, 15.

[39] Ähnlich *Lange*, JZ 1956, 73 (75).

[40] Siehe dazu unter AA II 4 b; *Weidenbach*, a.a.O., S. 5; *Neumann*, a.a.O., S. 14, 15.

[41] *Lange*, a.a.O.

[42] *Schmitt*, Verfassungslehre, S. 19; *Rupp*, a.a.O., S. 143, 144; *Weidenbach*, a.a.O., S. 5; *Neumann*, a.a.O., S. 14, 15; *Jellinek*, a.a.O., S. 97 („Überlassung der näheren Bestimmung des Inhalts"), Otto *Mayer*, a.a.O., Bd. I (1. Aufl.), S. 214 („Blankett zur wechselnden Ausfüllung").

[43] *Klein*, Übertragung, S. 7 ff.; im einzelnen unter B AA I 3.

[44] Siehe dazu unter A AA II 4 b ff.

wohl bezeichnet man sie nicht als Blankettgesetze[45]. Die Befugnis zur Konkretisierung gesetzlicher Vorschriften räumt der Exekutive auch jedes zu Verordnungen ermächtigende Gesetz ein: dennoch ist es, unter den strengen Anforderungen des Art. 80 Abs. 1 Satz 2 GG, kein Blankettgesetz. Zu dem *prinzipiellen, qualitativen* Merkmal der Überlassung der Befugnis zur Lückenergänzung muß vielmehr noch ein *graduelles, quantitatives* hinzutreten: ein Gesetz wird erst dann zum „Blankettgesetz", wenn es in *besonders großem Umfange unvollständig* ist und der ergänzenden Instanz eine *besonders weitreichende Befugnis* zur Inhaltsbestimmung einräumt.

Die Grenze zwischen „nur unvollständigen" Rechtssätzen und Blankettnormen läßt sich nicht exakt bestimmen, jedoch wird man, um einen Anhaltspunkt für die Beurteilung zu gewinnen, für eine der wichtigsten Gruppen von Blankettgesetzen, nämlich Gesetze, die umfassende Verordnungsermächtigungen enthalten, sagen können, daß der Bereich des Blankettgesetzes dort beginnt, wo die Verlagerung der Norminhaltsbestimmung eine *Gefahr für den gewaltenteilenden Rechtsstaat* mit sich bringt[46].

b) Definition

Zusammenfassend sind „Blankettgesetze" danach in besonders großem Umfange unvollständige Rechtssätze, deren inhaltliche Ausfüllung staatlichen oder außerstaatlichen Stellen zugewiesen oder überlassen wird: in diesem Sinne also ein besonders großes *„Stück offengelassener Gesetzgebung"*[47] [48].

c) Hauptgruppen

Entsprechend dem aufgefundenen Material schälen sich *fünf Hauptgruppen* von Blankettgesetzen heraus:

1. Gesetze, die *Formal-* oder *Blankettbegriffe* enthalten (Generalklauseln, unbestimmte Rechtsbegriffe), welche von einer anderen Instanz verbindlich bestimmt oder ausgelegt werden.
2. Gesetze, die der Exekutive einen *weiten Ermessensspielraum* einräumen.
3. Gesetze, die zum Erlaß von Ausführungs-, Durchführungs-, Änderungs-*Verordnungen ermächtigen* und selbst keine Zielformel enthalten[49] oder deren Zielformel durch die Verwendung

---

[45] A. A. *Bullinger,* Selbstermächtigung, S. 21; siehe dazu unter b.

[46] *Lange,* JZ 1956, 73 (75). [47] *Hedemann,* Flucht, S. 57, 58.

[48] *Rupp,* a.a.O., S. 202: Blankettnormen sind solche Normen, „die so vage und uferlos sind, daß sie auch einem teleologischen Auslegungsverfahren keine Richtlinien zu bieten in der Lage sind".

[49] Im Sinne der Art. 80 Abs. 1 Satz 2 GG-Anforderungen.

von Blankettbegriffen unscharf bleibt[50] („Blankettermächtigungen"), sowie „Ermächtigungsgesetze" zu Rechtsverordnungen des vereinfachten Gesetzgebungsverfahrens.

4. Gesetze, die *dynamisch verweisende Normen* enthalten („Blankettverweisungen"). Es sind jedoch nicht alle Verweisungsnormen, wie Bullinger[51] annimmt, Blankettgesetze, weil sie die Ausfüllungsbefugnis nicht verlagern, sondern nur den Text fremder Bestimmungen übernehmen.
5. Alle *Blankettstrafgesetze.*

Insbesondere auf die Gruppen 4) und 5) wird sich im folgenden das Hauptaugenmerk der verfassungsrechtlichen Untersuchung zu richten haben, wobei die übrigen Gruppen jeweils mitberücksichtigt werden können. Die „Blankettverweisung" (dynamische Verweisung) ist als besondere Spielart der Verweisungstechnik bereits dargestellt worden[52]. Es bleibt nur noch die Aufgabe, die Formenlehre des Blankettstrafgesetzes zu untersuchen.

Abschnitt II

INSBESONDERE: DAS BLANKETTSTRAFGESETZ

1. Begriff, Wesen und Zweck des Blankettstrafgesetzes

Eine der auffälligsten, unter verfassungsrechtlichen Gesichtspunkten kaum[1] untersuchten und gleichwohl besonders bedenklichen Verweisungsformen ist das *Blankettstrafgesetz* als Untergruppe der Blankettgesetze.

a) Begriff; das Blankettstrafgesetz als Verweisungsnorm

Jedes Strafgesetz hat zwei wesentliche Bestandteile: den *Tatbestand* und die *Strafdrohung.* In der Regel enthält dieselbe Gesetzesbestimmung den Tatbestand und die Strafdrohung: solche Gesetze

[50] Es läge nahe, alle zu gesetzesvertretenden Verordnungen ermächtigenden Gesetze (die nach h. M. heute nicht verfassungsgemäß sind, dazu unter B AA I 3 d) zu den Blankettgesetzen zu rechnen, zumal „oberhalb" der gesetzesabhängigen Verordnungen die Gefahr für die Gewaltenteilung beginnt (dazu *Schack,* DÖV 1962, 653), jedoch kann eine Ermächtigung zu Gesetzesänderungen so konkret sein, daß sie zwar der Verwaltung ein bestimmendes, aber doch sehr begrenztes Mitspracherecht einräumt: das ist kein Blankett!

[51] Selbstermächtigung, S. 21: „Verweisung ist stets Blankettvorschrift mit der Bestimmung, wie das Blankett auszufüllen ist". Ähnlich ist wohl *Jellinek,* a.a.O., S. 97 unten, zu verstehen.

[52] Siehe unter AA VI 1 a.

[1] Angedeutet ist die Problematik bei *Warda,* a.a.O., S. 10, erstmals ausführlich behandelt von *Weidenbach.* a.a.O.

nennt man *Vollstrafgesetze*[2]. Es gibt aber auch Strafgesetze, die nur die Strafdrohung aussprechen, die Festlegung des Tatbestandes jedoch anderen Stellen überlassen: man nennt sie *Blankettstrafgesetze*. Es handelt sich um unvollständige Rechtssätze, die die Rechtsfolge — das ist die Strafsatzung — normieren, für den Tatbestand jedoch auf andere Bestimmungen verweisen[3]:

„Wer die vom Kaiser zur Verhütung des Zusammenstoßens der Schiffe auf See ... erlassenen Verordnungen übertritt, wird mit Geldstrafe bestraft"[4].

Häufig verweist auch die den Tatbestand enthaltende Vorschrift ihrerseits auf das Blankettstrafgesetz zurück und erleichtert damit die Auffindung der Strafdrohung:

„Wer vorsätzlich

1. entgegen § 6 Abs. 1 ein Spielgerät aufstellt, an dem ... wird nach § 146 Abs. 1 Nr. 5 Buchstabe b der Gewerbeordnung bestraft"[5],

jedoch ist das keine Voraussetzung für ihre Gültigkeit[6] [7]. Ebensowenig wie in allen anderen Verweisungsfällen wird die den Tatbestand enthaltende niederrangige Vorschrift kraft der Verweisung auf die höherrangige Stufe des Blankettstrafgesetzes angehoben[8]: die Strafsatzung — in der Regel Reichs- oder Bundesrecht[9] — und die den Tatbestand enthaltende Vorschrift — häufig Landesrecht oder untergesetzliche Vorschrift[10] — stehen in ihrer Geltungskraft vielmehr selbständig nebeneinander und sind nur durch die Verweisung zu einer Strafvorschrift[11] verbunden.

---

[2] *Maurach*, a.a.O., AT, S. 78; *Weidenbach*, a.a.O., S. 5.

[3] Blankettstrafgesetze als Verweisungsnormen: Weidenbach, a.a.O., S. 5; *Nickusch*, a.a.O., S. 204; *Warda*, a.a.O., S. 5; *Neumann*, a.a.O., S. 5, 54, 55; *Schiedermair*, a.a.O., S. 32, 33; *Rotering*, a.a.O., S. 73; *Bullinger*, Selbstermächtigung, S. 21; *Triepel*, a.a.O., S. 67; *Jellinek*, a.a.O., S. 97.

[4] § 145 StGB.

[5] § 14 Abs. 1 der Verordnung über Spielgeräte ... vom 6. 2. 1962 (BGBl 153).

[6] A. A. offenbar *Müller*, a.a.O., S. 184.

[7] Soweit ein Gesetz einer anderen Stelle die Ausfüllung des Tatbestandes und die Festlegung der Strafsatzung innerhalb eines vorgegebenen Strafrahmens überläßt (dazu *Rosin*, a.a.O., S. 75), handelt es sich nicht um ein Blankettstrafgesetz, sondern um einen Vorbehalt zugunsten der anderen Stelle (z. B. des Landesgesetzgebers), dazu unter A AA III 3 d.

[8] BGH NJW 1963, 1987: die ausfüllenden Vorschriften teilen nicht notwendig das Schicksal der Blankettstrafgesetze, „sie stehen grundsätzlich selbständig nebeneinander", „sie sind in ihrem Bestande unabhängig voneinander"; so auch BGH DÖV 1965, 98 (99); a. A. offenbar *Dyroff*, a.a.O., S. 880.

[9] Vgl. Art. 74 Nr. 1 GG. [10] Siehe dazu unter 3 c ff.

[11] Dazu auch die Streitfrage, ob es „ermächtigende" Blankettstrafgesetze gibt, unter 4 b.

b) Terminologie; ausdrückliche und stillschweigende Verweisung

Die Norm, welche die Strafsatzung[12] enthält, wird „Blankettnorm“[13], „offene, blinde Strafdrohung“[14], Blankettstrafgesetz“[15], „Blankettvorschrift“ genannt; die den Tatbestand festlegende Vorschrift „blankettausfüllende Norm“[16], „Ausfüllungsnorm“, „Blankettnorm“[17], „Ergänzung“[18 19].

Um hervorzuheben, daß die den Tatbestand enthaltende Vorschrift die unvollständige Strafsatzung zur vollständigen Strafnorm ergänzt, sollte man von *„Blankettnorm“* und *„blankettausfüllender Norm“* sprechen.

Die Blankettnorm kann *ausdrücklich:*

> „Ordnungswidrig handelt, wer den in den §§ 16 bis 19 ... vorgeschriebenen Anzeigepflichten nicht ... nachkommt. Die Ordnungswidrigkeit kann mit einer Geldbuße geahndet werden“[20]

oder *stillschweigend, konkludent* — meist durch die Verwendung von normativen Begriffen[21] — auf die Ausfüllungsnorm verweisen:

> „Eine Zuwiderhandlung ... begeht, wer ... bezugsbeschränkte Erzeugnisse ohne Bezugsberechtigung bezieht“[22],

> bedeutet nichts anderes als:

> „Erzeugnisse, die nach den geltenden Bewirtschaftungsbestimmungen einer Bezugsbeschränkung unterliegen“[23].

Bestritten ist[24], ob § 356 StGB:

> „Ein Anwalt ..., welcher ... in derselben Rechtssache beiden Parteien ... pflichtwidrig dient ...“

stillschweigend auf § 45 Nr. 2 der Bundesrechtsanwaltsordnung verweist und damit ein Blankett ist oder ob „pflichtwidrig“ nur ein normatives Tatbestandsmerkmal und § 356 StGB also ein Vollstrafgesetz ist.

c) Zweck

Vielfach verdanken Blankettstrafgesetze ihr Entstehen allein *gesetzgebungstechnischen Erwägungen*[25]. In der Regel dienen sie aber

---

[12] „Strafdrohung“, *Weidenbach*, a.a.O., S. 5.

[13] *Weidenbach*, a.a.O., S. 6; *Rotering*, a.a.O., S. 72.

[14] *Binding*, a.a.O., S. 162.

[15] BGH NJW 1963, 1987.

[16] *Weidenbach*, a.a.O., S. 9.

[17] *Neumann*, a.a.O., S. 20; auch BGH, a.a.O.: „Blankettgesetz“.

[18] *Warda*, a.a.O., S. 11.

[19] Siehe dazu auch *Warda*, a.a.O., S. 5.

[20] § 68 des Personenstandsgesetzes i. d. F. vom 8. 8. 1957 (BGBl 1126).

[21] Siehe dazu unten unter 5 b.

[22] § 8 Nr. 1 Wirtschaftsstrafgesetz.

[23] *Warda*, a.a.O., S. 13.

[24] Dazu *Weidenbach*, a.a.O., S. 22 ff.

[25] Vor allem die „Blankettstrafgesetze im weiteren Sinne“, dazu unter 2.

dazu, dem ständigen *zeitlichen und örtlichen Wechsel des Strafbedürfnisses* — z. B. bei der Bekämpfung von ansteckenden Krankheiten, Viehseuchen[26] etc. — gerecht zu werden und den einheitlichen Strafschutz unterschiedlichen polizeilichen, kulturellen, wirtschaftlichen und lokalen Gegebenheiten anzupassen[27]. Blankettstrafgesetze entlasten so den Gesetzgeber[28] und übertragen die Festlegung von Straftatbeständen anderen Stellen, die auf Grund ihrer Orts- und Sachnähe oft einen besseren Überblick haben und schneller handeln können. Blankettstrafgesetze finden sich vorwiegend in den Übertretungsdelikten des StGB und im Nebenstrafrecht[29], das oft sehr spezielle und technische Tatbestände[30] mit Strafschutz bewehrt. Damit sind sie ein typischer Bestandteil des *Ordnungsunrechtes*[31], dessen Tatbestände vielfach in Rechtsverordnungen und außernormativen Vorschriften zu finden sind, während die Straftatbestände in der Regel durch Vollstrafgesetze normiert werden.

2. *Blankettstrafgesetze im weiteren und engeren Sinn*

Gesetzgebungstechnische Überlegungen stehen im Vordergrund, wenn Strafsatzung und Tatbestand zwar in verschiedenen Paragraphen, aber doch in einem Gesetz enthalten sind — ein Fall der *Binnenverweisung —:*

„Wer vorsätzlich als Veranstalter oder Gewerbetreibender

1. einer der in den §§ 2 bis 9 enthaltenen Vorschriften zuwiderhandelt . . .“[32],

oder aber der Straftatbestand in einem anderen Gesetz desselben Gesetzgebers enthalten ist — ein Fall der *Außenverweisung —:*

„Schuldner . . . werden wegen einfachen Bankerotts mit Gefängnis bestraft, wenn sie . . .

4. es gegen die Bestimmung des Handelsgesetzbuches unterlassen haben, die Bilanz ihres Vermögens in der vorgeschriebenen Zeit zu ziehen“[33].

---

[26] § 327 StGB.

[27] *Warda,* a.a.O., S. 8, 9; *Lange,* JZ 1956, 75; *Weidenbach,* a.a.O., S. 5; *Paul,* a.a.O., S. 26.

[28] *Weidenbach,* a.a.O., S. 6.

[29] Eine umfassende Übersicht bieten *Göhler-Buddendiek-Lenzen,* a.a.O., S. 11 ff.

[30] Vgl. für das Spezialgebiet der arbeitsrechtlichen Strafbestimmungen *Peters-Ossenbühl,* a.a.O., S. 67 ff. und die dort zitierte Literatur.

[31] *Michels,* a.a.O., S. 92; *Lange,* JZ 1956, 73 (75) und JZ 1957, 233 (237); *Peters-Ossenbühl,* a.a.O., S. 71.

[32] § 13 Abs. 1 des Gesetzes zum Schutze der Jugend in der Öffentlichkeit i. d. F. vom 27. 7. 1957 (BGBl 1058).

[33] § 240 Abs. 1 Nr. 4 KO, ebenso § 239 Abs. 1 Nr. 3, § 240 Abs. 1 Nr. 3 KO.

Blankettstrafgesetze dieser Art erläßt der Gesetzgeber nicht aus dem für Blankettstrafgesetze typischen Entlastungs- und Verlagerungsinteresse, und sie erwecken auch keine Bedenken unter dem Gesichtspunkt der Verlagerung[34] der Tatbestandsfestlegung: allenfalls aus der Forderung nach Rechtssicherheit und Rechtsklarheit lassen sich Einwände gegen sie vorbringen[35]. Man nennt sie *„Blankettstrafgesetze im weiteren Sinn oder „unechte Blankettstrafgesetze"*[36].

Sind es dagegen nicht nur gesetzgebungstechnische Gründe, die zum Erlaß des Blankettstrafgesetzes führen, verfolgt der Gesetzgeber vielmehr primär den Zweck, die Normierung des mit Strafe bedrohten Verhaltens anderen Stellen zu überlassen, so handelt es sich um *„Blankettstrafgesetze im engeren Sinn"* oder *„echte Blankettstrafgesetze"*[37], denen das Hauptaugenmerk zuzuwenden ist.

3. *Rangstufe der Blankettausfüllung*

Die *Blankettausfüllung* kann nach Rangstufe und räumlichem Geltungsbereich verschieden sein.

a) Formelles Gesetz

Sie kann in einem *formellen Bundes-*[38] oder *Landesgesetz* enthalten sein. Sind sowohl Blankettnorm als auch Ausfüllungsnorm Bundesrecht oder Landesrecht, so handelt es sich um Blankettstrafgesetze im weiteren Sinne. Die Ergänzung einer landesrechtlichen Blankettnorm durch ein Bundesgesetz ist selten; zahlreich sind dagegen lan-

---

[34] Dazu unter B DD II. [35] Dazu unter B AA II 3.

[36] *Weidenbach,* a.a.O., S. 6; *Warda,* a.a.O., S. 8, 11 ff.; sie decken sich letztlich mit den von *Warda,* a.a.O., S. 12 so bezeichneten *„bezugnehmenden"* (besser: „verweisenden", so Otto *Mayer,* a.a.O., S. 261) Blankettstrafgesetzen im Gegensatz zu den *„ermächtigenden"* Blankettstrafgesetzen; dazu kritisch *Weidenbach,* a.a.O., S. 14. Nicht zweckmäßig ist es, die Blankettstrafgesetze im weiteren Sinne dem Begriff des Blankettstrafgesetzes zu entziehen (so *Neumann,* a.a.O., S. 34, *Maurach,* a.a.O., AT, S. 78; *Michels,* a.a.O., S. 91, 92), denn auch bei ihnen bedarf die Blankettnorm der Ergänzung durch einen an anderer Stelle aufzufindenden Tatbestand; auch sie sind Verweisungsnormen.

[37] „Blankettstrafgesetze im engeren Sinne ... die Strafgesetze, deren Strafdrohung durch einen (zumindest teilweise) von einer anderen Instanz gesetzten Tatbestand ergänzt wird", *Weidenbach,* a.a.O., S. 7.

[38] Nach Otto *Mayer,* a.a.O., Bd. I (1. Aufl.), S. 309, Anm. 2 gibt es auch Blankettstrafgesetze, die die Übertretung eines *ausländischen Gebotes* mit Strafe bedrohen: dazu kritisch *Jellinek,* a.a.O., S. 94, Fn. 20. Ein Verweisung auf *nichtgeschriebenes Recht* ist unzulässig: so mit Recht *Hamann,* Kommentar, S. 423; dazu näher unter B DD I.

desgesetzliche Ausfüllungsnormen zu bundesrechtlichen Blankettvorschriften[39]:

„... wer einem gesetzlichen Verbot zuwider Stoß-, Hieb- oder Schußwaffen ... feilhält oder mit sich führt"[40]:

die einzelnen gesetzlichen Verbote sind vorwiegend in Landesgesetzen enthalten[41].

b) Rechtsverordnung

Oft sind die strafbaren Tatbestände in *Verordnungen* enthalten:

„... wer die zur Erhaltung der Sicherheit ... auf den öffentlichen Wegen ... erlassenen Polizeiverordnungen übertritt"[42].

c) Verwaltungsvorschrift

Auch *Verwaltungsvorschriften* können Straftatbestände setzen. So lautet § 9 Abs. 3 des Tierschutzgesetzes[43]:

„Mit Geldstrafe ... wird bestraft, wer ...

3. einer vom Reichsminister des Innern ... nach § 14 erlassenen Vorschrift zum Schutze der Tiere zuwiderhandelt"

§ 14 lautet:

„Der Reichsminister des Innern kann Rechts- und Verwaltungsvorschriften erlassen."

Auch die in § 4 Abs. 1 des Wirtschaftsstrafgesetzes[44] genannten „Bestimmungen" über Bewirtschaftung, Preis- und Marktregelung sind vielfach als Verwaltungsvorschriften ergangen[45], und unter „Anordnungen" im Sinne des § 21 StVG sind neben Rechtssätzen auch Verwaltungsbestimmungen zu verstehen[46].

---

[39] Zur Streitfrage, was das Grundgesetz als „Strafrecht" i. S. des Art. 74 Nr. 1 GG ansieht, nur das Kriminalstrafrecht oder auch das Ordnungswidrigkeitenrecht, und ob der Bund, will er eine Strafsatzung erlassen, zugleich die Gesetzgebungskompetenz für das mit einem Blankettstrafgesetz zu bewehrende Rechtsgebiet besitzen muß, siehe BVerfGE 13, 367 (372); OLG Köln JZ 1966, 74; *Maurach*, a.a.O., AT, S. 78, 79; vor allem *Dreher*, NJW 1952, 1182 ff. und R. *Wolff*, DVBl 1962, 663 (664 f.).

[40] § 367 Ziff. 9 StGB.

[41] *Schönke-Schröder*, a.a.O., zu § 367 Ziff. 9. Die landesrechtlichen Vorschriften werden, soweit sie bundesrechtlich bewehrte Straftatbestände zu setzen vermögen, nicht etwa selbst mit bundesrechtlicher Geltungskraft ausgestattet; so jedoch *Rosin*, a.a.O., S. 67 ff., 71; *Rotering*, a.a.O., S. 79; *Jellinek*, a.a.O., S. 98, 99. Siehe dazu unter AAA II 4 c und oben unter 1 a; demgegenüber wie hier: *Neumann*, a.a.O., S. 57.

[42] § 366 Nr. 10 StGB, siehe auch § 145 StGB.

[43] Vom 24. 11. 1933 (RGBl 987).

[44] Vom 26. 7. 1949 (WiGBl 193). [45] *Weidenbach*, a.a.O., S. 10.

[46] *Müller*, Straßenverkehrsrecht, S. 404; weitere Beispiele bei *Weidenbach*, a.a.O., S. 10.

d) Verfügung

Die Blankettausfüllung kann auch in einem *Verwaltungsakt*, häufig einer *polizeilichen Verfügung*, bestehen[47]:

> „Wer vorsätzlich gegen Anordnungen verstößt, die ein Gesetzgebungsorgan ... allgemein oder im Einzelfall erläßt..."[48].

Zu dieser Gruppe von Blankettergänzungen gehören — wenn man der Auffassung des Bundesverfassungsgerichtes folgt[49] — auch die Verkehrszeichen gemäß § 21 StVG i. V. m. § 3 StVO als Allgemeinverfügungen.

e) Verordnung und Verfügung

Mitunter wird eine Blankettnorm sowohl durch *generelle als auch* durch *für den Einzelfall erlassene Anordnungen* ergänzt, also durch Rechtsverordnungen und Verwaltungsvorschriften einerseits, Verfügungen andererseits[50]. Das geht teilweise aus dem Wortlaut der Blankettnorm zweifelsfrei hervor:

> „Eine Zuwiderhandlung im Sinne dieses Abschnitts begeht, wer ...
> 3. einer Vorschrift oder schriftlichen Verfügung zuwiderhandelt, die auf Grund ..."[51],

teilweise gibt das Gesetz durch Verwendung umfassender Begriffe, wie „Anordnungen", „Verbote", „Maßregeln" — nicht immer eindeutig! — zu verstehen, daß sowohl generelle als auch spezielle Anordnungen gemeint sind[52]:

---

[47] In Einzelfällen füllt auch ein *richterliches Urteil* den Tatbestand aus, so z. B. in § 14 Abs. 3 i. V. mit Abs. 1 Lebensmittelgesetz i. d. F. vom 17. 1. 1936 (RGBl 18); umstritten in dem durch das Vereinsgesetz vom 5. 8. 1964 (BGBl 593) aufgehobenen § 90 a Abs. 3 StGB:

> „Ist die Vereinigung eine politische Partei ..., so darf die Tat erst verfolgt werden, nachdem das Bundesverfassungsgericht festgestellt hat, daß die Partei verfassungswidrig ist":

Hamann, Kommentar, S. 423: Tatbestandsmerkmal, daher unter dem Gesichtspunkt des Art. 103 Abs. 2 GG verfassungswidrig; a. A.: Prozeßvoraussetzung, daher mit Art. 103 Abs. 2 GG vereinbar (wohl richtig!): BGHSt 11, 233 (235 f.) und *Schönke-Schröder*, a.a.O. (9. Aufl. 1959), § 90a, Anm .VI.

[48] § 106 b StGB, ähnlich § 413 Abs. 1 Satz 1 RAO.

[49] NJW 1965, 2395; in concreto ein Parkverbotszeichen nach § 16 StVO. Der in dem Beschluß zur Stützung der Entscheidung herangezogene Beschluß des Bundesgerichtshofes DÖV 1965, 98 (99) kennzeichnet sie abweichend als Konkretisierungen der Vorschriften der StVO, also als *Tatbestandsmerkmale*, hebt sie aber ebenso deutlich von den blankettausfüllenden Rechtsnormen ab: dazu näher unter B AA II 2 b bb eee.

[50] *Weidenbach*, a.a.O., S. 12 nennt sie *„doppelt verweisende"* Blankettnormen im Gegensatz zu *„einfach verweisenden"*, die nur auf eine generelle oder eine spezielle Anordnung verweisen.

[51] § 16 Abs. 1 Nr. 3 Wirtschaftsstrafgesetz.

[52] *Weidenbach*, a.a.O., S. 11; *Warda*, a.a.O., S. 15.

„Wer den Vorschriften des § 7 b oder den auf Grund dieser Vorschriften erlassenen Anordnungen zuwiderhandelt oder ...“[53].

f) Außerstaatliche Gestaltungen

Da Blankettnormen im Nebenstrafrecht vielfach technische Materien unter Strafschutz stellen, die einer tatbestandlichen Fassung durch das Gesetz selbst wegen der erforderlichen Sachkunde und der sich rasch verändernden Umstände nur unter größten Schwierigkeiten zugänglich wären, werden zur Blankettausfüllung unmittelbar oder mittelbar — ähnlich den nichtstrafrechtlichen Verweisungsnormen[54] — *Vorschriften außerstaatlicher Instanzen*, insbesondere der Wirtschaftsverbände, herangezogen[55]. So ist anerkannt[56], daß sich die „Regeln der Baukunst“:

„Wer bei der Leitung oder Ausführung eines Baues wider die allgemein anerkannten Regeln der Baukunst dergestalt handelt, daß ...“[57]

etwa in den Unfallverhütungsvorschriften der Berufsgenossenschaften und anderen privaten Vorschriften niederschlagen[58]. In der Erläuterung zu § 337 a des Entwurfes eines Strafgesetzbuches (E 1962)[59]:

„Wer in Ausübung eines Berufes oder Gewerbes

1. bei der Installation ... von Anlagen ... zur Gewinnung ... von Elektrizität und Gas gegen die allgemein anerkannten Regeln der Technik verstößt oder ...“

heißt es in der amtlichen Begründung[60]: „Für Elektrizität und Gas bestehen deshalb auch einheitliche ... auf dem neuesten Stand der Technik gehaltene Richtlinien. Es sind dies für die Elektrizitätswirtschaft die Bestimmungen des Verbandes Deutscher Elektrotechniker (VDE) und für die Gaswirtschaft die Bestimmungen des Deutschen Vereins von Gas- und Wasserfachmännern e. V. (DVGW), die — nicht ausschließlich, aber in erster Linie[61] — als allgemein anerkann-

---

[53] § 10 Nr. 2 des Gesetzes gegen den unlauteren Wettbewerb vom 7. 6. 1909 (RGBl 499).

[54] Dazu unter AA IV 2 f bb. [55] Vgl. ausführlich unter B DD II 4.

[56] OLG *Hamm*, JMBlNRW 1962, 254; *Schönke-Schröder*, a.a.O., § 330, Rdn. 7.

[57] § 330 StGB; *Warda*, a.a.O., S. 6 hält § 330 StGB nicht für ein Blankettstrafgesetz.

[58] Ähnlich in § 367 Nr. 14 StGB: „Bauen ohne Einhaltung der erforderlichen Sicherungsmaßregeln“; *Schönke- Schröder*, a.a.O., Rdn. 73 stellen demgegenüber ausdrücklich fest, daß es sich nicht um ein Blankettstrafgesetz handele.

[59] Im geltenden Recht in § 330 StGB enthalten. [60] S. 514.

[61] Zum Rechtscharakter der Regeln näher unter B AA I 7 c.

te Regeln der Technik auf dem Gebiete der Elektrizität und des Gases gelten"[62 63].

g) Blankettausfüllung durch Blankettnormen (Weiterverweisung)

Die blankettausfüllende Vorschrift kann selbst eine *Blankettnorm* sein, die durch Verwendung von Generalklauseln auf andere blankettausfüllende Vorschriften *weiterverweist*[64]. So wird nach §§ 315, 315 a StGB beispielsweise bestraft, wer gegen Rechtsvorschriften zur Sicherung des Schiffsverkehrs verstößt. Diese Rechtsvorschriften sind in der Seestraßenordnung[65] und Seeschiffahrtsstraßenordnung[66] enthalten. Art. 16 a der Seestraßenordnung gebietet, „bei Nebel ... mit mäßiger Geschwindigkeit zu fahren". Was nach den jeweiligen Umständen eine „mäßige Geschwindigkeit" ist, ergibt sich für den Regelfall aus speziellen seemännischen Vorschriften[67].
Ähnlich nehmen §§ 2,2 a StVO, deren Verletzung nach § 21 StVG unter Strafe gestellt ist, auf „Weisungen und Zeichen der Polizeibeamten" Bezug[68].

4. Die Blankettnorm

Blankettstrafgesetze sind hinsichtlich der Tatbestandsbestimmung unvollständige Strafnormen. Die *Unvollständigkeit* kann *unterschiedlichen Umfang* haben.

---

[62] Kritisch: *Hamann*, a.a.O., S. 16 (siehe unter B AA I 7 c).

[63] Unter der Voraussetzung, daß man die Anwendbarkeit des Art. 103 Abs. 2 GG für Disziplinarstrafen bejaht (so *Hamann*, Kommentar, S. 423, dazu auch *Maunz-Dürig*, a.a.O., Art. 103 Abs. 2, Rdn. 116), gilt das auch für § 113 BRAO, der die schuldhafte Pflichtverletzung unter ehrengerichtliche Strafe stellt: die Pflichten ergeben sich generalklauselartig aus §§ 43—59 BRAO und werden durch „Richtlinien der Bundesrechtsanwaltskammer über Fragen der Ausübung des Anwaltsberufes" (§ 177 Abs. 2 Nr. 2 BRAO) konkretisiert: dazu H. J. *Wolff*, Lehrbuch Bd. II, § 94 I mit einer Entscheidung des Ehrengerichtshofes für Rechtsanwälte, und *Hamann*, a.a.O., S. 103. Von Bedeutung — wenn auch in begrenztem Umfang — sind die „Regeln der Technik" auch bei der Auslegung der §§ 222, 230 StGB: *Schäfer*, a.a.O., S. 152. Kritisch zur Verweisung auf Regeln auch *Nickusch*, a.a.O., S. 213.

[64] *Paul*, a.a.O., S. 28 nennt sie „Blankette zweiter Stufe".

[65] Vom 5. 2. 1906 (RGBl 120), jetzt ersetzt durch die Seestraßenordnung vom 22. 12. 1953 (Gesetz über den Beitritt der Bundesrepublik Deutschland zum Internationalen Schiffssicherheitsvertrag, London 1948 [BGBl II 603]).

[66] I. d. F. vom 18. 3. 1961 (BGBl II 184).

[67] Dazu näher *Paul*, a.a.O., S. 96, 115 f.

[68] Weitere Beispiele bei *Weidenbach*, a.a.O., S. 20.

a) Voll und teilweise ergänzungsbedürftige Blankettnormen

Die Blankettnorm kann auf jegliche Andeutung, wie der Tatbestand beschaffen sein soll, verzichten und die Umschreibung der deliktischen Handlung in vollem Umfange der Ausfüllungsnorm überlassen:

„Mit Geldstrafe ... wird bestraft, wer ... feuerpolizeiliche Anordnungen nicht befolgt"[69].

Man[70] nennt solche Gesetze *„voll ergänzungsbedürftige Blankettstrafgesetze"*.

Der Tatbestand kann jedoch in der Blankettnorm auch schon angedeutet sein und nur die abschließende Konkretisierung der blankettausfüllenden Instanz überlassen bleiben: man spricht in diesen Fällen von *„teilweise ergänzungsbedürftigen Blankettstrafgesetzen"*[71]. Das kann in der Form geschehen, daß die Blankettnorm einen Teil der Tatbestandsmerkmale selbst festlegt[72]:

„Mit Gefängnis ... wird bestraft, wer als Verwaltungsangehöriger oder Helfer auf dem Gebiet der Bewirtschaftung ... entgegen den bestehenden Bestimmungen Bescheinigungen über eine Bezugsberechtigung ... abgibt"[73],

oder aber zwar keine Tatbestandsmerkmale enthält, aber durch Anordnungen über die Art der Ausfüllung den Spielraum der ausfüllenden Instanz einengt[74]:

„Mit Geldstrafe ... werden bestraft ... Gewerbetreibende, welche im Feuer arbeiten, wenn sie die Vorschriften nicht befolgen, welche von der Polizeibehörde wegen Anlegung und Verwahrung ihrer Feuerstätten ... erlassen sind"[75]:

beide sind letztlich gleichwertige[76] gesetzgebungstechnische Mittel einer Vorformung der Blankettausfüllung durch die Verweisungsnorm.

---

[69] § 368 Ziff. 8, 2. Alternative StGB.

[70] *Weidenbach*, a.a.O., S. 13; auch *Warda*, a.a.O., S. 7.

[71] *Weidenbach* und *Warda*, a.a.O.

[72] Sog. „Blankettstrafgesetze *mit freier Norm*" (*Weidenbach*, a.a.O., S. 17), da sie der blankettausfüllenden Instanz keine Vorschriften machen, wie die Ausfüllung auszusehen habe. *Warda*, a.a.O., S. 13 nennt sie „Blankettstrafgesetze mit freier Ermächtigung" (dazu näher unter b), wogegen sich *Weidenbach*, a.a.O. mit Recht wendet.

[73] § 4 Abs. 1 Nr. 1 Wirtschaftsstrafgesetz, ähnlich § 360 Abs. 1 Ziff. 2 StGB, § 145 StGB.

[74] Daher „Blankettstrafgesetze *mit gebundener Norm*" (*Weidenbach*, a.a.O., S. 17), „mit gebundener Ermächtigung" (*Warda*, a.a.O., S. 13).

[75] § 369 Abs. 1 Ziff. 3 StGB, auch § 106 a StGB.

[76] Wie *Weidenbach*, a.a.O., S. 15—19 an Hand anschaulicher Umformulierungen beweist.

b) Ermächtigende und verweisende Blankettnormen

Fraglich ist, ob es außer *„verweisenden"* auch *„ermächtigende" Blankettstrafgesetze* gibt. Ohne einer Abgrenzung der Begriffe „Ermächtigung", „Delegation", „Vorbehalt" und „Verweisung"[77], die bei der Einordnung von Verweisungsfällen häufig miteinander verwechselt werden, vorzugreifen, ist „Ermächtigung" hier im Sinne einer Zuständigkeitsbegründung zu verstehen. Warda[78] nennt nun alle „Blankettstrafgesetze im weiteren Sinne" „bezugnehmend", die „echten" oder „Blankettstrafgesetze im engeren Sinne" „ermächtigend". Er will „Ermächtigung" jedoch „selten"[79] in dem genannten, staatsrechtlich präzisen Sinn verstehen, meint aber, die Blankettvorschrift erteile in allen nicht nur „bezugnehmenden Blankettstrafgesetzen" „insofern eine Ermächtigung, als den darin bezeichneten Behörden die Möglichkeit gewährt wird, durch die nach Maßgabe ihrer Zuständigkeit erlassenen Vorschriften einen strafrechtlichen Tatbestand in dem durch die Blankettnorm gegebenen Rahmen aufzustellen"[80]. Diese „Möglichkeit" gewährt aber jedes Blankettstrafgesetz im weiteren Sinne: das macht sogar ihr Wesen aus, und insofern bringt die Einteilung Wardas keine neuen Gesichtspunkte[81]. Von „ermächtigenden" Blankettstrafgesetzen sollte man, um Mißverständnissen vorzubeugen, nur sprechen, wenn die Blankettvorschrift eine „Ermächtigung" im staatsrechtlichen Sinne enthält[82]. Ermächtigende Blankettstrafgesetze in diesem Sinne, etwa Gesetze, die selbst die Ermächtigung zum Erlaß der blankettausfüllenden Rechtsverordnung enthalten, sind selten[83]. In der Regel knüpft die Blankettnorm an Vorschriften an, die auf einer von einer anderen Instanz erteilten Ermächtigung beruhen[84]. Das gilt auch für § 145 StGB, der nach

[77] Vgl. dazu unter B AA I 3 b und die Definition des Vorbehalts unter A AA III 3 d.

[78] A.a.O., S. 12. [79] A.a.O., S. 12.

[80] A.a.O., S. 12, ähnlich *Jellinek,* a.a.O., S. 98: der Vorbehalt „... gibt dem Einzelstaat die Macht, eine Handlung strafbar nach Reichsrecht zu machen oder sie ihrer reichsrechtlichen Strafbarkeit zu entkleiden." Zur Abgrenzung der „Ermächtigung" vom „Vorbehalt" unter B AA I 3 b.

[81] *Weidenbach,* a.a.O., S. 14.

[82] *Weidenbach,* a.a.O., S. 14; *Neumann,* a.a.O., S. 38 ff.; Otto *Mayer,* a.a.O., Bd. I (3. Aufl.), S. 261; so *Warda,* a.a.O., S. 12 selbst; dazu auch *Weidenbach,* a.a.O., S. 29.

[83] An ein „ermächtigendes Strafgesetz" sind die Anforderungen des Art. 80 Abs. 1 Satz 2 GG zu stellen. Unter diesen Voraussetzungen dürften sich keine Bedenken ergeben. Wieweit allerdings Blankettstrafgesetze „Private" ermächtigen dürfen, muß gesondert untersucht werden (unter B DD II 4).

[84] *Thoma,* Polizeibefehl, S. 317; Jacobi, HDStR Bd. II, S. 244, Fn. 26; *Nebinger,* a.a.O., S. 23; *Bullinger,* Selbstermächtigung, S. 22, Anm. 33; *Kääb-Rösch,* a.a.O., S. 57 mit zahlreichen Nachweisen für die frühere, abweichende Auffassung.

Schönke-Schröder[85] zugleich eine Ermächtigung zum Erlaß von Verordnungen über den Schiffsverkehr enthält[86], und für § 366 Ziff. 10 StGB, auf die der Bundesverkehrsminister die „Strom- und Schiffahrtspolizeiverordnung über Sicherungsmaßnahmen im Bereich ...“[87] stützen zu können glaubte[88].

5. Abgrenzung des Blankettstrafgesetzes vom Vollstrafgesetz

Häufig läßt sich nicht leicht entscheiden, ob ein Gesetz ein *Vollstrafgesetz oder ein Blankettstrafgesetz* ist, vor allem dann nicht, wenn eine Strafnorm stillschweigend auf ergänzende Vorschriften verweist, normative Tatbestandsmerkmale enthält, oder wenn sie einer Ergänzung durch eine Verfügung bedarf.

a) Verweisung auf beschreibende Rechtssätze, Erfahrungssätze, Gewohnheiten

Die blankettausfüllende, d. h. den Tatbestand bestimmende Vorschrift tritt in der Regel in Form eines Gebotes oder Verbotes auf, enthält also die Verpflichtung zu einem bestimmten Tun oder Unterlassen. Verweisen normative, wertausfüllungsbedürftige[89] Tatbestandsmerkmale zur Ergänzung auf *Rechtssätze* nur *beschreibenden Inhaltes* sowie *Erfahrungssätze* und *Gewohnheiten*, so wird dadurch das Gesetz noch nicht zum Blankettgesetz[90].

---

[85] A.a.O., § 145, Rdn. 1.

[86] Wie hier: *Rosin*, a.a.O., S. 71; *Thoma*, Polizeibefehl, S. 318, Fn. 13; *Nebinger*, a.a.O., S. 22.

[87] Vom 15. 2. 1953 (BGBl II 599); ebenso *Drews-Wacke*, a.a.O., S. 99 und *Wacke*, DÖV 1955, 456 (459).

[88] Wie hier — keine Ermächtigungsgrundlage! — auch *Bullinger*, Unterermächtigung, S. 22 und *Schönke-Schröder*, § 366, Rdn. 16 mit weiteren Nachweisen.

[89] *Paul*, a.a.O., S. 27 und passim nennt sie „wertverweisende Tatbestandsmerkmale“.

[90] *Warda*, a.a.O., S. 6; *Weidenbach*, a.a.O., S. 22. Soweit *Warda*, a.a.O. auf § 330 StGB (Handeln „wider die allgemeinen Regeln der Baukunst“) als Beispiel verweist, kann ihm jedenfalls dann nicht gefolgt werden, wenn zur Bestimmung dieser „allgemeinen Regeln“ die Vorschriften der Technischen Verbände herangezogen werden (dazu unter BB II 3 f). §§ 242, 137 StGB verweisen bezüglich der Begriffe „fremde Sache“ und „Beschlagnahme“ auf das bürgerliche bzw. öffentliche Recht, sind aber keine Blankettstrafgesetze (*Weidenbach*, a.a.O., S. 22, Fn. 1). § 21 Abs. 2 Wirtschaftsstrafgesetz:

> „... wer es vorsätzlich unterläßt, eine im ordentlichen Geschäftsverkehr übliche Rechnung zu erteilen ...“

ist ein Blankettgesetz, wenn sich die „Geschäftsüblichkeit“ aus Allgemeinen Geschäftbedingungen u. ä. ergibt (a. A. *Warda*, a.a.O., S. 7).

Stets muß es sich auch um die Ergänzung des *Tatbestandes* handeln. Enthält ein Gesetz daher das Wort „rechtswidrig" oder einen gleichbedeutenden Ausdruck und ergibt sich erst aus anderen Vorschriften, ob eine Handlung im konkreten Falle rechtswidrig oder gerechtfertigt ist, so ist das Gesetz ein Vollstrafgesetz[91], kein Blankettgesetz.

b) Normative Tatbestandsmerkmale und Blankettstrafgesetze

In anderen Fällen lassen sich aber *Vollstrafgesetze mit wertausfüllungsbedürftigen Tatbestandsmerkmalen und Blankettstrafgesetze* nicht mit gleicher Sicherheit unterscheiden. Die Einordnung hat aber erhebliche Bedeutung, etwa für die rechtsdogmatische Entscheidung von Irrtumsfragen[92].

Ausführliche Untersuchungen sind dieser Abgrenzung bei dem Merkmal „pflichtwidrig" im Tatbestand des „Parteiverrates"[93] gewidmet worden. Während der Bundesgerichtshof[94] und ein Teil des Schrifttums[95] die Norm für ein Blankettgesetz halten und die stillschweigend bezogene Ausfüllungsnorm in § 45 Nr. 2 Bundesrechtsanwaltsordnung sehen, meint Lange[96], die BRAO begründe die Strafbarkeit nicht — wie beim echten Blankettstrafgesetz —, sondern schränke sie allenfalls ein. Das Tatbestandsmerkmal „pflichtwidrig" müßte auch ohne die Existenz der BRAO-Bestimmungen genauso ausgelegt werden wie heute[97]. Die BRAO-Bestimmungen hätten also nur eine deklaratorische Bedeutung als Auslegungshilfsmittel. Nach Lange[98] liegt ein Blankettstrafgesetz nicht vor, „wenn eine andere Satzung als das Strafgesetz *deklaratorisch* den Inhalt der Norm näher umreißt. Erst da, wo eine andere Stelle *konstitutiv*, die Strafbarkeit begründend, eingreifen kann, beginnt das rechtspolitische und mit ihm das spezifisch dogmatische, nämlich funktionale Problem[99] des Blankettstrafgesetzes".

Folgt man Langes Ansicht und geht damit von einem wesentlich engeren Blankettstrafgesetzbegriff aus, als er oben entwickelt wurde, so verliert man alle die Strafgesetze aus den Augen, deren Tatbestände — insbesondere durch das Tor der normativen Tatbestandsmerkmale — durch fremde Vorschriften *inhaltlich beeinflußt*, wenn auch nicht begründet werden. Ziel der Untersuchung ist

---

91 *Warda*, a.a.O., S. 6; *Weidenbach*, a.a.O., S. 22.

92 Dazu *Warda*, a.a.O., S. 41 ff.; ders. in JR 1950, 546 ff.

93 § 356 StGB.

94 BGHSt 7, 261 (263).

95 *Warda*, a.a.O., S. 14, 37.

96 JZ 1956, 73 (75).

97 So auch *Welzel*, JZ 1954, 276 (277).

98 JZ 1956, 73 (77); so auch *Michels*, a.a.O., S. 91, 92 und *Schönke-Schröder*, a.a.O., § 59, Rdn. 141 für die Fälle des § 356 StGB und § 8 des Wirtschaftsstrafgesetzes.

99 Art. 103, 104 GG! Dazu unter B DD.

aber gerade die verfassungsrechtliche Prüfung aller verweisenden (Straf-)Gesetze, d. h. aller Strafgesetze, deren Tatbestandsbestimmung von außen beeinflußt wird. Es ist daher zumindest unzweckmäßig, das Untersuchungsobjekt apriorisch unter dem Gesichtspunkt rechtsdogmatischer oder sonstiger Bedenken zu begrenzen[100]. Richtiger erscheint es, auch jene Strafgesetze miteinzubeziehen, die normative Tatbestandsmerkmale enthalten, deren Erläuterung und Konkretisierung — inhaltliche Beeinflussung (auch nur deklaratorischer Art) im weitesten Sinne[101] — anderen Stellen überlassen ist oder tatsächlich zukommt[102].

Ein sicheres Kriterium für die Abgrenzung eines Vollstrafgesetzes mit normativen Tatbestandsmerkmalen von einem Blankettstrafgesetz mit normativen Tatbestandsmerkmalen (Generalklauseln) läßt sich allerdings kaum finden. Die Entscheidung kann nur im Einzelfall getroffen werden[103].

c) Vollstrafgesetze und Blankettstrafgesetze bei Verfügungen

Ähnliche Abgrenzungsschwierigkeiten ergeben sich, wenn ein Strafgesetz durch „*Einzelanordnungen*", „Verwaltungsakte", „Verfügungen", „Maßnahmen im Einzelfall" ergänzt wird:

> „Wer bei der Vertretung der Bundesrepublik Deutschland ... einer amtlichen Anweisung vorsätzlich zuwiderhandelt ..."[104].

oder:

> „Eine Zuwiderhandlung ... begeht, wer vorsätzlich oder fahrlässig einer Vorschrift oder schriftlichen Verfügung zuwiderhandelt, die ..."[105].

Hier ist zu unterscheiden: verweist das Strafgesetz *allein* auf eine *Verfügung*, ohne sich zugleich auf eine generelle Anordnung zu beziehen[106], so kommt es auf den Inhalt der Verfügung nicht an (wie etwa in § 353 a StGB), oder der zulässige Inhalt der Verfügung ist im Strafgesetz selbst umrissen (wie in § 116 StGB). Die Einzelanordnung fügt in beiden Fällen dem Strafgesetz „nichts Neues hinzu"[107];

---

[100] *Weidenbach*, a.a.O., S. 23, 24.

[101] Zu denken ist etwa an die Technischen Regelwerke, die bei der Auslegung von Strafnormen „unter anderem", „wenn auch nicht ausschließlich", „in erster Linie" heranzuziehen sind.

[102] Bei denen also — wie *Weidenbach*, a.a.O., S. 24 formuliert — die Ausfüllungsnorm der Blankettnorm gegenüber „etwas Neues enthält und nicht nur ihren Inhalt einfach wiederholt".

[103] Zum Problemkreis der Abgrenzung vgl. *Warda*, a.a.O., S. 43; *Paul*, a.a.O., S. 28, 90 ff.; *Schönke-Schröder*, a.a.O., § 59, Rdn. 141; *Redeker*, NJW 1963, 726; *Sax*, a.a.O., S. 1110 ff.

[104] § 353 a StGB („Arnimparagraph"), ähnlich § 116 StGB.

[105] § 18 Wirtschaftsstrafgesetz.

[106] Also der Fall des „einfach verweisenden" Blanketts; siehe unter BB II 3 e.

[107] *Weidenbach*, a.a.O., S. 24, 30.

es kommt für die Strafbarkeit allein auf ihr Vorliegen oder Nichtvorliegen an. In diesen Fällen liegt *kein Blankettgesetz* vor[108].

Anders verhält es sich jedoch, wenn das Blankett auf eine *generelle und spezielle Anordnung zugleich* verweist[109] (wie in § 18 Wirtschaftsstrafgesetz): hier hat die Verfügung gleichsam „rechtssatzvertretenden" Charakter[110]; denn sie ergänzt im Einzelfall die Blankettnorm in gleicher Weise wie die generelle Anordnung. Das Rechtsgut ist in zahlreichen Fällen eben durch abstrakte Gebote oder Verbote nicht lückenlos zu schützen, die „letzte Ordnung der Dinge"[111] vielmehr erst durch Einzelanordnungen zu erreichen, deren Nichtbefolgung dann als Zuwiderhandlung gegen die allgemeine Vorschrift erscheint[112]. Die Verfügung enthält in diesen Fällen der Strafsatzung gegenüber „etwas Neues", und damit ist das Gesetz ein Blankettstrafgesetz, gleichgültig, ob die Blankettnorm im Einzelfall durch eine generelle oder spezielle Anordnung ausgefüllt wird[113].

---

[108] *Weidenbach*, a.a.O., S. 31; *Warda*, a.a.O., S. 18, *Oetker*, a.a.O., S. 160, *Neumann*, a.a.O., S. 47 ff.

[109] Der Fall des „doppelt verweisenden" Blankettgesetzes; siehe unter BB II 3 e.

[110] *Warda*, a.a.O., S. 19; *Weidenbach*, a.a.O., S. 29.

[111] *Rotering*, a.a.O., S. 83; etwa, weil das persönliche Eingreifen des orts- und sachkundigen Beamten erforderlich ist: ders., a.a.O., S. 79.

[112] *Warda*, a.a.O., S. 19.

[113] So *Weidenbach*, a.a.O., S. 33. Abweichend hiervon treffen *Warda*, a.a.O., S. 19, 20, *Oetker*, a.a.O., S. 160 f.; *Neumann*, a.a.O., S. 25 ff., 45 ff.; *Lange*, JZ 1956, 73 (77) innerhalb der „doppelt verweisenden" Blankettstrafgesetze eine *weitere Unterscheidung:* hinsichtlich der Ausfüllung durch eine Einzelanordnung könne man nur dann von einem Blankettgesetz sprechen, wenn das Gesetz nicht selbst die Zuwiderhandlung in ihren Merkmalen beschreibe, also ein „voll ergänzungsbedürftiges" Strafgesetz sei; sei es dagegen nur „teilweise ergänzungsbedürftig", so sei es bezüglich der generellen Anordnung ein Blankettgesetz, bezüglich der Einzelanordnung ein Vollstrafgesetz, also ein *„Mischgesetz"*.

B ZWEITER TEIL

VERWEISUNG UND VERFASSUNG

Überprüft man die verschiedenen Formen der Verweisungstechnik unter verfassungsrechtlichen Gesichtspunkten, so ergeben sich Bedenken aus den der Verfassung zugrunde liegenden Prinzipien des *Rechtsstaates*, des *Demokratiegebotes* und des *Bundesstaates.*

KAPITEL AA

VERWEISUNG UND RECHTSSTAAT

Am Maßstab des Rechtsstaates[1] gemessen sind es vor allem der *Gewaltenteilungsgrundsatz* und die Forderung nach *Rechtssicherheit*, die durch die Verweisung berührt werden.

Abschnitt I

VERWEISUNG UND GEWALTENTEILUNG

1. Die Fragestellung

Vergegenwärtigt man sich die Fälle der *dynamischen Verweisung*, etwa des § 47 Abs. 1 Satz 1 des Bayerischen Besoldungsgesetzes auf die als Verwaltungsvorschriften ergangenen Beihilfegrundsätze des Bundes[2] oder mancher Gesetze auf die jeweilige Fassung der Regelwerke Technischer Verbände[3], so erkennt man, daß ihre Anwendung hier über die Heranziehung nur des Wortlautes einer anderen Vorschrift hinausgeht. Der Gesetzgeber gibt die Letztentscheidung über die zukünftige inhaltliche Gestaltung seiner Normen aus der Hand und überträgt sie (in den Beispielen) der Exekutive bzw. privaten Verbänden: er gibt blanco seine Zustimmung zu Änderungen der Verweisungsnorm durch Änderung des Verweisungsobjektes. Frag-

---

[1] Zu den Prinzipien des Rechtsstaates vgl. *Maunz-Dürig*, a.a.O., Art. 20, Rdn. 58 ff.; *Forsthoff*, VVDStRL 12, 16 ff.; *Bachof*, VVDStRL 12, 37 ff; *Schmitt*, Verfassungslehre, S. 130; *Peters*, Recht, Staat und Wirtschaft, Bd. III, S. 66 f.; einen historischen Abriß vermittelt *Klein*, ZgesStW 106, 370 ff.

[2] Dazu unter A AA IV 2 f aa. [3] Daselbst unter bb.

lich ist, ob eine so weitgehende Einflußnahme nicht der Legislative angehörender Stellen auf die Gestaltung von Normen mit dem Prinzip der *Gewaltenteilung* und der Zuständigkeitsverteilung durch das Grundgesetz vereinbar ist.

2. *Gewaltenteilung und Grundgesetz*

a) Das Gewaltenteilungsprinzip

Die Forderung nach *Trennung der Gewalten,* der Montesquieu zum Durchbruch verholfen hat[4], richtet sich ursprünglich gegen die Willkürherrschaft des absoluten Herrschers[5]. Wenn die gesamte Staatsgewalt in einer Hand vereinigt ist, ist die Gefahr des Mißbrauches zum Schaden des Bürgers groß. Gliedert man dagegen die an sich einheitlich gedachte Staatsgewalt in verschiedene Funktionen auf und weist sie voneinander unabhängigen Funktionsträgern zu[6], so führt das zu einer gegenseitigen Kontrolle der staatlichen Kräfte, zu einem System von „checks and balances", und dem Bürger ist im Schlagschatten der rivalisierenden Gewalten am ehesten ein Freiheitsraum garantiert[7]. Unter diesen beiden Aspekten ist die Gewaltenteilung auch heute noch wirksam[8]. Im kontinentaleuropäischen Staatsdenken wird ihre „ideologische" Zielrichtung, welche die Sicherung der Freiheitssphäre des Bürgers in den Vordergrund rückt,

---

[4] Dazu *Imboden,* Montesquieu, S. 7 ff. und *Forsthoff,* DRZ 1948, 405 ff.

[5] Die „politische Komponente" des Gewaltenteilungsprinzips, ursprünglich die Teilhabe an der Macht des Monarchen; dazu *Weber,* Schmitt-Festschrift, S. 254.

[6] Zur Abhängigkeit der Gewaltenteilungslehre von der Funktionenlehre *Imboden,* Montesquieu, S. 11 ff.

[7] Die „liberale Komponente" des Gewaltenteilungsprinzips: dazu *Weber,* a.a.O., S. 254.

[8] Allerdings ist die Frage aufzuwerfen, ob die Gewaltenteilung zwischen Legislative — Exekutive — Judikative heute nicht eine leere Form geworden ist, welcher der soziologische und politische Inhalt, der Antagonismus von Staat und Gesellschaft, Monarch und Volk fehlt (*Böckenförde,* Gesetz, S. 132; *Bachof,* VVDStRL 12, 37 ff.; *Draht,* a.a.O., S. 100 f.; *Weber,* Schmitt-Festschrift, S. 256; *Forsthoff,* DRZ 1948, 405 f.; *Imboden,* Montesquieu, S. 13) und ob nicht heute neue gesellschaftliche Kräfte in das Balancesystem einzubeziehen sind, wie die Parteien oder die zahlreichen pluralistischen Kräfte des modernen Staates, pressure groups etc.; dazu *Peters,* Gewaltentrennung, S. 24 ff. und ders., Recht, Staat, Wirtschaft, Bd. III, S. 76; *Weber,* Schmitt-Festschrift, S. 268 f.; ders., Spannungen und Kräfte, S. 27; *Forsthoff,* a.a.O.; *Küster,* a.a.O., S. 397 f.; *Krüger,* NJW 1966, 617 (622); *Vogel,* VVDStRL 24, 125 (176 ff.). Dazu auch die Frage der „vertikal gewaltenteilenden" Wirkung des Föderalismus: *Hesse,* a.a.O., S. 91; *Herzog,* JuS 1967, 194; dazu näher unter B CC I 1 a.

stärker betont[9]: ein Ergebnis des liberal-rechtsstaatlichen Konstitutionalismus des 19. Jahrhunderts, gekennzeichnet durch die Verbindung mit dem Vorrang und Vorbehalt des Gesetzes und der Freiheits- und Eigentumsklausel, die ihren Ursprung in dem von Rousseau herkommenden Demokratiegedanken haben. In der angelsächsischen Auffassung wird die Gewaltentrennung dagegen pragmatischer und primär politisch gesehen unter dem Gesichtspunkt der Mäßigung der Staatsgewalt[10]. Das konventionelle Dreierschema, die Unterscheidung von Legislative, Exekutive und richterlicher Gewalt, ist dabei nur eine denkbare Form der Aufteilung der Staatsfunktionen: der Verwirklichung des politischen Zieles vermögen auch andere Einteilungen zu dienen.

b) Ausformung im Grundgesetz

Auf dem Dreierschema baut das *Grundgesetz* auf[11] [12]; allerdings ist die Gewaltentrennung nicht restlos der idealen Konzeption entsprechend durchgeführt: es gibt mannigfache Überschneidungen[13] und Abhängigkeiten der Gewalten, die sich etwa schon aus dem parlamentarischen Regierungssystem ergeben. Die Ermächtigung der Exekutive zum Erlaß von Rechtsverordnungen ist beispielsweise eine

---

[9] Dazu *Draht*, a.a.O., S. 135: politische Kompromisse als Verrat an Prinzipien!

[10] *Scheuner*, Übertragung, S. 62 im Vergleich der angelsächsischen mit der europäischen Auffassung; ders. DÖV 1957, 633 (635). Auf die Funktion der Gewaltenteilung als vorwiegend politischen, nicht staatsrechtlichen Prinzips weist auch *Draht*, a.a.O., S. 100 f. hin. Einer nüchternen, ideologiefreien und politischen Auffassung der Gewaltenteilung im modernen Staat stimmen auch *Peters-Ossenbühl*, a.a.O., S. 55, 56 zu.

[11] *Hesse*, a.a.O., S. 186.

[12] Man würde seine Bedeutung allerdings unterschätzen, wollte man es allein als ein Mittel werten, den Rechtsstaat und damit den Freiheitsraum des Bürgers zu garantieren. Auch die Entwicklung des demokratischen Prinzips, das zur Prädominanz des Parlaments über die Exekutive führte (dazu unter B BB I) läßt sich letztlich nur auf der Grundlage der Gewaltenunterscheidung und -teilung verwirklichen. Sogar die bundesstaatliche Ordnung — dynamisch, nicht primär historisch verstanden (dazu näher unter B CC I 1 a) — hat machthemmende und gewaltenteilende Wirkung. *Gewaltenteilung* ist also als das *umfassende* und die Staatsordnung der Bundesrepublik konstituierende *System* der Stabilisierung und *Begrenzung staatlicher Macht* zu verstehen (*Hesse*, a.a.O., S. 186), das im Vordergrund einer kritischen Prüfung stehen sollte.

[13] Vgl. *Peters*, Gewaltentrennung, S. 11 ff. mit zahlreichen Nachweisen aus dem GG; siehe auch *Maunz-Dürig*, a.a.O., Art. 20, Rdn. 78 f., 81; *Friesenhahn*, a.a.O., S. 41 („Gewaltendifferenzierung“, „Gewaltenverschränkung“); *Imboden*, Montesquieu, S. 10; *Draht*, a.a.O., S. 105; *v. Mangoldt-Klein*, a.a.O., S. 599 und BVerfGE 3, 225 (247), 7, 183 (188); BVerwGE 1, 4 (9), 7, 294 (295).

wichtige Durchbrechung der Trennung von Legislative und Exekutive[14], entstanden aus der Notwendigkeit, das rechtsstaatliche Ideal ausnahmsloser Gewaltentrennung den Notwendigkeiten der Staatspraxis anzupassen[15]. Berücksichtigt man diese Fälle von Gewaltenverzahnungen, so besagt der Grundsatz der Gewaltentrennung, daß es jeder der drei Gewalten verwehrt ist, in den Kernbereich einer anderen Gewalt einzudringen[16]: bei Einhaltung dieser äußersten Grenze erfolgt die Verteilung der staatlichen Zuständigkeiten durch die Verfassung jedes einzelnen Staates.

Deshalb ist auch die Verweisungstechnik an der durch das Grundgesetz konkret ausgeformten Organisation der Gewalten zu messen, nicht an einem übergeordneten, der Verfassung vorgegebenen Idealschema[17].

3. *Gewaltenteilung und Verlagerung von Gesetzgebungsaufgaben*

a) „Gesetzgebungsstaat" und „Verwaltungsstaat"

Betrachtet man die Gewaltenteilung des Grundgesetzes *verfassungstheoretisch*, so ist das Gewicht der Legislative als Folge des Demokratiegedankens, des Konstitutionalismus des 19. Jahrhunderts und des Kampfes um das parlamentarische System wesentlich stärker als das der Exekutive und Judikative. Die Legislative ist die beherrschende Gewalt schlechthin, so daß man von einem *„Gesetzgebungs-*

---

[14] *Nawiasky-Leusser*, a.a.O., Art. 55, Rdn. 6.

[15] So schon Georg *Jellinek*, Gesetz und Verordnung, S. 333; a.A. noch *Rönne*, a.a.O., S. 355. Zur Polarität konsequenter gewaltenteilender Rechtsstaatlichkeit und staatspolitischer Notwendigkeiten: *Klein*, Übertragung, S. 78; *Bachof*, VVDStRL 12, 66 ff.; *Triepel*, Juristentag, S. 15, 16; *Poetzsch*, Juristentag, S. 36; *Scheuner*, Übertragung, S. 121; *Stratenwerth*, a.a.O., S. 103 ff. (105) mit weiteren Angaben für die ältere Literatur. Die grundsätzliche Verträglichkeit begrenzter Verordnungsgewalt der Exekutive mit dem Gewaltentrennungsprinzip ist seit langem unbestritten: *Schack*, Verlagerung, S. 350; *Klein*, Gemeinschaftsaufgaben, S. 80 ff; *Schmitt*, Verfassungslehre, S. 188, 316, 317 (wenn auch nicht ohne Bedenken); *Triepel*, a.a.O., S. 112; *Giacometti*, Verwaltungsrecht, S. 160 f. Zur geschichtlichen Entwicklung, insbesondere der Versuche zur Begrenzung der Verordnungsermächtigungen bis zu Art. 80 GG, vgl. *Stratenwerth*, a.a.O., S. 106 ff.; vor allem die bahnbrechenden Ausführungen von *Triepel*, Juristentag, S. 17 ff. und *Poetzsch*, Juristentag, S. 42 f. sowie *Thoma*, HDStR Bd. II, S. 227 f.

[16] So die Formulierung bei *Maunz-Dürig*, a.a.O., Art. 20, Rdn. 81; ähnlich Draht, a.a.O., S. 136 f.: Bundestag als Hauptgesetzgebungsorgan, Regierung als Hauptverwaltungsorgan. Erforderlich ist nicht ein Funktionsmonopol, nicht die Funktionsreinheit, sondern eine Verteilung der Hauptfunktionen auf verschiedene Funktionsträger: dazu *Küster*, a.a.O., S. 397 ff. (insbesondere S. 412).

[17] *Hesse*, a.a.O., S. 86.

staat" sprechen kann[18]: die streng durchgeführte Gesetzmäßigkeit der Verwaltung mit Vorrang und Vorbehalt des Gesetzes zeigt das deutlich.

Berücksichtigt man demgegenüber die *Verfassungswirklichkeit*, so ist festzustellen, daß neben einer steigenden Bedeutung der rechtsprechenden Gewalt[19] die Exekutive zur beherrschenden Gewalt geworden ist, als Folge der ständig wachsenden und komplizierter werdenden Aufgaben des „Staates der Daseinsvorsorge"[20]: der „Gesetzgebungsstaat" ist in der Praxis zum „*Verwaltungsstaat*" geworden[21].

Diese *Gewichtsverlagerung* von der Legislative auf die Exekutive vollzieht sich teilweise auf *verfassungsrechtlich zulässigen Wegen*, etwa durch eine Zunahme und Ausweitung der Verordnungsermächtigungen oder durch die steigende Zahl der von der Regierung eingebrachten Initiativentwürfe im Gesetzgebungsverfahren[22], teilweise aber auch in versteckter, *verfassungswidriger Weise*[23], wie an der *Verweisung* als einem Beispiel nachgewiesen werden kann.

---

[18] *Weber*, Spannungen und Kräfte, S. 31; Otto *Mayer*, a.a.O., Bd. I (3. Aufl.), S. 73 ff.; Georg *Jellinek*, Staatslehre, S. 596 ff.; *Jellinek*, Verwaltungsrecht, S. 7; *Giacometti*, a.a.O., S. 73; *Stratenwerth*, a.a.O., S. 66 ff.; *Jesch*, AöR 82, 163 (245); *Forsthoff*, DRZ 1948, 405 ff.; *Scheuner*, Hübner-Festschrift, S. 207; ders., Übertragung, S. 126; *Peters*, Laforet-Festschrift, S. 22, 23; *Schack*, Verlagerung, S. 333; *Böckenförde*, Gesetz, S. 44; *Klein*, Übertragung, S. 51. Zu ähnlichen Entwicklungen in anderen Staaten: *Peters*, Laforet-Festschrift, S. 28 ff.; *Imboden*, Montesquieu, S. 13 ff. Die Gefahr einer auch de facto bestehenden Omnipotenz der Legislative noch heute sieht *Kern*, a.a.O., S. 656 ff.

[19] *Peters*, Laforet-Festschrift, S. 24, 26; *Weber*, Schmitt-Festschrift, S. 259; *Draht*, a.a.O., S. 107 ff. Gefahr der „Politisierung der Justiz" und der „Judifizierung der Politik" (dazu *Peters*, a.a.O. und *Weber*, a.a.O.).

[20] Der schon „wohlfahrtsstaatliche Züge" anzunehmen beginnt; zum „Wohlfahrtsstaat", „Sozialstaat", „Staat der Daseinsvorsorge": *Weber*, Spannungen und Kräfte, S. 146. Es sind gleichbedeutende Bezeichnungen für dasselbe Phänomen, für die sich vollziehende Wandlung des Staates von einem Träger hoheitlicher Aufgaben zu einer gigantischen Ausgleichs-, Verteilungs-, Betreuungs-, Fürsorge- und Versorgungsapparatur.

[21] Insbesondere zum „Verwaltungsstaat": Peter *Schneider*, AöR 82, 11 ff.; *Herzog*, VVDStRL 24, 183 (198 f.); *Vogel*, a.a.O., S. 125 (172 ff.); *Imboden*, Montesquieu, S. 21, 22; *van Husen*, a.a.O., S. 49 f.; *Weber*, Spannungen und Kräfte, S. 35; *Jacobi*, HDStR Bd. II, S. 239; *Conradi*, a.a.O., S. 18; *Peters*, Ermächtigung, S. 848. Auf der anderen Seite ist die wachsende Abhängigkeit der Verwaltung von der Legislative durch den „Vorbehalt des Gesetzes" zu beachten, der heute weitgehend auch im Bereich der Leistungsverwaltung gefordert wird: zum Streitstand statt aller: *Stern*, VerwArch 49, 140 f. und ders., JZ 1960, 523, Fn. 48.

[22] Dazu *Kleinrahm*, a.a.O., S. 138 f.

[23] Zum Vorgang der sich außerhalb der Verfassung und gegen die Verfassung vollziehenden Verlagerung auf die Justiz („Justizstaat"), auf die

b) Terminologie

Die wissenschaftliche Untersuchung der zahlreichen Fälle *apokrypher Verlagerung* leidet erheblich unter der uneinheitlichen *Terminologie*: die Begriffe *„Übertragung"*, *„Verlagerung"*, *„Ermächtigung"*, *„Delegation"* werden oft wahllos und synonym nebeneinander gebraucht. Eine abschließende Begriffsklärung ist hier nicht möglich und für die Zwecke des hier behandelten Themas auch nicht notwendig: jedoch kommt es für eine Analyse der Verweisungstechnik darauf an, die *„Ermächtigung"* und die *„Delegation"* scharf von der *„Verweisung"* und dem *„Vorbehalt"* zu unterscheiden. Die Beispiele der Bezugnahme von Gesetzen auf Rechtsverordnungen[24] haben gezeigt, wie wichtig eine klare Abgrenzung ist. Die *Begriffe* sollen, wie folgt, gebraucht werden:

aa) Übertragung

Der Oberbegriff *„Übertragung"* umfaßt unter dem Gesichtspunkt der Gewaltenteilung alle Formen der *Zuständigkeitsverlagerung* von der Legislative auf andere gesetzgebende Körperschaften, die Exekutive sowie Private durch einen Willensakt: sowohl die Zuweisung von Rechtsetzungskompetenzen[25] an andere Stellen durch die Verfassung (etwa das Notverordnungsrecht des Reichspräsidenten gemäß Art. 48 WRV) als auch die Ermächtigung anderer Stellen durch den Gesetzgeber[26].

bb) Ermächtigung

Die Begriffe *„Ermächtigung"* und *„Delegation"* werden vielfach synonym gebraucht, nicht nur von Kelsen und den Vertretern der „Wiener Schule"[27], sondern auch von Jacobi[28], v. Mangoldt[29] u. a.[30]

Exekutive („Verwaltungsstaat") und auf die pluralistischen Kräfte („der Staat als Kolonisationsgebiet der partikulären Interessen": *Weber*, Schmitt-Festschrift, S. 163) die oben unter 2 a verzeichneten Belegstellen.

[24] Dazu näher unter A AA IV 2 c.

[25] *Klein*, Übertragung, S. 10, 11; *Scheuner*, Übertragung, S. 122, 123; *Schack*, Verlagerung, S. 333; *Peters*, Ermächtigung, S. 851; *Triepel*, a.a.O., S. 53, 60 ff.; sog. „funktionenzuteilende", „geschäftsverteilende" Delegation. A. A. *Wirsing*, a.a.O., S. 10.

[26] *Scheuner*, Übertragung, S. 123; *Kaufmann*, Übertragung, S. 174 meint, Ermächtigung sei weder Übertragung noch Delegation noch Mandat, ohne nähere Unterscheidungen zu treffen.

[27] *Kelsen*, Souveränität, S. 116; *Nawiasky*, Staatslehre, Bd. III, S. 81; ders., Rechtslehre, S. 77; kritisch dazu *Triepel*, a.a.O., S. 67.

[28] HDStR Bd. II, S. 240. [29] A.a.O., S. 549.

[30] *Maunz-Dürig*, a.a.O., Art. 71, Rdn. 10; *Kunschert*, a.a.O., S. 10; für die ältere Literatur: *Laband*, a.a.O., Bd. II, S. 91, 97; *Jellinek*, a.a.O., S. 98; *Schmitt*, Verfassungslehre, S. 316, 317; siehe auch die Zitate bei *Triepel*, a.a.O., S. 57, Fn. 21.

Die „Delegation" ist jedoch eine Unterform[31] der „Ermächtigung". Ausgangspunkt für die Bestimmung der *Ermächtigung im öffentlichen Recht* ist die Verteilung der staatlichen Aufgaben auf verschiedene Organe und die so begründete Zuständigkeit eines Organs[32]. Erteilt ein Organ, von dieser Zuständigkeitsordnung abweichend, einer anderen Stelle die Befugnis, seine Funktionen im eigenen Namen wahrzunehmen, so spricht man von einer „Ermächtigung". In Übereinstimmung mit dem allgemeinen Sprachgebrauch soll auch der Rechtsakt Ermächtigung genannt werden, durch den der Gesetzgeber der Verwaltung die Befugnis erteilt, durch Einzelakte in Freiheit und Eigentum des Bürgers einzugreifen, obwohl die Exekutive hier nicht eigentlich Funktionen der Legislative im eigenen Namen wahrnimmt, sondern von Hause aus eigene Funktionen ausübt, die nach dem Grundsatz vom Vorbehalt des Gesetzes nur der gesetzlichen Billigung bedürfen[33]. So kann man, im Anschluß an Bullinger[34], als „Ermächtigung im öffentlichen Recht"[35] denjenigen Rechtsakt kennzeichnen, durch den jemand einem anderen eine Befugnis zu staatlichem Handeln einräumt, die nach der grundsätzlichen Zuständigkeitsordnung ihm selbst oder einem Dritten zusteht oder zur fallweisen Verteilung an andere ihm anvertraut ist[36].

cc) Delegation

Besonders stark ist die Divergenz bei der Verwendung des Begriffes „*Delegation*". Ermächtigt der Gesetzgeber die Exekutive zum Erlaß von Rechtsverordnungen, so wird häufig von einer „Delega-

---

[31] *Peters,* Ermächtigung, S. 841: „Rechtsgrund der Ermächtigung ist vielfach eine Delegation"; *Jacobi,* HDStR Bd. II, S. 240 (Delegation als Unterform); so auch *Thoma,* HDStR Bd. II, S. 247 und ders., Polizeibefehl, S. 325; für eine Unterscheidung auch *Jellinek,* Übertragung, S. 182.

[32] Dazu *Peters,* Ermächtigung, S. 840.

[33] *Peters,* Ermächtigung, S. 855; *Bullinger,* Unterermächtigung, S. 5; *Triepel,* a.a.O., S. 60.

[34] Unterermächtigung, S. 5 und Selbstermächtigung, S. 11.

[35] Zum Begriff der Ermächtigung im Privatrecht siehe *Lehmann-Hübner,* a.a.O., S. 334 f.: „Ermächtigung ist die Erteilung der Macht, im eigenen Namen auf einen fremden Rechtskreis durch Rechtsgeschäft einzuwirken", dazu auch *Nipperdey,* a.a.O., S. 1233, Fn. 6.

[36] Ähnlich *Peters,* Ermächtigung, S. 840, wenn auch hinsichtlich der Beschränkung des Kreises der Ermächtigungsempfänger auf Staatsorgane zu eng: „... die Übertragung von Befugnissen, kraft deren ein Staatsorgan im eigenen Namen Maßnahmen treffen darf, die im Regelfall nach der Zuständigkeitsordnung einem anderen Machtträger zuständen". Die Ermächtigung zum Erlaß belastender Verwaltungsakte (a.a.O., S. 855) ist in *Peters'* Definition nicht berücksichtigt.

tion der gesetzgebenden Gewalt" gesprochen[37]. Triepel[38] hat eine klare Definition des Begriffes herausgearbeitet, fortdauernden Mißverständnissen aber dadurch Vorschub geleistet, daß er der „echten Delegation" verschiedene Formen der „unechten Delegation" gegenüberstellte. Von der Delegation einer Zuständigkeit sollte man nur dann sprechen, wenn man die von Triepel[39] sogenannte „echte", „translative", „devolvierende" Delegation meint[40]: sie ist ein Rechtsakt, durch den ein Rechtsträger seine Kompetenz[41] ganz oder teilweise auf ein anderes Rechtssubjekt[42] dergestalt überträgt[43], daß der Willensakt des Delegatars formell und materiell dieselben Rechtswirkungen hat, wie sie der Willensakt des Delganten hätte, nähme er die Kompetenz selbst wahr[44]. Delegation bedeutet danach *Abschiebung und Zuschiebung einer Zuständigkeit*[45]. Weil die Zuständigkeitsordnung durch das objektive Recht festgesetzt ist, ist eine Delegation stets ein Akt der Rechtsetzung[46].

In allen anderen Fällen, z. B. bei der sog. „konservierenden Delegation"[47], bei der sich der Delegant ein Rückholrecht vorbehält, oder der „funktionenzuteilenden Delegation"[48], sollte man die Verwendung des Begriffes Delegation vermeiden[49] [50]. Insbesondere sollte

---

[37] *Nawiasky*, Staatslehre, Bd. II, Teil 2, S. 4; *Thoma*, Polizeibefehl, S. 317, 318; *Schack*, Verlagerung, S. 333.

[38] In der Schrift „Delegation und Mandat".

[39] A.a.O., S. 51. [40] So auch *Klein*, Übertragung, S. 8.

[41] Einzelbefugnisse und Normsetzungsbefugnisse.

[42] Auf die Legislative (vgl. Art. 71 GG, dazu die Kontroverse, ob wirklich eine (echte) Delegation vorliegt, das von den Ländern auf Grund der Ermächtigung des Art. 71 GG gesetze Recht also Bundesrecht [*v. Mangoldt-Klein*, a.a.O., S. 1426] oder Landesrecht [*Maunz-Dürig*, a.a.O., Art. 71, Rdn. 10] ist), die Exekutive oder Private (z. B. die Beleihung der Tarifpartner).

[43] *Triepel*, a.a.O., S. 23. [44] *Triepel*, a.a.O., S. 58.

[45] Ähnlich *Barbey*, a.a.O., S. 51, der die Delegation als partielle Beseitigung des delegierenden Organes versteht, z. B. die partielle Beseitigung des Organes „Bundespräsident" durch die „Anordnung des Bundespräsidenten über die Ernennung und Entlassung der Bundesbeamten und Bundesrichter" vom 17. 5. 1950 (BGBl 209). *Barbey* definiert (S. 77) die Delegation als Begründung einer außerordentlichen Zuständigkeit; ähnlich *Giacometti*, a.a.O., S. 95.

[46] *Triepel*, a.a.O., S. 29; sie erfolgt durch Gesetz oder Rechtsverordnung.

[47] *Triepel*, a.a.O., S. 53 ff. [48] *Triepel*, a.a.O., S. 60 ff.

[49] Erst recht bei der von *Triepel*, a.a.O., S. 65 ff. sog. „fiktiven Delegation" und bei der „Delegation zur Ausübung" (a.a.O., S. 36 ff.), die *Triepel* als „Mandat" der Delegation gerade deutlich gegenübergestellt. Insofern ist seine eigene Terminologie wenig folgerichtig. Auch bei der Einräumung eines Spielraumes für die Verwaltung durch die Verwendung unbestimmter Rechtsbegriffe oder die Gewährung von Ermessen sollte man den Ausdruck „Delegation" vermeiden: so aber *Jesch*, AöR 82, 163 (173). *Stern*, Ermessen, S. 11

bei der Ermächtigung der Verwaltung zum Erlaß von Rechtsverordnungen nicht von „Delegation der gesetzgebenden Gewalt" gesprochen werden[51], da es sich nicht um eine „abschiebende Delegation" handelt, sondern um eine Übertragung unter dem stillschweigenden Vorbehalt des Gesetzgebers[52], die Materie künftig selbst regeln zu können, und da der Delegatar Normen von nur materieller, nicht auch formeller Gesetzeskraft setzen kann[53]: hier sollte man es bei dem Oberbegriff „Ermächtigung" belassen[54], wie er auch in Art. 80 GG gebraucht wird.

dd) Abgrenzung: Ermächtigung und Delegation; Verweisung und Vorbehalt

aaa) Abgrenzung

Die Abgrenzung zwischen *Ermächtigung und Delegation* einerseits, *Verweisung und Vorbehalt* andererseits ist danach so zu ziehen: die *Ermächtigung* überträgt eine Befugnis und verändert damit die Zuständigkeitsordnung; die *Verweisung* läßt die bestehende Zuständigkeitsordnung unberührt: die Verweisungsnorm übernimmt nur unter Verzicht auf eigene inhaltliche Regelung den Wortlaut des Verweisungobjektes[55]. *Ermächtigung* ist also *Machtverleihung, Verweisung Machtanknüpfung.*

---

sieht im Anschluß an die amerikanische Doktrin die Zuweisung von Ermessen als Delegationsproblem an; *Jesch,* AöR 82, 163 (211) kennzeichnet die Ermessen einräumende Norm als Ermächtigungsnorm.

[50] A. A. *Wolff,* Lehrbuch, Bd. II, § 72 IV b, der auch die „konservierende", „unechte" Delegation kennt.

[51] So aber *v. Mangoldt,* a.a.O., S. 549; *Laband,* a.a.O., Bd. II, S. 91, 97; *Weidenbach,* a.a.O., S. 111, 112; *Thoma,* Polizeibefehl, S. 317, 318; *Jacobi,* HDStR Bd. I, S. 240: „Ermächtigung ... oder Delegation ..., obwohl der letztere Ausdruck streng genommen nur für eine Untergruppe der Ermächtigungen paßt".

[52] Auch wenn der Gesetzgeber von diesem Vorbehalt selten Gebrauch macht, die „konservierende Delegation" in diesem Falle der „echten" im praktischen Effekt also sehr nahe kommt (*Triepel,* a.a.O., S. 59).

[53] *Triepel,* a.a.O., S. 58.

[54] So auch *Bullinger,* Selbstermächtigung, S. 11, Fn. 11, der den Delegationsbegriff überhaupt vermeiden möchte; ferner *Nickusch,* a.a.O., S. 156, Fn. 1; *Laband,* a.a.O., Bd. I, S. 97, Fn. 2 (gegen *Dyroff*!); auch *Giacometti,* a.a.O., S. 94: beim Institut der Gesetzesdelegation sei der Ausdruck „Delegation" nur im ganz übertragenen Sinne zu gebrauchen!

[55] In Anknüpfung an *Bullinger,* Selbstermächtigung, S. 21 und Unterermächtigung, S. 4; so auch *Engisch,* a.a.O., S. 27, Fn. 3 und — insbesondere bei der Abgrenzung Ermächtigung und Vorbehalt — *Rosin,* a.a.O., S. 65, Fn. 65; ferner *Triepel,* a.a.O., S. 83; *Jellinek,* a.a.O., S. 96, 98; *Laband,* a.a.O., Bd. II, S. 102 ff. (103); *Jesch,* AöR 82, 163 (178, Anm. 61); *Nickusch,* a.a.O., S. 202. Mißverständlich *Ermacora,* DÖV 1960, 561 (562 f.), der vom „Vor-

bbb) Abweichende Begriffsbildung bei Kelsen u. a.

Es entsteht Verwirrung, wenn man die Begriffe — insbesondere bei Gesetzen, die zum Erlaß von Rechtsverordnungen ermächtigen — nicht deutlich auseinanderhält[56].

Die Ermächtigungsvorschrift ist keine unvollständige (echte) Verweisungsnorm: sie läßt zwar erkennen, daß das Gesetz selbst die Materie nicht erschöpfend ordnen will und enthält zugleich einen globalen Hinweis auf die noch zu erlassende Verordnung, die die Inhaltsergänzung vornehmen soll; sie will den Inhalt der Verordnung aber nicht zu ihrem Bestandteil machen: die Verordnung soll als materielles, nicht formelles Gesetzesrecht gelten.

Die ältere, von Dyroff vertretene, abweichende Ansicht[57], die ausdrücklich von „bezugnehmenden Gesetzen"[58] spricht und leugnet, daß die Verwaltung zum Erlaß der Verordnungen „ermächtigt" werde, kann als durch die neuere Auffassung von der Gewaltentrennung überholt angesehen werden; gegen sie hat Laband[59] schon damals Einspruch erhoben. Wenn sonst[60] von einer „Verweisung" des ermächtigenden Gesetzes auf die Verordnung gesprochen wird, dürfte eine „Bezugnahme" gemeint sein, durchaus im Sinne des hier erarbeiteten Begriffes[61].

Eine grundsätzlich andere Sicht des Verhältnisses von Ermächtigung und Verweisung entwickeln Kelsen und die Vertreter seiner Schule in der *„Reinen Rechtslehre"*. Jede Norm — und zu den Nor-

---

behalt mittels Delegation" und „Delegationsvorbehalt" spricht. Bei Verwendung scharf abgegrenzter Begriffe ließe sich auch die Kontroverse um „verweisende" und „ermächtigende" Blankettstrafgesetze vermeiden, siehe dazu oben unter A BB II 4 b: unrichtig insoweit *Fleiner*, a.a.O., S. 71, Anm. 13, der eine typisch verweisende Blankettvorschrift als „Subdelegation" bezeichnet.

[56] Dazu oben unter A AA IV 2 c.

[57] A.a.O., S. 878 ff., der sich auch *Jellinek*, a.a.O., S. 188 ohne nähere Begründung anschließt. Diese Auffassung des bloßen Verweisungszusammenhanges zwischen Ermächtigungsnorm und ermächtigter Verordnung ergibt sich aus *Jellineks* Ansicht, alle Verweisungsobjekte hätten abgeleitete Rechtssatzeigenschaft, seien „Ausführungsverordnungen" der Verweisungsnorm (a.a.O., S. 188, 90 ff.), „erläuternde Rechtssätze" (a.a.O., S. 91).

[58] Die Verordnung sei eine anderweitige Willenserklärung, auf die der Gesetzgeber zum Zwecke der Erklärung seines eigenen Willens Bezug nehme. Das bezugnehmende Gesetz bezeichnet *Dyroff* als „Blankett" (siehe dazu unter A BB I 1); vgl. dazu auch die Auseinandersetzung um die „nur verweisenden" und „ermächtigenden" Blankettstrafgesetze (unter BB II 4 b) sowie die Meinungen zur Abgrenzung der Verweisung vom Vorbehalt unter B AA I 3 b dd.

[59] A.a.O., Bd. I, S. 97, Fn. 2.

[60] RFinHE 18, 47; *Hedemann*, Festschrift, S. 29; *Conradi*, a.a.O., S. 51; *Scheuner*, Übertragung, S. 120.

[61] Dazu unter A AA II 2.

men zählt Kelsen auch Verwaltungsakte, Rechtsgeschäfte und richterliche Urteile[62] — gehört einer Stufenordnung des Rechts an und führt ihre Geltung unmittelbar oder mittelbar (über eine höherrangige Norm) auf eine „konstituierende Grundnorm“[63] zurück, die Kelsen zwar nicht konkret formuliert[64], die man sich aber, will man sie nicht nur formal und rechtstheoretisch sehen, als eine Regel zu denken hat, welche die höchsten Instanzen eines Gemeinwesens — in einem parlamentarischen Staat also etwa die Volksvertretung — zur Rechtsetzung legitimiert[65]. Die Legitimation zu niederrangiger Rechtssetzung — auch zum Erlaß von Verfügungen! — kann sich nur durch eine *Delegation* unmittelbar seitens dieser höchsten Instanz oder mittelbar seitens von dieser ermächtigter Zwischeninstanzen herleiten. Nach Kelsen *„verweist“* in diesem pyramidenförmigen Bezugssystem jede Norm auf die nächst höhere und mittelbar auf die höchste Norm. Die Rechtsverordnung „verweist“ also auf das Gesetz, die Verfassung und die „Grundnorm“ und ist zugleich daher *„ermächtigt“*. Nawiasky[66] meint, diese Abhängigkeit jeder Norm von der jeweils ranghöheren Norm lasse sich außer durch die Begriffe „Ermächtigung“, „Delegation“, „Übertragung der Rechtsetzungsbefugnis“ auch in der Weise charakterisieren, daß man von einer „Bezugnahme“ oder „Verweisung“ der ranghöheren auf die rangniedere Norm oder von einem *„Blankettgesetz“* spreche, das Rechtsfolgen an einen Tatbestand knüpfe, den festzusetzen Sache der rangniederen Norm sei, also etwa der Rechtsverordnung im Verhältnis zum ermächtigenden Gesetz.

So richtig damit Kelsen den im weitesten Sinne verstandenen *„Bezugszusammenhang“* der Bestandteile jeder Rechtsordnung kennzeichnet, der überhaupt erst eine „Rechtsordnung“ konstituiert und der auch in jeder (echten) Verweisung von Rangstufe zu Rangstufe sichtbar wird, so sehr ist die Gleichsetzung von „Ermächtigung“, „Delegation“, „Blankettgesetz“ und „Verweisung“[67] geeignet, den Unterschied von Machtverteilung und Machtanknüpfung im Verhältnis höherrangiger zu niederrangigen Vorschriften zu verwischen.

---

[62] Völkerrecht und staatliches Recht gehören einer einheitlichen Rechtsordnung an. Zur „monistischen Theorie“ siehe unter A AA III 4 a aa; *Kelsen*, Staatslehre, S. 248 ff.

[63] *Kelsen*, Rechtslehre, S. 196 ff.; dazu *Larenz*, a.a.O., S. 73, 74; kritisch: *Triepel*, a.a.O., S. 66.

[64] Sie ist für *Kelsen* in erster Linie wissenschaftliche „Hypothese“: *Larenz*, a.a.O., S. 74.

[65] Und die in Vereinbarungen, im Gewohnheitsrecht oder in einer Revolution ihre Wurzel hätte: *Engisch*, a.a.O., S. 11, 12.

[66] Rechtslehre, S. 77; ders., Bayerisches Verfassungsrecht, S. 339, zur Bezeichnung „Blankettgesetz“ („Blankettrechtssatz“): *Kelsen*, Hauptprobleme, S. 557.

[67] *Triepel*, a.a.O., S. 67 nennt sie einen „groben Unfug“.

Der Begriffsbildung der „Reinen Rechtslehre“ soll daher hier nicht weiter nachgegangen werden.

ccc) Vertauschbarkeit der Formen, Formenmißbrauch

Der prinzipiell klare Unterschied zwischen Ermächtigung und Verweisung hindert allerdings nicht, daß *beide Formen* in vielen Fällen *gleichwertige Mittel zur Aufgliederung von Rechtssetzungsaufgaben* und zur Beteiligung anderer, etwa nachgeordneter, Stellen an der Rechtssetzung sein können. So führt es praktisch zu demselben Ergebnis, ob eine Vorschrift auf die jeweilige, in einer anderen Vorschrift enthaltene Begriffsbestimmung verweist[68] oder eine andere Stelle ermächtigt, einen Begriff verbindlich zu bestimmen[69]. Da die Ermächtigung einer anderen Stelle als Eingriff in die Zuständigkeitsordnung nur unter besonderen Voraussetzungen möglich ist, die Verweisung als gesetzgebungstechnisches Hilfsmittel jedoch keinen aus der Zuständigkeitsordnung herleitbaren Bedingungen unterliegt, besteht die Gefahr des *Formenmißbrauchs*[70]: hinter einer Verweisung verbirgt sich in der Wirkung oft eine Ermächtigung[71]. Dafür ein Beispiel: wenn das zum Erlaß von Verordnungen ermächtigende Gesetz eine Weitergabe der Ermächtigung nicht zuläßt, schlägt der Ermächtigte oft den Weg der Verweisung auf nachgeordnete Stellen ein[72]. In allen Fällen der Aufgliederung von Gesetzgebungsaufgaben ist es also besonders wichtig, neben der gewählten Form die praktischen Auswirkungen zu beachten: sie müssen bei der verfassungsrechtlichen Prüfung den Maßstab dafür abgeben, ob sich das gewünschte Ziel mit den gewählten Mitteln zulässigerweise erreichen läßt[73].

c) Verlagerung durch Verordnungsermächtigungen

Besonders deutlich zeigt sich die *Verlagerung*[74] *gesetzgebender Gewalt* auf die Exekutive an der ständig steigenden Zahl der *Verordnungsermächtigungen*[75]. An ihnen läßt sich die Entwicklung zum

---

[68] Oben unter A AA III 1: § 1 Abs. 1 der Verordnung zur Durchführung des Mineralölsteuergesetzes.

[69] Oben unter A AA III 1: § 18 Abs. 1 Nr. 1 des Umsatzsteuergesetzes i. d. F. vom 1. 9. 1951.

[70] Auf die besonders *Bullinger*, Unterermächtigung, S. 17 hinweist.

[71] Siehe dazu unten unter 4, die Beispiele bei *Bullinger*, a.a.O., S. 17 ff. und auch — insbesondere für die dynamische Verweisung — *Conradi*, a.a.O., S. 53 f.; *Schäfer*, a.a.O., S. 103; *Nickusch*, a.a.O., S. 203, 207.

[72] *Bullinger*, a.a.O., S. 17 ff.

[73] Dazu auch Einleitung unter I 3.

[74] *Schmitt*, ZaöRuVR 1936, 253 bezeichnet die Frage der Verordnungen und des Umfanges der Verordnungsermächtigungen als Prüfstein für die wirkliche Verfassungslage und wichtiges Symptom für die verfassungsrechtliche Gesamtentwicklung.

[75] Zur dadurch bewirkten Strukturverschiebung im gewaltenteilenden Staat siehe vor allem *Schack*, Verlagerung, S. 336 f.; rechtsstaatliche Bedenken sieht *Schack* bei der Ausführungsverordnung nicht so sehr im Umfang der

Verwaltungsstaat einprägsam verfolgen. Die Überlastung der Legislative, die von dem steigenden „Gesetzesbedarf" und der Komplizierung der Gesetzgebungsmaterien herrührt[76], sowie die Notwendigkeit, die Vorschriften den sich rasch verändernden Verhältnissen anzupassen[77], haben zur Folge, daß fast jedes Gesetz der Exekutive einen weiten Spielraum zum Erlaß von Rechtsverordnungen einräumt. Dagegen ist prinzipiell nichts einzuwenden, da Ermächtigungen zum Erlaß von Rechtsverordnungen in das Gewaltenteilungsschema des Grundgesetzes eingebettet sind. Wohl aber bestehen unter gewaltenteilenden Aspekten Bedenken gegen die Tendenz, immer geringere Anforderungen an die Konkretisierung der Ermächtigungsvorschriften zu stellen, für die Art. 80 Abs. 1 Satz 2 GG bewußt sehr strenge Maßstäbe aufgestellt hat, um einer Ausuferung, wie in der Weimarer Zeit, vorzubeugen[78]. Das Bundesverfassungsgericht hat sich dieser Entwicklung nur anfänglich entgegengestemmt[79].

Ermächtigung, als vielmehr im Übermaß der Ausführungsverordnungen und in der Unsicherheit der Abgrenzung gegenüber gesetzesergänzenden Verordnungen im Einzelfall. Dazu schon *Binding* bei *Triepel,* Juristentag, S. 31: „Die nächste große Aufgabe ist die Bekämpfung der Verordnung in ihrer Anmaßung gegen das Gesetz".

[76] Zu den Gründen für die Verlagerung durch Verordnungsermächtigungen *Giacometti,* a.a.O., S. 73 f., *Jellinek,* Gesetz und Verordnung, S. 382; *Triepel,* Delegation, S. 111, 113, 119, 123. *Schmitt,* Lage der europäischen Rechtswissenschaft, S. 20: „Der motorisierte Gesetzgeber"; ders., ZaöRuVR 1936, S. 253 ff.; *Klein,* Übertragung, S. 79, 80; *Schneider,* VVDStRL 8, 51; *Ballreich,* Übertragung, S. 332. Zur Entwicklung als gesamteuropäischer Erscheinung *Giacometti,* a.a.O., S. 82 und *Scheuner,* Übertragung, S. 118 ff. sowie die Länderberichte in Übertragung, S. 221 ff. und *Unverferth,* a.a.O., S. 53 ff.

[77] „Zeitlicher Vorsprung der Notsituation vor den staatlichen Abhilfen", besonders auf dem Gebiet des Wirtschafts- und Ernährungsrechtes, des Finanzrechtes und Steuerrechtes: *Forsthoff,* Lehrbuch, S. 124 (Formulierung von Arnold *Gehlen*).

[78] Zur Geschichte der Verordnung in neuerer Zeit vor allem *Stratenwerth,* a.a.O., S. 103 f., *Unverferth,* a.a.O., S. 105 ff., ferner *Schack,* Verlagerung, S. 331 f. mit ausführlichen Literaturangaben (S. 335, Fn. 1); älteres Schrifttum bei *Meyer-Anschütz,* a.a.O., S. 672; siehe dazu auch die Literaturangaben oben unter 2 b.

[79] Das Bundesverfassungsgericht hat in seinen ersten Entscheidungen (BVerfGE 1, 14 [59]; 2, 307 [335]; 4, 7 [21], dazu die Analyse von *Winckelmann,* a.a.O., S. 961 ff.) eindeutige und ausdrückliche Ermächtigungen gefordert, später (E 8, 274 [307, 323 ff.]) hielt es Ermächtigungen für ausreichend, die Inhalt, Zweck und Ausmaß nicht ausdrücklich festlegen, aber bei richtiger Auslegung erkennen lassen, und zwar bei Auslegung des ganzen Gesetzes, nicht allein der Ermächtigungsvorschrift. Es genügt nach dieser Rechtsprechung, wenn sich aus dem Gesetz Anhaltspunkte dafür ergeben, welches „Programm" (i. S. von B. *Wolff,* a.a.O., S. 199 ff.) verwirklicht werden soll (so auch E 10, 20 [51]; 15, 126 [160 f.]). Noch weitergehend hält das Bundesverfassungsgericht eine Verordnungsermächtigung schon dann für „gesetzlich

d) Apokryphe Verlagerungsfälle

Die Entwicklung zum Verwaltungsstaat wird außer durch eine Fülle von Rechtsverordnungen durch andere *versteckte Mittel der Verlagerung von Gesetzgebungsaufgaben* auf die Exekutive gefördert. Der Gesetzgeber bedient sich ihrer häufig gerade zu dem Zweck, die strengen Anforderungen des Art. 80 GG zu umgehen. Erwähnt[80] seien hier die *„Ermächtigung zur Begriffsbestimmung"*[81] und die *„Ermächtigung zur Neufassung"*[82] oder *„Bekanntmachung"*[83] eines Gesetzes, die häufig einer Ermächtigung zur Mitwirkung an der Rechtsetzung gleichkommen[84]. In diesen Zusammenhang gehört auch die Ermächtigung zur Regelung von Einzelheiten durch *Verwaltungsvorschriften*[85].

---

bestimmt" i. S. des Art. 80 GG, wenn sie bei „verfassungskonformer Auslegung" (E 8, 274 [324]) die Zielrichtung erkennen läßt. Gegen diese Tendenz der Rechtsprechung sind mit Recht Bedenken erhoben worden (*Ridder*, a.a.O., S. 321, auch *Herzog*, BayerVerwBl 1959, 276 und *Meschede*, a.a.O., S. 84 f.): der Umfang der Ermächtigung muß gesetzlich *bestimmt, nicht bestimmbar* sein; sonst genügte die Ermächtigung zu „Ausführungs- und Durchführungsverordnungen", da deren zulässiger Spielraum durch die Rechtsprechung genügend konkretisiert ist (so — abweichend von der h. M. — B. *Wolff*, AöR 78, 194; *Jesch*, a.a.O., S. 215, Anm. 176; *Jagmetti*, a.a.O., S. 297; *Kunschert*, a.a.O., S. 71, 72; praktisch auch OVG Münster, Handbuch des gesamten Miet- und Raumrechtes 1951, Nr. 49). Zur Einteilung der Verordnungen und Abgrenzung der zulässigen von den unzulässigen: *Jacobi*, HDStR Bd. I, S. 243, 250, 251; *Schack*, Verlagerung, S. 336 f.; ders., DÖV 1962, 652; ders., JZ 1964, 253; *Spanner*, a.a.O., S. 225; H. J. *Wolff*, Lehrbuch, Bd. I, § 25 VII; *Triepel*, Juristentag, S. 17; *Poetzsch*, Juristentag, S. 43; *Scheuner*, Übertragung, S. 144; *Holtkotten*, BK, Art. 129 D 2; *Nawiasky*, Staatslehre, Bd. III, S. 111 f.; Zusammenfassung bei *Jagmetti*, a.a.O., S. 267 ff. Zur apokryphen Verlagerung durch *ermächtigungsüberschreitende* Verordnungen siehe *Haueisen*, NJW 1963, 1438 ff. am Beispiel der Festlegung von Ausschlußfristen durch Rechtsverordnung.

[80] Hierher gehört auch die Verwendung von *unbestimmten Rechtsbegriffen mit Beurteilungsspielraum* sowie die Einräumung von *Ermessen:* in beiden Fällen wird der Exekutive ein den Bereich der Normsetzung berührender Spielraum gewährt. Ein weiter Ermessensspielraum kann einer Delegation gleichkommen (dazu vor allem *Jesch*, AöR 82, 183 f.).

[81] Dazu unter A AA III 1. [82] Dazu *Horlacher*, a.a.O., S. 490.

[83] Dazu *Hallier*, a.a.O., S. 416 f.; *Müller*, a.a.O., S. 253.

[84] Vgl. dazu die Beispiele bei *Bullinger*, Unterermächtigung, S. 83, Fn. 2.

[85] Diese sind nach herkömmlicher Rechtsauffassung Hausgut der Verwaltung und bedürfen keiner gesetzlichen Ermächtigung (H. J. *Wolff*, Lehrbuch, Bd. I, § 25 VIII a; *Kelsen*, Staatslehre, S. 237; *Giacometti*, a.a.O., S. 76; *Wirsing*, a.a.O., S. 64 f.; zum ganzen *Ossenbühl*, Verwaltungsvorschriften und Grundgesetz. Zur Entlastung der Legislative durch Tolerierung von Verwaltungsverordnungen auch *Krüger*, Smend-Festschrift, S. 219). Gleichwohl billigt der Gesetzgeber ihnen, wie in § 346 Abs. 1 i. V. m. § 319 Abs. 2 Satz 1

4. *Statische und dynamische Verweisung und Gewaltenteilung*

Im Zusammenhang mit diesen zahlreichen Formen *apokrypher Verlagerung von Gesetzgebungsaufgaben,* die noch weitgehend einer zusammenfassenden Würdigung entbehren, muß auch die *Verweisung* untersucht werden, insbesondere die dynamische Verweisung auf Gesetze, Rechtsverordnungen, Verwaltungsvorschriften sowie außernormative Bestimmungen.

Die *dynamische Verweisung* als gängiges Hilfsmittel der Gesetzgebungstechnik ist unter dem Aspekt der Gewaltenteilung bisher noch kaum[86] beleuchtet worden. Allerdings beschäftigt sich eine lange und noch nicht abgeschlossene Kontroverse in Rechtsprechung und Lehre mit einer *ähnlichen Erscheinung im Arbeitsrecht.*

a) *Verweisungen in Tarifverträgen und Betriebsvereinbarungen*

Häufig verweisen *Tarifverträge* und *Betriebsvereinbarungen* auf Bestimmungen anderer Tarifverträge oder Betriebsvereinbarungen, und zwar auf die „derzeit gültige Fassung" oder die „jeweilige Fassung". So bestimmt z. B. Ziffer 4 der tariflichen Vereinbarung zwischen dem Landesverband des Hessischen Einzelhandels e. V. und der Gewerkschaft Handel, Banken, Versicherungen vom 15. 11. 1953:

> „Die Entlohnung derjenigen Arbeitnehmer, die ihren Tätigkeitsmerkmalen nach nicht unter die Tarifordnung des Einzelhandels fallen, erfolgt nach den jeweiligen Lohn- und Gehaltsfachtarifen unter Berücksichtigung der entsprechenden Tätigkeitsmerkmale"

und verweist damit u. a. auf den Lohntarif für das Herrenmaßschneiderhandwerk[87]. Ebenso erklärt der Tarifvertrag zwischen der Gewerkschaft Öffentliche Dienste, Transport und Verkehr und der Bundesrepublik Deutschland vom 16. 5. 1959[88] die Beihilfevorschriften des Bundes in ihrer jeweiligen Fassung für anwendbar.

Die arbeitsrechtliche Problematik und die zu Verweisungen in Tarifverträgen etc. angestellten Überlegungen weisen eine enge Berührung mit der hier behandelten Frage nach der allgemeinen Struktur der

---

LAG, gesetzesändernde Kraft zu, indem er gestattet (so in dem Beispiel), das gesetzlich vorgeschriebene Verfahren durch „Weisungen des Präsidenten des Bundesausgleichsamtes" abweichend zu regeln. Die Bestimmungen des Präsidenten beschränken sich dadurch nicht auf verwaltungsinterne Anordnungen, sondern haben Außenwirkung gegenüber den Antragstellern (*Jesch,* AöR 84, 74 [77] gegen BVerfGE 8, 115 [163]; wie *Jesch* auch BayerVerfGH BayerVerwBl 1956, 283 [285]). Die „Weisungen" sind damit de facto Normen, und das LAG enthält in den genannten Vorschriften eine versteckte Verordnungsermächtigung.

[86] Wenn man von *Ossenbühl,* a.a.O., S. 404 absieht.

[87] Vgl. BAGE 12, 285 (287) = AP 12 zu §§ 3, 4 TVG für eine gleichgelagerte Verweisung auf den Parkettlegertarif vom 4. 9. 1953.

[88] Dazu *Stahlhacke,* BB 1960, 579 (581).

dynamischen Verweisung auf. Ein Vergleich drängt sich insbesondere deshalb auf, weil Tarifverträge — wenn man der im Schrifttum[89] herrschenden und auch von der höchstrichterlichen Rechtsprechung[90] vertretenen Auffassung folgt[91] — in ihrem „normativen Teil" Normen des objektiven Rechts enthalten, die von den Tarifpartnern kraft staatlicher Ermächtigung erlassen werden. Auch Betriebsvereinbarungen werden weithin[92] als Normen angesehen, und es ist sogar h. M., daß sie jedenfalls normative Wirkungen entfalten und weitgehend wie Tarifverträge zu behandeln sind[93].

b) Die Lösung der arbeitsrechtlichen Problematik

aa) Statische Verweisung und Schriftform

Die Frage, ob *Verweisungen* auf Tarifverträge und Betriebsvereinbarungen in der *„derzeit gültigen Fassung"* zulässig sind, wird primär unter dem Gesichtspunkt der *richtigen Form* untersucht. Nach § 1 Abs. 2 TVG und § 52 Abs. 2 Satz 2 BVG bedürfen Tarifverträge und Betriebsvereinbarungen der Schriftform. Sie richtet sich nach § 126 BGB. Wird nun in einem Tarifvertrag (oder in einer Betriebsvereinbarung) auf einen anderen Vertrag[94] verwiesen, so ist bestritten, ob die bezogene Urkunde in ihrem vollen Inhalt aufgenommen oder wenigstens als Anlage beigefügt werden muß oder ob die Verweisung als solche genügt, wenn sie nur die Auffindung des bezogenen Vertrages ermöglicht.

Die erste, am weitesten gehende Ansicht, die früher von der Rechtsprechung[95] vertreten wurde, kann heute als überholt angesehen werden[96]. Die zweite stützt sich auf die ständige Rechtsprechung zu § 126 BGB[97]: eine einheitliche Urkunde könne nur entstehen, wenn entweder alle Teile unterschrieben oder aber die nicht unterzeichneten Teile mit dem unterschriebenen (Haupt-)Teil als Anlagen verbunden seien. Überwiegend wird jedoch auch diese Forderung als „zu formalistisch" abgelehnt. Das allein ist mehr eine Behauptung als eine ausreichende Begründung; jedoch ist das Ergebnis zu billigen, wenn man von dem Zweck der Schriftform ausgeht. Beweissicherung und

---

[89] Vgl. statt aller: *Hueck-Nipperdey-Stahlhacke*, a.a.O., § 1 Rdn. 180 ff.

[90] Vgl. BAGE 1, 158; 4, 240 (250); 7, 76 (78).

[91] Abweichend: *Ramm*, JZ 1964, 548 mit weiteren Literaturangaben (insbes. Fn. 86).

[92] Dazu die Darstellung des Meinungsstandes bei *Fitting-Kraegeloh-Auffarth*, a.a.O., § 52, Rdn. 10 ff.

[93] Ders., a.a.O., Rdn. 12. [94] Oder andere Schriftstücke.

[95] Z. B. BAGE 17, 237 (240).

[96] So aber noch *Galperin-Siebert*, § 52, Anm. 36.

[97] RGZ 148, 349 (351); RG HRR 28, 1960; BGHZ 26, 142 (146); weitere Belege bei *Hueck-Nipperdey-Stahlhacke*, a.a.O., § 1, Rdn. 12 und *Palandt*, a.a.O., § 126, Anm. 2.

Schutz vor Übereilung sowie die Verhinderung leichtfertiger Geschäftsabschlüsse[98] sind die Gründe, die zur gesetzlichen Einschränkung der grundsätzlich bestehenden Formfreiheit führen. Beim Abschluß von Tarifverträgen und Betriebsvereinbarungen bedarf es aber keines gesetzlichen Schutzes vor zu raschem Handeln: die antagonistischen Verbandsinteressen[99] beugen hier ausreichend vor.

Dem zweiten Zweck — der Klarstellung, was geltendes Tarifrecht ist, und damit der Beweissicherung — ist aber Genüge getan, wenn der Tarifvertrag klar formuliert ist und bei Verweisungen auf andere Verträge eindeutig zu erkennen gibt, wo deren Text zu finden ist. Aus diesen Gründen ist der oben angeführten dritten Meinung zu folgen: eine Anlage des herangezogenen Vertrages erübrigt sich[100]. Sind diese Voraussetzungen erfüllt, so ergeben sich — wie heute mit Recht fast allgemein angenommen wird[101] — keine Bedenken gegen die *statische Verweisung* in Tarifverträgen und Betriebsvereinbarungen.

bb) Die dynamische Verweisung

Anders bei der *dynamischen Verweisung* auf andere Tarifverträge und bei der Verweisung auf noch nicht abgeschlossene, erst später in Kraft tretende Verträge: hier sind in Rechtsprechung und Literatur überwiegend Bedenken geltend gemacht worden, und zwar unter den drei Gesichtspunkten der *Form*, der *Tarifzuständigkeit* (versteckte Delegation!) und der *Tarifeinheit.*

aaa) Herrschende Meinung

Zunächst, wie bei der statischen Verweisung, unter dem Gesichtspunkt der *gesetzlich vorgeschriebenen Form:* beim Inkrafttreten eines Tarifvertrages müsse sein gesamter Inhalt zu übersehen, d. h. veröffentlicht sein. Dem sei nicht Genüge getan, wenn auf erst zukünftig festzulegende oder in Zukunft sich verändernde Inhalte anderer Verträge Bezug genommen werde[102].

---

98 Dazu *Palandt,* a.a.O., § 125, Anm. 1.

99 *Hueck-Nipperdey-Stahlhacke,* a.a.O., § 1, Rdn. 12.

100 BAGE 8, 143 (153): die Entscheidung läßt aber offen, ob das Erfordernis der Schriftform nicht auch dem Schutz vor Übereilung dienen soll. Ferner: BAG BB 1963, 687; *Hueck-Nipperdey-Stahlhacke,* a.a.O., § 1, Rdn. 12; *Hueck-Nipperdey,* a.a.O., Bd. II, S. 454; *Stahlhacke,* Der Betrieb 1960, 580; *Neumann-Duesberg,* a.a.O., S. 367; *Nikisch,* Anm. zu AP Nr. 12, a.a.O.

101 So entschied BAGE 8, 143 (153) (zu § 56 BVG), nachdem noch BAGE 3, 303 (308) die Frage offen gelassen hatte: ferner die in Fn. 100 genannten Belegstellen sowie *Fitting-Kraegeloh-Auffarth,* a.a.O., § 52, Anm. 36 mit weiteren Angaben, *Herschel,* a.a.O., S. 1221; *Hueck,* Anm. AR-Blattei, a.a.O.; *Gumpert,* BB 1956, 956 (959); a. A. *Ramm,* JZ 1964, 548: grundsätzlich könne eine Norm nicht auf andere Normsetzer verweisen (dazu näher unter A AA III 4 b bb); ablehnend zu dieser Auffassung *Gamillscheg,* a.a.O., S. 47 f.

102 *Stahlhacke,* Der Betrieb 1960, 581.

Schon in seiner ersten Entscheidung[103] zu dieser Frage lehnt das Bundesarbeitsgericht die Verweisung auf die jeweilige Fassung aus Gründen der *Tarifbefugnis* und *-zuständigkeit*[104] ab: dieser Begründung haben sich zahlreiche kritische Stimmen angeschlossen. Die Tarifpartner hätten nicht nur das Recht, sondern auch die Pflicht zur selbständigen Regelung der Arbeitsbedingungen[105]: das sei der Sinn der ihnen vom Staat verliehenen Autonomie. Dieser Pflicht genügten sie nicht, wenn sie auf andere Tarifverträge verwiesen, bei deren inhaltlicher Gestaltung sie selbst nicht mitwirken könnten: durch „Blankettverweisungen“[106] dieser Art verlören die Tarifparteien die Kontrolle über den Inhalt des Vertrages, und es sei keine Gewähr mehr dafür gegeben, daß ihre Interessen bei einer inhaltlichen Veränderung des bezogenen Vertrages berücksichtigt würden; eine solche Verweisung bedeute nichs anderes als eine unzulässige *Delegation* der Befugnis und Zuständigkeit, Rechtsnormen für die Beteiligten zu erzeugen[107]. Schließlich sieht das Bundesarbeitsgericht[108] in der dynamischen Verweisung eine Gefährdung des Prinzips der *Tarifeinheit*. Dieses Prinzip besagt, daß in einem Betrieb grundsätzlich nur ein Tarifvertrag gelten soll, etwa der Baugewerbe-Tarifvertrag für alle in Baugewerbebetrieben tätigen Arbeitnehmer, die vom Tarifvertrag fachlich und persönlich erfaßt werden, nicht aber für Bauarbeiter in der Eisenindustrie, auch wenn diese im übrigen unter den sonstigen Geltungsbereich des Baugewerbe-Tarifvertrages fallen würden[109]. Die überwiegende Ansicht kommt zu dem *Ergebnis:* die *dynamische Verweisung* in Tarifverträgen und Betriebsvereinbarungen ist *unzulässig.*

bbb) Abweichende Ansichten

Insbesondere das Hauptargument dieser Ansicht, es handele sich um eine unzulässige Delegation der Tarifhoheit, wollen Herschel[110] und Iffland[111] nicht gelten lassen. Sie kommen daher — mit gewissen Einschränkungen — zur Zulässigkeit der dynamischen Verweisung[112]. Verweisungen seien keine Delegation, es werde keine Rechtsmacht übertragen, nicht einmal in dem Maße wie bei der Voll-

---

[103] BAGE 3, 303 (308). [104] So auch BAGE 12, 285 (287).

[105] So insbesondere *Hueck*, Anm. AR-Blattei, a.a.O.

[106] So BAGE 3, 303 (308) und *Hueck-Nipperdey-Stahlhacke*, a.a.O., § 1, Rdn. 12.

[107] So BAGE 3, 303 (308) und, ihm folgend, *Nikisch*, a.a.O., *Hueck*, a.a.O. („dem geltenden Recht unbekannt und unerwünscht“); *Neumann-Duesberg*, a.a.O., S. 367: „dürfte unbestreitbar sein“. *Hueck-Nipperdey-Stahlhacke*, a.a.O., § 1, Rdn. 12.

[108] E 3, 303 (308).

[109] *Hueck-Nipperdey-Stahlhacke*, a.a.O., § 4, Rdn. 21.

[110] A.a.O., S. 1222. [111] Der Betrieb 1964, 1737 (1739).

[112] Wie sie auch *Fitting-Kraegeloh-Auffarth*, a.a.O., § 52, Rdn. 36; Frey, a.a.O., S. 314; LAG Düsseldorf BB 1957, 148.

macht: die Bezugnahme auf die zukünftige Fassung des anderen Tarifvertrages habe nichts anderes zum Inhalt, als daß sich die Tarifpartner im vorhinein der Willenserklärung eines Dritten anschlössen[113]. Diese Form der Verweisung sei im übrigen auch ein gängiges Mittel der Gesetzgebungstechnik.

Gleichwohl wollen auch die Vertreter dieser Ansicht Änderungen des bezogenen Vertrages nicht unbesehen auf den verweisenden Tarifvertrag übertragen. Ganz unerwartete, den Verhältnissen des verweisenden Vertrages nicht entsprechende Änderungen sollten nicht berücksichtigt werden[114]; die Verweisung decke „nur eine angemessene, im bisherigen Rahmen bleibende tarifliche Regelung"[115]. Herschel denkt auch daran, den Grundsatz vom Wegfall der Geschäftsgrundlage heranzuziehen oder die Frage, wie weit die verweisenden Tarifpartner Änderungen in Kauf nehmen wollten, durch Auslegung zu klären[116].

ccc) Würdigung

Schon diese Einschränkungen der Mindermeinung zeigen, daß die dynamische Verweisung dem bezogenen Tarifvertrag einen größeren Einfluß auf die Beziehungen der Partner des verweisenden Vertrages einräumt, als ihm letztlich zugestanden werden kann, und daß diese „überschießende Rechtsmacht" nur durch restriktive Auslegung wieder zurückzugewinnen ist. Gegen Herschels und Ifflands Begründung ergibt sich aber der weitere Einwand, daß sie von der Absicht der Tarifpartner sowie der gewählten Form und Bezeichnung auf die rechtliche Wirkung schließen. Wenn die Tarifpartner sich mit der Verweisung nur der Willenserklärung anderer Tarifparteien anschließen, ihre Normsetzungsbefugnis aber nicht delegieren wollen, so bedeutet das noch nicht, daß ihre umfassende Tarifbefugnis unberührt bleibt. *Richtig ist vielmehr,* daß die Einbeziehung zukünftiger Änderungen des bezogenen Vertrages in den verweisenden Tarif-

---

113 So *Herschel,* a.a.O., S. 1222, 1223. 114 *Herschel,* a.a.O., S. 1223.

115 *Iffland,* a.a.O., S. 1740 (fristlose Kündigung!); *Fitting-Kraegeloh-Auffarth,* a.a.O., § 52, Rdn. 36: sie beziehen sich dabei auf eine Entscheidung des BAG (BB 1961, 519), die aber diesen Fall nicht trifft, da sie die Unterwerfung unter die jeweilige Fassung eines Tarifvertrages in einem Einzelarbeitsvertrag zum Gegenstand hat. Daß hier der Vertragsfreiheit im Rahmen des § 242 BGB keine Grenzen gesetzt sind, war niemals bestritten (dazu auch AG Wilhelmshaven, Urt. v. 25. 6. 1956 mit zustimmender Anmerkung von *Gumpert,* BB 1956, 956). In diesen Zusammenhang gehören auch die Entscheidungen zur Unterwerfung unter Allgemeine Geschäftsbedingungen: die Rechtsprechung geht hier dahin, daß niemand die Unterwerfung unter unbekannte Regelungen außerhalb des Billigen und Gerechten zugemutet werden könne; dazu BGHZ 17, 1 (3); 22,90(97) und *Baumbach-Duden,* a.a.O., Einf. vor Buch III zu § 3 E.

116 *Herschel,* a.a.O., S. 1223.

vertrag eine versteckte Teildelegation der Tarifbefugnis ist: die Tarifpartner des verweisenden Vertrages geben ihren Einfluß auf die Inhaltsgestaltung und die Kontrolle zunächst aus der Hand und können sie dann, wenn die Änderungen den Rahmen des von ihnen Gewollten überschreiten, nur durch eigene neue Vereinbarungen zurückgewinnen. Der überwiegenden Meinung ist in diesem Punkte zuzustimmen.

Auch die Bedenken gegen die mangelnde Offenkundigkeit und die Verletzung der Schriftform sind erheblich, allerdings ließen sie sich durch gehörige Bekanntmachung der Änderungen des Verweisungsobjektes auch im Geltungsbereich des verweisenden Tarifvertrages aus dem Wege räumen: sie sind nicht grundsätzlicher Natur.

Soweit der Einwand, die dynamische Verweisung gefährde die Tarifeinheit, besagen soll, daß außenstehenden Tarifpartnern, die einem räumlich, betrieblich, fachlich, persönlich anderen Tarifbereich angehören, ein Einfluß auf den vom verweisenden Vertrag umfaßten Bereich eingeräumt wird, so enthält er gegenüber dem Bedenken versteckter Delegation kein neues Argument; meint er dagegen, die Verweisung durchbreche die betriebliche, fachliche etc. Geschlossenheit des einen Tarifvertrages, so richtet er sich gegen jede Form der Verweisung, auch die statische, und ist wohl durch deren Kennzeichnung als rein technisches Hilfsmittel als widerlegt anzusehen[117].

ddd) Ergebnis

Faßt man das *Ergebnis* zusammen, so ergibt sich, daß die statische Verweisung auf Tarifverträge und Betriebsvereinbarungen bei genauer Angabe des Fundortes des Verweisungsobjektes auch ohne (sicherlich wünschenswerte!) Anlage des Textes zulässig ist, die dynamische Verweisung jedoch in jedem Falle unzulässig[118]. Wird der Tarifvertrag, auf den verwiesen wird, geändert, so müssen die Tarifpartner des verweisenden Vertrages neu beschließen[119], ob sie die Änderung übernehmen oder eine eigene Regelung treffen wollen. Gerade in diesem Punkte ist auch nicht recht zu sehen, welche Vorteile die von Herschel und Iffland vertretene Ansicht bringen soll. Um die Übersicht zu behalten, müßten die Tarifparteien des verweisenden Vertrages bei jeder Änderung des Verweisungsobjektes sorgfältig prüfen, ob der von ihnen gewünschte Rahmen eingehalten und die eigenen

---

[117] So auch *Iffland*, a.a.O.

[118] Das Bundesarbeitsgericht hat in E 3, 303 (309) der unzulässigen Verweisung durch eine zweifelhafte Auslegung einen zulässigen Sinn gegeben: die dynamische Verweisung bedeute, daß der bezogene Tarifvertrag Vorrang haben solle, wenn dem verweisenden Tarifvertrag unterstehende Mitglieder ohnehin auch dem bezogenen unterständen, also ein Fall der Tarifkonkurrenz vorliege. So auch *Hueck*, Anm. AR-Blattei, a.a.O.

[119] BAGE 12, 285 (287); *Stahlhacke*, BB 1960, 581.

Interessen ausreichend mitberücksichtigt sind. Auch wenn dies geschieht, bliebe — nicht zuletzt wegen der mangelnden Offenkundigkeit — ein beträchtliches Maß an Unsicherheit bestehen.

c) *Anwendung des Ergebnisses auf die Verweisung von Normen, statische und dynamische Verweisung*

Die so im arbeitsrechtlichen Bereich gefundenen Grundsätze lassen sich für die Bewertung der statischen und dynamischen *Verweisung* als *allgemeinen gesetzgebungstechnischen Hilfsmittels* nutzbar machen[119a]. Die *statische Verweisung* begegnet unter dem Gesichtspunkt der Gewaltenteilung[120] keinen Bedenken, die *dynamische Verweisung* stellt eine verdeckte Form der Übertragung legislativer Gewalt dar und berührt daher den gewaltenteilenden Rechtsstaat. Nur eine *Einzeluntersuchung der verschiedenen Verweisungsformen* kann Aufschluß darüber geben, wo die Grenze zwischen verfassungsmäßiger und verfassungswidriger dynamischer Verweisung verläuft[121].

5. *Dynamische Verweisung von Gesetz zu Gesetz*

a) *Bei identischem Gesetzgeber*

Verweist ein *Bundesgesetz* dynamisch auf ein *Bundesgesetz* oder ein *Landesgesetz* auf ein anderes *Gesetz desselben Landes*, so ist dagegen unter dem Gesichtspunkt der Gewaltenteilung nichts einzuwenden; die Identität des Gesetzgebers ist gewahrt, eine Verlagerung findet nicht statt[122]. Soweit sich Bedenken gegen die Technik der dynamischen Verweisung daraus ergeben, daß es Schwierigkeiten bereitet, bei der Änderung einer Bestimmung, auf die in anderen Gesetzen verwiesen wird, zu überblicken, ob die geänderte Fassung auch allen verweisenden Vorschriften gerecht wird, so ist das eine Frage der Organisation und Präzision parlamentarischer Gesetz-

---

119a Gerade, weil sie unter Berücksichtigung des Normencharakters und der für die Auslegung von Normen gültigen Maßstäbe erarbeitet wurden; *Dietz*, a.a.O., § 52, Rdn. 23; *Hueck-Nipperdey-Stahlhacke*, a.a.O., § 1, Rdn. 188 ff; *Stahlhacke*, Der Betrieb 1960, 580.

120 Wohl unter dem der Form und Offenkundigkeit, bei Gesetzen also der Verkündung: dazu unter B AA II.

121 Dieser Auffassung widerspricht ausdrücklich nur *Schröcker* (a.a.O. S. 2289): das ist folgerichtig, wenn man seine hier abgelehnte Auffassung zugrundelegt, durch die Verweisung werde das Verweisungsobjekt nur materiell in die Rechtsordnung der Verweisungsnorm übernommen, nicht zugleich formeller Bestandteil der Verweisungsnorm, während nach der hier vertretenen Ansicht allein die Überlassung der Inhaltsbestimmung an andere Stellen einer partiellen Übertragung der Normsetzungsbefugnis gleichkommt. Dazu unter A AA II 4 c.

122 *Ossenbühl*, a.a.O., S. 408.

gebungsarbeit, die in diesem Zusammenhang keiner näheren Betrachtung bedarf.

b) Bei nicht identischem Gesetzgeber

Verweist ein *Bundesgesetz* dynamisch auf ein *Landesgesetz,* ein *Landesgesetz* auf ein *Bundesgesetz* oder das *Gesetz eines anderen Landes,* so ist das Prinzip der Gewaltenteilung zwischen Legislative, Exekutive und richterlicher Gewalt[123] nicht betroffen, wohl aber das Gleichgewicht zwischen Bund und Ländern, das unter dem Aspekt des Föderalismus noch eingehender untersucht wird[124].

6. *Verlagerung von Gesetzgebungsaufgaben auf die Exekutive*

a) Dynamische Verweisung auf Rechtsverordnungen und Verwaltungsvorschriften

Die Gewaltenteilung zwischen Legislative und Exekutive wird aber berührt im Falle dynamischer Verweisungen von *Gesetzen* auf *Rechtsverordnungen, Verwaltungsvorschriften* und andere *Anordnungen der Verwaltungsbehörden*[125]. Verordnungen zur inhaltlichen Konkretisierung und Detaillierung von Gesetzen darf die Exekutive nur auf Grund einer gesetzlichen Ermächtigung erlassen, die den Anforderungen des Art. 80 Abs. 1 Satz 2 GG genügt. Jede dynamische gesetzliche Verweisung auf eine Verordnung ist eine stillschweigende Ermächtigung zur Inhaltsbestimmung des Gesetzes unter Umgehung des Art. 80 GG und daher *verfassungswidrig.* Dasselbe gilt, wenn Gesetze auf Verwaltungsvorschriften oder andere Anordnungen genereller Art verweisen: werden sie zum Verweisungsobjekt dynamischer Gesetzesverweisung — sogar in Gesetzen, die zu Eingriffen in Freiheit und Eigentum ermächtigen —, so geht das über ihre nur verwaltungsinterne Funktion hinaus: sie werden extravertiert und inhaltlich in den Rang einer Norm erhoben[126]. Das widerspricht dem Gesetzesvorbehalt, der als Vorbehalt des formellen Gesetzes bzw. der auf formellgesetzlicher Grundlage erlassenen Rechtsverordnung zu verstehen ist.

b) Versteckte Unterermächtigungen

Verfassungswidrig sind insbesondere die *versteckten Unterermächtigungen zur Rechtsetzung* in Verordnungen. Gemäß Art. 80 Abs. 1 Satz 4 GG bedarf der zum Erlaß einer Rechtsverordnung ermächtigte Adressat zur Weitergabe der Ermächtigung einer besonde-

[123] Wohl das Gewaltenteilungsprinzip „im weiteren Sinne", das die bundesstaatliche Ordnung als Element „vertikaler Gewaltenbalancierung" (siehe dazu unter B CC I 1 a) miteinbezieht.

[124] Siehe dazu unter B CC.

[125] A.A.: *Schröcker,* a.a.O., S. 2289. [126] *Ossenbühl,* a.a.O., S. 404.

ren Genehmigung durch das ermächtigende Gesetz selbst. Häufig fehlt diese Genehmigung. Will der Ermächtigte zu seiner Entlastung dennoch eine andere Behörde unterermächtigen oder zur Mitgestaltung der Verordnung heranziehen, so bedient er sich häufig der Verweisung auf Verwaltungsvorschriften, die keiner gesetzlichen Ermächtigung bedürfen, oder nimmt auf zweideutig als „Bekanntmachung", „Bestimmung" etc. bezeichnete Anordnungen Bezug. Wenn etwa eine Verordnung[127] nur den Höchstbetrag einer öffentlichen Abgabe bestimmt, die jeweilige konkrete Festsetzung aber einer „Bekanntmachung" überläßt[128] oder anordnet[129], alle Fragen eines von einer Behörde jeweils ausgegebenen Fragebogens seien zu beantworten, so kommt diese Praxis in der tatsächlichen und rechtlichen Auswirkung einer Unterermächtigung gleich[130]. Die Verwendung einer dynamischen Verweisung in einer Verordnung ist nicht einmal dann verfassungsgemäß, wenn das ermächtigende Gesetz die Weitergabe der Ermächtigung ausdrücklich zuläßt; denn die Ermächtigung der anderen Stelle darf gemäß Art. 80 Abs. 1 Satz 4 GG nur durch eine Rechtsverordnung erfolgen[131].

7. Verlagerung von Gesetzgebungsaufgaben auf außerstaatliche Stellen

Unter dem Aspekt des gewaltenteilenden Rechtsstaates ist auch die Beteiligung *außerstaatlicher Stellen* an der Gesetzgebung mittels der Verweisung besonders zu beachten. Der Begriff „außerstaatliche Stellen" umfaßt alle Organisationen, die das wirtschaftliche, finanzielle, soziale oder sonstige Interesse einer bestimmten Gesellschaftsgruppe repräsentieren und als Repräsentanten zur Mitwirkung an der Normsetzung herangezogen werden[132]. Art, Umfang, rechtliche Grundlagen und praktische Auswirkungen ihrer Beteiligung, vor allem im Hinblick auf den gewaltenteilenden Staat und den Gesetzesbegriff[133], sind aus der Sicht der Verfassung noch ungenügend untersucht worden.

Während die Übertragung gesetzgebender Gewalt auf die Exekutive und der Trend zum „Verwaltungsstaat" im Staatsrecht von jeher aufmerksam beobachtet worden sind, ist die ebenfalls nicht unbedenkliche *Verlagerung auf eine „vierte Gewalt"* bisher stärker als

---

[127] §§ 1, 4 Ziff. 4 der Verordnung vom 17. 5. 1952 (BAnz.Nr. 98).

[128] So auch §1 Abs. 3 der Verordnung BAnz. 1953, Nr. 114 oder § 7 der Verordnung BAnz. 1952, Nr. 69.

[129] § 1 Abs. 1 der Verordnung des Württembergischen Arbeitsministers (RegBl 1925, 207).

[130] *Bullinger*, Unterermächtigung, S. 22.

[131] A.A. *Schäfer*, a.a.O., S. 104.

[132] *Conradi*, a.a.O., S. 16.

[133] Dazu siehe unten unter a.

soziologisches denn als verfassungsrechtliches Phänomen angesehen worden. Die sich hier andeutende Entwicklung kommt in den Schlagworten „Herrschaft der Verbände"[134], „Pluralismus der Oligarchien"[135], „organisierte Interessenwahrnehmung"[136] etc. zum Ausdruck[137]. Nach kurzer Skizzierung dieser Entwicklung (a.) und einem Überblick über die Formen der Mitwirkung Privater (b.) soll im folgenden untersucht werden, ob eine solche Beteiligung verfassungsrechtlich zulässig ist (c.), etwa durch eine Verweisung auf private Bestimmungen (d.), und wo gegebenenfalls die Grenzen zu ziehen sind (e.).

a) Das Problem

Die meisten Fälle der Beteiligung Privater an der Normsetzung, etwa die Übernahme der Regelwerke Technischer Verbände in Gesetze und Verordnungen[138], liegen zweifellos in einem Grenzbereich zwischen Normsetzung und Verwaltung, nicht im Zentrum legislativer Aufgaben, und betreffen sehr spezielle Vorschriften, so daß man mit Recht fragen kann, ob Verschiebungen und Verlagerungen auf diesem Gebiet überhaupt eine Gefahr für die Gewaltenbalance darstellen und daher einer verfassungsrechtlichen Prüfung wert sind[139].

Will man das Verweisungs- und Verlagerungsproblem jedoch prinzipiell, nicht kasuistisch behandeln, so sollte man zwar zugeben, daß eine Verlagerung in dieser Randzone der Gesetzgebung den gewaltenteilenden Rechtsstaat nicht im Kern trifft, aber gleichwohl tangiert, und sie deshalb in die Untersuchung einbeziehen. Denn erstens ist die Gewaltenteilung ein Grundprinzip der Verfassung, das auch dann eingehalten werden muß, wenn im Einzelfall sein verfassungspolitischer Zweck die Beachtung nicht zwingend erfordert, und zwei-

---

[134] So der Titel von *Eschenburgs* Schrift.

[135] *Weber*, Spannungen und Kräfte, S. 58. [136] *Kaiser*, a.a.O., S. 338.

[137] *Conradi*, a.a.O., S. 17. Im Grundgesetz haben die pluralistischen Kräfte und Interessengruppen (mit Ausnahme der Parteien: Art. 21 GG) keine Beachtung gefunden, was *Kaiser*, a.a.O., S. 349 beklagt (a.A.: *Conradi*, a.a.O., S. 71): anders in Art. 70 der Verfassung von Rheinland-Pfalz, Art. 38 Abs. 3 der Hessischen Verfassung sowie Art. 32 der Schweizerischen Bundesverfassung. Dazu auch *Scheuner*, Übertragung, S. 146. Gegen eine Institutionalisierung der Gruppeninteressen und ihren Einbau in die Staatsorganisation auch *Weber*, Der Staat und die Verbände, S. 24 f.; *Scheuner*, Der Staat und die Verbände, S. 15 f.; *Quaritsch*, a.a.O., S. 36.

[138] Dazu unter c und A AA IV 2 f bb.

[139] Dazu *Bullinger*, Unterermächtigung, S. 51; ähnlich *Scheuner*, Übertragung, S. 143: er meint, die Übertragung rechtsetzender Gewalt in wirtschaftlichen und technischen Fragen von zeitlich begrenzter und untergeordneter Bedeutung verstoße nicht notwendig gegen den Rechtsstaatsgedanken und beeinträchtige nicht den Vorbehalt der Legislative.

tens ergäbe sich anderenfalls die praktisch unlösbare Aufgabe der Grenzziehung: der Gesetzgeber, der Rechtsanwender und vor allem die Verfassungsgerichte wären überfordert, wenn man ihnen im Einzelfall die Entscheidung abverlangte, ob ein Verstoß gegen Verfassungsprinzipien erträglich oder bereits unerträglich ist[140]; das ist eine verfassungspolitische Abwägung, welche die verfassungsrechtliche Prüfung zwar beeinflussen, aber nicht an ihre Stelle treten darf.

b) Beteiligung Privater an der Normsetzung

aa) Formen der Beteiligung

Überblickt man das Feld der Mitwirkung Privater an der Erfüllung staatlicher Aufgaben, so ist zunächst an außerstaatliche, aber *öffentlich-rechtlich organisierte* Stellen zu denken, an den Raum *„mittelbarer Staatsverwaltung"*[141] durch die Wirtschaftsverbände, insbesondere Industrie- und Handelskammern, Innungen, Berufsgenossenschaften etc. Soweit sie Satzungen erlassen und damit im Rahmen herkömmlicher autonomer Satzungen bleiben, sollen sie hier nicht näher betrachtet werden.

Zweitens muß an die mannigfaltige Gruppe der *Ausschüsse, Beiräte* u. ä. gedacht werden[142], die durch Gesetz, auf Grund eines Gesetzes durch Exekutivakt oder durch Privatinitiative ins Leben gerufen und von den betroffenen Interessengruppen beschickt werden. Sie werden in unterschiedlicher Weise an der Gesetzgebung beteiligt[143]. Der Vielfalt ihrer Mitwirkungs- und Einflußmöglichkeiten entspricht die verschiedenartige Ausgestaltung ihrer Rechtsstellung: sie können Bestandteile der Behördenorganisation, öffentlich-rechtliche Verbände, teilrechtsfähige Verbände des öffentlichen Rechts[144], privatrechtliche Vereine[145] etc. sein[146].

---

[140] *Ossenbühl*, a.a.O., S. 405.

[141] *Forsthoff*, Lehrbuch, S. 437; *Bachof*, AöR 83, 208, (231).

[142] Zur Typologie siehe *Bachof*, AöR 83, 208 (240 ff.) sowie *Nickusch*, a.a.O., S. 3 ff., 187 ff. Hier ist etwa an die Technischen Ausschüsse nach § 24 Abs. 4 GewO zu denken, an die Aufzugsausschüsse, Azetylenausschüsse, Dampfkesselausschüsse, ferner an die Verdingungsausschüsse (dazu *Nikusch*, a.a.O., S. 21 ff.).

[143] Sie werden heute in immer stärkerem Maße sogar auf der Regierungsebene eingeschaltet, als Beiräte, Fachausschüsse, Kommissionen, Kuratorien: dazu *Böckenförde*, Organisationsgewalt, S. 249 ff.; *Evers*, a.a.O., S. 49; vgl. auch §§ 62 i. V. m. 23 der GGO der Bundesministerien. Dazu auch *Loening*, DVBl 1954, 173 (176); *Bachof*, AöR 83, 208 (236).

[144] Hier ist an die Technischen Vereine zu denken, etwa den Verband Deutscher Elektrotechniker (VDE), den deutschen Verband von Gas- und Wasserfachmännern (DVGW), den Germanischen Lloyd (dazu *Nickusch*, a.a.O., S. 38) u. a.

[145] *Bachof*, AöR 83, 208 (270).

[146] So die vielen Technischen Verbände auf der Grundlage des § 13 Abs. 2 des Energiewirtschaftsgesetzes.

Drittens ist an die Heranziehung rein *privatrechtlich* (etwa als eingetragene Vereine) *organisierter Verbände der Wirtschaft*[147] zu denken, insbesondere an die zahlreichen *Technischen Verbände.*

Dieser Reichtum an Organisationsformen, die häufig mit den bisherigen rechtlichen Kategorien kaum erfaßbar sind[148], zeigt, daß sich deutliche Strukturen der Beteiligung pluralistischer Gruppen an der Normsetzung noch nicht herausgebildet haben.

Oft beschränkt sich die Beteiligung[149] der außerstaatlichen Stellen auf die *Beratung* staatlicher Stellen, die *Begutachtung* sowie die *Vorbereitung von Verordnungsentwürfen* und behördlichen Einzelentscheidungen. Teilweise werden die Verbände oder ihre Vertreter[150] *unmittelbar* und *verbindlich* an der Erfüllung staatlicher Aufgaben[151] beteiligt, teilweise werden ihnen diese sogar zur *selbständigen Regelung*[152] *übertragen.*

bb) Vor- und Nachteile

Für eine verstärkte Heranziehung außerstaatlicher Verbände, insbesondere „Privater", gerade bei der Normsetzung lassen sich *drei Gründe*[153] anführen. Zunächst sollen die Gesetze von sehr speziellen, technischen Vorschriften freigehalten werden, die das Gesetz als eine prinzipielle Regelung von einiger Bedeutung nur belasten würden[154].

Ferner will sich der Gesetzgeber der Sachkunde und „Normierungsnähe" der unmittelbar betroffenen Kreise[155] bedienen, ohne deren

---

[147] Zur Klassifizierung siehe auch *Nickusch,* a.a.O., S. 3 ff.: Technische Ausschüsse, Verbände etc.

[148] *Bachof,* a.a.O., S. 263 entwickelt rechtstheoretisch den Begriff der „öffentlich-rechtlichen Teilrechtsfähigkeit", um das Recht der Verbände besser strukturieren zu können.

[149] Eine Übersicht über die Beteiligungsformen geben *Conradi,* a.a.O., S. 44 ff.; *Bachof,* a.a.O., S. 221, 237 ff. (insbesondere zu den Ausschüssen: a.a.O., S. 248 ff.); *Scheuner,* DÖV 1952, 609 (613); *Krüger,* NJW 1966, 621 ff.

[150] Vgl. § 3 Abs. 2 des Schwerbeschädigtengesetzes vom 16. 6. 1953 (BGBl 389); dazu *Conradi,* a.a.O., S. 32 ff.; *Evers,* a.a.O., S. 49 ff.

[151] Beim Erlaß von formellen Gesetzen (vgl. §§ 1272 Abs. 1, 1273 RVO), Verordnungen (vgl. § 24 GewO), Satzungen und Verwaltungsvorschriften (vgl. § 24 Abs. 3 des Güterkraftverkehrsgesetzes [BGBl 1952, 697]) und Verwaltungsakten (vgl. § 19 des Gaststättengesetzes i. d. F. v. 28. 4. 1930 [RGBl 146]).

[152] Wie z. B. bei §§ 21, 29 des Gesetzes über den gewerblichen Binnenschiffahrtsverkehr vom 1. 10. 1953 (BGBl 1453), die die verbindliche Inhaltsbestimmung von Verordnungen an Private abtreten, dazu *Bullinger,* Unterermächtigung, S. 20; weitere Beispiele bei Evers, a.a.O., S. 56 f.

[153] Zu den Gründen dieser Entwicklung siehe *Evers,* a.a.O., S. 41 ff.; *Krüger,* NJW 1966, 617 ff.; *Ballreich,* Übertragung, S. 332.

[154] *Schäfer,* a.a.O., S. 101.

[155] *Conradi,* a.a.O., S. 20; *Kaiser,* a.a.O., S. 270; vgl. die amtliche Begründung zu §§ 24 ff. GewO (Bundestagsdrucksache der 1. Wahlperiode

Mithilfe er seinen Aufgaben vielfach gar nicht mehr gewachsen wäre[156]. Schließlich soll die demokratische Beteiligung der Bürger an der staatlichen Willensbildung wenigstens partiell gefördert werden: es ist ja der Zweck *wirtschaftlicher* und *sozialer Selbstverwaltung*, einen Ausgleich zwischen obrigkeitlichem Ordnungs- und Normierungsbedürfnis und weitgehender Selbstbestimmung der Betroffenen zu suchen[157] [158].

Diese Gründe lassen eine teilweise Verlagerung von Gesetzgebungsaufgaben auf Private *vorteilhaft* und auch wünschenswert erscheinen; ihnen stehen jedoch auch erhebliche und grundsätzliche *Bedenken* gegenüber. Einmal besteht die Gefahr, daß die Sonderinteressen der Gruppen, die egoistisch und von umsatz- und gewinnfördernden Gesichtspunkten bestimmt sein können, in einen Widerspruch zu den Gesamtinteressen des Gemeinwohles geraten[159], die im Vordergrund der Normsetzung stehen müssen. Das läßt sich besonders am Recht der „Regeln der Technik" beobachten[160]. Ferner führt die Verlagerung der Rechtsetzung auf die Normadressaten selbst oder die Einräumung entscheidender Mitwirkungsbefugnisse zu perfektionistischer Ausweitung der Vortschriften[161], wie sich beispielhaft an der Entwicklung der „Regeln des Verbandes Deutscher Elektrotechniker" ablesen läßt. Schließlich entbehren die organisierten Gruppeninteressen auch demokratischer Legitimation[162]; sie stehen in der Regel nicht einmal unter staatlicher Aufsicht. Ihre Betrauung mit Rechtsetzungsaufgaben sprengt damit den Rahmen der Rechtsordnung als eines Systems legitimierter Rechtsetzung[163].

Nr. 4170, S. 11): „. . . technischer Vorschriften . . . liegen derart schwierige Verhältnisse vor, daß eine dem jeweiligen Stande der Technik entsprechende Regelung nur unter Mitwirkung der beteiligten Fachkreise gefunden werden kann."

156 Die Heranziehung der Verbände ist eine „gesetzgebungstechnische Notwendigkeit": *Conradi*, a.a.O., S. 21.

157 *Conradi*, a.a.O., S. 24 mit weiteren Zitaten, auch *Schneider*, Übertragung, S. 397 ff.

158 Die Beteiligung der Interessenverbände ist auch ein Mittel, die Arbeit der Exekutive zu kontrollieren und den bei jeder Normsetzung notwendigen Interessenausgleich schon im vorbereitenden Verfahren herbeizuführen: dazu *Conradi*, a.a.O., S. 21—23.

159 *Scheuner*, Der Staat und die Verbände, S. 30 („meist weicht das Gesamtinteresse den Sonderinteressen, die Sachgerechtigkeit der Machtgerechtigkeit"); *Conradi*, a.a.O., S. 52, 70 ff.; *Kaiser*, a.a.O., S. 287. *Eschenburg*, a.a.O., S. 65, spricht von einer „Renaissance des Mittelalters"; ähnlich *Triepel*, a.a.O., S. 99; auch *Scheuner*, Übertragung, S. 147 sieht eine Rückkehr zu „ständischen Verhältnissen".

160 *Bullinger*, Unterermächtigung, S. 22.

161 *Nickusch*, a.a.O., S. 207.

162 Dazu auch unter B BB I und II.

163 Dazu auch unter B AA I 3 b dd.

Möglichkeiten und Grenzen der Mitwirkung Privater an der Rechtsetzung müssen in klarer Erkenntnis dieser grundsätzlichen Vorbehalte untersucht werden.

c) Wahrnehmung staatlicher Aufgaben durch Private

aa) Beleihung mit der Wahrnehmung von Einzelbefugnissen

Prüft man die *verfassungsrechtliche Zulässigkeit der Übertragung staatlicher Aufgaben auf Private,* so könnte man zunächst daran denken, sie als *„Beliehene"*[164] anzusehen. Man erkennt heute überwiegend[165] an, daß der Staat Private mit der Wahrnehmung auch *hoheitlicher Aufgaben* betrauen darf, jedenfalls mit der *Wahrnehmung von Einzelbefugnissen.* Die Beleihung erfolgt durch Gesetz, durch Verwaltungsakt auf Grund eines Gesetzes oder durch öffentlich-rechtlichen Vertrag: der Beliehene nimmt die ihm übertragenen staatlichen Aufgaben im eigenen Namen wahr. Einwendungen aus dem demokratischen Prinzip[166] stehen der Beleihung — jedenfalls bei Einzelbefugnissen — nicht entgegen, da der Beliehene unmittelbar oder mittelbar auf Grund einer gesetzlichen Ermächtigung, und damit demokratisch legitimiert, tätig wird sowie staatlicher Aufsicht untersteht[167]. Auch die Aufteilung der Verwaltungskompetenzen durch Art. 83 bis 87 GG hindert eine Beleihung Privater nicht: sie ist — wie die Aufgliederung der Gesetzgebungskompetenzen in Art. 72 bis 75 GG — in erster Linie unter dem Gesichtspunkt der Abgrenzung von Bundes- und Landeszuständigkeiten zu sehen; keineswegs will sie einer beschränkten Ermächtigung auch Privater nach dem politischen Ermessen des Gesetzgebers im Wege stehen, wie Huber[168] überzeugend nachgewiesen hat. Auch wenn gewisse Bedenken bleiben, wird man nicht verkennen dürfen, daß sich die Beleihung durch die ununterbrochene Staatspraxis und die breite Zustimmung in Rechtsprechung

---

[164] Die Frage der Zulässigkeit der Übertragung von Hoheitsbefugnissen wurde schon von Otto *Mayer,* a.a.O., Bd. II, S. 95 ff., 243 ff. aufgegriffen. Dazu besonders E. R. *Huber,* a.a.O., Bd. I, S. 533 ff., *Peters-Ossenbühl,* a.a.O., S. 38 ff. und 53 ff. sowie die dort angegebene Literatur.

[165] E. R. *Huber,* a.a.O., Bd. I, S. 533, 537 f.; *Peters-Ossenbühl,* a.a.O., S. 42; H. J. *Wolff,* Lehrbuch Bd. II, § 104 mit weiteren Angaben; auch *Stern,* VerwArch. 49, 142 f. und ders., AöR 84, 155 f. (bezüglich der Beleihung von Energieversorgungsunternehmen); *Nipperdey,* a.a.O., S. 621; *Rupp,* a.a.O., S. 5.

[166] Wie sie neuerdings von W. *Reuß,* a.a.O., S. 130 erhoben worden sind.

[167] *Peters-Ossenbühl,* a.a.O., S. 40. Daß die Privaten, gerade wenn es sich um Verbände handelt, in ihrer inneren Struktur oft nicht demokratischen Grundsätzen entsprechen und nicht repräsentativ sind, ist ein bereits unter b bb angedeutetes Bedenken, den hier nicht weiter nachgegangen werden kann; dazu die Auseinandersetzung von *Peters-Ossenbühl,* a.a.O., S. 41 mit *Reuß;* auch *Hamann,* a.a.O., S. 16; *Schäfer,* a.a.O., S. 85 ff.; vgl. dazu auch unter B BB I, II.

[168] A.a.O., S. 543; ihm schließen sich *Peters-Ossenbühl,* a.a.O., S. 41 an.

und Lehre seit Otto Mayer[169] zu einem gewohnheitsrechtlich anerkannten verwaltungsrechtlichen Institut entwickelt hat[170].

Zusammenfassend kann man also sagen, daß keine grundsätzlichen verfassungsrechtlichen Bedenken gegen eine inhaltlich begrenzte Übertragung von Hoheitsbefugnissen auf Private bestehen: die Begrenzung ergibt sich aus Art. 33 Abs. 4 GG[171]. Der Staat muß sich ferner ein jederzeitiges Rückholrecht sichern und den Beliehenen seiner Aufsicht unterstellen.

bb) Ermächtigung zur Rechtsetzung

Diese Feststellung gilt zunächst nur für die Übertragung von Einzelbefugnissen. Sehr fraglich ist allerdings, ob man diese Grundsätze auf *Rechtsetzungsbefugnisse* übertragen kann. Daß auch sie in der Praxis partiell auf Private verlagert werden, weist nur auf ein Entlastungsbedürfnis der zur Normsetzung berufenen Stellen hin: die verfassungsrechtliche Zulässigkeit ist damit aber nicht bewiesen. Die Beantwortung dieser Frage ist nur unter Berücksichtigung des *Gewaltenteilungsgrundsatzes* möglich. Gerade für die Übertragung von Rechtsetzungsbefugnissen hat Art. 80 GG eine detaillierte Regelung getroffen, von der auszugehen ist. Zwar grenzt Art. 80 GG nur die Bereiche der Legislative und der Exekutive voneinander ab, ohne die Frage der Verlagerung auf außerstaatliche Stellen expressis verbis zu berühren. Die genaue Regelung der Verordnungsermächtigungen zeigt jedoch, daß das Gesetzgebungsmonopol bei der Legislative liegen soll. Das bedeutet nicht nur, daß die anderen Gewalten — mit Ausnahme der Exekutive im Rahmen des Art. 80 GG — von der Rechtsetzung ausgeschlossen sind, sondern auch, daß eine Verlagerung auf außerstaatliche Stellen ebenfalls unzulässig ist. Die Verfassung balanciert nicht nur die drei Gewalten aus, sie stellt vielmehr auch ein geschlossenes System staatlicher Machtausübung dar. Einen „verfassungsfreien" Raum, der einer nicht ausdrücklich erlaubten, aber auch nicht ausdrücklich verbotenen Übertragung von Rechtsetzungsbefugnissen offenstände, gibt es nicht[172].

Aber selbst wenn man die Gewaltenteilung nicht als entscheidendes Hindernis für die Ermächtigung Privater zur Rechtsetzung ansieht, ergeben sich überzeugende Bedenken aus dem *demokratischen Prin-*

---

169 A.a.O., Bd. II, S. 95 ff., 243 ff. 170 *Peters-Ossenbühl*, a.a.O., S. 42.

171 E. R. *Huber*, a.a.O., Bd. I, S. 543; H. J. *Wolff*, Lehrbuch, Bd. II, § 104; *Peters-Ossenbühl*, a.a.O., S. 43.

172 Das ist der Kern von *Triepels* (a.a.O., S. 112) Lehre der genauesten Ausbalancierung der Gewalten. A. A.: *Peters-Ossenbühl*, a.a.O., S. 56: die Ansicht, Art. 80 GG gelte nur für das interne Verhältnis der Gewalten zueinander, ist nicht überzeugend. Dazu auch die Überlegungen unter a.

zip, das die Setzung allgemeinverbindlicher Normen durch demokratisch nicht legitimierte Stellen verbietet[173].

Als *Zwischenergebnis* kann also festgestellt werden, daß eine Ermächtigung außerparlamentarischer Stellen zur Rechtsetzung nur nach Maßgabe des Art. 80 GG möglich ist[174].

Nach weit überwiegender Ansicht[175] ist der Adressatenkreis in Art. 80 Abs. 1 Satz 1 GG abschließend festgelegt, eine Ermächtigung Privater also nicht zulässig. Auch der Umweg über eine *Unterermächtigung* Privater durch Exekutivbehörden gemäß Art. 80 Abs. 1 Satz 4 GG ist nicht gangbar. Zwar bezeichnet Art. 80 Abs. 1 Satz 4 GG im Gegensatz zu Art. 80 Abs. 1 Satz 1 GG den Kreis der in Frage kommenden Ermächtigungsadressaten nicht: es wäre also denkbar, durch eine vorweggenommene Unterermächtigung andere als die in Satz 1 genannten Stellen, auch Private, zu ermächtigen[176]. Aus dem Grundgedanken des Art. 80 GG — eine Ermächtigung zur Rechtsetzung nur ausnahmsweise und nur dann zuzulassen, wenn Normen durch die dem Parlament verantwortliche Exekutive erlassen werden — sowie seiner Entstehungsgeschichte[177], bei der an die Ermächtigung Privater nicht gedacht worden ist, ergibt sich jedoch, daß der Adressatenkreis einer Unterermächtigung zwar größer sein kann als der einer Verordnungsermächtigung, also etwa auch Bundesminister oder Bundesoberbehörden[178] umfaßt, daß aber außerstaatliche Stellen ausgeschlossen sind[179] [180].

---

[173] So mit Recht *Peters-Ossenbühl*, a.a.O., S. 56 f., die also zu demselben Ergebnis kommen; dazu näher unter B BB I und II.

[174] Die Frage autonomer, vom Staate ermächtigter Rechtsetzung, etwa der kommunalen Gebietskörperschaften oder der Tarifpartner, bleibt hier ausgeklammert: dazu *Nickusch*, a.a.O., S. 156 ff.

[175] BVerfGE 8, 155 (163); *Klein*, Übertragung, S. 36, 89; *Peters-Ossenbühl*, a.a.O., S. 58; R. *Wolff*, AöR 78, 216; *Hamann*, Kommentar, S. 351; *Jesch*, AöR 84, 81; *Jellinek*, Übertragung, S. 168; a. A. *Obermayer*, DVBl 1959, 357; *Scheuner*, Übertragung, S. 144, 145, beide unter Berufung auf die Möglichkeit einer Subdelegation auf andere als die in Art. 80 Abs. 1 GG genannten Delegatare.

[176] Grundsätzlich besteht diese Möglichkeit einer Antizipierung: *Peters-Ossenbühl*, a.a.O., S. 58; *Scheuner*, Übertragung, S. 144; *Jellinek*, Übertragung, S. 168.

[177] Dazu JöR NF, Bd. 1, S. 588 f.

[178] *Maunz-Dürig*, a.a.O., Art. 80, Rdn. 15; a. A. *Häuber*, a.a.O., S. 40.

[179] *Peters-Ossenbühl*, a.a.O., S. 58; *Drews-Wacke*, a.a.O., S. 393; R. *Wolff*, AöR 78, 222; *Häuber*, a.a.O., S. 40.

[180] *Peters-Ossenbühl*, a.a.O., S. 58 ff. gehen noch der Frage nach, ob nicht manche private Verbände auf Grund der zahlreichen ihnen übertragenen öffentlichen Aufgaben als quasi-öffentliche Stellen im Sinne des nach Art. 80 Abs. 1 Satz 4 GG zugelassenen Delegatarkreises anzusehen sein könnten, kommen aber ebenfalls zu einem negativen Ergebnis (a.a.O., S. 60).

Man kommt also zu dem *Ergebnis, daß eine Übertragung rechtsetzender Gewalt auf Private verfassungswidrig ist*[181].

d) Die Verweisung als Form der Beteiligung Privater an der Rechtsetzung

Im Zuge der Untersuchung, welcher Formen sich der Gesetz- und Verordnungsgeber zur Beteiligung sachverständiger Kreise an der Rechtsetzung bedient, tritt die *Verweisung auf Vorschriften und Regeln privater Verbände und Vereine* besonders in Erscheinung: teilweise werden Einzelvorschriften, etwa technische Definitionen, herangezogen, teilweise umfangreiche Regelwerke im ganzen. Stellt man auf die beabsichtigte Rechtswirkung ab, so können sie als Richtlinien und Hilfsmittel für die Auslegung der Verweisungsnorm übernommen werden oder auch eine abschließende, verbindliche Regelung der betreffenden Materie darstellen. Die letztere Form ist für die Frage der Übertragung von Rechtsetzungsaufgaben die einschneidendste und muß daher im Vordergrund der Untersuchung stehen. An Hand des so gefundenen Ergebnisses läßt sich dann auch die Zulässigkeit aller anderen Mitwirkungsformen beurteilen[182]. Als *Beispiel* einer Verweisung auf Vorschriften Privater sei hier — neben den bereits genannten[183] — § 1 der 2. Durchführungsverordnung[184] zum Energiewirtschaftsgesetz[185] angeführt:

„1. Elektrische Energieanlagen und Energieverbrauchsgeräte sind ordnungsgemäß, d. h. nach den anerkannten Regeln der Elektrotechnik, einzurichten und zu unterhalten.

2. Als solche Regeln gelten die Bestimmungen[186] des Verbandes Deutscher Elektrotechniker (VDE)".

An diesem Beispiel soll gezeigt werden, welchen *Rechtscharakter private Bestimmungen* haben und was die Verweisung auf sie nach dem Willen des Gesetzgebers rechtlich *bewirken soll* und zulässigerweise *bewirken kann.*

aa) Private Regeln — Keine Rechtsnormen

Schon nach dem bisherigen Ergebnis läßt sich feststellen, daß die VDE-Bestimmungen in dem Beispiel *keine Rechtsnormen* sein kön-

---

181 *Drews-Wacke,* a.a.O., S. 393; *Schäfer,* a.a.O., S. 105.

182 Das Ergebnis ist auch auf die Bezugnahme auf statistische Mitteilungen (gemäß § 139 b Abs. 5 GewO), Karten und Bebauungspläne (siehe näher unter A AA IV 2 f ee und B AA II 2 b cc bbb), Festsetzungen des Diskontsatzes (siehe unter A AA II 2 f cc) sowie auf die (stillschweigende) Verweisung auf Allgemeine Geschäftsbedingungen im Handels- und Wirtschaftsrecht (dazu näher unter A AA IV 2 f dd) anwendbar.

183 Siehe dazu unter A AA IV 2 f bb.

184 Vom 31. 8. 1937 (RGBl 918). 185 Vom 13. 12. 1935 (RGBl 1451).

186 Die 2. Durchführungsverordnung ist noch heute in Kraft; dazu *Nickusch,* a.a.O., S. 30 mit zahlreichen Nachweisen. In derselben Form wird in Verordnungen auf die Regeln des Vereins der Gas- und Wasserfachmänner etc. verwiesen. Dazu unter A AA IV 2 f bb.

nen[187]. Weder ist der Verband der Elektrotechniker eine Körperschaft des öffentlichen Rechts mit der Befähigung zum Erlaß autonomer Rechtsnormen noch kraft einer Beleihung zu selbständiger Rechtsetzung befugt noch kann er auf Grund einer Ermächtigung oder Unterermächtigung Vorschriften mit Verordnungskraft erlassen. Zu demselben Ergebnis führt die Untersuchung der *Regelwerke anderer Verbände*[188]: eine Ausnahme machen im Bereich der Technischen Bestimmungen nur die Unfallverhütungsvorschriften, die von den Berufsgenossenschaften, autonomen Körperschaften des öffentlichen Rechts, als Satzungen erlassen werden[189].

Die Vorschriften der Technischen Verbände können im übrigen nur dadurch die Wirkung von Rechtsnormen erhalten, daß sie ausdrücklich in ein Gesetz oder eine Verordnung eingegliedert werden[190], wie es etwa mit der Gebührenordnung für Architekten[191] geschehen ist[192].

Vielfach[193] wird in der Formulierung:

> „... nach den allgemein anerkannten Regeln der Technik ... Als solche gelten ...“

eine *Fiktion* gesehen, mit deren Hilfe Technische Vorschriften in Gesetzen und Verordnungen an die jeweilige, sich entsprechend dem rasch fortschreitenden Stand der Technik oft ändernde Fassung der Regelwerke angepaßt werden sollen. Die Fiktion als Form dynami-

---

[187] *Nickusch*, a.a.O., S. 30; *Eiser-Riederer-Sieder*, a.a.O., Bd. I, S. 295 a (als solche kein Rechtsnormcharakter, rechtliche Bedeutung nur im Zusammenhang mit eigens normierten gesetzlichen Tatbeständen, für sich allein nur Technische Regeln); BVerwG NJW 1962, 506 (507); OVG Münster, Rechtsbeilage der Elektrizitätswirtschaft 1959, 52. Als *Rechtsnormen* qualifizieren sie abweichend der VDE selbst (Bekanntmachung BAnz 1954, Nr. 144, 11) und AG Brackenheim in einem Urteil vom 17. 2. 1955 (Rechtsbeilage der Elektrizitätswirtschaft 1957, 77); offenbar auch W. *Reuß*, a.a.O., S. 131 (wenn er von „verbindlicher Feststellung“ spricht) sowie *Hereth*, a.a.O., S. 1490. Weiteres Schrifttum bei *Schäfer*, a.a.O., S. 73.

[188] Dazu die Einzeluntersuchungen bei *Schäfer*, a.a.O., S. 80 ff. und *Nickusch*, a.a.O., S. 18 ff.

[189] BVerfGE 1, 91 (94); *Schäfer*, a.a.O., S. 97; *Nickusch*, a.a.O., S. 63.

[190] *Schäfer*, a.a.O., S. 40.

[191] Jetzige Fassung vom 11. 11. 1958 (BAnz. 219); dazu *Nickusch*, a.a.O., S. 40 ff.

[192] Eine andere Möglichkeit wäre die Allgemeinverbindlicherklärung durch staatliche Anordnung, ähnlich wie bei Tarifverträgen gemäß § 5 TVG, dazu *Nickusch*, NJW 1967, 811 (813) und *Schäfer*, a.a.O., S. 113, ähnlich *Krüger*, NJW 1966, 619 (622 ff.), der die Möglichkeit eines Normenvertrages des Staates mit den gesellschaftlichen Kräften in Verbindung mit einer Allgemeinverbindlicherklärung erörtert.

[193] *Hereth*, NJW 1963, 1490: dazu die ausführliche Widerlegung bei *Schäfer*, a.a.O., S. 76.

scher Verweisung hätte jedoch die Wirkung einer Ermächtigung der Verbände zur Rechtsetzung[194] und ist damit verfassungswidrig.

bb) Private Regeln als Beweislastregeln

Sind nun aber die Bestimmungen privater Verbände keine Rechtsnormen und ist ihre Einbeziehung in Rechtsvorschriften als Objekt einer dynamischen Verweisung verfassungswidrig, so ergibt sich die Frage, ob die zahlreichen Verweisungen auf Technische Vorschriften als nichtig zu betrachten sind oder ob sie bei verfassungskonformer Interpretation aufrechterhalten werden können.

Gegen eine Verweisung auf Technische Regelwerke, auch in deren jeweiliger Fassung, ist dann nichts einzuwenden, wenn die privaten Bestimmungen die „allgemein anerkannten Regeln der Technik" nicht verbindlich und abschließend festlegen, sondern nur Anhaltspunkte für deren Auffindung und Auslegung sind, also nicht ausschließen, daß es noch andere, in den Regelwerken nicht enthaltene „anerkannte Regeln" gibt[195]. In diesem Falle sind sie letztlich als *Beweislastregeln*[196] anzusehen: Wer die Technischen Regeln, die in den Bestimmungen der Verbände enthalten sind, beachtet und sich auf sie beruft, braucht nicht zu beweisen, daß sie technisch richtig und „allgemein anerkannt" sind[197]; weicht hingegen jemand von ihnen ab, so wird vermutet, daß ein Verstoß gegen die „allgemein anerkannten Regeln der Technik" vorliegt; diese Vermutung kann der Betreffende widerlegen, indem er dartut, daß sein Verhalten technisch richtig war und von den sachverständigen Kreisen allgemein gebilligt worden wäre[198].

Bei dieser Interpretation der Technischen Regeln als Erkenntnisquellen und Erfahrungssätze für die Rechtsanwendung kann der Richter sie auch auf ihre Sachgemäßheit und Vereinbarkeit mit neueren technischen Entwicklungen überprüfen, ist also nicht darauf beschränkt, sie — wie Rechtsnormen — nur auf formell richtiges

---

[194] *Nickusch*, a.a.O., S. 207 ff.; ders., NJW 1967, 81; *Bullinger*, Selbstermächtigung, S. 21; ders., Unterermächtigung, S. 21; *Conradi*, a.a.O., S. 53.

[195] So *Conradi*, a.a.O., S. 22: eine Möglichkeit der Auslegung des unbestimmten Rechtsbegriffs „allgemein anerkannte Regeln"; *Schäfer*, a.a.O., S. 62; *Drews-Wacke*, a.a.O., S. 394; ähnlich BVerwG NJW 1962, 506 (507); a. A.: *Eiser-Riederer-Sieder*, a.a.O., Bd. I, S. 295 a.

[196] *Schäfer*, a.a.O., S. 85 mit weiteren Nachweisen.

[197] Schäfer, a.a.O., S. 84 spricht von einer „unwiderleglichen Vermutung" für ihre Richtigkeit, weil eine Prüfung nicht mehr gefordert wird.

[198] Insoweit spricht *Schäfer*, a.a.O., S. 84 von einer „widerlegbaren Vermutung", sieht also die Bestimmungen der Verbände insgesamt als eine Mischung von widerlegbarer und unwiderlegbarer Vermutung an, wodurch sich ein sprachlicher, aber kein sachlicher Unterschied gegenüber deren Einordnung als Beweislastregeln ergibt.

Zustandekommen und Vereinbarkeit mit höherem Recht zu untersuchen[199].

So betrachtet, ist die Aufstellung von Technischen Regelwerken durch Private zwar auch nicht ganz unbedenklich[200], da sie in der praktischen Anwendung einer authentischen Auslegung der unbestimmten Rechtsbegriffe[201] „allgemein anerkannte Regeln der Technik" etc. gleichkommen, jedoch ist gegen eine solche verfassungskonforme Beteiligung der sachkundigen Verbände aus der Sicht der Gewaltenteilung nichts einzuwenden.

e) Zulässige Formen der Beteiligung Privater an der Rechtsetzung

Ist demnach die offene und versteckte (durch eine dynamische Verweisung) Übertragung von Rechtsetzungsbefugnissen auf Private mit der Verfassung nicht vereinbar, so bleiben den Verbänden von Wirtschaft und Technik immer noch vielfältige *verfassungsmäßige Formen der Mitwirkung an der Rechtsetzung*. Seitens staatlicher Stellen können und sollten sie verstärkt zur Beratung[202] herangezogen wer-

[199] BVerwG NJW 1962, 506 (507). Bei dieser Qualifizierung als für den Richter nicht verbindliche Auslegungsrichtlinien für allgemeine Rechtsbegriffe entfallen auch die rechtsstaatlichen Bedenken von *Conradi*, a.a.O., S. 54, die Rechtsschutzgarantie des Art. 19 Abs. 4 GG sei ihnen gegenüber nicht gegeben. *Conradi* meint, die Regeln griffen zwar in Freiheit und Eigentum der Bürger ein — auf Grund der zahlreichen Bezugnahmen in Gesetzen und Verordnungen —, seien aber nicht Äußerungen der „öffentlichen Gewalt". Nach der hier vertretenen Ansicht kann der Richter prüfen, ob die Regeln dem neuesten Stand der Technik entsprechen, und sie gegebenenfalls zurückweisen.

[200] Bedenken auch bei *Conradi*, a.a.O., S. 53 ff.: Die Regeln seien zwar „allgemein anerkannt" und insoweit seien die Regelwerke nur deklaratorisch, aber das sei oft nur ein Vorwand für die selbständige Festlegung des Rechtes der Technik durch die Verbände.

[201] In diesen Zusammenhang der Verweisung auf Vorschriften Privater gehört auch das Problem der Allgemeinen Geschäftsbedingungen (AGB), also der von Unternehmen und Wirtschaftsverbänden aufgestellten oder vereinbarten Bestimmungen, die Inhalt aller von ihnen zu schließenden Verträge sein sollen (*Nickusch*, a.a.O., S. 138 ff.). Durch die Generalklauseln (z. B. § 242 BGB, §§ 346, 359 HGB) dringen sie in das Recht ein und haben häufig die Wirkung von Rechtsnormen; sie sind „selbstgeschaffenes Recht der Wirtschaft"; *Grossmann-Doerth*, JW 1929, 447; *v. Gierke*, a.a.O., S. 27. Dazu die höchstrichterliche Rechtsprechung: RGZ 81, 117 bis 171, 43 (46); BGHZ 1, 83 (85); 12, 136 (139) (Unterwerfung unter eine Rechtsordnung!) und BGHZ 17, 1 (2, 3); zuletzt 33, 216 (218 f.); 38, 183 (185); BGHZ NJW 1967, 1226 (keine Rechtsnormen!). Dazu auch *Nickusch*, a.a.O., S. 141 mit weiteren Nachweisen.

[202] *Bachof*, a.a.O., S. 236; *Conradi*, a.a.O., S. 26; *Peters-Ossenbühl*, a.a.O., S. 60. Ein Beispiel zwingender Mitwirkung enthält § 33 Abs. 1 des Heimarbeitsgesetzes vom 14. 3. 1951 (BGBl 191):

„Die Bundesregierung kann . . . nach Anhörung der Spitzenverbände der Gewerkschaften . . . Rechtsverordnungen erlassen über . . .".

den[203]. Gegen eine *statische Verweisung* auf die Regelwerke ist nichts einzuwenden. Werden die Vorschriften geändert, so müssen Gesetze und Verordnungen der neuen Fassung nach eigenverantwortlicher Prüfung durch Legislative und Exekutive in einem neuen Beschluß angepaßt werden[204]. Das Schwergewicht der Einflußnahme sollte im Vorbereitungsstadium der Rechtsetzung liegen, insbesondere beim Erlaß technischer Verordnungen: in der Begutachtung behördlicher Verordnungsentwürfe oder einer *Verordnungsinitiative* der Verbände selbst[205]. Beispielhaft ist insoweit § 24 Abs. 4 der Gewerbeordnung i. d. F. vom 29. 9. 1953[206]:

> „In den Rechtsverordnungen nach Abs. 1 können Vorschriften über die Einsetzung von technischen Ausschüssen getroffen werden. Die Ausschüsse sollen die Bundesregierung . . . insbesondere in technischen Fragen beraten und ihnen dem Stand von Wissenschaft und Technik entsprechende Vorschriften vorschlagen"[207].

Auf diese Weise kann die grundsätzliche Unvereinbarkeit staatlicher Normsetzung und außerstaatlicher Interessenwahrnehmung in eine nützliche Kooperation umgewandelt werden.

De constitutione et lege ferenda wird man erwägen müssen, ob man sich, entsprechend den Vorschlägen Krügers[208], der Mithilfe der Fachkreise nicht durch die Zulassung eines autonomen Rechtes der Technik versichern sollte[209] oder den Erlaß technischer Normen besonderen Organen übertragen sollte, an denen die interessierten und fachkundigen Kreise jedenfalls beteiligt sein müssen, oder schließlich technisches Recht durch Normenverträge oder Vereinbarungen setzen sollte.

8. *Zusammenfassung und Ergebnis*

a) Verfassungswidrige dynamische Verweisung

Faßt man das *Ergebnis dieses Abschnittes* zusammen, so ist festzuhalten:

---

[203] In den USA gibt es etwa regelmäßig „public hearings" für die Interessengruppen: Übertragung, S. 161.

[204] *Drews-Wacke*, a.a.O., S. 394; siehe unter A AA VI 1.

[205] *Schäfer*, a.a.O., S. 113; *Drews-Wacke*, a.a.O., S. 393; *Evers*, a.a.O., S. 53; allerdings keine verbindlichen Verordnungsentwürfe! Vgl. auch §§ 62 i. V. m. 23 der GGO der Bundesministerien.

[206] BGBl 1459 i.d.F. vom 5. 2. 1960 (BGBl 61).

[207] Im Gegensatz dazu hatten sich die Länder nach § 24 GewO a.F. darauf beschränkt, die materielle Regelung der technischen Überwachung nichtstaatlichen Stellen zu überlassen, indem sie auf die von den Technischen Ausschüssen aufzustellenden „Technischen Grundsätze" verwiesen.

[208] NJW 1966, 618 ff.

[209] Was allerdings den Nachteil eines nur auf die Mitglieder solcher autonomer Verbände beschränkten Adressenkreises hätte.

Unter dem Gesichtspunkt der Gewaltenteilung sind

1. *unbedenklich* alle Formen der *statischen Verweisung*,
2. *verfassungswidrig* alle Formen der *dynamischen Verweisung*, da sie versteckte Ermächtigungen zur Rechtssetzung sind und Zuständigkeiten der Legislative in durch die Verfassung nicht vorgesehener Weise auf die *Exekutive* oder *außerstaatliche Stellen* verlagern[210],

   mit einer Ausnahme
3. *unbedenklich ist die dynamische Verweisung bei Identität des Gesetzgebers*[211] (also die Verweisung auf Verweisungsobjekte, die der Verweisende selbst erlassen hat).

b) Vermutung für die statische Verweisung

An Hand dieses Ergebnisses läßt sich nun auch die Frage beantworten, ob es eine *Vermutung für die statische oder dynamische Verweisung* gibt, wenn die Formulierung des Gesetzes nicht erkennen läßt, ob die zur Zeit seines Inkrafttretens geltende Fassung oder die jeweilige Fassung des Verweisungsobjektes (mit allen zukünftigen Änderungen) Bestandteil der Verweisungsnorm sein soll. Da der Gesetzgeber mit der Verweisung häufig in erster Linie das Ziel verfolgt, Verweisungsnorm und Verweisungsobjekt auch bei Inhaltsänderungen „gleichlaufen" zu lassen, wird in Rechtsprechung[212] und Literatur[213] vielfach angenommen, im Zweifel solle auf die jeweils geltende Fassung verwiesen sein; das gelte insbesondere dann, wenn das Verweisungsobjekt von vornherein auf häufige Änderungen angelegt sei[214] [215]. Dieser Ansicht kann gefolgt werden, soweit die Identität des Normsetzers gewahrt ist: da verfassungsrechtliche Bedenken nicht bestehen, sollte die Auslegung den Zweck der Verweisung möglichst weitgehend berücksichtigen[216]. Anders jedoch in den übrigen

---

[210] So auch *Ossenbühl*, a.a.O., S. 408. Für zulässig halten die dynamische Verweisung dagegen *Müller*, a.a.O., S. 174; *Bullinger*, Unterermächtigung, S. 20 (aus Gründen der Erhaltung der Einheit der Rechtsordnung, wenn er sie auch als „unerwünscht" bezeichnet), ferner *Herschel*, a.a.O., S. 1223, allerdings mit den in B AA I 4 b bb bbb erörterten Einschränkungen.

[211] *Ossenbühl*, a.a.O., S. 408.

[212] BVerwG, Urt. IV C 149/61 vom 22. 9. 1961 zu § 230 Abs. 2 Nr. 3 n.F. LAG; BayerVerwGH BayerVerwBl 1960, 321 (322); für die ältere Rechtsprechung: RGZ 98, 11.

[213] *Müller*, a.a.O., S. 174; *Geller-Kleinrahm-Fleck*, a.a.O., S. 474; *Herschel*, a.a.O., S. 1223.

[214] Vgl. dazu BGHZ 15, 221 (223).

[215] Nach BGHZ 15, 221 (223) (zur Verweisung des Art. 20 des Hessischen Ausführungsgesetzes zum GVG auf die Fassung des GVG von 1878) und *Jellinek*, a.a.O., S. 95 soll die Auslegung im Einzelfall entscheiden, ob eine statische oder dynamische Verweisung gemeint ist.

[216] So z. B. bei § 173 VwGO: dazu wie hier *Eyermann-Fröhler*, a.a.O., § 173, Anm. 2 und *Klinger*, a.a.O., § 173, Anm. 2.

Fällen: hier kann die Vermutung nur für die verfassungskonforme statische Verweisung sprechen[217]. Bei verfassungskonformer Auslegung wird sich im Einzelfall auch eine ausdrücklich angeordnete dynamische Verweisung bei nicht identischem Gesetzgeber in eine verfassungsgemäße statische umdeuten lassen[218].

Abschnitt II

VERWEISUNG UND RECHTSSICHERHEIT

1. Verkündung von Normen, Gesetzesbestimmtheit und -klarheit

Außer der Gewährung individueller Grundrechte, der Gewaltenteilung mit dem Vorrang des formellen Gesetzes und der Garantie umfassenden Rechtsschutzes gehört zum Rechtsstaatsbegriff[1] ein „unabdingbares Maß an Meßbarkeit und Vorausberechenbarkeit aller staatlichen Machtäußerungen an Hand der Gesetze im förmlichen Sinne“[2]. Diese *Rechtssicherheit* ist nur dann gewährleistet, wenn die staatlichen Anordnungen *bekannt gemacht* und *eindeutig bestimmt* sind, der Bürger als Adressat sich also ohne große Mühe Klarheit darüber verschaffen kann, was er zu tun und zu lassen hat. Damit sind die Verkündung von Rechtsvorschriften und die Bekanntgabe staatlicher Anordnungen ein unverzichtbarer Bestandteil der Rechtssicherheit[3].

Umfaßt der Gesetzes- oder Verordnungstext alle Anordnungen im vollen Wortlaut, so ist unter dem Gesichtspunkt der Rechtssicherheit nur zu beachten, daß er in authentischer Form und für alle Adressaten erreichbar veröffentlicht wird; verweist der Text jedoch auf andere, in das Gesetz oder die Verordnung nicht aufgenommene Bestimmungen, so können die Adressaten schwerer überblicken, was angeordnet ist: gleichwohl verlangt das Gebot der Rechtssicherheit auch in diesen Fällen, daß klar erkennbar ist, was rechtens sein soll[4].

Im folgenden wird zu untersuchen sein, in welcher Form Verweisungsnorm und Verweisungsobjekt veröffentlicht werden müssen, um

---

217 So BAGE 12, 285 (287) (dazu näher unter B AA I 4 b bb aaa und ddd); *Evers*, a.a.O., S. 53; *Drews-Wacke*, a.a.O., S. 393, 394; *Hueck-Nipperdey-Stahlhacke*, a.a.O., S. 36; *Schäfer*, a.a.O., S. 107, 108.

218 *Hueck-Nipperdey-Stahlhacke*, a.a.O., S. 36.

1 Zum Rechtsstaat siehe die Literaturangaben unter B AA I.

2 *Maunz-Dürig*, a.a.O., Art. 20, Rdn. 86 ff.

3 BVerfGE 5, 25 (31); BVerwGE 17, 192 (196); BVerwG NJW 1962, 506; BayerVerfGHE 17, II 61 (66); VerwGH München DVBl 1960, 438 (440); *Jesch*, a.a.O., S. 220; *Herschel*, a.a.O., S. 1221; *Imboden*, Staatsakt, S. 133 f.; *Forsthoff*, DVBl 1957, 113 (115); *Henrichs*, a.a.O., S. 150 (151); *Bachof*, JZ 1966, 58 (62); *Drews-Wacke*, a.a.O., S. 406; *Nickusch*, NJW 1967, 811.

4 BVerfGE 5, 25 (31).

den Anforderungen der Rechtssicherheit zu genügen: zunächst unter dem Gesichtspunkt der *Verkündung* und *Bekanntmachung von Vorschriften* (2.), danach an Hand ausgewählter *Einzelbeispiele* unter dem Gesichtspunkt der *Rechtsklarheit* (3.)

2. *Verweisung und Bekanntmachung von Vorschriften*

a) Verkündung, Allgemeines

aa) Verkündung als Schlußakt der Gesetzgebung

Der elementare Grundsatz, daß der Staat von seinen Bürgern nur dann Gehorsam verlangen kann, wenn er bekannt macht, wie sie sich zu verhalten haben, gilt nicht nur für Normen, die ein Tun oder Unterlassen fordern, sondern weitgehend auch für solche, die Rechte gewähren und normativ gestaltend auf das Leben der Bürger einwirken. Die allgemein verbindliche Ordnung eines Staates kann überhaupt nur existieren, insoweit sie öffentliche[5], bekanntgemachte[6] und bekannte Ordnung ist. Das ist nicht erst eine rechtsstaatliche Forderung, sondern ergibt sich aus der Struktur jedes Gemeinwesens[7]. Schon der absolutistische Staat hat das stillschweigend oder ausdrücklich anerkannt[8], und in § 10 der Einleitung des Allgemeinen Landrechts von 1794 heißt es: „Das Gesetz erhält seine rechtliche Verbindlichkeit erst von der Zeit an, da es gehörig bekannt gemacht worden". Ursprünglich wurden die Anordnungen der Obrigkeit durch Anschlag, Ausschellen, Abdruck in den „Intelligenzblättern" so bekannt gemacht, daß sie die Bürger wirklich erreichten, durch die sog. *„materielle Publikation"*[9]. Der konstitutionelle Staat des 19. Jahrhunderts, für den das Gesetz als höchste, unter demokratischer Mitwirkung des Volkes selbst zustande gekommene staatliche Anordnung in den Vordergrund rückte, legte auf dessen feierliche und formstrenge Veröffentlichung besonderen Wert: der Gesetzestext wurde durch Abdruck in einem *amtlichen Organ verkündet*[10], d. h. amtlich bekannt gemacht. Beschlußfassung und Verkündung wurden getrennten Organen, nämlich dem Parlament und dem höchsten Exekutivorgan, übertragen[11]. Die „materielle" wurde zur *„formellen Publikation"*, wie sie heute in jedem modernen Staat mit großer Bevölkerungszahl unentbehrlich ist. An den tatsächlichen Vorgang der

---

[5] Dazu *Weber*, Verkündung, S. 7.

[6] Eine — scheinbare — Ausnahme bildet das Gewohnheitsrecht, denn es ist nicht bekannt gemacht. Es gehört aber zum Wesen jedes gewohnheitsrechtlichen Satzes, daß er im öffentlichen Bewußtsein der Rechtsunterworfenen schon ohne Bekanntgabe lebendig ist: ohne langandauernde Übung und opinio necessitatis entsteht kein Gewohnheitsrecht (*Weber*, a.a.O., S. 7).

[7] *Severin*, a.a.O., S. 8.

[8] *Giese*, AöR 76, 464 (467).

[9] *Severin*, a.a.O., S. 11.

[10] *Hallier*, a.a.O., S. 405.

[11] *Weber*, a.a.O., S. 11.

Verkündung, d. h. der Ausgabe[12] des Gesetzblattes, wird die unwiderlegliche Vermutung[13] geknüpft, daß das Gesetz den Bürgern bekannt geworden ist; anstelle der tatsächlichen Kenntnisnahme, die für die Geltung unerheblich wird[14], tritt die Möglichkeit der Kenntnisnahme[15]. Die ordnungsgemäße Verkündung ist Schlußakt und wesentlicher Bestandteil des Gesetzgebungsverfahrens[16]: fehlt sie oder ist sie fehlerhaft, so hat man es nicht mit einem noch nicht veröffentlichten, aber im übrigen gültigen Gesetz, sondern mit einem Gesetzentwurf[17] zu tun.

Sogar in der Zeit des nationalsozialistischen Staates, in der ein „neues Staatsrecht" und sog. „Führererlasse" eingeführt wurden, welche die herkömmliche Normenordnung sprengten[18], wurde an der Verkündung als einem Essentiale der Normgeltung festgehalten, wie die Auseinandersetzung Webers[19] und E. R. Hubers[20] mit Heckel zeigt. Heckel erkannte die Möglichkeit des „geheimen, richtiger des nicht öffentlich verkündeten Gesetzes"[21] und des „Staatsrechts im Panzerschrank"[22] an[23].

Nach dem Wiederaufbau einer rechtsstaatlichen Verfassungsordnung wird nicht bezweifelt, daß kein Gesetz ohne Verkündung, keine allgemein verbindliche Anordnung ohne Bekanntmachung wirksam werden kann[24].

---

[12] Genau: der Zeitpunkt der Auslieferung des ersten Gesetzblattexemplares an die Post: *Giese*, DÖV 1953, 45; a.A.: *Müller*, a.a.O., S. 191.

[13] *Hallier*, a.a.O., S. 12; *Severin*, a.a.O., S. 12 und *Weber*, a.a.O., S. 32 sowie *Geller-Kleinrahm-Fleck*, a.a.O., S. 475 und *Giese*, DÖV 1953, 45 sprechen von einer „Fiktion", jedoch ist dieser terminologischen Differenz keine Bedeutung beizumessen; die „unwiderlegliche Vermutung" ist in Wahrheit nur ein Sonderfall der Fiktion: dazu *Larenz*, a.a.O., S. 170, Fn. 1 und *Nipperdey*, a.a.O., S. 947.

[14] Für die Frage des strafrechtlichen Verbotsirrtums hat sie immer noch eine — wenn auch eingeschränkte — Bedeutung.

[15] *Hallier*, a.a.O., S. 405.

[16] *Giese*, a.a.O., S. 467; *Hallier*, a.a.O., S. 407.

[17] *Giese*, a.a.O., S. 467; *Ossenbühl*, a.a.O., S. 407.

[18] Dazu *Giese*, a.a.O., S. 472. [19] A.a.O., S. 10. [20] AöR 104, 336.

[21] Kritische Vierteljahresschrift, a.a.O., S. 258 f.

[22] Wehrrecht, a.a.O., S. 58; hier dachte *Heckel* primär an Mobilmachungsbefehle; zu deren rechtlicher Einordnung siehe *Weber*, a.a.O., S. 10.

[23] Vgl. dazu die neuerlich ausgebrochene Kontroverse, ob die Führeranordnung zur Tötung von Juden „Gesetz" gewesen ist: dazu *Roesen*, a.a.O., S. 133 ff. und *Welzel*, NJW 1964, 521, vor allem S. 522. Dazu auch *Welzel*, Frage der Rechtsgeltung, S. 30 ff.: positives Recht entsteht durch den Doppelakt der Normsetzung und Normanerkennung; eine Normanerkennung auf dem Boden des Rechtsbewußtseins des Volkes ist ohne Kenntnisnahme nicht denkbar. Ähnlich auch Arndt, NJW 1964, 486 (487).

[24] BVerfGE 7, 330 (337); *Jellinek*, Gesetz und Verordnung, S. 319 ff.; *Giese*, a.a.O., S. 475; *Müller*, a.a.O., S. 217 f.

bb) Verkündungs- und Bekanntmachungsformen

Gemäß Art. 82 Abs. 1 GG werden *Bundesgesetze* vom Bundespräsidenten im Bundesgesetzblatt verkündet. Die Verkündung von *Rechtsverordnungen* ist ebenfalls im Art. 82 Abs. 1 GG sowie im „Gesetz über die Verkündung von Rechtsverordnungen"[25] geregelt: sie erfolgt im Bundesgesetzblatt oder im Bundesanzeiger, wobei im zweiten Falle auf die Verkündung im Bundesgesetzblatt hinzuweisen ist.
Ähnlich verhält es sich in den *Ländern*: regelmäßig[26] sind Gesetze und Rechtsverordnungen in den Gesetz- und Verordnungsblättern zu verkünden, wobei im Falle der Rechtsverordnungen durch Gesetz abweichende Bestimmungen getroffen werden können[27]. Eine andere Art der Verkündung ist häufig für Polizeiverordnungen durch die Polizeigesetze der Länder angeordnet worden[28], wie beispielsweise in § 36 des Ordnungsbehördengesetzes des Landes Nordrhein-Westfalen[29], wonach Verordnungen der Minister im Gesetz- und Verordnungsblatt, Verordnungen der Landes-, Kreis- und örtlichen Ordnungsbehörden in den Regierungsamtsblättern zu verkünden sind[30].

Auch die *Satzungen* der autonomen Körperschaften werden erst nach öffentlicher Bekanntmachung wirksam[31], wie beispielsweise § 4 Abs. 4 der Gemeindeordnung für das Land Nordrhein-West-

---

[25] Vom 30. 1. 1950 (BGBl 23); zu den Vorgängern dieses Gesetzes vgl. *Weber*, a.a.O., S. 13 ff.

[26] Vgl. z. B. Art. 71 der Verfassung von Nordrhein-Westfalen und Art. 36 der Niedersächsischen Verfassung.

[27] Über die früheren Verkündungsregeln unterrichtet *Weber*, a.a.O., S. 13 ff.

[28] Dazu *Drews-Wacke*, a.a.O., S. 407.

[29] Vom 16. 10. 1956 (GVBl 289).

[30] Die Vorschrift verstößt nach VerfGH NRW (GVBl 1953, 344) nicht gegen Art. 71 der Verfassung von NRW.

[31] Das gilt für alle Anordnungen seitens der Körperschaften des öffentlichen Rechts, jedenfalls soweit Zwangsmitgliedschaft besteht: so VerwGH München DVBl 1960, 438 (440) mit weiteren Angaben. Das Gericht verneinte daher mit Recht die Beitragspflicht eines Arztes zur Kindergeldkasse auf Grund eines Beschlusses der Bayerischen Ärztekammer, der nur in einer Nummer des Bayerischen Ärzteblattes veröffentlicht worden war. Das Urteil setzt sich ausführlich mit der abweichenden Ansicht *Forsthoffs* (Lehrbuch, S. 136) auseinander, die zwischen Satzungen und sonstigen verbandsinternen Bestimmungen unterscheidet; die letzteren stellt *Forsthoff* auf die Ebene von Verwaltungsanordnungen, die keiner öffentlichen Bekanntmachung bedürften, da sie keine über den Kreis der Körperschaftsangehörigen hinausreichende Wirkung entfalteten. Dem ist nicht zu folgen: Jedenfalls soweit Zwangsmitgliedschaft besteht, sind alle generellen Anordnungen einer Körperschaft Rechtsnormen, die der öffentlichen Bekanntmachung in geeigneter Form bedürfen. Vgl. dazu auch BayerVerfGHE 8, II 38 (43) zur angemessenen Veröffentlichung einer Promotionsordnung mit dem Rechtscharakter einer Norm.

falen[32] bestimmt; die Art der Bekanntmachung legen die Gemeinden selbst fest. Die übrigen Selbstverwaltungskörperschaften haben bezüglich der Bekanntmachung ihrer Satzungen vielfältige Formen entwickelt[33].

Verwaltungsvorschriften und *Bestimmungen privater Verbände* sind nicht allgemein verbindlich, sondern haben lediglich interne Wirkung. Sie unterfallen daher nicht dem Gebot formgerechter Verkündung, obwohl auch sie gelegentlich selbst Anordnungen darüber treffen, in welcher Form sie den interessierten und betroffenen Kreisen zugänglich gemacht werden sollen[34].

cc) Das Prinzip der Formstrenge

Mit besonderem Nachdruck ist auf den Grundsatz der *Formstrenge* der Verkündung von Normen hinzuweisen. Mag es im Einzelfall auch sinnvoll erscheinen, eine andere Art der Bekanntmachung zu wählen, etwa die Veröffentlichung in einem Fachministerialblatt oder einer Zeitung, weil diese Blätter den Betroffenen eher zugänglich sind als das Gesetzblatt, so ist gleichwohl an der durch Verfassung oder Gesetz vorgeschriebenen Veröffentlichung in dem dafür bestimmten amtlichen Blatt festzuhalten[35]. Diese Forderung ergibt sich schon aus dem Charakter der Verkündung als des abschließenden Aktes der Rechtsetzung: er ist genauso wenig manipulierbar wie etwa die Beschlußfassung durch das Parlament. Ausfertigung und Verkündung haben ferner die Aufgabe, die authentische Fassung des Gesetzes[36] zu beurkunden: auch deshalb bedarf es einer besonderen und vor allem gleichbleibenden Form der Bekanntgabe. Schließlich sind die Würde der Normen und die Achtung, die das Recht im Volk genießt — und die schließlich für seine Beachtung maßgeblich ist —, wesentlich abhängig von der Wahrung einer gewissen feierlichen Form der Verkündung[37]. Das ist einer der Gründe dafür, daß die Gesetzespublikation in der Regel dem Staatsoberhaupt übertragen ist. Je mehr Gesetze erlassen werden, desto wichtiger ist die einheitliche, zusam-

---

[32] Vom 28. 10. 1952 (GVBl 1967). [33] Dazu näher *Weber*, a.a.O., S. 23.

[34] Dazu *Conradi*, a.a.O., S. 53, 54 und *Schäfer*, a.a.O., S. 57; näher unter c, d.

[35] Hierzu *Laband*, a.a.O., Bd. II, S. 109: „Abdrücke in tausend Zeitungen und Privatausgaben reichen nicht aus, wenn der eine Abdruck fehlt!" BVerwGE 18, 1 ff.: die Verkündung kann nicht durch Zustellung an alle Betroffenen ersetzt werden. Die Formstrenge betont auch BVerwG DVBl 1964, 826 (827): die Verkündung einer Norm teils im Bundesgesetzblatt, teils im Bundesanzeiger ist unzulässig! Eine förmliche Verkündung soll sogar — wenn irgendmöglich — im Falle des Notstandes bei Notgesetzen erfolgen: vgl. Art. 115 a Abs. 3 des Entwurfes einer Notstandsverfassung (Entwurf der Bundesregierung vom 10. 3. 1967). Dazu auch Art. 122 der Hessischen Verfassung und *Giese*, a.a.O., S. 464 ff.

[36] Dazu *Henrichs*, a.a.O., S. 150, 151. [37] *Weber*, a.a.O., S. 31.

mengefaßte Verkündung; sie erweist sich als ein wichtiger Ordnungsfaktor, schon um Vorschriften mit normativer Kraft von niederrangigen, etwa Verwaltungsvorschriften, deutlich unterscheiden zu können. Wird der Formstrenge und Zusammenfassung des geltenden Rechtes in wenigen amtlichen Blättern nicht große Bedeutung beigemessen, so läßt sich die Vermutung, das Recht sei jedermann bekannt, nicht länger aufrechterhalten[38]. Die auf Bundes- und Landesgesetzblätter, Bundesanzeiger, Amtsblätter etc. verstreute Flut von Normen macht die Kenntnisnahme durch den Bürger ohnehin schon zur Fiktion[39]: das spricht eher dafür, alle Vorschriften an wenigen Fundstellen zu konzentrieren, statt sie durch Verweisungen und anderweitige Veröffentlichung noch weiter zu verlagern und für den Rechtsunterworfenen vollends unauffindbar zu machen[40].

dd) Ausnahmen

Gleichwohl wird man eine *Ausnahme* machen müssen: die zusammengefaßte Verkündung in amtlichen Blättern kann nicht verlangt werden, wenn sie wegen der Beschaffenheit der bekanntzumachenden Vorschriften *unmöglich* ist[41]. Allerdings wird in diesen Fällen nach einem angemessenen und möglichst gleichwertigen Verkündungsersatz zu suchen sein: Normgeltung ohne hinreichende Bekanntgabe kann es auch in diesen Fällen nicht geben. Bei der Wichtigkeit des Gebotes der Formstrenge wird man eine *Ersatzverkündung* auch nicht leichtfertig zulassen dürfen und über ihre bestmögliche Form nur im Einzelfall entscheiden können.

b) Verkündung von Gesetzen und Verordnungen

aa) Verweisung von Gesetz zu Gesetz

Bei der Prüfung der Verweisungstechnik unter dem Gesichtspunkt der Verkündung ist von der *Gesetzesverweisung* auszugehen. Ein einfacher Hinweis in dem verweisenden Gesetz, wo das Verweisungsobjekt zu finden ist, kann nicht genügen. Bei mehreren Verweisungen würde das Gesetzblatt zum Fundstellennachweis, aus welchem der Rechtsunterworfene entnehmen müßte, wie er sich die gesetzliche Gesamtregelung zusammenstellen kann: das Gesetzblatt soll aber *Gesetzbuch, nicht „Gesetzesbibliographie“*[42] sein. Auch ist dem Publikationserfordernis als dem das Gesetzgebungsverfahren abschließenden Akt nicht genügt, wenn lediglich ein Nachweis der Fundstellen verkündet wird. Vielmehr muß der gesamte Gesetzestext, also auch das Verweisungsobjekt, formgerecht publiziert werden. Das schränkt zwar die Verweisungsmöglichkeiten ein, macht aber nicht jede Verweisung schlechthin unzulässig.

---

[38] *Weber*, a.a.O., S. 32.
[39] *Wirsing*, a.a.O., S. 118 ff.; *Weber*, a.a.O., S. 32.
[40] *Ossenbühl*, a.a.O., S. 406. [41] *Ossenbühl*, a.a.O., S. 407.
[42] *Ossenbühl*, a.a.O., S. 406.

aaa) Verweisung Bundesgesetz — Bundesgesetz, Landesgesetz — Landesgesetz

Keine Bedenken bestehen etwa gegen eine Verweisung von *Bundesgesetzen* auf andere *Bundesgesetze* oder von *Landesgesetzen* auf *Gesetze desselben Landes.* Zwar ist das Verweisungsobjekt in diesen Fällen bei Verweisungen auf ältere Gesetze nicht in derselben Nummer des Gesetzblattes verkündet wie die Verweisungsnorm, aber das Gesetzblatt desselben Gesetzgebers ist als Einheit zu betrachten[43]: eine Aufspaltung in einzelne Ausgaben findet nicht statt.

bbb) Verweisung Bundesgesetz — Landesgesetz, Landesgesetz — Gesetz eines anderen Landes

Anders ist es, wenn ein *Bundesgesetz* auf ein *Landesgesetz* oder ein *Landesgesetz* auf das *Gesetz eines anderen Landes* verweist. Einem Leser des Bundesgesetzblattes wird zwar in der Regel ohne erhebliche Mühe etwa das Gesetz- und Verordnungsblatt von Schleswig-Holstein, einem Hamburger das Bayerische Gesetz- und Verordnungsblatt zugänglich sein. Darauf kann es bei dem formalisierten Verkündungsverfahren, das von der tatsächlichen Kenntnisnahme weitgehend abstrahiert, jedoch nicht ankommen. Entscheidend ist vielmehr, daß das Bayerische Gesetz- und Verordnungsblatt für den Hamburgischen Bürger in der Regel — anders nur, wenn er sich in Bayern aufhält — nicht bestimmt ist und er sich um seinen Inhalt also nicht zu kümmern braucht[44]. Dasselbe gilt auch für die Verweisung eines Bundesgesetzes auf ein Landesgesetz. Für einen Schleswig-Holsteiner ist ein Bundesgesetz, das auf Vorschriften im Schleswig-Holsteinischen Gesetz- und Verordnungsblatt verweist, ordnungsgemäß publiziert: beide Gesetzblätter sind für ihn bestimmt. Anders für die Bürger jedes anderen Bundeslandes: die bundesstaatliche Ordnung[45] führt zwar zu enger Verbundenheit des Bundes und der Länder sowie der Länder untereinander, schafft aber keine unmittelbare Verpflichtung für die Bürger eines Bundeslandes gegenüber Anordnungen eines anderen Landes, insbesondere nicht die Verpflichtung zur Beachtung des fremden Gesetzblattes.

ccc) Verweisung Landesgesetz — Bundesgesetz

Unter dem Gesichtspunkt der „Zuständigkeit" des Gesetzblattes, der „Bestimmung" für einen begrenzten Adressatenkreis, läßt sich allerdings gegen die Verweisung eines *Landesgesetzes* auf ein *Bundesgesetz* nichts einwenden. Bundesgesetze und Landesgesetze bilden für den Landesbürger die für ihn verbindliche Rechtsordnung; das

---

[43] Für die folgenden Überlegungen siehe *Ossenbühl,* a.a.O., S. 406.

[44] Die „Bestimmung" des Landesgesetzblattes nur für die Bürger des Landes ergibt sich aus dem demokratischen Prinzip der „Identität von Regierenden und Regierten", dazu näher unter B BB I 1 a und b.

[45] Dazu näher unter B CC I 1,3 und II.

Bundesgesetzblatt und das Gesetz- und Verordnungsblatt seines Landes sind für ihn „bestimmt". Es hieße, den in der Verkündungsfrage berechtigten Formalismus übertreiben, wollte man hier einwenden, wenn es sich um eine landesgesetzliche Anordnung handele, sei nur das Gesetz- und Verordnungsblatt des Landes „zuständig", nicht das Bundesgesetzblatt, folglich eine Verweisung auf Bundesrecht nicht zulässig[46].

bb) Einzelprobleme der Verweisung in Gesetzen

Aus der Sicht ordnungsgemäßer Publikation von Gesetzen bedürfen noch einige *Verweisungsformen* einer genaueren Prüfung: vor allem die Verweisung auf außer Kraft getretene und nichtige Normen, das Verlängerungsgesetz, das Haushaltsgesetz, die Verweisung auf Karten und Pläne sowie auf Verkehrszeichen.

aaa) Verweisung auf außer Kraft getretene Normen. Insbesondere: das Verlängerungsgesetz

Häufig wird in Gesetzen auf bereits *außer Kraft getretene Gesetze* verwiesen[47]. Dazu gehören auch die Gesetze, die befristete Gesetze *nach Geltungsablauf verlängern*[48]. Nur diese Art von Verlängerungsgesetzen ist unter Gesichtspunkten ordnungsgemäßer Verkündung in Rechtsprechung und Literatur umstritten, während kein Zweifel darüber besteht, daß sich ein Gesetz, welches ein befristetes Gesetz *vor dessen Geltungsablauf* verlängert, auf die Verkündung der Verlängerungsformel und die Verweisung auf den Text des alten Gesetzes beschränken kann. Einer Neuverkündung des ganzen Wortlautes bedarf es nicht[49]: es handelt sich um einen Fall der Verweisung auf Normen desselben Gesetzgebers.

Der Streit im ersten Falle entzündete sich an einem Landes-Verlängerungsgesetz und einem Bundes-Verlängerungsgesetz. Das Hessische Lohnsummensteuergesetz vom 13. 7. 1948[50] trat am 31. 1. 1949 außer Kraft und wurde durch Gesetz vom 29. 1. 1949[51], in Kraft getreten am 1. 3. 1949, rückwirkend ab 1. 2. 1949 verlängert. Ebenso ist das Preisgesetz vom 10. 4. 1948[52], das gemäß § 16 am 31. 12. 1948 außer Kraft treten sollte, vielfach[53] verlängert worden, teilweise nach Geltungsablauf und mit rückwirkender Kraft. In seiner Entgegnung auf Gieses[54] „naturgesetzlich" begründete Ab-

---

[46] So *Ossenbühl*, a.a.O., S. 406.

[47] Siehe dazu unter A AA VI 2 a, b.

[48] Näher zu Verlängerungsgesetzen, ihrer Überschrift und ihren Formulierungsvarianten siehe *Müller*, a.a.O., S. 243, 251. Beispiele dazu auch unter A AA VI 2 c.

[49] BVerwGE 1, 104 (107); HessVerwGH VerwRspr 4, 540 (542); *Ridder*, AöR 87, 311 (315); *Hallier*, a.aO., S. 418.

[50] GVBl 89. [51] GVBl 10. [52] WiGBl 27.

[53] Siehe die Zusammenstellung bei *Ridder*, a.a.O., S. 314.

[54] A.a.O., S. 476; siehe dazu auch unter A AA VI 2 c.

lehnung solcher Verlängerungsgesetze nach Geltungsablauf hat Hallier[55] mit Recht festgestellt, die Rechtsordnung sei von diesen Kategorien unabhängig und frei in der Entscheidung, welche Anforderungen sie an die Gültigkeit von Rechtsnormen stellen wolle: maßgeblich sei allein der rechtsstaatliche Gesichtspunkt der Klarheit und Übersichtlichkeit des geltenden Rechtes. Damit hat Hallier die Frage zutreffend auf das Gebiet der *Publizierung von Normen* verlagert, und auch Ridder[56] sieht hier die Hauptbedenken. Ridder verweist zunächst auf die konstitutive Wirkung der Verkündung: erst die Verkündung mache Nicht-Recht zum Recht. Verweisungen auf Vorschriften, die bereits zum Bereich des geltenden Rechts gehörten, begegneten insoweit keinen Bedenken[57]: es genüge die Verkündung der Verlängerung. Außer Kraft getretene Rechtsnormen hätten aber keine Normqualität mehr und könnten sie nur „durch das Tor der Verkündung, nämlich der Norm selbst, wiedererlangen". Ridder fordert mit Recht, daß das Gesetz neu verkündet werden muß: wie gezeigt wurde[58], haben die alten Vorschriften nach Ablauf der Geltungsfrist ihre Gesetzeskraft verloren, sind „toter" Text; Geltungsgrund der neuen Normen ist allein das Verlängerungsgesetz[59], das die Vorschriften des außer Kraft getretenen Gesetzes wiederholt. „Wiederholen" der Vorschriften und Neuverkündung heißt aber nicht zwingend volle Textwiederholung. Der Gesetzgeber kann sich sehr wohl unter Zuhilfenahme des gesetzgebungstechnischen Hilfsmittels der Verweisung auf den Wortlaut des alten Gesetzes beziehen, wenn dieses vom Standpunkt der Rechtssicherheit aus ordnungsgemäß verkündet ist. Die Anforderungen der Rechtssicherheit sind aber, wie festgestellt, erfüllt, wenn das „alte" Gesetz von demselben Gesetzgeber erlassen und in demselben Gesetzblatt verkündet, für den Rechtsunterworfenen also ohne Einbuße an Rechtsklarheit erreichbar ist[60 61].

---

[55] A.a.O., S. 418. [56] A.a.O., S. 315.

[57] Insoweit übereinstimmend mit der allgemeinen Meinung: dazu weiter oben.

[58] Dazu unter A AA VI 2 c.

[59] BVerfGE 8, 274 (290 f.); insoweit übereinstimmend *Ridder*, a.a.O., S. 315.

[60] So BVerfGE, 8, 274 (290 f.); BVerwGE 1, 104 (108); Hess VerwGH, a.a.O., S. 543; BayerVerwGH 4, 90 (102); OVG Hamburg DVBl 1953, 572; *Hallier*, a.a.O., S. 419; *Müller*, a.a.O., S. 190, 191; *Nickusch*, a.a.O., S. 204, der sich ebenfalls kritisch mit *Ridder* auseinandersetzt; *Geller-Kleinrahm-Fleck*, a.a.O., S. 474. Zum Problem auch Quaritsch, a.a.O., S. 28 mit weiteren Zitaten.

[61] Ferner zu *Ridders* Einwänden:

a) Die „klare Erkennbarkeit" und „Auffindbarkeit" allein (a.a.O., S. 316) reicht nach den oben gefundenen Ergebnissen nicht aus, so daß eine Verweisung auf ein „Parteiprogramm" oder einen „Sozialkatechismus" oder „sonst etwas Gedrucktes" nicht genügt.

Damit kommt man zu dem *Ergebnis*, daß unter dem Gesichtspunkt der Rechtssicherheit gegen die Verweisung auf ordnungsgemäß verkündete, wenn auch außer Kraft getretene Vorschriften nichts einzuwenden ist[61a], in *Verlängerungsgesetzen* sowenig wie in *Änderungsgesetzen*, die ebenfalls oft auf außer Kraft getretene Normen Bezug nehmen.

Die Frage, ob sich ein nach Außerkrafttreten erlassenes Verlängerungsgesetz rückwirkende Kraft beimessen darf, um die zeitliche Geltungslücke zu überbrücken, ist nach den allgemeinen rechtsstaatlichen Grundsätzen zu beurteilen, die Rechtsprechung und Wissenschaft zur Rückwirkung von Gesetzen erarbeitet haben[62]: sie ist keine Frage der Publikation.

bbb) Verweisung auf nichtige Normen

Zulässig ist auch die Verweisung auf Vorschriften, die *nie in Kraft getreten* sind[63], wenn sie nur ordnungsgemäß verkündet sind. So kann etwa ein wegen eines Mangels beim Gesetzesbeschluß nichtiges, aber im guten Glauben an die Wirksamkeit ordnungsgemäß im Ge-

---

b) Von der „Perpetuierung des Gesetzgebers" (a.a.O., S. 315) wird man — wie sonst immer — ausgehen können: das Bundesgesetzblatt ist insoweit wie das Reichsgesetzblatt und das Wirtschaftsgesetzblatt das Verkündungsorgan „desselben Gesetzgebers" (dazu unter b aa ccc).

c) Die Grenzziehung (a.a.O., S. 315: „Soll mit dieser Methode etwa auch eine vor 100 Jahren außer Kraft getretene Vorschrift des Preußischen Allgemeinen Landrechts wieder zu normativer Geltung gebracht werden können?") ist in der Tat zu bedenken: wenn in concreto ein Fall der Verweisung auf das ALR auftritt, wird man von der Verkündung her nichts einwenden können.

d) Wenn auch Art. 140 GG — wie *Ridder*, a.a.O., S. 316 mit Recht meint — nicht primär aus dem gesetzgebungstechnischen Motiv der Vereinfachung und Abkürzung auf die Kirchenartikel der WRV verweist, sondern um den dilatorischen Formelkompromiß von Weimar zu erneuern, so ist doch — wenn man der wohl h. M. (dazu unter A AA IV 1) folgt — nicht zu bezweifeln, daß es sich um eine (echte) Verweisung auf außer Kraft getretene Normen handelt.

e) Zur Frage des Demokratiegebotes und der Gesetzesdeliberation (a.a.O., S. 316 f.), die auch *Quaritsch*, a.a.O., S. 28 f. für bedenkenswert hält, siehe unter B BB II.

[61a] A. A. neben *Giese* und *Ridder* auch *Jansen*, a.a.O., S. 411.

[62] Dazu *Maunz-Dürig*, a.a.O., Art. 2 Abs. 1, Rdn. 47, *Müller*, a.a.O., S. 189. Für zulässige Rückwirkung in diesen Verlängerungsfällen allgemein *Hallier*, a.a.O., S. 419; für zulässige Rückwirkung im Falle der Verlängerung des Preisgesetzes BVerfGE 8, 274 (304 f.) und *Bettermann*, JZ 1952, 65 (66), dagegen *Ridder*, a.a.O., S. 317. Für zulässige Rückwirkung im Falle des Hessischen Lohnsummensteuergesetzes HessVerwGH, a.a.O., S. 543.

[63] HessVerwGH, a.a.O., S. 542.

setzblatt verkündetes Gesetz durch ein bestätigendes Gesetz[64] in Kraft gesetzt werden, das bezüglich des Wortlautes auf den verkündeten „Gesetzentwurf“ verweist. Das gilt auch für Verordnungen: so bestimmt das Gesetz des Wirtschaftsrates vom 3. 6. 1949[65] in § 17, daß als Vermögensteuer für das zweite Kalenderhalbjahr 1948 die Beträge zu entrichten sind, die nach der — nicht als rechtsgültig anerkannten[66] — Verordnung des Direktors der Verwaltung für Finanzen vom 17. 7. 1948[67] zu leisten waren[68].

ccc) Das Haushaltsgesetz

Besonders erwähnt werden muß in diesem Zusammenhang das *Haushaltsgesetz*. Nach Art. 110 Abs. 2 Satz 1 GG wird der Haushaltsplan des Bundes vor Beginn des Rechnungsjahres durch Gesetz festgestellt. Es braucht hier letztlich nicht entschieden zu werden, ob das Haushaltsgesetz ein Gesetz nur im formellen Sinne ist, das materiell nichts anderes als ein Zahlenwerk oder einen Verwaltungsakt darstellt — wie früher überwiegend[69] angenommen wurde —, oder auch materiell ein Gesetz ist, eine Ansicht, die heute weithin vertreten wird[70], vor allem im Hinblick auf die Forderung, der Vorbehalt des Gesetzes müsse auch für die Leistungsverwaltung gelten und der Haushaltsplan sei eine Ermächtigung zu administrativem Handeln[71]: Denn jedenfalls muß es den in Art. 82 Abs. 1 Satz 1 GG vorgeschriebenen Verkündungsweg eines formellen Gesetzes gehen[72]. Gerade hier ergeben sich Bedenken.

---

[64] *Geller-Kleinrahm-Fleck*, a.a.O., S. 467. Ein ähnlich gelagertes Beispiel enthält § 3 Abs. 2 des 3. Gesetzes zur Änderung des Milch- und Fettgesetzes vom 27. 7. 1961 (BGBl 1104), der den Inhalt einer nichtigen Verordnung mit förmlicher Gesetzeskraft ausstattet und ihn gleichzeitig rückwirkend in Kraft setzt. Ist die Rechtsnorm aber gerade wegen mangelhafter Verkündung nichtig, so muß der ganze Text (neu-) verkündet werden: die *Neuverkündung* und *Neubekanntmachung* von Normen, zu der häufig die Exekutive ermächtigt wird (vgl. z. B. Art. 4 des Gesetzes vom 10. 7. 1961 zur Änderung des Bundesfernstraßengesetzes [BGBl 877]), hat dagegen keine konstitutive Bedeutung: sie bedeutet lediglich die amtliche Dokumentation und Neuzusammenstellung von bereits geltenden Rechtsvorschriften, wobei die Identität der (früher) verkündeten Normen gewahrt bleibt. Dazu *Severin*, a.a.O., S. 23 f.; *Hallier*, a.a.O., S. 416; *Müller*, a.a.O., S. 261 ff. und passim sowie ders., DVBl 1962, 841 (842); *Horlacher*, DÖV 1956, 491.

[65] WiGBl 83. [66] Dazu HessVerwGH, a.a.O., S. 543. [67] WiGBl 78.

[68] In diesen Fällen muß allerdings besonders sorgfältig auf eine ausreichende Gesetzesberatung geachtet werden, dazu näher unter B BB II 3.

[69] Siehe statt aller *Anschütz*, Kommentar zur WRV, Art. 85, Anm. 5; *Bühler*, BK, Art. 110, Anm. 2.

[70] *Götz*, a.a.O., S.299 f.; *Giacometti*, Verwaltungsrecht Bd. I, S. 156 f.; näher dazu *Rupp*, a.a.O., S. 26 ff.; unentschieden *Schick*, a.a.O., S. 272; *Vialon*, a.a.O., S. 202, 301.

[71] So *Götz*, a.a.O., S. 300; abweichend *Stern*, JZ 1960, 518 (522).

[72] *Schick*, a.a.O., S. 272.

Der Haushaltsplan besteht aus dem *Gesamtplan* und den *Einzelplänen* (§ 5 Reichshaushaltsordnung). In der Staatspraxis des Bundes und der Länder wird der Gesamtplan dem Haushaltsgesetz als *Anlage* beigefügt. In ihm werden die Endsummen der Einzelpläne sowie die der einzelnen Kapitel dieser Einzelpläne ausgewiesen. Die Titel der Kapitel und ihre Zweckbestimmungen werden im Bundesgesetzblatt nicht verkündet, sie sind Interessierten nur außerhalb des Gesetzblattes zugänglich. Das Bundesverfassungsgericht[73] und einige[74] andere Stimmen rechtfertigen diese abweichende Art der Gesetzespublikation unter Hinweis auf die praktischen Bedürfnisse und die Tradition: die Verkündung aller Kapitel einschließlich der Titel müsse zu einer Überlastung des Gesetzblattes führen; ferner sei das Haushaltsrecht trotz der Neuregelung durch das Grundgesetz noch so stark traditionell geprägt, daß keine Bedenken dagegen bestünden, nur Haushaltsgesetz und Gesamtplan zu verkünden und die an anderer Stelle zugänglich gemachten Einzelpläne durch eine Verweisung in die Gesetzeskraft einzubeziehen[75]. Graf[76] spricht insoweit sogar von Verfassungsgewohnheitsrecht.

Man wird dieser Ansicht nicht zustimmen können: Verfassungsgewohnheitsrecht contra constitutionem scriptam gibt es nicht; die traditionelle Übung ist durch Art. 110 Abs. 2 Satz 1 GG i. V. m. Art. 82 Abs. 1 Satz 1 GG abgelöst worden. Auch das Argument der Praktikabilität vermag nicht zu überzeugen. Gerade im Hinblick auf die gebotene Formstrenge ist es bei praktischen Erwägungen schwer, eine Grenze zu ziehen: wann erscheint die Gesamtpublikation eines Gesetzes sinnvoll und zumutbar, wann nicht? Auch würde eine Mitveröffentlichung der Einzelpläne — gegebenenfalls in einem Sonderband des Bundesgesetzblattes (Teil II), der nur Interessenten zugesandt würde — das Gesetzblatt zwar anschwellen lassen, darüber hinaus aber zu keinen nennenswerten Schwierigkeiten führen. Bei der gegenwärtigen Übung kann man den nicht verkündeten Teil des Haushaltsplanes nicht als formelles Gesetz ansehen[77], wobei die wichtige Frage offenbleibt, ob die Einzelpläne und Erläuterungen materielle Rechtssätze sind[78], etwa kraft Sachzusammenhanges mit dem Haushaltsgesetz[79].

---

[73] BVerfGE 20, 92 (93). [74] *Vialon*, a.a.O., S. 202; *Graf*, a.a.O., S. 933.

[75] So *Heckel*, HDStR Bd. II, S. 392 (404). [76] A.a.O., S. 933.

[77] Insoweit abweichend von BVerfGE 20, 92 (93), wenn die Formulierung: „die gesamten Einzelpläne in die Kraft des Gesetzes einzubeziehen" im Sinne des formellen Gesetzes zu verstehen ist. Für die Zulässigkeit der Normenkontrolle ist diese Frage wichtig. Wie hier auch *Friesenhahn*, Gutachten S. 41.

[78] Die Formulierung BVerfGE a.a.O. läßt auch die Deutung „nur materielles Gesetz" zu; gegen die Qualifizierung als materielle Rechtssätze *Maunz*, BayerVerwBl 1966, 347 f.

[79] *Häberle*, a.a.O., S. 65.

Im Gegensatz zur Ansicht des Bundesverfassungsgerichtes muß daran festgehalten werden, daß Praktikabilität und Tradition nicht ausreichen, ein Abweichen von den strengen Verkündungsvorschriften zu rechtfertigen: *unmöglich* ist die formgerechte Gesamtverkündung des Haushaltsgesetzes *nicht*, und nur in solchen Fällen sollten eine Ausnahme und die Möglichkeit der Ersatzverkündung zulässig sein[80]. Unter diesen Umständen kann die gegenwärtige Handhabung nur als *verfassungswidrig* angesehen werden[81].

ddd) Verweisung auf Karten und Pläne

Schwierigkeiten bereitet die Veröffentlichung von *Karten und Plänen*, deren Inhalt Bestandteil von Gesetzen und Verordnungen ist. Zu denken ist hier in erster Linie an Karten von Naturschutz- und Landschaftsschutzgebieten und die Pläne des Baurechts, etwa den Flächennutzungsplan, den Bebauungsplan oder den Durchführungsplan gemäß § 11 Abs. 2 des Gesetzes über den Aufbau der Hansestadt Hamburg[82].

Zwei Gründe könnten es rechtfertigen, im Falle von geographischen Angaben von der Verkündung in Gesetz- und Verordnungsblättern abzusehen und statt dessen eine geeignete Form der Ersatzverkündung zu wählen, etwa den Hinweis auf Markierungen in Karten und Plänen. Einmal ist die umfassende Beschreibung des Norminhalts und dessen vollständige Veröffentlichung in den Verkündungsblättern in diesem Falle häufig technisch unmöglich; ohne die Beifügung einer graphischen Darstellung bliebe der Wille des Gesetzgebers unverständlich. Zum anderen ist zu erwägen, ob die Bezugnahme auf Karten und Pläne der Klarheit und Übersichtlichkeit des Angeordneten und damit der Rechtssicherheit, die durch jede Form der Verkündung erreicht werden soll, nicht letztlich am besten dient[83]: der Blick auf eine Karte orientiert vielfach schneller über den Geltungsbereich einer Vorschrift als die Lektüre von Gelände- und Katasterangaben.

Man hält daher von jeher eine Verweisung auf graphische Darstellungen für zulässig[84]; für das Naturschutzrecht wurde sie durch § 13 Abs. 2 der Verordnung zur Durchführung des Reichsnaturschutzgesetzes[85] sogar vorgeschrieben:

---

80 Dazu oben unter 2 a dd und unten unter ddd.

81 So auch *Cronau*, a.a.O., S. 144; Zweifel an der Verfassungsmäßigkeit äußern *Götz*, a.a.O., S. 300; *Häberle*, a.a.O., S. 65; *Schick*, a.a.O., S. 272.

82 Vom 11. 4. 1949 (GVBl 45) i. d. F. v. 29. 3. 1957 (GVBl 217).

83 BVerwG NJW 1967, 1244; BVerwGE 17, 192 (198); BVerwGE 19, 7 (9); zustimmend insoweit auch *Bachof*, Verfassungsrecht Bd. II, S. 32 f. in einer Stellungnahme zu BVerwGE 17, 192.

84 *Geller-Kleinrahm-Fleck*, a.a.O., S. 474; *Ossenbühl*, a.a.O., S. 406.

85 Vom 31. 10. 1935 (RGBl 1275), erlassen auf Grund der Ermächtigung durch § 26 des Reichsnaturschutzgesetzes vom 26. 6. 1935 (RGBl 821).

„Die unter Schutz gestellten Landschaftsteile brauchen in den Anordnungen nicht einzeln aufgeführt zu werden, vielmehr genügt der Hinweis auf eine bei der zuständigen Naturschutzbehörde angelegte „Landschaftsschutzkarte", in welcher die einzelnen Bestandteile eingetragen oder sonst bezeichnet sind."

An die Publizität der Karten und Pläne müssen jedoch gewisse Anforderungen gestellt werden: ein schlichter Hinweis auf irgendeine Fundstelle genügt der Rechtssicherheit nicht, vielmehr müssen Ort und Form der Karten- und Planauslage ihrem Charakter als *Ersatzverkündung* und konstitutivem Bestandteil der Normgeltung gerecht werden. Es ist das Verdienst der *Rechtsprechung*, in dieser Frage zu wünschenswerter Formstrenge angehalten und praktikable Grundsätze entwickelt zu haben[86]. In BVerwGE 17, 192 ff.[87] erklärt das Bundesverwaltungsgericht eine Landschaftsschutzverordnung für ungültig, die ohne nähere Angaben über die Nummern der betreffenden Flurstücke und Parzellen auf eine mit farbigen Markierungen versehene, bei den Unteren Naturschutzbehörden aufliegende Karte verweist: die *Verordnung selbst* müsse schon die Abgrenzung des Landschaftsschutzgebietes erkennen lassen[88], bei einem schlichten Hinweis seien mögliche Kartenänderungen der Kontrolle der Öffentlichkeit entzogen[89]. Keine Bedenken ergeben sich nach BVerwGE 19, 7 ff.[90] insoweit gegen eine Hamburgische Landschaftsschutzverordnung[91], welche die betroffenen Gebiete mit namentlicher Angabe der Gemarkungen bezeichnet und auch das Datum der Eintragung in die maßgebliche Landschaftsschutzkarte enthält: eine Änderung der Grenzen des Schutzobjektes bedarf in diesem Falle nicht nur einer Änderung der Karte, sondern auch des Textes der Verordnung[92] und genießt daher erhöhte Publizität. In NJW 1966, 2231 stellt das Bundesverwaltungsgericht[93] klar, daß diese strengen Anforderungen nur für nachkonstitutionelle Verordnungen gelten; an früher gesetztes Recht können nur die z. Zt. seines Erlasses gültigen — in diesem Falle durch das Reichsnaturschutzgesetz angeordneten — Maßstäbe angelegt werden.

Diese *Rechtsprechung* wird durch das Bundesverwaltungsgericht in NJW 1967, 1244[94] *zusammengefaßt* und *präzisiert*. Bei Zugrunde-

---

[86] Zur Würdigung vgl. *Henrichs*, a.a.O., S. 150 ff.

[87] Urteil vom 28. 11. 1963.

[88] A.a.O., S. 191 mit Hinweisen auf andere, diesen Anforderungen entsprechende Naturschutzgebietsverordnungen.

[89] A.a.O., S. 198. [90] Urteil v. 26. 5. 1964.

[91] Vom 6. 9. 1955, veröffentlicht auf Grund des § 3 des Hamburgischen Gesetzes über die Verkündung von Rechtsverordnungen vom 28. 3. 1955 (GVBl 130).

[92] A.a.O., S. 9.

[93] Urteil v. 10. 8. 1966, so auch schon OVG Münster E 17, 283 (284).

[94] Urteil v. 27. 1. 1967.

legung dieser Entscheidung läßt sich für die Verkündung von Landschafts- und Geländeangaben in Gesetzen und Verordnungen folgender „*Stufenplan*" aufstellen:

1. Auf die Verweisung auf eine nicht mitveröffentlichte Karte sollte verzichtet werden, wenn sich die geographischen Angaben mit Worten eindeutig umschreiben lassen, z. B.: „die Insel X", „die Parzelle Y".
2. Ist das nicht möglich, so sollte die Norm selbst so viele Angaben enthalten, daß der Rechtsunterworfene das betroffene Gebiet weitgehend durch die Lektüre des Textes erkennen kann: nur zur vollständigen Klarstellung sollte auf eine Karte verwiesen werden, die dem Verkündungsblatt als Anlage beizufügen ist, wenn Art und Größe es technisch zulassen — wie z. B. ein Ausschnitt aus einer Stromkarte der Elbe als Anlage zur Hamburgischen Verordnung über die Benutzung der Dove Elbe, der Gose Elbe und des Schleusengrabens[95] —.
3. Nur bei technischer Unmöglichkeit der Mitverkündung sollte als Ersatzverkündung auf eine bei einer bestimmten Amtsstelle niederzulegende Karte verwiesen werden. Dabei ist zu fordern, daß der Aufbewahrungsort[96] der Karte
   a) in der Verweisungsnorm klar bezeichnet wird,
   b) für den Betroffenen ohne Schwierigkeiten zugänglich
   c) und derart archivmäßig gesichert ist, daß die Karte nicht zugleich als laufende Arbeitsunterlage dient und durch Abnutzung undeutlich und möglicherweise sogar abgeändert wird[97].

   Ferner ist zu gewährleisten, daß Veränderungen der Karte in der Verweisungsnorm zum Ausdruck kommen.

Diesen Anforderungen entspricht § 11 Abs. 2 des Gesetzes über den Aufbau der Hansestadt Hamburg[98]:

> „Der Durchführungsplan wird durch Gesetz festgestellt. Der Plan mit den Erläuterungen (§ 10 Abs. 3) bildet einen Teil des Gesetzes. Seine Verkündung im Hamburgischen Gesetz- und Verordnungsblatt kann dadurch ersetzt werden, daß das maßgebliche Stück beim Staatsarchiv zu kostenfreier Einsicht durch jedermann niedergelegt und hierauf in dem Gesetz hingewiesen wird"[99].

---

[95] Vom 23. 7. 1957 (GVBl 371).

[96] Kritisch zu den anfechtbaren Unterscheidungen hinsichtlich des Aufbewahrungsortes in BVerwGE 19, 7 ff. insbesondere *Bachof*, Verfassungsrecht Bd. II, S. 34.

[97] A.a.O., S. 1244, 1245.

[98] Vom 11. 4. 1949 (GVBl 45) i. d. F. des Gesetzes vom 19. 3. 1957 (GVBl 217, 241).

[99] Der Hamburgische Senat hat diese Abweichung von der durch Art. 52 der Hamburgischen Verfassung (entspricht Art. 82 Abs. 1 Satz 1 GG) vorgeschriebenen Normalverkündung als Verfassungsdurchbrechung gewertet

Diese *Verkündungsgrundsätze* gelten für *alle Verweisungen auf Karten und Pläne* in *Gesetzen* oder *Verordnungen:* für die Veröffentlichung etwa der Bebauungspläne mit örtlich begrenztem Geltungsbereich genügt gemäß § 12 des Bundesbaugesetzes die ortsübliche Bekanntmachung[100]. Insoweit kann nicht mehr gefordert werden als für die Kundmachung jeder Kommunalsatzung[101].

eee) Verkehrszeichen

Die Frage der Verkündung spielt auch bei der rechtlichen Einordnung der *Verkehrszeichen* eine wichtige Rolle: sie werden teils als *Rechtsnormen*, teils als Verwaltungsakte in der Form von *Allgemeinverfügungen* und bisweilen auch als *Tatbestandsmerkmale* charakterisiert.

Wenn man der heute überwiegenden Ansicht in Rechtsprechung und Lehre folgt, können sie keine Rechtsnormen sein, weil sie den in Art. 82 Abs. 1 Satz 1 GG aufgestellten Verkündungsvoraussetzungen nicht entsprechen. Nach §§ 3 Abs. 1 und 4 Abs. 4 der Straßenverkehrsordnung werden polizeiliche Anordnungen ausschließlich „durch" die Verkehrszeichen selbst getroffen, ohne daß es einer Verkündung im Gesetz- und Verordnungsblatt bzw. Amtsblatt bedürfte. Die Zeichen haben damit konstitutive Bedeutung, im Gegensatz zur Rechtslage vor Erlaß der Straßenverkehrsordnung[102]. Nach § 30 Abs. 3 der Verordnung über Kraftfahrzeugverkehr vom 10. 5. 1932 wurden die polizeilichen Anordnungen durch eine förmlich zu verkündende Polizeiverordnung getroffen, auf die durch das Verkehrszeichen lediglich hingewiesen wurde: es hatte also deklaratorische Bedeutung. Drews-Wacke[103], Volkmar[104], Fuß[105], Hoffmann[106] und andere[107] vertreten allerdings abweichend die Ansicht, die Verkehrszeichen seien generell-abstrakte Anordnungen mit dem Charakter von Rechtsnormen. Zur Frage der mangelnden Verkündung in einem amtlichen Blatt nehmen Drews-Wacke[108] und Volkmar[109] Stellung. Drews-Wacke weist nach, daß die Verkündung von Rechtsnormen durch bloßes Aufstellen von Schildern nicht einmal dem da-

---

und mit Zweidrittelmehrheit beschließen lassen; dazu *Quaritsch*, a.a.O., S. 26, 27. Nach den hier gefundenen Ergebnissen ist diese Art der Verkündung aber verfassungkonform.

[100] Dazu siehe *Schrödter*, a.a.O., S. 164.

[101] Vgl. § 4 Abs. 4 der Gemeindeordnung von NRW, dazu auch *Forsthoff*, DVBl 1957, 113.

[102] Vom 13. 11. 1937 (RGBl 1179).

[103] A.a.O., S. 272 f. [104] A.a.O., S. 180 f.

[105] A.a.O., S. 527. [106] A.a.O., S. 702 f.

[107] Vgl. dazu die Zitate aus Rechtsprechung und Literatur bei *Forsthoff*, Lehrbuch, S. 211, Fn. 3 und *Volkmar*, a.a.O., S. 181, Fn. 62.

[108] A.a.O., S. 273. [109] A.a.O., S. 180 f.

mals geltenden Gesetz über die Verkündung von Rechtsverordnungen vom 13. 10. 1923[110] entsprach. Nur wenn man die Straßenverkehrsordnung, die sich äußerlich als reine Rechtsverordnung darbiete, gestützt auf § 6 des Kraftfahrzeuggesetzes vom 3. 5. 1909 i. d. F. vom 10. 8. 1937[111], unter Berücksichtigung der damaligen Verwirrung der Rechtsquellenlage[112] und der Vertauschung der Begriffe Gesetz und Verordnung einem „Regierungsgesetz" gleichsetze, komme man auf einem „ganz schmalen Grat" zur Gültigkeit der heutigen Verkehrszeichen: Unanwendbarkeit der heutigen landesrechtlichen Formvorschriften, der Art. 80, 82 GG und des Verkündungsgesetzes von 1923, Anwendbarkeit des Art. 129 Abs. 3 GG. Heute könne die Regelung der Straßenverkehrsordnung ohne Änderung der Art. 80, 82 GG nicht mehr geschaffen werden. Drews-Wacke[113] sehen daher in den Verkehrszeichen eine „besonders qualifizierte, bundesrechtlich geregelte Art der Verordnungen"; „besonders qualifiziert" insbesondere deshalb, weil von den sonst geltenden Publikationsbestimmungen abgesehen werde. Dieser Definition schließt sich Volkmar[114] eng an. Er geht ohne nähere Untersuchung von einer „Gesetzesänderung" durch die Straßenverkehrsordnung aus und meint, der Gesetzgeber habe durch die Anordnung einer abweichenden Art der Kundmachung von Normen lediglich die Folgerungen daraus gezogen, daß die früher vorgeschriebene förmliche Verkündung gegenüber der praktischen Wirksamkeit der Verkehrszeichen ohnehin „leergelaufen" sei. Bei der Würdigung dieser Ansicht ist zunächst zu fragen, ob man den großen Schwierigkeiten, die ordnungsgemäße und rechtsstaatlich hinreichende Verkündung der Verkehrszeichen zu begründen, nicht ausweichen kann, wenn man sie als *Allgemeinverfügungen* oder *Tatbestandsmerkmale* ansieht. Zwar ist Volkmar[115] Recht zu geben, wenn er meint, bei einem Auseinanderklaffen von Form und Inhalt sei nicht notwendigerweise die Form für den Rechtscharakter eines Hoheitsaktes maßgebend, und diese müsse dann bei der Eingruppierung als unbeachtlich angesehen werden, wenn sich sonst ein Widerspruch zum Gesetz ergäbe. Ein solcher Widerspruch tritt bei den Verkehrszeichen aber nicht auf, und Form und Inhalt lassen sich zur Deckung bringen, wenn man in den Verkehrszeichen nicht generell-abstrakte Normen sieht, sondern konkrete, mit der bestimmten Verkehrsfläche verbundene und nur in dieser Verbundenheit sinnvolle Anordnungen[116], die für die jeweils auf dieser Verkehrsfläche anwesenden Adressaten bestimmt sind[117]. Diese Betrachtung preßt nicht den Inhalt in eine vorgegebene Form, sondern bemüht sich nur um eine zwanglosere, den praktischen Verkehrsbedürfnissen entsprechende

---

[110] RGBl 959.
[111] RGBl 901.
[112] Dazu unter 2 a aa.
[113] A.a.O., S. 272.
[114] A.a.O., S. 180 ff.
[115] A.a.O., S. 179.
[116] So *Forsthoff*, a.a.O., S. 211.
[117] BGHSt DÖV 1965, 98 (99, 100).

Wertung des Inhalts, die der gegebenen Form gerecht wird. Ob man die Verkehrszeichen — hat man ihre Einordnung als Rechtsnormen aufgegeben — als Allgemeinverfügungen ansieht, wie es überwiegend[118] geschieht, oder als Tatbestandsmerkmale, wie es die Formulierung des Bundesgerichtshofes in dem Beschluß vom 4. 12. 1964[119] zuläßt, kann dann letztlich offenbleiben. Die letztere Sicht könnte deshalb geboten erscheinen, weil der für eine Allgemeinverfügung im übrigen geforderte geschlossene Kreis der Betroffenen nicht von vornherein vorhanden ist, sondern sich jeweils bildet[120]: jedoch ist die Entscheidung für die Frage der Kundmachung dann ohne Bedeutung.

c) Verweisung auf Verwaltungsvorschriften

Wenn Gesetze oder Verordnungen auf *Verwaltungsvorschriften* verweisen, so müssen auch diese in einem für die Adressaten zuständigen und verfassungsmäßig vorgesehenen Verkündungsblatt veröffentlicht werden, da sie Normbestandteil werden.

Welche Verwirrung sich hier des Gesetzgebers bemächtigen kann, zeigt die Verweisung des Art. 47 Abs. 1 Satz 1 des Bayerischen Besoldungsgesetzes auf die als Verwaltungsvorschriften[121] erlassenen Bundesbeihilfevorschriften[122]. Um dem Publikationserfordernis für das Land Bayern zu genügen, wurden die vorher im Bundesanzeiger und im Gemeinsamen Ministerialblatt des Bundes veröffentlichten Vorschriften in den Bayerischen Staatsanzeiger[123] sowie das Finanzministerialblatt[124] aufgenommen und danach am 30. 11. 1959 zusätzlich im Bayerischen Gesetz- und Verordnungsblatt[125] „bekanntgemacht", da die Bayerische Staatsregierung die Veröffentlichung im Staatsanzeiger offenbar nicht für ausreichend hielt. Die „Bekanntmachung" erfolgte „zum Vollzug des Art. 47 des Bayerischen Besoldungsgesetzes"[126]. Der Bayerische Verwaltungsgerichtshof[127] sieht in dieser „Bekanntmachung" eine „Aufwertung" der Bundesverwaltungsvorschriften zu Landesrechtsverordnungen: Ermächtigungsgrundlage sei Art. 37 des Besoldungsgesetzes. Demgegenüber betrachtet der

---

[118] BVerfG NJW 1965, 2395, *Forsthoff*, a.a.O., S. 211, mit weiteren Angaben.

[119] DVBl 1965, 99: „. . . Parkverbotszeichen erteilen mithin keinen eigenen Rechtsbefehl, sondern zeigen in der vom BMV bestimmten Form . . . lediglich an, auf welche Stelle sich der in der StVO erteilte, keiner Auslegung mehr bedürfende Gesetzesbefehl . . . bezieht."

[120] Dazu *Forsthoff*, a.a.O., S. 211.

[121] Dazu vgl. BayerVerfGHE 17, II 61 (66) sowie oben unter A AA IV 2 f aa.

[122] Vom 17. 3. 1959 (BAnz 1959 Nr. 54, GMinBl 1959, 167).

[123] 1959, Nr. 15. [124] 1959, 322.

[125] S. 327. [126] So der Eingang der Bekanntmachung.

[127] Bayer VerwBl 1960, 321 (323).

Bayerische Verfassungsgerichtshof[128] die Einrückung in das Gesetzblatt als „vorsorgliche" erneute „Bekanntgabe".
Dieser Entscheidung ist insoweit zu folgen, als für den Erlaß einer Rechtsverordnung kein Raum mehr war, da die Beihilfevorschriften durch die (echte) Verweisung in Art. 47 des Besoldungsgesetzes Gesetzeskraft erlangt hatten, allerdings nicht schon — wie das Gericht meint — durch die Veröffentlichung in den Verkündungsblättern des Bundes und im Bayerischen Staatsanzeiger, der dann nur die „vorsorgliche Bekanntmachung" im Bayerischen Gesetzblatt gefolgt sei, sondern erst am 30. 11. 1959 durch die „Bekanntmachung", die nichts anderes darstellte als die notwendige, konstitutive Verkündung eines Teiles des Besoldungsgesetzes[129]. Die Unsicherheit des Gesetzgebers über die rechtsstaatlichen Verkündungsformen hat in diesem Falle also dazu geführt, daß die Beihilfevorschriften in Bayern erst nach dreimaliger Veröffentlichung in Kraft treten konnten: nur die letzte war allerdings notwendig und auch ausreichend.

Dieses Beispiel zeigt ferner, daß eine Verweisung von Gesetzen und Verordnungen auf Verwaltungsvorschriften nicht sinnvoll ist. Da diese ohnehin im durch die Verfassung vorgeschriebenen Publikationsorgan verkündet werden müssen, kann der Gesetzgeber sie auch in den Gesetzestext aufnehmen[130]. Dadurch wird auch vermieden, daß — wie im Falle der Bundesbeihilfevorschriften — einzelne Abschnitte eines Gesetzes später in Kraft treten als die übrigen: das Bayerische Besoldungsgesetz vom 14. 6. 1958[131] trat rückwirkend am 1. 4. 1957 in Kraft, die Bundesbeihilfevorschriften als Bestandteil dieses Gesetzes erst mit ordnungsgemäßer Verkündung am 30. 11. 1958. In solchen Fällen wird die vom Gesetzgeber beabsichtigte Synchronisation also nicht erreicht[132].

Die Anforderungen rechtsstaatlicher Verkündung bei der Verweisung auf Verwaltungsvorschriften übersieht das Bundesverwaltungsgericht in seiner Rechtsprechung zum Rechtscharakter der *Grundsteuerbilligkeitsrichtlinien* vom 22. 1. 1940[133]. In mehreren Urteilen[134], zuletzt in BVerwGE 10, 322 (323), wurde angenommen, die ursprünglich als Verwaltungsvorschriften ergangenen Richtlinien seien durch die Bestätigung in § 33 Abs. 3 des Grundsteuergesetzes vom 10. 8. 1951[135] zu Rechtsvorschriften „aufgewertet" worden[136]. Es sei dahingestellt, ob das Gesetz nach seinem Wortlaut:

> „Die in den einzelnen Ländern am 1. Januar 1951 geltenden Richtlinien für Billigkeitsmaßnahmen auf dem Gebiet der Grundsteuer sind

[128] A.a.O., S. 66, 67.
[129] *Ossenbühl,* a.a.O., S. 407.
[130] *Ossenbühl,* a.a.O., S. 407.
[131] GVBl 101.
[132] *Ossenbühl,* a.a.O., S. 407.
[133] Richtlinien für „Billigkeitsmaßnahmen auf dem Gebiete der Grundsteuer" (RStBl 1940, 121).
[134] Nachweise in BVerwGE 10, 322 (323).
[135] BGBl 519.
[136] Dazu näher unter A AA II 4 c.

letztmalig auf die Grundsteuer für das Rechnungsjahr 1950 anzuwenden" eine (echte) Verweisung beabsichtigte oder nur die Weiteranwendung der Richtlinien als Verwaltungsvorschriften sichern wollte: jedenfalls genügte die Erwähnung der Richtlinien, die nicht in einem für Rechtsnormen vorgeschriebenen Verkündungsblatt veröffentlicht worden waren, dem Verkündungserfordernis nicht, so daß sie keinesfalls als Rechtsvorschriften qualifiziert werden können[137].

d) Verweisung auf private Vorschriften

Nach diesen Darlegungen läßt sich unter dem Gesichtspunkt ordnungsgemäßer Publikation auch die Verweisung auf *Vorschriften privater Gremien*, insbesondere die Verweisung auf *„Regeln der Technik"* beurteilen.

aa) Bekanntmachungsformen

Private Vorschriften wenden sich im allgemeinen nur an einen kleinen Kreis Interessierter und werden in mannigfaltiger Form veröffentlicht. Eine Aufnahme in das Gesetz- und Verordnungsblatt ist selten: ein Beispiel bietet die Verkündung der „Technischen Grundsätze zur Verordnung über den Verkehr mit pyrotechnischen Gegenständen" als Anlage[138] zu der betreffenden Verordnung[139] im Bayerischen Gesetz- und Verordnungsblatt. Diese Vorschriften genießen die Publizität von Rechtsnormen. In der Regel wird jedoch im Gesetzblatt[140] nur auf die anderweitig bekanntgemachten Technischen Regeln verwiesen, oder es werden nur Bestimmungen über Einsetzung und Verfahren der für die Aufstellung der Regeln zuständigen Gremien verkündet, wie beispielsweise über die „Aufstellung und Fortbildung der Baustoff- und Herstellungsvorschriften für Land- und Schiffsdampfkessel" als Anlage zur „Verordnung über die Aufstellung von Dampfkesseln"[141]. Häufig werden die Regeln in Fachzeitschriften und Fachblättern bekanntgemacht[142], auf die in der Verordung bisweilen ausdrücklich verwiesen wird[143]:

---

[137] So zutreffend *Bachof*, Verfassungsrecht Bd. I, S. 244 in einer Anmerkung zu dem zitierten Urteil des Bundesverwaltungsgerichtes; auch *Ossenbühl*, a.a.O., S. 407, Fn. 64a.

[138] BayerGVBl 1952, 298. [139] Vom 30. 10. 1952 (BayerGVBl 297).

[140] Vgl. statt vieler Belege § 3 Abs. 1 der Druckgasverordnung vom 2. 12. 1935 (PreußGesSlg 152), der auf die im MinBl für Wirtschaft und Arbeit veröffentlichten diesbezüglichen Technischen Regeln verweist; weitere Beispiele bei *Conradi*, a.a.O., S. 53, 54.

[141] Vom 14. 12. 1923 (RGBl 1229). [142] Dazu *Schäfer*, a.a.O., S. 57.

[143] Diesen Weg beschreitet auch § 31 Abs. 3 PVG:

„. . . kann in diesen (Polizeiverordnungen) hinsichtlich der technischen Vorschriften auf Bekanntmachungen besonderer sachverständiger Gremien verwiesen werden. Die Art der Veröffentlichung dieser Bekanntmachungen ist zu bestimmen. Auf die erfolgte Veröffentlichung ist im

„Die Grundsätze" und ihre Abänderungen werden im Ministerialblatt für Wirtschaft und Arbeit, die VDE-Vorschriften in der „Elektrotechnischen Zeitschrift" (E.T.Z.), Verlag Berlin-Charlottenburg 4, Bismarckstraße 33, veröffentlicht." [144]

Sehr häufig gibt das Gesetzblatt keinen Aufschluß darüber, wo die Technischen Grundsätze zu finden sind[145].

bb) Anwendung der Ergebnisse auf private Vorschriften

Nach den bisherigen Ergebnissen sind außerhalb der amtlichen Blätter bekanntgemachte private Vorschriften keine Rechtsnormen. Sollen sie zum Bestandteil der verweisenden Norm werden, so müssen sie in den Text aufgenommen oder als Anlage beigefügt, jedenfalls in die amtlichen Verkündungsblätter eingerückt werden. Mit Recht hat daher das Bundesverwaltungsgericht[146] den „Technischen Vorschriften und Richtlinien für die Einrichtung und Unterhaltung von Niederdruckgasanlagen in Gebäuden und Grundstücken" — TVR Gas 1950 — die Anerkennung als Rechtsnormen verweigert: sie sind in den durch § 20 Ziffer 14 Satz 4 der Kölner Bauordnung bezogenen bauaufsichtlichen Richtlinien[147] des nordrhein-westfälischen Ministers für Wiederaufbau als maßgebliche „anerkannte Regeln" herangezogen worden. Ausdrücklich weist das Gericht insbesondere darauf hin, daß durch die Genehmigung als „anerkannte Regeln" seitens des Bundesministers für Wirtschaft gemäß § 13 Abs. 2 des Gesetzes zur Förderung der Energiewirtschaft[148] i. V. m. § 1 der 4. Durchführungsverordnung[149] keine „Aufwertung" erfolgt sei. Selbst wenn sie beabsichtigt gewesen wäre, müßte sie an der mangelnden Verkündung der Regeln scheitern.

Die danach bei der Verwendung als Verweisungsobjekt von Gesetzen und Verordnungen notwendige *Aufnahme der Technischen Regeln in die amtlichen Verkündungsblätter* stößt aus zwei Gründen auf erhebliche Schwierigkeiten. Einmal sind die Regelwerke teilweise sehr umfangreich und würden die amtlichen Blätter stark belasten: so umfaßt etwa das gesamte Vorschriftenwerk des Verbandes Deutscher Elektrotechniker ca. 3500 Seiten. Zweitens sind sie infolge

---

Gesetz- und Verordungsblatt hinzuweisen".

Ähnlich die Regelung in § 32 Abs. 2 Satz 2 des Ordnungsbehördengesetzes von NRW, dazu näher *Rietdorf*, a.a.O., § 32 Anm. 4.

[144] § 2 der Preußischen Polizeiverordnung über Errichtung und Betrieb elektrischer Anlagen vom 15. 2. 1935 (PreußGesSlg 21).

[145] Vgl. etwa § 3 Abs. 1 Satz 4 der 1. Durchführungsverordnung zum Tierzuchtgesetz vom 25. 5. 1950 (BGBl 227) bezüglich der „Grundregeln der Deutschen Landwirtschafts-Gesellschaft" und § 25 der Verordnung über brennbare Flüssigkeiten vom 18. 2. 1960 (BGBl 83).

[146] NJW 1962, 506 (507).

[147] Vom 16. 9. 1952 (MinBl NRW Sp. 1343 ff., dort Nr. 6, 41 e).

[148] Vom 13. 12. 1935 (RGBl 1451). [149] Vom 7. 12. 1938 (RGBl 1732).

des raschen Fortschritts der Technik häufigen Änderungen unterworfen: diese Änderungen könnten nur auf dem Wege einer Textänderung und ihrer Verkündung normative Kraft erlangen. Diese Schwierigkeiten sind jedoch nicht prinzipieller Natur und lassen insbesondere eine ordnungsgemäße Verkündung nicht als unmöglich erscheinen (wie im Falle der Karten und Pläne), so daß hier, wie bei allen anderen privaten Vorschriften[150], auf die verwiesen wird, an den strengen *rechtsstaatlichen Publikationsvorschriften festzuhalten* ist.

cc) Vor- und Nachteile der Verweisungstechnik in diesen Fällen

Nach diesen Feststellungen erscheint — wie schon bei den Verwaltungsvorschriften sichtbar wurde[151] — der Vorteil der Verweisung, die knappere Fassung des Textes, aufgehoben, weil die bezogenen privaten Vorschriften mitveröffentlicht werden müssen. Demgegenüber wiegt der Nachteil der Verweisung, die Unübersichtlichkeit des Rechtsstoffes, besonders schwer[152]. Ein weiterer Nachteil ergibt sich aus den häufig notwendig werdenden Änderungen der verkündeten Regeln, da die dynamische Verweisung verfassungswidrig ist.

Dem Gesetzgeber muß also *empfohlen werden*, bei privaten Vorschriften, insbesondere Technischen Regeln, *auf die Verweisungstechnik zu verzichten* und gegebenenfalls nach eigenverantwortlicher Prüfung der von den Technischen Verbänden vorbereiteten Regeln den vollen Wortlaut als Textbestandteil oder Anlage zu übernehmen. Die Technischen Verbände würden in diesem Falle den Gesetzgeber mit ihrer Sachkunde entlasten, ihm zeitraubende Vorarbeiten abnehmen und ihre berechtigten Interessen in einen Verordnungsentwurf einbringen können[153], die Regeln genössen aber die Publizität von Normen.

Will der Gesetzgeber gleichwohl auf der Verweisungstechnik beharren, so ließe sich der Vorschlag Nickuschs näher in Betracht ziehen[154], die durch die Technischen Verbände erarbeiteten umfangreichen Vorschriftenwerke nach Prüfung durch den Normsetzer in einem neu zu schaffenden Teil der Verkündungsblätter, etwa einem *Teil IV des Bundesgesetzblattes* zu verkünden, der dann von den interessierten

---

[150] Es liegt auf der Hand, daß dieses Ergebnis nicht nur für private Vorschriften gilt, sondern für alle außerhalb der amtlichen Verkündungsblätter bekanntgemachten Verweisungsobjekte: so ist unzulässig die Verweisung auf etwa in Tageszeitungen oder käuflichen Druckschriften (so schon KG, Jahrbuch der Entscheidungen des KG 28 [1904], C 33) veröffentlichte Tatbestände, in Lehr- oder Arzneibüchern bekanntgegebene Gebote und Verbote, deren Übertretung mit Strafe bedroht ist (*Nebinger*, Polizeistrafgesetz, S. 28); dazu auch unter B DD II 3.

[151] Siehe oben unter c.

[152] *Schäfer*, a.a.O., S. 112 f.

[153] *Schäfer*, a.a.O., S. 113.

[154] NJW 1967, 811 (813).

Kreisen gesondert bezogen und im Zusammenhang aufbewahrt werden könnte. So würde ein „Gesetzbuch des Rechtes der Technik" geschaffen, das allen rechtsstaatlichen Publikationserfordernissen gerecht würde.

e) Zusammenfassung und Ergebnis

Betrachtet man die Verweisungstechnik *zusammenfassend* unter dem Gesichtspunkt *ordnungsgemäßer Publikation*, so ergeben sich Bedenken in erster Linie gegen die bisherige Praxis der Verweisung auf Karten, Pläne, Verwaltungsanordnungen und private Vorschriften: in diesen Fällen ist auf die Einhaltung der streng formalen Verkündungsregeln zu achten. Da eine Rechtsnorm in allen ihren Teilen den Erfordernissen der Rechtsetzung und also auch der Verkündung entsprechen muß, ist eine Verweisung nur dann zulässig, wenn folgende *drei Mindestanforderungen*[155] erfüllt sind:

1. Die Rechtsnorm muß *erkennbar* zum Ausdruck bringen, daß sie die außenstehende Anordnung zu *ihrem Bestandteil* macht.
2. In der *Verweisungsnorm* muß das *Verweisungsobjekt hinreichend bestimmt bezeichnet sein.*
3. Das *Verweisungsobjekt* muß in einem *für den Normadressaten bestimmten amtlichen Verkündungsblatt* veröffentlicht werden.

Von den Anforderungen 1. und 2. kann es *keine Ausnahme* geben, von der Aufnahme in ein amtliches Verkündungsblatt kann nur im Falle der *Unmöglichkeit* abgesehen werden: Hauptfall ist die Verweisung auf *graphische Darstellungen.* Ausnahmen auf Grund größerer Praktikabilität können nicht zugelassen werden[156]. Liegt ein zulässiger Ausnahmefall vor, so muß auf die Einhaltung der Anforderungen 1. und 2. besonderer Wert gelegt werden; an die Stelle der Verkündung tritt eine *Ersatzverkündung*: sie muß in solcher *Form* erfolgen, daß den Normadressaten der Zugang zum Verweisungsobjekt und seine Kenntnisnahme ohne größere Mühe möglich sind.

3. Gesetzesbestimmtheit und -klarheit

a) Widerspruch zwischen der Gesetzesbestimmtheit und der Verweisungstechnik

Mit einer formal ordnungsgemäßen Verkündung von Normen ist der *Rechtssicherheit* aber noch nicht Genüge getan: die Norm muß vielmehr auch inhaltlich *vollständig, bestimmt und klar sein;* nur so wird der Forderung nach Voraussehbarkeit und Berechenbarkeit je-

---

[155] Ähnlich auch BVerwG NJW 1962, 506; dazu oben unter b bb ddd.

[156] *Henrichs,* a.a.O., S. 151.

der staatlichen Machtäußerung, insbesondere jedes den Bürger belastenden Eingriffes, entsprochen[157].

Jede Verweisung hat eine Einbuße an Klarheit und Übersichtlichkeit des Gesetzes[158] zur Folge, mit der die Kürze[159] der Anordnung erkauft werden muß[160]. Von diesem Nachteil der Verweisungstechnik als solcher abgesehen, gibt es aber *einige Formen der Verweisung*, welche das Prinzip der Gesetzesbestimmtheit in besonderer Weise gefährden. Die Untersuchung hat hier eine andere Aufgabe als im vorigen Unterabschnitt: konnten dort anhand der streng formalen Verkündungsanforderungen einige Verweisungsformen *eindeutig* als *verfassungswidrig* verworfen werden, so kann unter dem Gesichtspunkt der Bestimmtheit und Klarheit einer Norm nur auf die *Bedenklichkeit* gewisser Techniken hingewiesen und dem Gesetzgeber besondere Aufmerksamkeit anempfohlen werden; die Grenze zur Verfassungswidrigkeit ist fließend und kann nur für jede Verweisungsvorschrift einzeln bestimmt werden.

b) Das Verweisungsverbot

Vorher sei noch angemerkt, daß es — meist für den Bereich untergesetzlicher Normen — gesetzlich angeordnete, teilweise sachlich begrenzte *Verweisungsverbote* gibt, die ihre Ursache in der Antinomie Verweisungstechnik — Rechtsklarheit haben[161]: beispielsweise in fast allen Polizeigesetzen[162]. So bestimmt etwa § 32 Abs. 2 des Ordnungsbehördengesetzes für Nordrhein-Westfalen[163]:

---

[157] Dazu BVerfGE 5, 25 (31); 8, 302; BVerwGE 17, 192 (196); BVerwG NJW 1962, 506; BayerVerfGHE 17, II 61 (66); *Herschel*, a.a.O., S. 1221; *Imboden*, Staatsakt, S. 133; *Forsthoff*, DVBl 1957, 113 (115); *Henrichs*, DVBl 1964, 150 (151); *Nickusch*, NJW 1967, 811; *Jesch*, a.a.O., S. 220, der insbesondere zum Ausdruck bringt, wie wichtig im Zusammenhang mit dem Vorbehalt des Gesetzes die Bestimmtheit von Normen auch für den Gewaltenteilungsgrundsatz ist.

[158] Da der Adressat sich das Bild der Norm erst durch die Verknüpfung der Verweisungsnorm mit dem (oder den) an anderer Fundstelle aufzufindenden Verweisungsobjekt(en) zusammensetzen muß: dazu *Hedemann*, Flucht, S. 26.

[159] Wenn man einmal dieses gesetzgebungstechnische Motiv für die Verweisung in den Vordergrund rückt.

[160] *Aymanns*, a.a.O., S. 303, 306. Gegen die Verweisung gerade unter dem Gesichtspunkt mangelnder Gesetzesklarheit auch *Boehmer*, a.a.O., S. 81, *Kastner*, a.a.O., S. 549; K. *Wolff*, a.a.O., S. 7; *Zitelmann*, a.a.O., S. 15.

[161] Vgl. die amtliche Begründung zu § 31 PVG bei *Scheer-Trubel*, a.a.O., S. 106, die insbesondere auf die Rechtssicherheit abhebt, und die wichtige Entscheidung PrOVGE 105, 138 (140).

[162] Vgl. die Aufstellung bei *Drews-Wacke*, a.a.O., S. 391. Zum Verweisungsverbot im Polizeirecht auch *Schiedermair*, a.a.O., S. 11, 32.

[163] Vom 16. 10. 1956 (GVBl 155).

„Hinweise auf Bekanntmachungen, Festsetzungen und sonstige Anordnungen außerhalb der ordnungsbehördlichen Verordnungen sind unzulässig, soweit die Anordnungen, auf die verwiesen wird, Gebote und Verbote von unbeschränkter Dauer enthalten. Soweit ordnungsbehördliche Verordnungen der Minister überwachungsbedürftige oder sonstige Anlagen betreffen, an die bestimmte technische Anforderungen zu stellen sind, kann in ihnen hinsichtlich der technischen Vorschriften auf Bekanntmachungen besonderer sachverständiger Stellen unter Angabe der Fundstelle verwiesen werden."

Im Regelfall muß die Polizeiverordnung also die Anordnung in ihrem vollen Text enthalten[164] und darf nicht — insoweit abweichend von der für andere Gesetze und Verordnungen gültigen Regel — etwa auf nicht in den Akten befindliche Pläne und Zeichnungen oder auf in Diensträumen ausliegende Unterlagen verweisen[165]. Bei der gesetzlich zugelassenen ersten Ausnahme von diesem Verkündungsverbot kann es sich nur um die Verweisung auf in irgendeiner Form „kundgemachte" Anordnungen von beschränkter Dauer handeln, die einem vorübergehenden Zweck dienen: etwa Tollwut- oder Rattenbekämpfungsanordnungen[166]. Bei der zweiten Ausnahme, der Verweisung auf an anderer Stelle veröffentlichte Vorschriften technischer sachverständiger Stellen, müssen Verweisung und Veröffentlichungsblatt des Verweisungsobjektes den bereits entwickelten allgemeinen Anforderungen[167] entsprechen, auch wenn die Gesetze in der Regel von „Fundstelle" ohne nähere Klassifizierung sprechen.

Daß gerade im Polizeirecht und vor allem bei Blankettstrafgesetzen ein Verweisungsverbot unter dem Aspekt der Rechtssicherheit sehr wünschenswert ist, bedarf keiner näheren Erläuterung.

c) Einzelfälle

aa) Die dynamische Verweisung

Zunächst ist es die *dynamische Verweisung*, gegen die sich auch unter dem Gesichtspunkt der Gesetzesbestimmtheit Bedenken ergeben, und zwar in *dreierlei Hinsicht*.

Erstens ist der Normadressat gehalten nachzuforschen, welches die „jeweils geltende Fassung" des Verweisungsobjektes ist: eine Aufgabe, die bei häufigen Änderungen der Vorschriften — und gerade dann bedient sich der Gesetzgeber häufig dieser Verweisungsform! — einem juristischen Laien nicht zumutbar ist.

Zweitens ist eine dynamisch verweisende Norm nicht „bestimmt": *Bestimmtheit* heißt nämlich, daß der Adressat *im Zeitpunkt des In-*

[164] Zu den Einzelheiten: *Rietdorf*, a.a.O., § 32, Anm. 4 und *Drews-Wacke*, a.a.O.

[165] OVG Münster E 7, 116 (121) und *Drews-Wacke*, a.a.O., S. 392, die aber auf die Ausnahmen nach dem Reichsnaturschutzgesetz und den dazu ergangenen Durchführungsverordnungen hinweisen.

[166] *Drews-Wacke*, a.a.O., S. 391.

[167] Siehe dazu oben unter 2 b bb ddd und 2 e.

krafttretens den sachlichen, persönlichen und zeitlichen Geltungsbereich der Norm hinreichend deutlich und leicht überschauen kann. Verweist die Norm aber auf die „jeweilige Fassung" einer anderen Vorschrift, so ist beim Inkrafttreten ungewiß, ob, wann und wie das Verweisungsobjekt in Zukunft geändert wird. Bestimmt ist nur der abstrakte *Geltungsbefehl*, die in Zukunft von einer anderen Stelle erlassenen Bestimmungen sollten gelten, als habe sie der Gesetzgeber selbst erlassen, wogegen der *Inhalt des Befehles* nicht bestimmt ist. Da eine bestimmte Norm aber einen *inhaltlich bestimmten Gesetzesbefehl*, also beides, voraussetzt, ist eine dynamische Verweisungsnorm unbestimmt. Der Ansicht Schröckers[168], die Verweisungsnorm sei bestimmt, wenn nur die künftige Fassung des Verweisungsobjektes inhaltlich bestimmt sei, kann insoweit nicht gefolgt werden. Zu Unrecht weist Schröcker — ohne Begründung — die Anwendbarkeit der vom Bundesverfassungsgericht in dem Urteil[169] zu den „Apothekenstoppgesetzen" entwickelten Grundsätze zur Bestimmtheit von Normen zurück: sie sind richtigerweise auch für die Beurteilung von Verweisungsnormen heranzuziehen.

Schließlich kommt die Gefahr hinzu, daß die Auswirkung von Änderungen des Verweisungsobjektes auf die Verweisungsnorm(en) nicht sorgfältig überprüft und abgestimmt wird, so daß bei der Anwendung der geänderten Vorschrift erhebliche Auslegungsschwierigkeiten entstehen, womit ebenfalls ein Verlust an Rechtsklarheit verbunden ist.

Die aufgezeigten Bedenken erheben sich gegen *jede dynamische Verweisung*, auch bei Identität des Gesetzgebers von Verweisungsnorm und -objekt; wenn sie auch nicht gering veranschlagt werden dürfen, wird man gleichwohl nicht so weit gehen müssen, diese letztere, nach anderen rechtsstaatlichen Gesichtspunkten (Gewaltenteilung, Verkündung) zulässige Form der dynamischen Verweisung aus Gründen mangelnder Gesetzesbestimmtheit für verfassungswidrig zu erklären, während die Bedenken für die Fälle dynamischer Verweisung bei nichtidentischem Gesetzgeber allenfalls ein zusätzliches Argument für die Feststellung der Verfassungswidrigkeit liefern.

bb) Die statische Verweisung

Bei *statischen Verweisungen* muß das *Verweisungsobjekt so genau bezeichnet* sein, daß der Adressat sich ohne Mühe an dem angegebenen Fundort über die ergänzenden Bestimmungen unterrichten kann. Allgemeine Verweisungen auf das „derzeit geltende Recht" genügen diesen Anforderungen nicht: vielmehr müssen nach Möglichkeit die amtliche Bezeichnung der bezogenen Vorschrift, das Verkündungsblatt mit Seitenangabe sowie gegebenenfalls Paragraphen- und Ab-

---

[168] A.a.O., S. 2289. [169] E 5, 25 (31 f.); dazu unter bb.

satzzahl angeführt werden[170]. Mit Recht hat das Bundesverfassungsgericht[171] das „Gesetz über die vorläufige Regelung der Errichtung neuer Apotheken" („Apothckenstoppgesetz") vom 13. 1. 1953[172] für verfassungswidrig erklärt, dessen § 1 lautet:

„Bis zum Inkrafttreten einer bundesgesetzlichen Regelung des Apothekenwesens darf die Erlaubnis oder die Berechtigung zur Errichtung einer Apotheke nur auf Grund der Bestimmungen erteilt werden, die am 1. Oktober 1945 in den einzelnen Ländern des Bundesgebietes galten."

Das Apothekenrecht ist eine unübersichtliche Rechtsmaterie. Nur in wenigen Ländern bestanden zur Zeit des Erlasses des „Apothekenstoppgesetzes" zusammengefaßte Rechtsvorschriften; in zahlreichen Ländern war die Materie teils durch Rechtsverordnungen, teils durch Verwaltungsvorschriften geregelt. Die Auskünfte mehrerer, ehemals preußische Gebietsteile umfassender Länder über das preußische Apothekenrecht stimmen nicht überein[173]. Bei dieser Lage konnte der Bürger also die geltenden Vorschriften ohne spezielle Fachkenntnisse gar nicht ermitteln. Der Gesetzgeber darf solche Fachkenntnisse zwar bei den mit der Sache befaßten Behörden voraussetzen, nicht aber bei jedem Rechtsunterworfenen. Wenn nicht einmal die zuständigen Behörden zweifelsfrei feststellen können, welches Recht zu einem bestimmten Zeitpunkt gilt, so kann dem Bürger erst recht nicht zugemutet werden, die Vorschriften aufzusuchen und zu befolgen[174]: das Gesetz ist also wegen der unklaren Verweisung nichtig.

Eine so pauschale Verweisung zeigt außerdem, wie wenig Gedanken sich der Gesetzgeber über den Inhalt der von ihm erlassenen Normen gemacht hat: ein Gesichtspunkt, der noch näherer Untersuchung bedarf[175].

cc) Kettenverweisung und Verweisungshäufung

Das Gesetzesverständnis wird ferner durch *Kettenverweisungen*[176] von Vorschrift zu Vorschrift und *Verweisungshäufungen* innerhalb einer Norm erschwert.

So ergeben sich in einem vom Bundesverwaltungsgericht entschiedenen Fall[177] die gesetzlichen Anforderungen für die Anlage von Kleinwasserheizern aus dem Baugesetz des Landes Nordrhein-Westfalen i. V. m. der Kölner Bauordnung i. V. m. den bauaufsichtlichen Richtlinien des Ministers für Wiederaufbau sowie den Technischen

---

[170] Siehe dazu die Beispiele unter A AA II 5 d.

[171] E 5, 25 (31).

[172] BGBl 9, i.d.F. zahlreicher Änderungsgesetze, zuletzt vom 23. 12. 1955 (BGBl 840).

[173] BVerfGE 5, 25 (32). [174] BVerfGE 5, 25 (33).

[175] Dazu unter B BB II 3. [176] Aymanns, a.a.O., S. 304.

[177] BVerwG NJW 1962, 506.

Vorschriften für die Einrichtung von Niederdruckgasanlagen[178]. In den Fällen einer Verweisungshäufung, wie etwa in § 440 Abs. 1 BGB, beschränkt sich die Verweisungsnorm bei spärlicher materieller Regelung häufig darauf, als Wegweiser zu den Verweisungsobjekten zu dienen: solche Vorschriften sind, am Maßstab verständlicher und einprägsamer Normierung gemessen, gewiß wenig wünschenswert[179]. Verweisungsketten bilden sich häufig dann, wenn das Verweisungsobjekt ursprünglich eine vollständige Norm war und erst später zwecks Angleichung an andere Regelungen in eine Verweisungsnorm umgewandelt wird[180].

dd) Die stillschweigende Verweisung

Auch die Verwendung der *stillschweigenden Verweisung* findet ihre Grenze an der Gesetzesklarheit. *Innerhalb eines Gesetzes* sind stillschweigende Verweisungen, insbesondere auf Vorschriften des Allgemeinen Teiles, kaum zu vermeiden und auch unschädlich, da die Kenntnis der allgemeinen Regeln vorausgesetzt werden kann: die Ersetzung der stillschweigenden durch ausdrückliche Verweisungen würde Knappheit und Eleganz des Gesetzes beeinträchtigen.

Anders bei Außenverweisungen: hier sollte der Gesetzgeber die stillschweigende Verweisung ganz vermeiden. Bei der Gesetzesauslegung kann häufig die mühevolle Feststellung, wie ein Tatbestandsmerkmal T_1 zu verstehen ist und ob das Gesetz auf ein in einem anderen Gesetz gebrauchtes Tatbestandsmerkmal T stillschweigend verweist, vermieden werden, wenn der Gesetzgeber ausdrücklich und gegebenenfalls auch wiederholt anordnet, T_1 sei im Sinne von T zu verstehen. Der Rechtsklarheit sollte hier unbedingt der Vorrang eingeräumt werden.

ee) Verweisungsanalogie und „nackte Verweisung"

Die Gesetzesbestimmtheit und -klarheit wird auch durch die *„Verweisungsanalogie"*, die Anordnung *„entsprechender"*, *„sinngemäßer"* Anwendung des Verweisungsobjektes, nicht unerheblich be-

---

[178] Vgl. auch die Unterverweisung bzw. Weiterverweisung innerhalb der Technischen Regelwerke; dazu *Schäfer*, a.a.O., S. 106 ff.

[179] *Müller*, a.a.O., S. 175.

[180] Im Zusammenhang mit der Änderung des Verweisungsobjektes ist auch die *„Anführungsverjüngung"* zu erwähnen. Die globale Bezugnahme auf Verweisungsnormen („Soweit in anderen Gesetzen auf die durch dieses Gesetz aufgehobenen Vorschriften verwiesen wird ...") ist, vom Standpunkt klarer Gesetzgebungstechnik aus gesehen, wenig wünschenswert; eine Einzelanführung der auf die geänderten Bestimmungen verweisenden Vorschriften ist vorzuziehen. Zudem führt die Änderung eines Verweisungsobjektes ohne Kontrolle der Verweisungsnormen vielfach zur Umwandlung von statischen Verweisungen in verfassungswidrige dynamische Verweisungen.

einträchtigt. Normadressat und Richter müssen vor der Rechtsanwendung untersuchen, wie das Verweisungsobjekt inhaltlich abzuändern ist, damit es für den Tatbestand der Verweisungsnorm paßt. Die Schwierigkeiten vergrößern sich noch, wenn der Zusatz „entsprechend“ fehlt, eine wörtliche Heranziehung des Verweisungsobjektes aber gleichwohl unmöglich ist. Werden beispielsweise in Bundesvorschriften Behörden des Bundes genannt, dann treten in der landesrechtlichen Verweisungsnorm an deren Stelle Landesbehörden. Viele Vorschriften verändern ihren Sinn, wenn sie durch eine Verweisung aus ihrem Geltungsbereich in einen sachlich oder regional anderen übertragen werden: so werden vielfach durch landesgesetzliche Pauschalverweisungen bundesrechtliche Regelungen auf Rechtsverhältnisse der Länder übertragen, die im Bunde anders geregelt sind oder denen im Bunde nichts Vergleichbares gegenübersteht. Auslegungsschwierigkeiten ergeben sich mitunter einfach aus der räumlichen Begrenztheit der Landeshoheit[181]. Es kann auch sein, daß in dem Land, das die Verweisungsnorm erlassen hat, andere tatsächliche Verhältnisse vorliegen als diejenigen, die das bundesrechtliche Verweisungsobjekt zugrundelegt. So erhält etwa der Bundesbeamte bei der Benutzung eines anerkannt privaten Kraftfahrzeuges für Dienstfahrten als Fahrtkosten- oder Wegstreckenentschädigung ein Kilometergeld, das nach der Jahresfahrleistung für dienstliche Zwekke abgestuft ist und nach der Bundesregelung auch die Kraftfahrzeugsteuer abgilt. Erstattet das Land die Kraftfahrzeugsteuer gesondert und erbringt es weitere Leistungen, etwa für die Beschaffung des Kraftfahrzeuges, dann liegen für die Berechnung der Höhe des Kilometergeldes andere Voraussetzungen vor[182]. Diese sachlichen Differenzen berücksichtigen Verweisungen zur „entsprechenden Anwendung“ des Bundesrechtes häufig nicht.

Trotz dieser Schwierigkeiten ist gegen die Verweisungsanalogie unter dem Gesichtspunkt der Gesetzesbestimmtheit prinzipiell nichts einzuwenden[183]: Voraussetzungen und Grenzen der analogen Anwendung von Normen sind von Rechtsprechung und Rechtstheorie eingehend bestimmt worden[184]. Die Analogie bildet ein unzweifelhaft verfassungsgemäßes Hilfsmittel richterlicher Gesetzesauslegung und -anwendung[185] und kann auch vom Gesetzgeber selbst angeordnet werden.

---

[181] Vgl. dazu die zahlreichen Beispiele aus dem Abgabenrecht bei *Schröcker*, a.a.O., S. 2287 und *Meilicke*, a.a.O., S. 194 f.

[182] Dazu das bei *Schröcker*, a.a.O., S. 2287 zitierte Urteil des Bundesverwaltungsgerichtes vom 30. 6. 1966.

[183] Dazu *Nipperdey*, a.a.O., S. 341; *Canaris*, a.a.O., S. 72, Fn. 44–47, S. 73; *Larenz*, a.a.O., S. 279.

[184] Dazu *Larenz*, a.a.O., S. 287 ff.

[185] *Canaris*, a.a.O., S. 24.

Die „entsprechende Anwendung" einer Norm zur Ergänzung einer anderen Norm ist jedoch nur dann möglich und sinnvoll, wenn die Tatbestände beider Normen so ähnlich sind, daß die Anordnung derselben oder einer ähnlichen Rechtsfolge vertretbar ist. Das setzt eine *rechtliche Bewertung* der Tatbestände und möglichen Rechtsfolgen beider Normen voraus, die im Falle der „Analogie zur Lückenergänzung" Aufgabe des Richters ist, im Falle der „Verweisungsanalogie"[186] aber schon *durch den Gesetzgeber der Verweisungsnorm* vollzogen werden muß. Ist er dieser Aufgabe nachgekommen, so ist die Verweisungsnorm unter Heranziehung des Verweisungsobjektes vollständig und bestimmt. Wenn der Gesetzgeber jedoch global die „entsprechende Anwendung" anderer Gesetze oder ganzer Normenkomplexe anordnet, so erscheint die Verweisungsnorm zwar formal als geschlossen, aber ihre inhaltliche Konkretisierung, d. h. die Feststellung, ob die Materien wirklich rechtsähnlich sind und wie die „entsprechende Anwendung" zu erfolgen hat, ist dem rechtsunterworfenen Bürger häufig unklar und bleibt schließlich dem Richter überlassen[187]. Bei näherer Betrachtung stellt sich bisweilen sogar heraus, daß die Ähnlichkeit der Tatbestände gar nicht besteht und eine „analoge Anwendung" unmöglich oder nur mit Mühe zu konstruieren ist[188].

Es liegt auf der Hand, daß in diesen Fällen den Anforderungen der Gesetzesbestimmtheit nicht genügt ist. Das gilt besonders für die *„nackten Verweisungen"*[189], welche die entsprechende Anwendung eines Verweisungsobjektes anordnen, ohne näher zu bezeichnen, welcher Gegenstand so wie im Verweisungsobjekt geregelt werden soll, wie etwa in § 254 Abs. 2 Satz 2 BGB[190]. Anweisungen dieser Art sind, wie Müller[191] mit Recht hervorhebt, für den Bürger „orakelhaft". Nur ein Jurist kann feststellen, welche Regelung dem Gesetzgeber vorgeschwebt haben mag.

Zusammenfassend ist also festzustellen, daß Verweisungsnormen, welche die sinngemäße Anwendung des Verweisungsobjektes anordnen, dann nicht dem rechtsstaatlichen Gebot der Gesetzesklarheit ge-

---

186 Zur Abgrenzung der Analogieformen siehe unter A AA VII 3 a.

187 Auf die mangelnde Bewältigung der Gesetzgebungsaufgaben durch den Gesetzgeber in diesen Fällen weisen *Aymanns*, a.a.O., S. 306 und K. *Wolff*, a.a.O., S. 7 hin.

188 Dazu *Aymanns*, a.a.O., S. 302; *Zitelmann*, a.a.O., S. 16 ff.; K. *Wolff*, a.a.O., S. 7.

189 *Müller*, a.a.O., S. 179 ff.

190 Dazu oben unter A AA VII 3 b; ein weiteres Beispiel ist § 36 Abs. 2 VwGO. Unklar ist auch die pauschale Verweisung zu „entsprechender Anwendung" in § 6 Kirchensteuergesetz NRW (GVBl 1962, 223).

191 A.a.O., S. 180. *Müller* macht auch Formulierungsvorschläge, wie die rechtsähnlich zu behandelnden Gegenstände bezeichnet werden können.

nügen, wenn der Gesetzgeber die Feststellung der die Analogie rechtfertigenden Rechtsähnlichkeit der Tatbestände unterlassen oder die konkrete Bezeichnung des rechtsähnlich zu behandelnden Gegenstandes versäumt hat. Hier liegt die *verfassungsrechtliche Grenze der Verweisungsanalogie.*

d) Zusammenfassung und Ergebnis

Die Untersuchung einzelner Verweisungsformen unter dem Gesichtpunkt der Gesetzesbestimmtheit und -klarheit hat gezeigt, daß sich für die Erfüllung der einander widerstrebenden Forderungen nach Kürze des Gesetzes und mühelos verständlicher Formulierung keine Faustformel aufstellen läßt: der Gesetzgeber muß stets unter Anwendung der Gesetzgebungstechnik als einer „Kunstlehre" den für den Einzelfall richtigen Mittelweg suchen. Gesetze dürfen nur so viel und in solchen Formen verweisen, daß die Kenntnisnahme des geltenden Rechts und eine sichere Auslegung nicht gefährdet werden. *Im Zweifel* ist dem verfassungsrechtlichen Gebot der *Gesetzesklarheit* der *Vorrang* vor der gesetzgebungstechnisch eleganteren Lösung zu geben. Das gilt insbesondere für belastende Gesetze und Strafgesetze.

KAPITEL BB

VERWEISUNG UND DEMOKRATIE

Auch unter dem Gesichtspunkt des Demokratiegebotes ergeben sich Bedenken gegen einzelne Formen der Verweisungstechnik. Wichtig ist zunächst, die für das parlamentarische Gesetzgebungsverfahren maßgeblichen Elemente des *Demokratiebegriffes* herauszustellen (I, II 1—3). Die Einzeluntersuchung wird teilweise die unter den Aspekten der Gewaltenteilung und Rechtssicherheit gefundenen Ergebnisse bestätigen, vor allem bezüglich der *dynamischen Verweisung* (II 4), teilweise neue Gesichtspunkte für die Bewertung der *Verweisung als eines allgemeinen gesetzgebungstechnischen Hilfsmittels* erbringen.

Abschnitt I

ZUM DEMOKRATIEBEGRIFF

Eine bündige Umschreibung des *Demokratiebegriffes* läßt sich kaum geben[1]. „Demokratisch" nennt man sowohl die *Staatsform*[2], die

[1] *Peters,* DÖV 1951, 225 (226); *Hesse,* a.a.O., S. 52; *Schmitt,* Verfassungslehre, S. 223 ff.; *Thoma,* HDStR Bd. I, S. 188.

[2] Dazu näher unter I 3.

Gesetzgebungsform[3] als auch die *Regierungsform*[4] eines Staates; vielfach ist „demokratisch" nichts anderes als eine gängige Münze für alles Ideale und Wünschenswerte in einem modernen Staat: Liberalismus, Sozialismus, Gerechtigkeit, Menschlichkeit, Völkerverständigung[5].

Zur näheren Eingrenzung unterscheidet man zweckmäßigerweise zunächst zwischen dem *materiellen Gehalt* der Demokratie und ihren *formalen Elementen*[6].

1. *Materieller Gehalt des Demokratiebegriffes*

a) Herrschaft des Volkes durch das Volk

Der *materielle Gehalt* des Demokratiebegriffes besagt, daß alle Staatsgewalt vom Volke ausgeht, wie es Art. 20 Abs. 2 Satz 1 GG formuliert: demokratisch ist ein Staatswesen, in dem das Volk selbst Träger und — durch bestimmte Organe[7] — Ausübender der Staatsgewalt und zugleich ihr Unterworfener ist, in dem also „das Volk durch das Volk regiert wird". Das Volk ist der Souverän, und alle politische Willensbildung vollzieht sich von unten nach oben[8].

Führt man dieses prinzipielle und ideale Verständnis der Demokratie auf die Verfassungswirklichkeit eines modernen Großstaates zurück und stellt man die wichtigste Form der Äußerung des Volkswillens — in Wahlen und Abstimmungen — in den Vordergrund schon der Begriffsbestimmung, so ist Demokratie eine „Herrschafts- und Regierungsform mit verfassungsmäßig geregelter und periodisch revozierbarer Zustimmung des Volkes"[9]. Auch Freiheit und Gleichheit als die beiden in einem Spannungsverhältnis stehenden politischen Grundforderungen sind Bestandteil der Demokratie[10].

---

[3] Dazu näher unter I 3, besonders unter II 1—3.

[4] Dazu näher unter I 3.

[5] *Schmitt*, a.a.O., S. 225, auch *Helfritz*, a.a.O., S. 175: „So verbindet man mit dem Worte Demokratie die ethische Vorstellung eines guten, rechtlich geordneten Staatswesens, das sich die Wohlfahrt und die Wahrung der Menschenrechte seiner Bürger zur Aufgabe macht, zu alledem aber beitragen will, den Frieden der Welt zu erhalten."

[6] *Peters*, a.a.O., S. 226. [7] Art. 20 Abs. 2 Satz 2 GG.

[8] *Peters*, a.a.O., S. 226; *Hesse*, a.a.O., S. 56 f.: „Politische Willensbildung des Volkes durch das Volk". Weitere Begriffsbestimmungen der Demokratie sind etwa: „Herrschaft der Mehrheit", „Herrschaft der öffentlichen Meinung": dazu *Schmitt*, a.a.O., S. 225.

[9] *Maunz-Dürig*, a.a.O., Art. 20, Rdn. 30 mit weiteren Nachweisen; *Thoma*, Erinnerungsgabe, S. 39 und ders. HDStR Bd. I, S. 190.

[10] *Peters*, a.a.O., S. 226; *Schmitt*, a.a.O., S. 224; auch in der Definition von *Thoma* enthalten.

b) Carl Schmitts Identitätslehre

Carl Schmitt hat den bis heute maßgeblichen Versuch gemacht, den materiellen Gehalt der Demokratie mit dem Begriff der *Identität* zu erfassen: Demokratie ist danach „Identität von Herrscher und Beherrschten, Regierenden und Regierten, Befehlenden und Gehorchenden"[11]. Für diese Auffassung ist grundlegend wichtig der Begriff *„Gleichheit"*[12]. Die sachlich notwendige Unterscheidung zwischen Herrschenden und Beherrschten darf in der Demokratie nicht in eine qualitative Differenz umschlagen. Dadurch, daß jemand herrscht und regiert, tritt er nicht aus der Identität und Homogenität des Volkes heraus; er gründet seine Macht auch nicht auf eine höhere, qualitativ andere Autorität, etwa einen göttlichen Auftrag, sondern allein auf den Willen, den Auftrag und das Vertrauen der Regierten, die sich auf diese Weise selbst regieren[13]. Aus der Gleichheit der Regierenden mit den Regierten ergibt sich auch, daß der Herrschaftsauftrag zurückgenommen werden kann und der Herrschende daraufhin in das Volk zurücktreten muß[14]. Schmitt hält das Wort *Identität"* — im Gegensatz zur *„Repräsentation"*[15], die auf dem Gedanken der Zweiheit[16] beruht und die Darstellung der persönlich nicht Anwesenden durch einen Repräsentanten meint[17] — deshalb für brauchbar, weil es die umfassende, Regierende und Regierte einschließende Einheit des homogenen Volkes treffend kennzeichne[18].

Schmitts Auffassung ist in jüngerer Zeit zunehmend auf Kritik gestoßen[19]. Hesse[20] wirft dieser Identifikation sogar vor, sie sei geeignet, die Realität der Herrschaft von Menschen über andere Menschen zu verschleiern oder hinwegzufingieren und über die wahren

---

[11] A.a.O., S. 234. [12] Für das folgende *Schmitt*, a.a.O., S. 235 f.

[13] Das kommt auch in der Definition Montesquieus zum Ausdruck: dazu *Quaritsch*, a.a.O., S. 32.

[14] Der Auffassung von der Identität schließen sich *Peters*, a.a.O, S. 226, *Peters-Ossenbühl*, a.a.O., S. 57, *Ossenbühl*, a.a.O., S. 402 an.

[15] Zum Gegensatz Monarchie-Demokratie, die auf den politischen Formprinzipien Repräsentation-Identität beruhen, siehe *Schmitt*, a.a.O., S. 282 ff.

[16] *Leibholz*, a.a.O., S. 28 und passim. [17] *Schmitt*, a.a.O., S. 204.

[18] A.a.O., S. 235 unter Berufung auf andere.

[19] Dazu *Maunz-Dürig*, a.a.O., Art. 20, Rdnr. 30 mit weiteren Angaben; *Scheuner*, DÖV 1957, 633 (634): die Formel von der Identität sei entweder schwärmerische Verkennung der Notwendigkeit politischer Überordnung oder illimitierte Rechtfertigung der Herrschaft als Übereinstimmung mit dem wahren Gemeinwillen. *Weber*, Spannungen und Kräfte, S. 32 spricht lediglich von einer „klaren Verantwortungs- und Vertrauensbeziehung zwischen Regierenden und Regierten".

[20] A.a.O., S. 54.

Herrschaftsverhältnisse zu täuschen. Sogar in der unmittelbaren Demokratie herrsche die Mehrheit über die Minderheit, also Menschen über andere Menschen, nicht die Menschen selbst über sich selbst: in der mittelbaren Demokratie, die in den modernen Staaten vorherrsche, lasse sich die Identität von Regierenden und Regierten ohnehin nur auf der Grundlage einer weiteren Identifikation behaupten, nämlich der der beauftragten Organe mit dem Volke.

Das übersieht Schmitt auch keineswegs. Es geht ihm nicht um die Identität der Regierenden und Regierten in dem Sinne, daß alle Regierten permanent zugleich Regierende seien: das ist nicht einmal theoretisch vollziehbar. Versteht man Schmitts Definition jedoch in dem Sinne, daß alle Betätigung staatlicher Macht sich nur innerhalb der substantiellen Gleichheit des einen Volkes und abgeleitet vom Volk vollziehen kann, so ist der Begriff „Identität“ für das Verständnis der Demokratie hilfreich. Insoweit muß man Maunz-Dürig[21] Recht geben, wenn sie meinen, in diesem Punkte beruhe der Streit mehr auf terminologischen Differenzen als auf einem Unterschied der sachlichen Auffassung.

2. *Formeller Gehalt des Demokratiebegriffes*

Der materielle Gehalt der Demokratie wird oft übersehen gegenüber den Formen, unter denen sie sich konkret darstellt[22], ebenso, wie man häufig das Gewaltenteilungsschema des Grundgesetzes verabsolutiert, ohne die ihm zugrundeliegende Idee rechtsstaatlicher Gewaltenhemmung im Auge zu behalten[23].

Zu den *formalen Elementen der Demokratie* gehören etwa das Mehrheitsprinzip[24], bestimmte, die freie und unmittelbare Abstimmung gewährleistende Wahlsysteme[25], die Gleichheit der Bürger[26], der Schutz staatsbürgerlicher Grundfreiheiten — wie der Versammlungs- und Meinungsäußerungsfreiheit[27] —, die ungehinderte Bildung einer öffentlichen Meinung[28], die Erstreckung der Willensbildung von unten nach oben über den staatlichen Bereich hinaus[29] und andere Prin-

---

[21] A.a.O., Rdnr. 30. [22] *Peters*, a.a.O., S. 226.

[23] Dazu näher unter B AA I 2 a und b.

[24] *Schmitt*, a.a.O., S. 224; *Peters*, a.a.O., S. 226; *Maunz-Dürig*, a.a.O., Rdnr. 32.

[25] *Peters*, a.a.O., *Maunz-Dürig*, a.a.O., Rdnr. 33.

[26] *Peters*, a.a.O., *Maunz-Dürig*, a.a.O., Rdnr. 34.

[27] *Maunz-Dürig*, a.a.O., Rdnr. 36 ff.

[28] *Schmitt*, a.a.O., S. 246 ff.; *Maunz-Dürig*, a.a.O., Rdnr. 39.

[29] *Maunz-Dürig*, a.a.O., Rdnr. 42 ff.

zipien[30]. Diese Formen spielen in jeder Demokratie eine durch die jeweilige Verfassung festgelegte wichtige Rolle, aber das darf nicht darüber hinwegtäuschen, daß sie nur Mittel sind, den inneren Gehalt der Demokratie in der politischen Praxis zu verwirklichen[31].

3. *Demokratische Staatsform, Gesetzgebungsform, Regierungsform*

Eine *Staatsform* bezeichnet man dann als *demokratisch*, wenn die Staatsgewalt beim Volke liegt und das Volk sich in Ausübung seiner höchsten, verfassungsgebenden Gewalt unmittelbar eine eigene Verfassung gibt, nach der sich das staatliche Leben vollzieht[32]. Nach dem heutigen Sprachgebrauch ist eine Demokratie als Staatsform zugleich eine Republik[33]: beide Begriffe beruhen auf dem Prinzip der Volkssouveränität. Zur demokratischen Form der *Gesetzgebung* muß unter dem besonderen Aspekt der Verweisung eingehender Stellung genommen werden. Auch eine *Regierung* kann demokratisch sein. In der verfassungsgeschichtlichen Entwicklung Deutschlands[34] zielte die demokratische Forderung gerade auf die Abhängigkeit auch der Regierung vom souveränen Volk, vermittelt durch das Parlament als seinen Repräsentanten, in der Konsequenz also auf eine parlamentarische Regierung: Demokratie und Parlamentarismus werden aus dieser politischen Sicht häufig verwechselt[35] [36].

---

[30] So auch *Helfritz*, a.a.O., S. 174: „Es kommt weniger auf die Form an, in der ein Staat regiert wird, als auf den Geist, unter dem es geschieht."

[31] *Peters*, a.a.O., S. 226, 228 weist besonders darauf hin, daß es für das Funktionieren der Demokratie nicht so sehr auf die Formen, sondern auf die demokratische, ethische Gesinnung ankommt.

[32] *Schmitt*, a.a.O., S. 223, 238 ff.; *Peters*, a.a.O., S. 226; *Quaritsch*, a.a.O., S. 7.

[33] *Schmitt*, a.a.O., S. 223; *Helfritz*, a.a.O., S. 161. Hier hat sich ein Begriffswandel vollzogen: historisch (seit Macchiavelli: dazu *Helfritz*, a.a.O., S. 139 und *Schmitt*, a.a.O., S. 282) ist die Republik die der Monarchie entgegengesetzte Staatsform, während sich heute in einer Demokratie = Republik in bezug auf Gesetzgebung und Regierung demokratische Elemente mit mehr oder weniger starken Restbeständen einer erblichen Monarchie verbinden können (*Schmitt*, a.a.O., mit weitere Angaben), z. B. in der Verfassung von Großbritannien.

[34] Dazu *Schmitt*, a.a.O., S. 265 ff.

[35] *Schmitt*, a.a.O., S. 265.

[36] In Deutschland hat man sich traditionell an eine bestimmte Form der Abhängigkeit der Regierung von der Volksvertretung gewöhnt: Wahl durch das Parlament, Vorrang und Vorbehalt des Gesetzes, parlamentarische Kontrolle der Exekutive; das ist jedoch ebenfalls nur eine mögliche Form demokratischer Regierungsverantwortung.

Abschnitt II

VERWEISUNG UND DEMOKRATISCHE GESETZGEBUNGSFORM

1. Zum Gesetzesbegriff

Die Verweisungstechnik läßt sich nur dann richtig bewerten, wenn man insbesondere die *demokratische Komponente in der Gesetzgebung* näher untersucht.

Die demokratisch legitimierte Mitwirkung des Parlamentes an der Gesetzgebung, schließlich die Erringung des alleinigen Rechtes zur Gesetzgebung sind nur aus der politischen Kampfsituation zwischen Volk und Monarch sowie der Spannung zwischen Staat und Gesellschaft zu verstehen[37]: hier hat sich die Demokratie ihre Vorherrschaft erkämpft. Die bürgerlich-liberale Staatsauffassung sah die Rechtssphäre des einzelnen nur dann als gesichert an, wenn Eingriffe in den Bereich von Freiheit und Eigentum der Billigung durch das Parlament bedurften. Diese demokratische Forderung prägte den *„demokratischen"*, *„politischen"*[38], *„materiellen"*[39] *Gesetzesbegriff*[40], der durch die *„Freiheits- und Eigentumsformel"* charakterisiert ist. Die politische Frontstellung des Parlamentes und des Gesetzesbegriffes[41] gegen die Exekutive wirkt auch heute unter der Herrschaft der Gewaltentrennung noch fort, obwohl die Regierung im parlamentarischen System nicht mehr in dem ursprünglichen Maße Gegner des Parlamentes ist, schon weil sie in der Regel selbst der Volksvertretung entstammt und ihr verantwortlich ist[42].

Erst unter dem Einfluß rechtsstaatlicher Forderungen tritt dem „politischen" Gesetzesbegriff der *„rechtsstaatliche"* an die Seite, der das Gesetz als *generelle Anordnung*[43] kennzeichnet.

---

[37] *Böckenförde*, Gesetz, passim, insbesondere S. 126 ff.; *Scheuner*, DÖV 1960, 601 (603); *Jesch*, a.a.O., S. 26 ff.; *Schmitt*, a.a.O., S. 148.

[38] Zum „politischen" Gesetzesbegriff: *Schmitt*, a.a.O., S. 146 ff.

[39] Zum „materiellen" Gesetzesbegriff und zur „Eigentums- und Freiheitsformel": *Meyer-Anschütz*, a.a.O., S. 655 ff.

[40] Zu den verschiedenen Gesetzesbegriffen vor allem *Böckenförde*, Gesetz, a.a.O., S. 126 ff. *Jesch*, a.a.O., S. 9 f. Für die ältere Literatur: *Laband*, a.a.O., Bd. II, S. 61 ff. (insbesondere zum formellen und materiellen Gesetzesbegriff) sowie *Schmitt*, a.a.O., S. 138 ff.

[41] Wenn auch die „Freiheits- und Eigentumsformel" in der ursprünglichen, engen Fassung aufgegeben worden ist.

[42] *Scheuner*, Festschrift *Hübner*, S. 211.

[43] *Schmitt*, a.a.O., S. 139. Der Rechtsstaat wird zuerst durch die Herrschaft des Gesetzes verwirklicht. „Herrschaft des Gesetzes" heißt aber, daß neben dem Bürger auch der Gesetzgeber selbst an das Gesetz gebunden ist, und diese Forderung setzt das Gesetz als richtige, vernünftige und gerechte Anordnung voraus: Eigenschaften, die nur eine generelle Norm haben kann

Das so als demokratisch legitimierte generelle Anordnung, die die Freiheitssphäre des Bürgers abgrenzt, bestimmte Gesetz ist im Rechtsstaat Grundlage und Schranke jeder staatlichen Machtäußerung. Konsequent ergibt sich daraus die im gewaltenteilenden Staat durchgeführte Bindung der Exekutive an das Gesetz durch Vorrang und Vorbehalt sowie die Gesetzesbindung des Richters. Die Gesetzgebung wird damit im demokratischen Staat zur primären Äußerung der Staatsgewalt und der Staat — in diesem Sinne verstanden[44] — zum *„Gesetzgebungsstaat“*[45]. Letztlich leitet sich jede staatliche Tätigkeit aus einem Beschluß der Volksvertretung her, denn nur das Parlamentsgesetz besitzt „Rang und Prädikat einer demokratischen Mehrheitsentscheidung, wie sie sonst keinem anderen Staatsakt zukommt“[46], und im Sinne der Identitätsformel ist der Gesetzesgehorsam des Bürgers damit Selbstgehorsam, „Anerkennung und Vollzug der eigenen Willensentscheidung“[47].

Aus dem Demokratiegebot folgt aber auch, daß das *Parlament* kraft seiner unmittelbaren Legitimation durch das Volk *prinzipiell das einzige Organ* ist, *das Gesetze erläßt,* weil nur seine Willensentscheidung dem Gesetzesunterworfenen als eigener Wille zuzurechnen ist[48]. Diese *Monopolstellung* hat in den Art. 20, 77 ff. GG ihren Niederschlag gefunden und wird auch nicht dadurch eingeschränkt, daß unter anderen — etwa bundesstaatlichen — Gesichtspunkten andere Organe — wie der Bundesrat — an der Gesetzgebung beteiligt werden und unter bestimmten Voraussetzungen — Art. 80 GG! — auch die Exekutive Normen erlassen kann. Das Gesetzgebungsmonopol verpflichtet die Volksvertretung, die ihr zur alleinigen Ausübung übertragene *Kompetenz* (formell) *selbst wahrzunehmen* und vor dem Gesetzesbeschluß (materiell) durch eigenverantwortliche Prüfung, Beratung und Diskussion jedes Gesetzentwurfes zu einer *eigenen Willensbildung* zu gelangen[49].

(dazu auch *Scheuner*, Hübner-Festschrift, S. 205, *Giacometti*, Verordnungs-Recht, S. 75 f.).

[44] Vgl. dazu die Polarität „Gesetzgebungsstaat“ — „Verwaltungsstaat“, die Tendenzen der Verfassungswirklichkeit aufzeigen will, unter B AA I 3 a.

[45] *Quaritsch*, a.a.O., S. 30. Zur Vorrangstellung der Legislative auch *Stratenwerth*, a.a.O., S. 99 (historisch), *Jagmetti*, a.a.O., S. 100, *Jesch*, a.a.O., S. 171 ff. ders., AöR 82, 245, *Böckenförde*, Gesetz, S. 44, *Peters*, Ermächtigung, S. 846 f., *Vogel*, VVDStRL 24, 145 f., *Forsthoff*, DRZ 1948, 405 (408), *Jellinek*, Verwaltungsrecht, S. 6, *Draht*, a.a.O., S. 114 f., *Klein*, Grenzen, S. 13, *Peters*, Laforet-Festschrift, S. 22 f.

[46] *Ipsen*, VVDStRL 10, 75. [47] *Quaritsch*, a.a.O., S. 31.

[48] *Hesse*, a.a.O., S. 188; *Schmitt*, a.a.O., S. 262; *Quaritsch*, a.a.O., S. 31, 34; *Ossenbühl*, a.a.O., S. 402.

[49] *Hesse*, a.a.O.; *Ossenbühl*, a.a.O.

2. *Demokratie und Verlagerungsverbot*

Zum ersten: die Monopolstellung des Parlamentes ist zugleich Recht und Pflicht. Das Parlament darf seine Kompetenz nicht über die von der Verfassung selbst zugelassenen Ausnahmen (Art. 80 GG) hinaus auf andere staatliche Organe, insbesondere Exekutivorgane, oder außerstaatliche, private Organisationen verlagern. Jede Abschiebung von Gesetzgebungsaufgaben und jede durch die Verfassung nicht vorgesehene Beteiligung nichtparlamentarischer Stellen, auf deren Willensbildung das Volk keinen oder nicht den gleichen Einfluß hat, schmälert das Gewicht des Parlamentes und widerspricht dem Prinzip der Volkssouveränität[50].

Die Bedenken, die unter dem Aspekt der Gewaltenteilung gegen solche Verweisungsformen erhoben wurden, die eine versteckte Verlagerung von Gesetzgebungsfunktionen darstellen[51] und in die Kompetenzverteilung eingreifen, lassen sich damit in gleicher Weise auf das Demokratiegebot stützen[52].

3. *Gesetzesbeschluß und parlamentarische Willensbildung*

Zum zweiten: der Gesetzgeber kann von dem rechtsunterworfenen Bürger nur dann Gehorsam gegenüber dem Gesetzesbefehl verlangen, weil der Wille des Parlamentes nach dem demokratischen Prinzip den Willen des Bürgers selbst verkörpert, wenn dieser *Befehl das Ergebnis einer sorgfältigen Willensentschließung* ist. Der Beschluß allein, etwas solle Gesetz sein, genügt nicht. Diesem Anspruch werden nicht alle verweisenden Gesetze gerecht.

a) Gesetzesfeststellung und Sanktion

Jeder Gesetzentwurf durchläuft vier durch die Verfassung vorgeschriebene Verfahrensstufen: er wird eingebracht (Art. 76 GG), beschlossen (Art. 77 GG), ausgefertigt und verkündet (Art. 82 GG).

Der *Gesetzesbeschluß* enthält zwei Elemente: die *Gesetzesfeststellung* und die *Sanktion.* Die Feststellung umfaßt den Prozeß der parlamentarischen Willensbildung, deren Ergebnis inhaltlich festlegt, was Gesetz werden soll; die Sanktion erhebt den so festgestellten Inhalt zum Gesetz, spricht also aus, daß der Entwurf Gesetz sein soll[53]: die Feststellung zielt also auf den Inhalt, die Sanktion

---

[50] *Giacometti,* Verordnungsrecht, S. 82. [51] Siehe dazu unter B AA I 4 ff.

[52] *Schack,* Verlagerung, S. 336; *Ossenbühl,* a.a.O., S. 402; *Quaritsch,* a.a.O., S. 42; *Schmitt,* a.a.O., S. 316, 317 unter dem Gesichtspunkt einer Preisgabe der für das Parlament notwendigen Diskussionsmöglichkeit; dazu näher unter 3 b.

[53] *Laband,* a.a.O., Bd. II, S. 24 ff., 29 ff.; *Maunz-Dürig,* a.a.O., Art. 77, Rdnr. 3; *Quaritsch,* a.a.O., S. 39; *Hallier,* a.a.O., S. 394; *Böckenförde,* Gesetz, S. 228 ff.

auf dessen Geltung. Eine Verfassung kann bestimmen, daß die Sanktion in den Händen anderer Organe liegt als die Feststellung des Gesetzesinhalts: so wurde nach der Reichsverfassung von 1871 die Sanktion durch den Bundesrat erteilt[54], während der Gesetzesinhalt durch übereinstimmende Mehrheitsbeschlüsse von Bundesrat und Reichstag festgestellt wurde[55] [56]. In modernen parlamentarischen Systemen übt die gesetzgebende Körperschaft beide Funktionen aus, so daß sie in der Praxis im Gesetzesbeschluß zusammenfallen. Man kann also zweifeln, ob es sinnvoll ist, an der hergebrachten Unterscheidung festzuhalten[57]. Gleichwohl macht der Hinweis auf die Inhaltsfeststellung deutlich, daß ein *Gesetzesbeschluß ohne Willensbildung und -entschließung* des Parlamentes eines wesentlichen Bestandteiles entbehrt. Mit Recht hat das Bundesverfassungsgericht im „Apothekenstoppgesetz"-Urteil[58] zu einer unklaren und inhaltlich unbestimmten Gesetzesformulierung bemerkt, hier habe sich der Gesetzgeber „zu wenig Gedanken gemacht". Das Gesetz als Willensakt der Volksvertretung setzt die klare Vorstellung dessen, was Gesetz werden soll, voraus; ein Gesetzesbeschluß ohne auf die Gesetzesmaterie zielende Willensorientierung ist „Wille ohne Vorstellung"[59] und widerspricht dem demokratischen Prinzip.

b) „Government by discussion"

Zur Willensbildung des Parlamentes über einen Gesetzentwurf gehören: *Kenntnisnahme* sowie *Beratung* und selbstverantwortliche *Prüfung* in der *öffentlichen parlamentarischen Diskussion.*

Wie wichtig die Beratung als Element jedes Gesetzesbeschlusses ist, zeigt sich darin, daß die Geschäftsordnungen aller Parlamente[60] de-

---

[54] *Laband,* a.a.O., S. 33 mit ausführlichen Belegen.

[55] *Laband,* a.a.O., S. 24.

[56] Früher wurde die Sanktion etwa durch den Landesherrn oder die Regierung erteilt: *Maunz-Dürig,* a.a.O.

[57] *Gegen* die Beibehaltung der Unterscheidung: *Jellinek,* HDStR Bd. II, S. 163; *v. Mangoldt-Klein,* a.a.O., S. 1748; *Hallier,* a.a.O., S. 394 ff. (396). *Dafür: Maunz-Dürig,* a.a.O., Art. 77, Rdnr. 3: sie sehen die fortdauernde Bedeutung der Unterscheidung darin, daß der Bundesrat gerade bei der Sanktion mitwirkt. Die Feststellung des Gesetzesinhaltes durch den Bundestag muß nicht endgültig sein, da der Bundesrat noch zustimmen oder auf den Einspruch verzichten muß; die Sanktion wird im Zusammenwirken von Bundestag und Bundesrat erteilt. *Quaritsch,* a.a.O., S. 58 sieht die Berechtigung für die Beibehaltung der Unterscheidung im Referendum: hier erteilt oder versagt das Volk einem bis dahin unvollständigen Akt der Gesetzgebungskörperschaften den Gesetzesbefehl.

[58] BVerfGE 5, 25 (34).

[59] *Quaritsch,* a.a.O., S. 41; so auch *Giese,* a.a.O., S. 479; *Ridder,* a.a.O., S. 317.

[60] Beispielhaft §§ 77 ff. der GO des Bundestages.

tailliert mehrere *Lesungen der Gesetzesvorlagen* vorschreiben; teilweise[61] ist eine solche Anordnung sogar in den Verfassungstext aufgenommen worden. Das Verfahren beim Gesetzesbeschluß ist nicht beliebig abänderbar, sondern eine „sachlich motivierte Prozedur von erstrangiger verfassungsrechtlicher Bedeutung“[62], in seiner streng formalen Durchführung den anderen Stufen des Gesetzgebungsverfahrens — Initiative, Ausfertigung und Verkündung — gleichrangig. Die wiederholten Lesungen dienen der Offenlegung des Gesetzgebungsweges zum Schutz der Rechtsunterworfenen[63] und damit der Rechtssicherheit.

Eine parlamentarische Willensbildung ohne Debatte ist nicht denkbar: man hat den Parlamentarismus deshalb als *„government by discussion“*[64] bezeichnet. In der Debatte treffen die verschiedenen politischen Ansichten und Gruppen aufeinander: Mehrheit und Minderheit, Regierungspartei und Opposition tauschen Argumente und Gegenargumente aus und suchen so die richtige, gerechte Entscheidung für den Gesetzesbeschluß. Wenn man auch anerkennen muß[65], daß moderne Großparlamente nicht mehr die Stätte gegenseitiger Überzeugung oder Überredung sind und die Entscheidungen in der Regel in den Ausschüssen, Fraktionsberatungen oder im vorparlamentarischen Raum fallen[66] [67], so ist doch an der hergebrachten Form der Beratungen festzuhalten, und zwar aus drei Gründen: zunächst sollte das Parlament wenigstens die Möglichkeit freier Aussprache haben[68]; dann wird häufig erst durch eine ausführliche Debatte des Gesetzesinhaltes die Einbringung von Änderungsanträgen ermög-

[61] Art. 49 Abs. 1 der Hamburgischen Verfassung, Art. 45 Abs. 3 der Verfassung von Berlin.

[62] *Quaritsch*, a.a.O., S. 38.

[63] *Quaritsch*, a.a.O., S. 39. [64] *Schmitt*, a.a.O., S. 316.

[65] Das tut auch *Schmitt*, a.a.O., S. 319.

[66] Weshalb *Scheuner*, DÖV 1957, 633 (634) die Vorstellung vom „government by discussion“ als zeitgebundene liberale Theorie verwirft.

[67] Obwohl es auch hier Gegenbeispiele gibt: vgl. etwa die Debatten über den Beitritt zur Europäischen Verteidigungsgemeinschaft, zur Atombewaffnung der Bundeswehr und zur Verlängerung der Verjährungsfristen für nationalsozialistische Gewaltverbrechen.

[68] Hier sei auch darauf hingewiesen, daß es für die Wirksamkeit der Lesung und Debatte unerheblich ist, ob alle Abgeordneten anwesend sind, das Parlament bei leeren Bänken verhandelt oder ob die Abgeordneten während der Aussprache träumen oder lesen und in den Abstimmungen blind den Fraktionsbeschlüssen vertrauen (*Ridder*, a.a.O., S. 317). Entscheidend ist, daß die Möglichkeit der Aussprache gewährt wurde (so auch *Quaritsch*, a.a.O., S. 72). Damit erledigen sich auch die Einwände von *Haas* (a.a.O., S. 54, 55) gegen die scharfe Kritik von *Quaritsch* (dazu unter 4 a) an der Gesetzgebungspraxis bezüglich der Durchführungspläne zum Hamburgischen Aufbaugesetz.

licht[69]; schließlich darf nicht übersehen werden, daß Demokratie und parlamentarisches Leben von der Öffentlichkeit leben[70], der öffentlichen Anteilnahme des Volkes an der Arbeit der Volksvertretung und ihrer öffentlichen Kontrolle. Der Sanktion als einem formalen Akt kann die Öffentlichkeit keine Bedeutung beimessen, wohl aber der Gesetzesinhaltsdiskussion und dem Prozeß parlamentarischer Willensbildung.

c) Das „parlamentslose Parlamentsgesetz"

Zusammenfassend ist also festzustellen, daß der Grundsatz parlamentarischer Bildung des Gesetzeswillens ein wesentliches Element der repräsentativen Demokratie ist und unter dem Schutze des Art. 20 GG (sowie Art. 28 Abs. 1 GG für die Länder) steht[71]. Wenn der Gesetzgeber die Inhaltsbestimmung des Gesetzes zugunsten außerparlamentarischer Instanzen preisgibt und einem vorgefertigten Material als „blindtätiger Sanktionsautomat"[72] den Prägestempel „Gesetz" aufdrückt, so ist das Produkt ein *verfassungs-, weil demokratiewidriges „parlamentsloses Parlamentsgesetz"*[73].

4. Einzelfälle

Untersucht man unter diesen Gesichtspunkten die *Verweisungstechnik*, so ergibt sich folgendes:

a) Das Hamburgische Plangesetz

Globalverweisungen auf Gesetzestexte, die außerhalb des Parlamentes ausgearbeitet wurden und dem Plenum nicht zur Beratung vorgelegen haben, sind *verfassungswidrig*.
Mit Recht hat daher Quaritsch die auf *§ 11 Abs. 2 des Hamburgischen Aufbaugesetzes* gestützte Gesetzgebungspraxis für unzulässig erklärt[74]. Die *Durchführungspläne* zum Aufbaugesetz durchlaufen nach der Hamburgischen Übung nicht das ordentliche Gesetzgebungsverfahren. Vielmehr wird der vom Planungsamt der Baubehörde ausgefertigte Planentwurf (graphische Darstellung mit Erläuterungen) vor der Behandlung in der Hamburgischen Bürgerschaft einen Monat lang öffentlich ausgelegt; danach leitet der Senat der Bürgerschaft den Antrag zu, die Bürgerschaft wolle den Durchführungsplan als Gesetz beschließen. Die zeichnerische Darstellung und die Erläuterun-

[69] Dazu *Quaritsch*, a.a.O., S. 39. Ein Blick in die parlamentarische Praxis lehrt, daß Änderungsanträge häufig auf diesem Wege eingebracht werden.

[70] *Schmitt*, a.a.O., S. 315, auch S. 246 ff. (zur Bedeutung der öffentlichen Meinung); *Quaritsch*, a.a.O., S. 72. Die Öffentlichkeit der Verhandlungen ist sogar verfassungsrechtlich garantiert (Art. 42 Abs. 1 Satz 1 GG).

[71] *Quaritsch*, a.a.O., S. 41. [72] *Quaritsch*, a.a.O., S. 40.

[73] So der Titel von *Quaritsch'* Arbeit.

[74] Zum folgenden die Untersuchung von *Quaritsch*, a.a.O., S. 25 ff.

gen werden nicht mitgereicht: von ihrem Inhalt nimmt die Bürgerschaft mangels Vorlage keine Kenntnis. Zwar kann man in der Regel annehmen, daß der Planausschuß der Bürgerschaft, an den der Gesetzentwurf überwiesen wird, die aufliegenden Pläne einsieht: für eine förmliche Vorlage ist jedoch auch hier keine gesetzliche Vorsorge getroffen. Der Ausschuß erstattet dann dem Plenum Bericht und empfiehlt, dem Senatsantrag zuzustimmen. Die Bürgerschaft beschließt daraufhin ein „Gesetz über den Durchführungsplan X“, das bestimmt:

> „§ 1 Abs. 1. Der Durchführungsplan X . . . wird festgestellt.“
> (§ 2 betrifft die Ersatzverkündung)

Mit der Formulierung: „. . . wird festgestellt“ knüpft das Gesetz an die Unterscheidung von Feststellung und Sanktion an und mißt sich nur die Bedeutung der Inhaltsfeststellung bei: in Wirklichkeit bewirkt der Beschluß der Bürgerschaft jedoch die Sanktion des von dem Planungsamt inhaltlich festgestellten Gesetzentwurfes[75].

Bei dieser Praxis sollen der aufliegende Durchführungsplan sowie die Erläuterungen Bestandteil des formellen Gesetzes sein, das seinerseits nur aus einem umfassenden Verweisungsparagraphen besteht. Gesetzesinhalt kann der Plan aber nur dann werden, wenn er dem Plenum zur Kenntnis und Beratung vorgelegen hat. Diese Voraussetzung ist nicht erfüllt; die Kenntnis des Planausschusses ersetzt die Plenumsvorlage nicht: ein Parlamentsausschuß ist ein Hilfsorgan[76], in das die Abgeordneten als Sachkenner, nicht als Repräsentanten berufen werden[77]; der Ausschuß ist kein verkleinertes Abbild des Gesamtparlamentes. Die öffentliche Auslegung des Planes ersetzt die Kenntnisnahme durch die Bürgerschaft nicht. Sie gehört nicht zum ordentlichen Gesetzgebungsverfahren und soll auch nach dem Willen des Gesetzes nur an die Stelle der Verkündung treten[78]. Auch daß zahlreiche Abgeordnete die zum Gesetzesbeschluß anstehenden Pläne aus ihrer Tätigkeit in den Orts- und Bezirksausschüssen und in den Fachausschüssen der Baubehörde kennen, wie Haas[79] in seiner Kritik an Quaritsch einwendet, kann den Mangel der Plenumsvorlage nicht ersetzen.

Nach allem entbehren die „Gesetze über die Durchführungspläne“ der parlamentarischen Willensbildung und Inhaltsfeststellung und sind damit *verfassungswidrig*.

---

[75] *Quaritsch*, a.a.O., S. 39, 40.

[76] Vgl. § 60 Abs. 1 Satz 1 der GO des Bundestages: „Organe des Bundestages“.

[77] *Maunz-Dürig*, a.a.O., Art. 45, Rdnr. 4 ff.; *Quaritsch*, a.a.O., S. 27.

[78] Dazu näher unter B AA II 2 b bb ddd und 2 e.

[79] A.a.O., S. 54 f.

b) Das Verlängerungsgesetz

Nicht vergleichbar mit der Praxis der Hamburgischen Plangesetze sind die auf den ersten Blick ähnlich erscheinenden *Verlängerungsgesetze*. Zwar umfaßt das Verlängerungsgesetz im Prinzip (wenn nicht zugleich Änderungen erfolgen) auch nur einen Paragraphen, der die zeitliche Geltung des auslaufenden oder bereits außer Kraft getretenen Gesetzes erstreckt, und nur in Ausnahmefällen steht das alte Gesetz, auf das im Verlängerungsgesetz global verwiesen wird, im Plenum noch einmal im vollen Wortlaut zur Debatte. Im Unterschied zum Hamburgischen Plangesetz kann der Gesetzgeber hier jedoch an seinen bereits gebildeten und erklärten Organwillen anknüpfen und ihn wiederholen[80]; auch wenn das Parlament zwischenzeitlich eine neue Legislaturperiode begonnen hat, ist es als Gesetzgebungskörperschaft mit sich selbst identisch[81]. Für die Wiederaufnahme des früher geäußerten Organwillens ist es auch nicht erheblich, ob das zu verlängernde Gesetz noch gilt oder bereits außer Kraft getreten ist.

Der Gesetzgeber beschließt im Falle des Verlängerungsgesetzes, im Gegensatz zu den Hamburgischen Plangesetzen, keine „selbst inhaltslosen" Verweisungen[82], sondern einen Gesetzestext, der das normale Gesetzgebungsverfahren mit allen Stufen parlamentarischer Beratung schon einmal durchlaufen hat[83].

---

[80] *Quaritsch*, a.a.O., S. 29.

[81] Sogar dann, wenn die Identität durch politische Umwälzungen und das Inkrafttreten einer neuen Verfassungsordnung unterbrochen wurde, wie in der Übergangszeit nach 1945, wird die Entscheidung des alten Gesetzgebers dem neuen unter dem Gesichtspunkt der Organ- und Rechtsnachfolge zugerechnet werden können. Danach kann der Bundestag an die Gesetzgebung des Reichstages anknüpfen; hier ist jedoch Art. 123 GG zu beachten! *Ridder*, a.a.O., S. 315 hat Bedenken, ob der Gesetzgeber wirklich immer der perpetuierliche Gesetzgeber sei. Auch *Quaritsch*, a.a.O., S. 29, sieht den Fall als „problematisch" an.

[82] *Ridder*, a.a.O., S. 317.

[83] *Ridder*, a.a.O., S. 316 kann insoweit nicht zugestimmt werden, als er annimmt, durch eine vollständige Neuverkündung (dazu näher unter B AA II 2 b bb aaa) werde ein gewisser Nachweis dafür erbracht, daß der betreffende Text überhaupt Inhalt der Gesetzesdeliberation gewesen sei. Auch wenn das verlängerte Gesetz ohne Verweisung auf den bereits früher verkündeten Wortlaut neu verkündet wird, sagt das nichts darüber aus, ob im Plenum neu beraten oder an die Willensbildung des „früheren Gesetzgebers" angeknüpft wurde. Die Verkündung kann über die Erfüllung der Anforderungen des Demokratiegebotes nichts aussagen.

c) *Dynamische Verweisung und Verweisung auf zukünftige Vorschriften*

Auch die *dynamische Verweisung* auf Vorschriften anderer Instanzen verstößt gegen das Demokratiegebot. Die Verweisung auf die „jeweils gültige Fassung" des Verweisungsobjektes bezweckt ja gerade die Übernahme etwa erfolgender Inhaltsänderungen, ohne daß der Gesetzgeber noch einmal beraten muß: die vom Parlament angestrebte „Arbeitserleichterung" verletzt seine demokratische Pflicht zur Gesetzesdeliberation[84] und ist *verfassungswidrig*. Das ist anders nur im Falle dynamischer Verweisung auf eigene Vorschriften.

Zu einem anderen Ergebnis gelangt konsequent Schröcker[85]: da das Verweisungsobjekt nach seiner Ansicht nicht inhaltlicher Bestandteil der Verweisungsnorm wird, braucht es auch nicht den Weg des Gesetzgebungsverfahrens zu durchlaufen. Der Vorbehalt des (formellen) Gesetzes wird — meint Schröcker — durch die (formellgesetzliche) Verweisungsnorm gewahrt. Das würde jedoch bedeuten, daß eine inhaltslose „Gesetzeshülse" zur Beratung anstände: ein Ergebnis, das der Aufgabe des Parlamentes nicht gerecht wird. Schröckers Vergleich mit dem Gewohnheitsrecht, das auch gelte, ohne das Gesetzgebungsverfahren durchlaufen zu haben, verkennt, daß Gewohnheitsrecht nur entstehen kann, wenn eine bestimmte Regel schon Ausdruck des konkreten Rechtsgeltungswillens der Gemeinschaft ist[86], also bereits „gilt", ohne daß es einer (formell-)gesetzlichen Anordnung durch das Parlament bedürfte.

Gegen die *statische Verweisung* auf andere Normen, Verwaltungsvorschriften oder Bestimmungen Privater[87] ist dagegen unter demokratischen Gesichtspunkten nichts einzuwenden, wenn das Parlament die Möglichkeit erhält, sie im Zuge des normalen Gesetzgebungsverfahrens zu beraten: die Vorschriften, auf die verwiesen wird, müssen also in die Gesetzesvorlage aufgenommen oder dem Plenum und den zuständigen Ausschüssen als Anlage zugeleitet werden.

---

[84] *Ossenbühl*, a.a.O., S. 403.

[85] A.a.O., S. 2289, 2291. [86] *Larenz*, a.a.O., S. 269 f. (270).

[87] In diesem Zusammenhang ist darauf hinzuweisen, daß aus einem anderen Grunde die übermäßige Beteiligung Privater, insbesondere der Interessenverbände, an der Gesetzgebung unter dem Gesichtspunkt der Demokratie nicht unbedenklich ist. Die Idee der Volkssouveränität und der Repräsentanz des ganzen Volkes in den gesetzgebenden Organen gerät in Widerspruch zu den Spezialinteressen der vorwiegend egoistisch orientierten Verbände (*Peters-Ossenbühl*, a.a.O., S. 56; *Nickusch*, NJW 1967, 811 [813]; *Evers*, a.a.O., S. 42, 43), die in der Regel nicht demokratisch organisiert (*Pohle*, a.a.O., S. 351) und in ihrer Willensbildung der parlamentarischen Kontrolle entzogen sind (*Evers*, a.a.O., S. 41, 51, *Loening*, DVBl 1954, 173 [175], *Nickusch*, a.a.O., S. 209). Bei Verweisungen auf private Regelungen hat das Parlament daher eine verstärkte Prüfungspflicht.

Abschnitt III

VERWEISUNG ZWISCHEN BUNDES- UND LANDESRECHT UND DEMOKRATIE

Unter dem Gesichtspunkt demokratischer Legitimation des Gesetzgebers ergeben sich auch Bedenken gegen *Verweisungen* zwischen *Bundes- und Landesrecht.*

1. *Demokratie und Föderalismus*

Für die Beurteilung dieser Verweisungsfälle muß man zunächst untersuchen, ob sich die *Länderstaatsgewalt* vom *Bundesvolk* oder einem eigenen *Landesvolk* ableitet, ob also Bundesgesetzen und Ländergesetzen dasselbe oder ein unterschiedliches demokratisches Substrat zugrundeliegt.

Demokratie bedeutet nicht die Herleitung der Staatsgewalt von irgendeinem Volk. Die Staatsgewalt jedes Staates muß sich vielmehr auf das eigene Staatsvolk stützen; es muß also die „Identität des Volkes" gewahrt sein. Nimmt man an, aus der Formulierung des Art. 20 Abs. 2 Satz 1 GG: „*Alle* Staatsgewalt geht vom Volke aus" ergebe sich, das „Volk" — hier unbestritten das „Bundesvolk" — sei auch Souverän der Staatsgewalt der Bundesländer, so hätten diese kein eigenes Landesvolk. In diesem Falle müßte man aber nach überkommener Staatsrechtslehre[88] konsequent auch ihren Staatscharakter leugnen und sie als hochpotenzierte Selbstverwaltungskörper[89] ansehen.

Zinn[90] schließt aus einem Wortlautvergleich des Art. 20 Abs. 2 Satz 1 GG mit Art. 1 Abs. 2 der Weimarer Reichsverfassung sowie deren Entwürfen, in der Bundesrepublik leite sich auch die Landesstaatsgewalt vom Bundesvolk ab. Während es in § 2 Abs. 1 des Ersten Entwurfes der WRV noch geheißen habe: „Alle Staatsgewalt liegt beim deutschen Volke", wodurch nach Preuß' Erklärung ausgedrückt werden sollte, daß auch die Landeshoheit von der „Gesamtnation delegiert" sei, habe der Staatenausschuß „Alle" durch „Die" ersetzt und „deutschen" gestrichen. Diese Fassung sei von der Nationalversammlung — sachlich unverändert — in die endgültige Form gegossen worden und habe erkennen lassen sollen, daß das historisch gewordene Recht einer eigenen, unabgeleiteten Staatsgewalt der Länder erhalten werden sollte[91]. Aus der Rückkehr des Art 20 Abs. 2

---

[88] *Nawiasky,* Staatslehre, Bd. III, S. 18 ff., *Maunz-Dürig,* a.a.O., Art. 20, Rdnr. 48.

[89] Wie *Poetzsch-Heffter,* Kommentar, S. 74 ff. für die Länder des Deutschen Reiches annahm.

[90] A.a.O., S. 293 ff.

[91] *Zinn,* a.a.O., S. 294.

Satz 1 GG zu der Entwurfsformulierung „Alle" sowie einem Vergleich mit anderen Grundgesetzartikeln[92] entnimmt Zinn, der Parlamentarische Rat habe von der Weimarer Regelung abrücken wollen. Dennoch bejaht Zinn die Staatsqualität der Länder, indem er konstruiert, die Länder leiteten ihre Staatsgewalt vom Gesamtvolk der Bundesrepublik ab, aber nicht durch Vermittlung des Oberstaates, etwa kraft Delegation, sondern unmittelbar kraft der verfassungsmäßigen Gewaltenteilung zwischen Oberstaat und Gliedern.

Die *überwiegende Ansicht*[93] hat Zinn[94] mit Recht widersprochen: seine im wesentlichen auf eine Textinterpretation gestützte Darstellung überzeugt nicht. *Bundes-* und *Landesstaatsvolk* sind scharf zu *unterscheiden*, wie es auch das Bundesverfassungsgericht im Volksbefragungsurteil[95] tut: sie sind nicht identisch, wenn auch das Landesvolk Teil des Bundesvolkes ist. Die Staatsgewalt eines Landes, d. h. die Legislativbefugnis eines Landtages und die Regierungsbefugnis einer Landesregierung, kann sich demokratisch nur unmittelbar vom Landesvolk herleiten. Das folgt schon aus dem Identitätsbegriff. Nicht entscheidend[96] ist es dann letztlich, ob man diese Zuordnung ebenfalls in Art. 20 Abs. 2 Satz 1[97] oder in Art. 28 Abs. 1 Satz 1 GG[98] verankert sieht.

2. *Verweisungsfälle*

Danach ergibt sich für die Verweisung von Bundesrecht auf Bundesrecht und Länderrecht sowie von Landesrecht auf das Recht anderer Länder folgendes: Keine Bedenken ergeben sich zunächst gegen die dynamische[99] Verweisung von *Bundesgesetzen* auf *Bundesgesetze* sowie von *Landesgesetzen* auf *Gesetze desselben Landes*, da die Identität des Gesetzgebers und damit kraft Repräsentation auch die der Regierenden und Regierten gewahrt ist.

---

[92] Art. 1 Abs. 2, 146, 28, 29 Abs. 2 Satz 2 GG.

[93] *Maunz-Dürig*, a.a.O., Art. 20, Rdnr. 48; *v. Mangoldt-Klein*, a.a.O., S. 596, beide mit weiteren Angaben.

[94] Wie *Zinn* leugnet auch *Monz*, a.a.O., S. 19 ff. (22) die Existenz eigener Landesvölker und kommt folgerichtig zu dem Ergebnis (a.a.O., S. 35), die Länder seien keine Staaten, sondern Gebietskörperschaften sui generis (a.a.O., S. 43). Ähnlich *Weber*, Spannungen und Kräfte, S. 70 f: die Länder seien nicht so sehr undurchdringliche Staaten, als vielmehr autonome Selbstverwaltungs- und Gebietskörperschaften.

[95] E 8, 104 (120): „Landesstaatsvolk", „Landesvolk".

[96] Obwohl es im Hinblick auf Art. 79 Abs. 3 GG nicht bedeutungslos ist.

[97] *Maunz-Dürig*, a.a.O., Art. 20, Rdnr. 48.

[98] *v. Mangoldt-Klein*, a.a.O., S. 596.

[99] Die statische Verweisung ist demokratisch unbedenklich, dazu oben unter II 4 d.

Anders verhält es sich bei Verweisungen von *Bundesrecht* auf *Landesrecht* oder *Landesrecht* auf *Bundesrecht.* Die dynamische Verweisung von Bundesrecht auf das Recht eines Landes würde bedeuten, daß das Bundesvolk durch das Volk eines Landes regiert wird: ein demokratiewidriges Ergebnis. Das „Herabziehen“[100] bundesgesetzlicher Bestimmungen auf die Landesebene verletzt in derselben Weise die Identität[101] [102], und für die Verweisung von *Landesrecht* auf das *Recht eines anderen Landes* gilt dasselbe.

Abschnitt IV

ZUSAMMENFASSUNG

Zusammenfassend ergibt sich also unter dem Gesichtspunkt des Demokratiegebotes folgendes:

1. Eine *Gesetzessanktion ohne Gesetzesdeliberation* ist *demokratiewidrig*: daher darf der Gesetzgeber nur auf solche vorgefertigten Inhalte verweisen, die dem Plenum vorgelegen haben und damit in die Willensbildung einbezogen werden konnten.
2. Die *dynamische Verweisung* auf Vorschriften *außerparlamentarischer Organe und Organisationen* ist *verfassungswidrig*, da sie de facto eine demokratiewidrige Verlagerung von Gesetzgebungskompetenzen ist.
3. *Dynamische Verweisungen* von *Bundesgesetzen* auf *Landesgesetze* und *umgekehrt* sowie von *Landesgesetzen* auf *Gesetze* anderer Länder sind demokratie- und damit *verfassungswidrig.*
4. *Unbedenklich* ist die *dynamische Verweisung* auf *Normen,* die der *verweisende Gesetzgeber selbst erlassen* hat.

KAPITEL CC

VERWEISUNG UND BUNDESSTAAT

Es ergibt sich weiter die Frage, ob Verweisungen von Bundesgesetzen auf Landesgesetze, von Landesgesetzen auf Bundesgesetze sowie

---

[100] *Ossenbühl,* a.a.O., S. 404.

[101] Aus denselben Gründen hat *Grawert,* a.a.O., S. 277, Bedenken gegen die Einflußnahme echter Gemeinschaftseinrichtungen auf den Bereich der Landesverwaltung. Dazu näher unter B CC II 2 c.

[102] Zu berücksichtigen ist hier allerdings, daß „Verweisungen“ von Bundesrecht auf (zukünftiges) Landesrecht vielfach vorbehaltende Hinweise im Bereich der konkurrierenden- oder Rahmengesetzgebung des Bundes sind; der Bund macht hinsichtlich der in dem Vorbehalt umschriebenen Materie von seinem Vorrecht zur Rechtsetzung keinen Gebrauch und gibt sie zur Regelung durch den Landesgesetzgeber frei (dazu näher unter A AA III 3 d bb und *Ossenbühl,* a.a.O., S. 404).

von Landesgesetzen auf Gesetze anderer Länder nicht auch die Verteilung der Gesetzgebungskompetenzen im Bundesstaat beeinträchtigen.

Abschnitt I

ZUM BUNDESSTAATSBEGRIFF

1. Grundlagen

a) Föderalismus und Gewaltenteilung

Neben Demokratie und Rechtsstaatlichkeit[1] ist die *bundesstaatliche Gliederung*[2] der dritte die Verfassungsordnung der Bundesrepublik konstituierende Pfeiler. Zwar hat das dem Bundesstaat zugrundeliegende *„föderalistische Prinzip"*[3], mehrere Gemeinwesen in ihrer individuellen, politischen, wirtschaftlichen und kulturellen Verschiedenheit zu erhalten und sie gleichwohl zu gemeinsamem Zusammenwirken in einer staatlichen Einheit zu verbinden, heute weitgehend an prägender Kraft verloren, weil das moderne Gesellschafts- und Wirtschaftsleben immer stärker auf überregionale Harmonisierung drängt; die Bevölkerung ist beweglicher geworden und nicht mehr bereit, um einer mehr ideellen Differenzierung willen unterschiedliche Sozial-, Wirtschafts- und Bildungsverhältnisse in Kauf zu nehmen[4]. Gleichwohl ist die bundesstaatliche Gliederung nicht zu einer sinnentleerten Form geworden. In einer — freilich nicht unbestrittenen[5] — neuen Sicht gewinnt sie vielmehr eine besondere Bedeutung als Element *vertikaler Gewaltenteilung* zwischen dem Bund und den Ländern einerseits und *horizontaler Gewaltenteilung* auf Bundesebe-

[1] Vgl. dazu unter B AA und B BB.

[2] Zur Definition des Bundesstaates für die ältere Lehre: *Schmitt*, a.a.O., S. 366 ff.; *Smend*, a.a.O., S. 223 f.; für die jüngere: *Maunz-Dürig*, a.a.O., Art. 20, Rdnr. 5; *v. Mangoldt-Klein*, a.a.O., S. 588; *Herzog*, JuS 1967, 193 f.; *Bayer*, a.a.O., S. 40.

[3] *Hesse*, Grundzüge, S. 87, ders., Bundesstaat, S. 12 ff. und die dort zitierte Literatur; *Herzog*, a.a.O., S. 193.

[4] Dazu insbesondere *Hesse*, a.a.O., S. 87 (treffend: „sachliche Unitarisierung"); *Scheuner*, DÖV 1966, 513 (517); Hans *Schneider*, VVDStRL 19, 18; *Lerche*, a.a.O., S. 72; *Grawert*, a.a.O., S. 23, 159.

[5] Diese Deutung bei *Hesse*, Bundesstaat, S. 27 ff.; ders., a.a.O., S. 91 ff., ihr folgend *Herzog*, a.a.O., S. 194 mit weiteren Nachweisen, auch BVerfGE 12, 205 (229), BVerwGE 22, 299 (308). A. A. *Scheuner*, DÖV 1966, 520 und ders., DÖV 1966, 646, 648, der das Eigenleben der Territorien als unerläßliche Rückendeckung des Bundesstaates ansieht; so auch *Lerche*, a.a.O., S. 74, 80.

ne zwischen Bundestag und Bundesregierung sowie Bundesrat andererseits[6] und ergänzt insoweit die rechtsstaatliche Gewaltenteilung[7]

b) Einheitsstaatliche und staatenbündische Tendenzen

Die *Verfassungswirklichkeit* jedes bundesstaatlich organisierten Staates ist gekennzeichnet durch ein *Spannungsverhältnis* zwischen dem *Gesamtstaat* und seinen *Gliedern.*

Auf der einen Seite fördern die sich verstärkende soziologische Uniformierung und die Einrichtung mit umfangreichen Kompetenzen ausgestatteter Zentralorgane die *Tendenz zum Einheitsstaat,* während auf der anderen Seite der gewaltenhemmende Effekt der föderalistischen Ordnung nur dann erreicht werden kann, wenn die Gliedstaaten im politischen Kräftespiel eine *Tendenz zum Staatenbund* entfalten. Die Beurteilung jeder Verschränkung von Bundes- und Landeskompetenzen durch Gesetzesverweisungen muß auch diese Entwicklungen berücksichtigen.

2. *Der Bundesstaat des Grundgesetzes*

a) Gewichtsverteilung zwischen Bund und Ländern

Genauso wenig wie beim Rechtsstaat[8] und bei der Demokratie[9] kann von einem idealen, der Verfassung vorgegebenen Bundesstaatsbegriff ausgegangen werden[10]; vielmehr ist die konkrete Gewichts- und Kompetenzverteilung des *Grundgesetzes* zugrundezulegen. Insbesondere ist auf die Art. 70, 83, 92 GG sowie die Zuständigkeitsvermutung des Art. 30 GG zu verweisen. Danach liegt der umfangreichere und wichtigere Teil der Gesetzgebungszuständigkeiten beim Bund — allerdings unter maßgeblicher Beteiligung des Bundesrates am Gesetzgebungsverfahren —, während die Ausführung der Gesetze vorrangig den Ländern überlassen ist. Diese Kompetenzverteilung stellt ein sorgfältig ausgewogenes Balancesystem zwischen zentralistischen und föderalistischen Kräften dar. Ebenso wie bei der Gewaltenteilung muß hier beachtet werden, daß zwar eine geringfügige Kompetenzverschiebung zwischen dem Bund und den Ländern das bundesstaatliche Prinzip als solches kaum ernstlich tangiert, an

[6] Eine andere Deutung versucht, den Bundesstaat durch die Eingliederung in den vom Subsidiaritätsprinzip geprägten Gesellschaftsaufbau neu zu begründen: vgl. dazu *Süsterhenn,* a.a.O., S. 37 ff. Kritisch dazu: *Herzog,* a.a.O., S. 194; *Lerche,* a.a.O., S. 74.

[7] *Hesse,* a.a.O., S. 89 ff. [8] Dazu näher unter B AA I 2.

[9] Dazu näher unter B BB I 1.

[10] *Hesse,* a.a.O., S. 85. Um eine allgemeine Theorie des Bundesstaates bemühen sich *Schmitt,* a.a.O., S. 363 ff. und in jüngerer Zeit *Usteri,* a.a.O., S. 201 f. Kritisch zu diesen Bemühungen *Harbich,* a.a.O., S. 31 ff.

der konkreten Gewichtsverteilung des Grundgesetzes gemessen aber als Verfassungsdurchbrechung anzusehen ist.

b) Gewichtsverlagerung auf den Bund

Die *verfassungsrechtliche Prüfung*[11] in der Verfassungswirklichkeit vorgefundener Erscheinungen, die die bundesstaatliche Ordnung berühren — wie etwa bestimmter Verweisungformen —, darf sich insbesondere nicht dadurch beeinflussen lassen, daß gegenwärtig eine spürbare „Tendenz zum Einheitsstaat“[12] besteht[13]. Hierfür nur einige Anhaltspunkte[14]: der Bund hat die ihm zugeteilten, sachlich gewichtigeren Gesetzgebungskompetenzen, im Gegensatz zu den Ländern, weitgehend ausgeschöpft[15]; der Sozialstaat erweist sich als „Schrittmacher des Einheitsstaates“[16], ebenso die zentralistische Organisation der Parteien[17], Berufs- und Wirtschaftsverbände[18] sowie zahlloser Interessengruppen; auch die Zuschuß- und Fondswirtschaft des Bundes[19] trägt dazu bei, wie überhaupt die im Tröger-Gutachten[20] unternommene Beleuchtung des gesamten finanzrechtlichen Verhältnisses zwischen Bund und Ländern ein Indiz für das Übergewicht des Bundes ist[21]. Schließlich zeigen auch die wachsende Zahl von gemeinschaftlich durchgeführten Aufgaben sowie zahlreiche Staatsverträge und Verwaltungsabkommen zwischen Bund und Ländern[22] das Bedürfnis nach einer bundeseinheitlichen Regelung auf Gebieten, die nicht zur Kompetenz des Bundes gehören[23]. Die zweifel-

---

[11] Anders als eine verfassungspolitische: siehe dazu unter I 1 a und b sowie weiter unten.

[12] Siehe dazu unter I 1 b.

[13] Daß es sich dabei um eine internationale Erscheinung handelt, weist *Lerche*, a.a.O., S. 70 nach.

[14] Eine umfassende Bestandsaufnahme gibt *Katzenstein*, DÖV 1958, 593 ff.

[15] *Hesse*, Bundesstaat, S. 15; *Zinn*, a.a.O., S. 299; *v. Mangoldt-Klein*, a.a.O., S. 1346.

[16] *Köttgen*, Bundesstaat, S. 23. [17] *Hesse*, Bundesstaat, S. 13.

[18] *Scheuner*, DÖV 1966, 517.

[19] *Köttgen*, JöRNF, Band 3, S. 143.

[20] Gutachten über die Finanzreform in der Bundesrepublik Deutschland (Stuttgart 1966).

[21] *Scheuner*, DÖV 1966, 513.

[22] Dazu *Grawert*, a.a.O., S. 158 und passim; *Scheuner*, DÖV 1966, 513, Fn. 1; *Bachof*, VVDStRL 21, 118 f. (Diskussionsbeitrag) und näher unter II 2 b.

[23] Daß sich auch das allgemeine Bewußtsein gewandelt hat und die Unitarisierung unterstützt, war schon als wichtiges Argument für die Neudeutung des Föderalismus herausgestellt worden: dazu *Hesse*, Bundesstaat, S. 14 und *Weber*, Spannungen und Kräfte, S. 74.

los erhebliche Stärkung des Gewichtes des Bundesrates[24] vermag den zentralistischen Tendenzen kaum wirksam entgegenzuarbeiten.

Man mag aus dieser Gewichtsverschiebung folgern, die bundesstaatliche Gliederung müsse neu durchdacht[25] oder wenigstens der Kompetenzkatalog von Grund auf verändert werden[26]. Diese möglicherweise berechtigte *verfassungspolitische Forderung* berechtigt jedoch nicht dazu, die gegenwärtige Verteilung der Gesetzgebungs- und Verwaltungszuständigkeiten zu manipulieren oder Verstöße gegen sie weniger ernst zu nehmen.

Es muß allerdings noch eine *generelle Einschränkung* gemacht werden: jegliche Kompetenzausübung findet ihre Grenze an der Beachtung der *Bundestreue*. Sie beherrscht das gesamte Verhältnis zwischen Bund und Ländern[27] in zweierlei Weise.

Zunächst enthält sie einen Maßstab für die Rechtsausübung[28]: sie kann Bund und Länder verpflichten, mehr zu tun, als es die Kompetenzordnung verlangt, insbesondere gewisse Nebenpflichten wahrzunehmen[29] [30], oder weniger zu tun, insbesondere Kompetenzen mit Rücksicht auf den oder die Partner nicht voll auszuschöpfen[31]. Sodann ist der Grundsatz der Bundestreue wichtige Auslegungsregel[32] für alle das Bund-Länder-Verhältnis berührenden Verfassungsnormen.

---

[24] *Hesse*, Bundesstaat, S. 22; *Scheuner*, DÖV 1966, 517.

[25] Hans *Schneider*, a.a.O., S. 17, 29 f.; *Scheuner*, DÖV 1966, 513.

[26] *Herzog*, a.a.O., S. 196; *Scheuner*, a.a.O., S. 518; *Bachof*, VVDStRL 19, 119.

[27] *Maunz-Dürig*, a.a.O., Art. 20 Abs. 1, Rdnr. 23; *Hesse*, Bundesstaat, S. 6 ff.; *Bayer*, a.a.O., S. 52, definiert: „Die Bundestreue — im objektiven Sinne — ist ein Rechtssatz, der die Pflicht des Gesamtstaates und seiner Glieder begründet, *in ihrem Verhalten den gemeinsamen Interessen Rechnung zu tragen.* Oder: die Bundestreue — im subjektiven Sinne — ist die Pflicht des Gesamtstaates und seiner Glieder, in ihrem Verhalten den gemeinsamen Interessen Rechnung zu tragen."

[28] BVerfG NJW 1967, 1956 (1959) mit Zitaten der vorhergehenden Entscheidungen, insbesondere BVerfGE 12, 205 (239 ff., 250); *Bayer*, a.a.O., S. 65.

[29] So insbesondere BVerfGE 4, 115 (140).

[30] Bei der Kompetenzausübung insbesondere als Ermessensausübungsrichtlinie: *Bayer*, a.a.O., S. 62.

[31] Insoweit Rechtsausübungsschranke: *Bayer*, a.a.O., S. 65.

[32] *Smend*, a.a.O., S. 51; *Bayer*, a.a.O., S. 63 f.

Abschnitt II

DIE VERWEISUNG ALS FORM DER BUND-LÄNDER-ZUSAMMENARBEIT

1. Die Verweisung als Mittel der Koordination von Bundes- und Länderaufgaben

Die *Verweisung* von *Landesrecht* auf *Bundesrecht* und das *Recht anderer Länder* ist im Zusammenhang mit der skizzierten Tendenz zum Einheitsstaat eines der Mittel, zu einer *bundeseinheitlichen* oder — wenn nicht alle Länder beteiligt sind — doch wenigstens *ländereinheitlichen* Regelung einer Rechtsmaterie zu gelangen, die nicht der Gesetzgebungskompetenz des Bundes unterfällt. Hier liegt die bundesstaatliche Problematik der Verweisung. Sie führt in unauffälliger, auf den ersten Blick verfassungsrechtlich nicht beachtlicher Weise eine Koordination von Landes- und Bundesrecht herbei, im Falle der dynamischen Verweisung sogar durch einen partiellen Kompetenzverzicht.

Bevor man jedoch die Verweisung — jedenfalls die dynamische — als wegen einer Verletzung der bundesstaatlichen Kompetenzordnung verfassungswidrig verwirft, muß man allerdings noch prüfen, ob es andere *Formen der Koordination von Bundes- und Länderaufgaben* gibt, die (etwa unter Berücksichtigung der Bundestreue) im Rahmen der durch das Grundgesetz angeordneten Zuständigkeitsverteilung bleiben, und ob sie möglicherweise Rückschlüsse auf die Verweisung als Mittel der Zusammenarbeit zulassen.

Solche Formen, ihre Zulässigkeit und Grenzen, werden im folgenden untersucht, wobei der *Koordination der Gesetzgebung* besondere Beachtung geschenkt wird.

2. Formen der Zusammenarbeit von Bund und Ländern

a) Formlose Kooperation

Bund und Länder können zunächst *ohne formelle Festlegung* von Fall zu Fall nach sachgegebenem Bedürfnis *zusammenarbeiten*: in der Form der gegenseitigen Unterrichtung und Konsultierung sowie der Rücksichtnahme auf die Interessen des Partners. Diese Kooperation ist zweifellos zulässig und unter dem Gesichtspunkt bundesfreundlichen Verhaltens geboten. Die selbständige Aufgabenwahrnehmung durch Bund und Länder wird durch sie nicht berührt[33].

---

[33] *Köttgen*, JöRNF, Band 3, S. 67 (142).

b) Staatsverträge und Verwaltungsabkommen

Die Zusammenarbeit kann aber auch die Ebene formeller oder materieller[34] Koordinierung erreichen: in der Regel wird sie dann durch *Staatsverträge* und *Verwaltungsabkommen*[35] vereinbart. Diese können zwischen dem *Bund und den Ländern*[36] oder zwischen den *Ländern untereinander*[37] abgeschlossen werden und sich auf die gemeinschaftliche Regelung von Gegenständen der Gesetzgebung[38], Verwaltung[39] und Rechtsprechung[40] beziehen, wobei die gemeinsame Durchführung von Verwaltungsaufgaben überwiegt. Häufig wird dabei die Ausübung einzelner Zuständigkeiten der Länder durch Bundesbehörden[41] oder umgekehrt[42] vereinbart; durch Länderabkommen wird vielfach die Beteiligung mehrerer Länder an einer Verwaltungseinrichtung eines Landes[43] oder die Zusammenlegung der Einrichtungen mehrerer Länder[44] festgelegt.

Soweit es zunächst die *Zulässigkeit von Bund-Länder-Abkommen* angeht, so läßt das Grundgesetz sie weder positiv zu[45] noch verbietet es sie ausdrücklich[46], im Gegensatz zu einzelnen Landesverfas-

---

[34] *Kölble*, Gemeinschaftsaufgaben, S. 31 ff., 52 ff. und ders., NJW 1962, 1081 f.

[35] Der praktische Unterschied beider Abkommensarten ist nicht groß: Staatsverträge sind nach h. M. solche Abkommen, die (anders als Verwaltungsabkommen) der Zustimmung der Gesetzgebungskörperschaften des Bundes und der Länder bedürfen: *Grawert*, a.a.O., S. 41, 52; *Kölble*, DÖV 1960, 660 f.; Hans *Schneider*, a.a.O., S. 8 f. Zur Abgrenzung auch *Maunz-Dürig*, a.a.O., Art. 83, Rdnr. 50.

[36] Eine vollständige Aufstellung der Bund-Länder-Abkommen bis 1966 gibt *Grawert*, a.a.O., S. 299 ff.; eine Aufstellung der Abkommen von 1949 bis 1960 bei Hans *Schneider*, a.a.O., S. 34 ff.

[37] Zahlreiche Beispiele für Länderabkommen gibt *Kölble*, NJW 1962, 1081 ff. und ders., Gemeinschaftsaufgaben, S. 52 ff.

[38] Dazu näher unten unter d.

[39] Für Bund-Länder-Abkommen vgl. die genannten Aufstellungen, für Länderabkommen sei als Beispiel der Staatsvertrag zwischen Baden-Württemberg und Bayern vom 25./28. 11. 1957 (Bayer GVBl 1958, 21) genannt.

[40] Ein Beispiel für ein Bund-Länder-Abkommen ist der Schiedsvertrag über die Regelung von Streitigkeiten aus dem Abkommen über Aufgaben und Finanzierung des Polizei-Instituts Hiltrup vom 21. 11. 1960 usw. (GVBl NRW 1962, 408); ein Beispiel für ein Länderabkommen bietet der Erlaß einheitlicher Richtlinien auf Grund einer Vereinbarung zwischen den Justizverwaltungen der Länder: vgl. die Allgemeine Verfügung des Justizministers des Landes Nordrhein-Westfalen vom 1. 8. 1953 (JMinBl 1953, 181).

[41] *Kölble*, Gemeinschaftsaufgaben, S. 32 f.

[42] *Kölble*, Gemeinschaftsaufgaben, S. 33 f.

[43] *Kölble*, NJW 1962, 1081. [44] *Kölble*, NJW 1962, 1081.

[45] Insbesondere umfaßt Art. 59 Abs. 2 GG nicht die Bund-Länder-Abkommen: *Kölble*, DÖV 1960, 655.

[46] *Grawert*, a.a.O., S. 131 ff.

sungen[47]. Aus dem Schweigen wird man in diesem Falle unter Berücksichtigung der Bundestreue auf die Zulässigkeit solcher Verträge schließen können: die föderalistische Ordnung setzt eine enge Zusammenarbeit zwischen Bund und Ländern voraus[48], und es ist nicht anzunehmen, daß das Grundgesetz die dafür geeigneten Mittel grundsätzlich für verfassungswidrig erklären wollte[49] [50].

Auch eine Koordination der Wahrnehmung von Länderaufgaben wird man unter dem Gebot bundes- und länderfreundlichen Verhaltens grundsätzlich — innerhalb näher zu bestimmender Grenzen — für zulässig und sogar wünschenswert halten müssen[51]: in der Form von *Ländervereinbarungen* ist sie zudem im Grundgesetz ausdrücklich vorgesehen[52]. Aus dem Bundesstaatsprinzip kann sich nicht die Forderung ergeben, die Länder müßten in Gesetzgebung und Verwaltung Mannigfaltigkeit um jeden Preis anstreben. Der Bundesstaat verpflichtet zur Zusammenarbeit, nicht zur Uneinigkeit[53] [54].

---

[47] Beispielsweise Art. 43 der Hamburgischen Verfassung. [48] Art. 35 GG.

[49] *Grawert*, a.a.O., S. 135; so auch BVerfGE 1, 299 (308 ff., 311); 6, 309 (362); *Maunz-Dürig*, a.a.O., Art. 20, Rdnr. 18; *Kölble*, DÖV 1960, 655; ders., Gemeinschaftsaufgaben, S. 38 ff.; *Klein*, Gemeinschaftsaufgaben, S. 155; *Herzog*, a.a.O., S. 199.

[50] Ein Vertrag ist beispielsweise ein geeignetes Mittel, verfassungsrechtliche Streitigkeiten über die Auslegung einer Kompetenznorm aus dem Wege zu räumen und so einen Kompetenzprozeß zu vermeiden: vgl. als Beispiel § 1 Abs. 1 Ziffer 2 des Binnenschiffahrtsgesetzes vom 15. 2. 1956 (BGBl II 317); so *Grawert*, a.a.O., S. 25 f.; *Herzog*, a.a.O., S. 198; *Kölble*, DÖV 1962, 657. Dazu näher auch unten unter 3 f.

[51] BVerfGE 1, 299 (308 ff., 311); 12, 205 (252); BVerwGE 22, 299 (307); Hans *Schneider*, a.a.O., S. 20 ff.; *Köttgen*, a.a.O., S. 143; *Kölble*, NJW 1962, 1082; ders., Gemeinschaftsaufgaben, S. 56 ff.; *Klein*, Gemeinschaftsaufgaben, S. 156; *Maunz-Dürig*, a.a.O., Art. 20, Rdnr. 18.

[52] Art. 118 Abs. 1, 135 Abs. 5 GG.

[53] *Hesse*, a.a.O., S. 91; *Herzog*, a.a.O., S. 198. *Herzog* weist auch mit Recht daraufhin, daß eine solche sinnwidrige Forderung den *nach* anderen Ländern tätig werdenden Ländern die Unabhängigkeit der Entschließung nehmen würde. Die Zusammenarbeit stärkt zudem die Länderposition gegenüber dem Bund und bildet so ein verfassungspolitisch erwünschtes Gegengewicht gegen die einheitsstaatlichen Tendenzen. Hingegen erscheint der Schluß a majore ad minus aus Art. 32 Abs. 3 GG (BVerwGE 22, 299 [307]; *Herzog*, a.a.O., S. 199) nicht berechtigt, da der Abschluß von Verträgen mit fremden Staaten die innerstaatliche föderalistische Balance nicht berührt.

[54] Da bei jedem Länderabkommen Einstimmigkeit erzielt werden muß, wird den landsmannschaftlichen Differenzierungen auch besonders Rechnung getragen (*Herzog*, a.a.O., S. 199). So betrachtet, ist die sich fühlbar verstärkende Vertragstätigkeit der Länder zwar ein Indiz für die Überprüfungsbedürftigkeit der Kompetenzverteilung zwischen Bund und Ländern (*Bachof*, VVDStRL 21, 119; *Klein*, Gemeinschaftsaufgaben, S. 158; Hans *Schneider*, a.a.O., S. 17; *Kölble*, NJW 1962, 1082), aber keinesfalls ein Eingeständnis

c) Gemeinschaftseinrichtungen

Bund und Länder sind allerdings nicht bei der vertragsmäßigen Koordination einzelner Aufgabenbereiche stehengeblieben, sondern haben darüber hinaus auch *echte Gemeinschaftseinrichtungen* geschaffen. Im Unterschied zu den Formen „schlichter Zusammenarbeit" werden hier Organe bestellt, die sich nicht mehr in die staatliche Organisation des Bundes oder eines der Länder, etwa in das zuständige Ministerium, einfügen lassen, sondern sich von ihren „Muttergemeinwesen"[55] lösen und als „freischwebende" Einrichtungen zwischen die Bundes- und Länderorganisation einschieben[56]. Als Beispiele[57] für eine von Bund und Ländern gegründete Einrichtung seien der Wissenschaftsrat[58] und der Bildungsrat[59] mit ihren Sekretariaten genannt; die Länder haben ohne Bundesbeteiligung etwa das Sekretariat der Ständigen Konferenz der Kultusminister[60] und die Anstalt „Zweites Deutsches Fernsehen"[61] gegründet.

Ob sich eine so weitgehende Institutionalisierung der Zusammenarbeit noch mit der Notwendigkeit bundesstaatlicher Kooperation begründen läßt, ist sehr zweifelhaft[62]: aus dem Schweigen des Grundgesetzes und der Länderverfassungen kann hier jedenfalls nicht ohne weiteres auf ihre Zulässigkeit geschlossen werden[63].

d) Koordinierung der Gesetzgebung

Eine *Koordinierung der Gesetzgebung* — wegen der Kompetenzverteilung (Art. 71 ff. GG) vorwiegend[64] zwischen den Ländern — ist im Grundsatz ebenfalls aus der Pflicht zu bundes- und länderfreundlichem Verhalten zu rechtfertigen. Die Unitarisierung des Bundesstaates ist heute so weit fortgeschritten, daß die Bundestreue auf einigen Gebieten — etwa bei der Gestaltung des Besoldungsrechtes — eine weitgehende Parallelgesetzgebung geradezu erzwingt[65]

mangelnden Existenzrechtes durch die Länder selbst (*Herzog*, a.a.O., S. 198; dieselbe Fragestellung auch bei Hans *Schneider*, a.a.O., S. 29).

[55] *Köttgen*, a.a.O., S. 145.

[56] *Köttgen*, a.a.O., S. 145; Hans *Schneider*, a.a.O., S. 22; *Kölble*, NJW 1962, 1081; *Grawert*, a.a.O., S. 240.

[57] Eine Aufstellung gibt *Grawert*, a.a.O., S. 240 ff.

[58] Verwaltungsabkommen vom 5. 9. 1957 (BAnz Nr. 200 vom 17. 10. 1957).

[59] Abkommen über die Errichtung des Deutschen Bildungsrates vom 15. 7. 1965 (vgl. GVBl NRW 1966, 74).

[60] Abkommen vom 20. 6. 1959 (BAnz 1961, Nr. 49, S. 5).

[61] Staatsvertrag über die Errichtung der Anstalt des öffentlichen Rechts „Zweites Deutsches Fernsehen" vom 16. 7. 1962 (vgl. Bayer GVBl 1962, 111).

[62] Dazu näher unten unter 3 e. [63] *Grawert*, a.a.O., S. 263 f.

[64] Beispiele für die Gesetzgebung berührende Bund-Länder-Vereinbarungen bei *Grawert*, a.a.O., S. 199 f.

[65] BVerfGE 3, 52 (57); *Bayer*, a.a.O., S. 105.

und damit den Raum des gesetzgeberischen Ermessens der Länder ohnehin stark einschränkt.

Bedenkenlos sind insoweit informelle Absprachen und Konsultationen im Vorbereitungsstadium der Gesetzgebung. Als besonders zweckmäßig hat sich die Ausarbeitung von *Mustergesetzentwürfen* durch Länderkommissionen erwiesen, wie etwa bei den Vorarbeiten zu den Landespressegesetzen[66]. Die Gesetzgebungskompetenz der einzelnen Länder wird hierbei nicht angetastet[67]. Auch dann bestehen keine Bedenken, wenn die *Parallelgesetzgebung* durch Länderverträge vorbereitet wird. Gegen eine Absprache der nach dem jeweiligen Landesverfassungsrecht initiativberechtigten Organe, von ihrem Recht in bestimmter Weise Gebrauch zu machen[68], ist ebenfalls nichts einzuwenden, solange die Parlamente nicht in die Bindung einbezogen werden[69]. Wenn allerdings die Parlamente der beteiligten Länder schon der Vereinbarung zustimmen, einen gemeinsamen Gesetzestext auszuarbeiten, mag auch die Vorlage eines die Parlamente bindenden Initiativentwurfes zulässig sein[70].

3. *Grenzen zulässiger Zusammenarbeit*

a) Abgrenzungsversuche

Schwierigkeiten bereitet allerdings die Bestimmung der *Grenzen* einer Bund-Länder- und Länder-Kooperation. Abwechselnd wird versucht, den Bereich zulässiger Zusammenarbeit positiv oder negativ abzustecken, ohne daß bisher eine überzeugende Lösung gefunden wäre.

---

[66] Dazu *Scheer*, a.a.O., S. 28 ff.; vgl. den Modellentwurf eines Landespressegesetzes vom 10. 1. 1963 (*Scheer*, a.a.O., S. 155 ff.).

[67] *Scheuner*, DÖV 1966, 517; *Ossenbühl*, a.a.O., S. 405, Fn. 43, der besonders auf die umfangreiche Koordinierung im Schulrecht hinweist. A. A. *Hesse*, Bundesstaat, S. 20; *Weber*, VVDStRL 19, 159 (Diskussionsbeitrag): wenn den Länderparlamenten ein koordinierter Gesetzentwurf mit dem Hinweis vorgelegt werde, dieser sei tabu, dann seien sie in ihrer Entscheidungsfreiheit de facto erheblich beschränkt. Hier zeigt sich in der Tat eine politische Machtverschiebung zugunsten der vorbereitenden Exekutiv-„Kartelle" (*Weber*, a.a.O.), jedoch wird die Kompetenz der Legislativorgane dabei nicht in verfassungsrechtlich ausschlaggebender Weise berührt.

[68] Vgl. das Verwaltungsabkommen über die Zusammenarbeit auf dem Gebiete der Raumordnung vom 16. 12. 1957 zwischen dem Bund und den Ländern (BAnz Nr. 25 vom 6. 2. 1958); dazu *Grawert*, a.a.O., S. 200.

[69] BVerfGE 1, 351 (366); *Maunz-Dürig*, a.a.O., Art. 76, Rdnr. 3; a. A. *Forsthoff*, Lehrbuch, S. 267. Differenzierend *Grawert*, a.a.O., S. 200 f.

[70] Dazu *Maunz-Dürig*, a.a.O., Art. 71, Rdnr. 14 und *Kölble*, DÖV 1960, 657. Allerdings ist das Problem dann noch unter dem Gesichtspunkt der Gewaltenteilung näher zu betrachten.

Anhaltspunkte für die Materien, die einer gemeinschaftlichen Regelung zugänglich sind, sieht Kölble[71] in Art. 14 Abs. 2 GG („Wohl der Allgemeinheit"), Art. 20 Abs. 1 und 28 Abs. 1 GG („Sozialstaatsprinzip") sowie in Art. 72 Abs. 2 GG, der näher umschreibt, wann bei konkurrierender Gesetzgebungskompetenz des Bundes ein Bedürfnis für eine einheitliche Regelung besteht. Häufig[72] wird auf die Zuständigkeitsverteilung zwischen Bund und Ländern abgestellt. Vielfach werden auch die Materien ausgeschieden, die der Zusammenarbeit, insbesondere im Wege einer Regelung durch Staatsverträge und Verwaltungsabkommen, nicht zugänglich sind: so die durch Gesetz bereits geregelten[73] oder in den Bereich einer anderen Gewalt fallenden[74] Gegenstände, soweit es Verwaltungsabkommen angeht.

Grawert[75] verzichtet wegen der Mannigfaltigkeit der in der Praxis vorgefundenen Formen der Zusammenarbeit auf die Aufstellung genereller Zulässigkeitsschranken und untersucht typische Abkommensgruppen[76] auf ihre konkrete Zulässigkeit.

b) Die bundesstaatliche Kompetenzordnung als Zulässigkeitsschranke

Jede Grenzziehung muß sich letztlich am Bundesstaat des Grundgesetzes orientieren. Jede Form der Zusammenarbeit zwischen Bund und Ländern, die zur *Aushöhlung der Staatlichkeit* der Länder führt und das *Gleichgewicht* zwischen dem Bund und seinen Gliedern erheblich antastet, ist bundesstaats- und damit verfassungswidrig[77]. Das ist ein vager und daher unbefriedigender[78] Maßstab, jedoch sind die Schwierigkeiten bei der Konkretisierung im Einzelfall nicht größer als die Auslegungsprobleme bei Anwendung der Schrankenbegriffe „Wesensgehalt eines Grundrechtes" (Art. 19 Abs. 2 GG) — Kölble[79] spricht sogar analog von der „unverletzlichen Wesensgehaltsschranke" des Bundesstaates — und „Kernbereich der drei Ge-

[71] Gemeinschaftsaufgaben, S. 51.

[72] *Kölble*, Gemeinschaftsaufgaben, S. 51 f.; ders., DÖV 1960, 657 f. und NJW 1962, 1083; *Köttgen*, a.a.O., S. 142; *Klein*, Gemeinschaftsaufgaben, S. 155 f.; Hans *Schneider*, a.a.O., S. 20.

[73] *Kölble*, DÖV 1960, 656; *Maunz-Dürig*, a.a.O., Art. 20, Rdnr. 18.

[74] *Kölble*, DÖV 1960, 657. [75] A.a.O., S. 149 ff.

[76] So z.B. verfassungseinwirkende Abkommen (S. 164 ff.), Zuständigkeitsvereinbarungen (S. 177 ff.) etc.

[77] „Selbstpreisgabe landesherrschaftlicher Befugnisse": Hans *Schneider*, a.a.O., S. 22; *Kölble*, Gemeinschaftsaufgaben, S. 38. Auch *Grawert*, a.a.O., S. 187, bedient sich dieses Abgrenzungskriteriums, um die untere Grenze der Selbstaufgabe anzudeuten: die Länder seien „als Staaten an der Preisgabe ihrer Staatssubstanz bzw. wesentlicher Teile ihrer Zuständigkeiten gehindert".

[78] Insofern ist *Grawert*, a.a.O., S. 155 Recht zu geben.

[79] Gemeinschaftsaufgaben, S. 50.

walten"[80], die von der Rechtsprechung mittlerweile hinreichend sicher gehandhabt werden.

c) Einzelabgrenzungen

Eine *Präzisierung* dieser Schrankenziehung ergibt: Vereinbarungen des Bundes mit den Ländern oder der Länder untereinander, die die bundesstaatliche Ordnung *ändern, ergänzen, erweitern, aufheben, suspendieren* etc., also auf die Verfassung unmittelbar einwirken, sind unzulässig[81].

Jede Zusammenarbeit findet ihre Grenze an der Zuständigkeitsverteilung des Grundgesetzes. So sind Vereinbarungen vertraglicher Art zwischen Bund und Ländern unzulässig, wenn dieselbe Materie einseitig entweder durch den Bund oder die Länder geregelt werden muß[82]: die Bindung der Partner würde den Zuständigkeitsbestimmungen der Verfassung widersprechen. Solche Verträge sind dagegen zulässig, wenn Bund und Länder jeweils für ihren staatlichen Bereich zur Regelung inhaltlich gleicher Angelegenheiten zuständig sind[83]. Die Länder untereinander dürfen nur innerhalb ihrer Zuständigkeitsgrenzen zusammenarbeiten[84].

d) Verbot der Kompetenzverfügung

Aus der Unantastbarkeit der Kompetenzordnung folgt für den Bund und die Länder auch das *Verbot*, über ihre *Kompetenzen durch Übertragung oder Verzicht zu verfügen*[85]. Jede Verfügung ist zugleich eine Verfassungsänderung, die nicht durch innerstaatliche Vereinbarung, sondern nur auf dem durch Art. 79 Abs. 1 GG vorge-

---

[80] Dazu näher unter B AA I 2 a und b sowie *Maunz-Dürig*, a.a.O., Art. 20, Rdnr. 81.

[81] *Grawert*, a.a.O., S. 164 ff. [82] *Klein*, Gemeinschaftsaufgaben, S. 155.

[83] *Klein*, a.a.O., S. 155. Ein Beispiel bietet die Vereinbarung über die Erhebung von Gebühren für amtliche Materialprüfungen durch die Bundesanstalt für Materialprüfung und die Materialprüfungsanstalten der Länder vom 7. 1. 1958, dazu *Kölble*, DÖV 1960, 653.

[84] *Klein*, a.a.O., S. 156. Unter Beachtung der Bundestreue dürfen die Länder aber nicht nur deshalb kontrahieren, um etwa das Entstehen der nach Art. 72 Abs. 2 GG für die Ausübung der konkurrierenden Bundeskompetenz notwendigen Voraussetzungen zu verhindern: so richtig *Kölble*, NJW 1962, 1082.

[85] BVerfGE 1, 14 (35); *Triepel*, a.a.O., S. 112; *Maunz-Dürig*, a.a.O., Art. 20 Abs. 1, Rdnr. 17; *v. Mangoldt-Klein*, a.a.O., S. 1346 ff., 1381; *Hesse*, a.a.O., S. 88; es sei denn, die Ausübung der Kompetenz sei — wie in Art. 72 GG — ausdrücklich in das Ermessen des Kompetenzinhabers gestellt: *Ossenbühl*, a.a.O., S. 405. Zum Streit, ob dem Bund Ermessen oder nur ein eng begrenzter Beurteilungsspielraum eingeräumt ist, vgl. statt aller BVerfGE 2, 213 (224); 4, 115 (127) sowie *Maunz-Dürig*, a.a.O., Art. 72, Rdnr. 14 ff. und *Grawert*, a.a.O., S. 203.

schriebenen Wege erfolgen kann[86]. Verfassungsgemäß ist eine begrenzte Übertragung von Hoheitsbefugnissen durch den *Bund* allein im Rahmen des Art. 24 Abs. 1 GG: diese Vorschrift läßt nur den Gegenschluß zu, daß eine Übertragung auf die Länder unzulässig ist[87]. Art. 24 Abs. 1 GG gilt für die *Länder* nicht[88], und eine ihm entsprechende Vorschrift findet sich auch in den Länderverfassungen nicht[89]: die Länder dürfen also Hoheitsbefugnisse weder auf den Bund noch auf andere Länder übertragen.

An diesem Verfügungsverbot scheitert jede „echte Delegation" von Staatsaufgaben[90] durch den Bund und die Länder, aber in der Regel auch die „konservierende Delegation" und ein nicht nur ganz vorübergehendes Mandat[91]. Zwar bewirken sie — im Gegensatz zur „echten Delegation" — keine Zuständigkeitsänderung, aber in der praktischen Auswirkung auf die bundesstaatliche Balance kommen sie der „echten Delegation" sehr nahe[92], da das Widerrufs- und Rückholrecht die Kompetenzordnung nur pro futuro wiederherstellt und de facto nur selten ausgeübt wird. Etwas anderes gilt nur dann, wenn der übertragende Staat sich eine umfassende Weisungsbefugnis vorbehält und von ihr auch Gebrauch macht[93].

e) Verbot der Kompetenzübertragung auf Gemeinschaftseinrichtungen

Besonders bedenklich ist unter bundesstaatlichen Gesichtspunkten die *Übertragung von Hoheitsaufgaben auf Gemeinschaftseinrichtungen.*

Was zunächst die Errichtung von gemeinsamen Organen durch die *Länder* angeht, so würde ihre vertragliche Ausstattung mit von den Gründerländern unabhängigen Hoheitsbefugnissen eine *„dritte Ebene"*[94] zwischen Bund und Gliedstaaten einschieben: das Grundgesetz kennt jedoch nur den Bund und die Länder als Organisa-

---

[86] *Grawert,* a.a.O., S. 182, 187, 190 und passim; *Kölble,* NJW 1962, 1084.

[87] *Grawert,* a.a.O., S.186.

[88] A.A. BVerwGE 22, 299 (307) ohne nähere Begründung.

[89] Zur Frage, ob dem Art. 24 Abs. 1 GG entsprechende Parallelvorschriften in den Länderverfassungen nicht einer grundgesetzlichen Ermächtigung bedürfen, nimmt *Kölble,* NJW 1962, 1084 Stellung.

[90] *Grawert,* a.a.O., S. 182. [91] Vgl. dazu oben unter B AA I 3 b.

[92] *Triepel,* a.a.O., S. 118; *Grawert,* a.a.O., S. 189; *Kölble,* NJW 1962, 1084. *Klein* (Gemeinschaftsaufgaben, S. 159 f.) hält die „treuhänderische" Betrauung eines Landes mit Aufgaben der übrigen Länder — womit offenbar eine konservierende Delegation oder ein Mandat gemeint ist — für verfassungswidrig.

[93] Diese Einschränkung macht mit Recht *Grawert,* a.a.O., S. 189.

[94] *Herzog,* a.a.O., S. 199.

tionssubjekte und Hoheitsträger[95] [96]. Die Zulassung selbständiger Einrichtungen würde die Kompetenzordnung des Grundgesetzes unterlaufen[97] und zur Ausbildung „bundesstaatlicher“[98] oder „staatenbündischer“[99] Elemente im Bundesstaat führen[100].

Ähnliche Bedenken ergeben sich auch gegen die Errichtung von *Bund-Länder-Einrichtungen*. Die dadurch entstehende „Bund-Länder-Gesamthand“[101] nähme praktisch — gewissermaßen auf einer „*vierten Ebene*“[102] — Aufgaben des Gesamtstaates wahr, ohne in das bundesstaatliche Organisationsschema eingeordnet zu sein[103].

---

[95] *Grawert*, a.a.O., S. 262 ff.; *Kölble*, Gemeinschaftsaufgaben, S. 59; ders., NJW 1962, 1084.

[96] Auch wenn man von der Theorie eines „dreigliedrigen Bundesstaates“ ausgeht, ergibt sich nichts anderes. Sie wurde von *Nawiasky*, Staatslehre, Bd. III, S. 151 ff. begründet und wird heute etwa noch — wenn auch mit vorsichtiger Einschränkung — von *Maunz-Dürig*, a.a.O., Art. 20, Rdnr. 5 f. vertreten. Früher vertrat sie auch das Bundesverfassungsgericht (E 6, 309 [340]), lehnte sie dann aber ausdrücklich ab (E 13, 54 [77]). Ablehnend u. a. auch *v. Mangoldt-Klein*, a.a.O., S. 589; *Hesse*, a.a.O., S. 86, Fn. 1. Diese Theorie hat nur die Aufgabe, die Anschauung zu erleichtern, und ist nach Struktur und Zweck nicht geeignet, verfassungsrechtliche Konsequenzen zu begründen (*Grawert*, a.a.O., S. 263; *Herzog*, a.a.O., S. 194; *Kölble*, NJW 1962, 1083).

[97] *Bachof*, VVDStRL 21, 119.

[98] „Bundesstaat im Bundesstaat“: *Klein*, Gemeinschaftsaufgaben, S. 157 f.; „Bundesstaat und Länderbund“: *Scheuner*, DÖV 1966, 518; Einschiebung „einer Zwischenschicht zwischen Bund und Länder“: *Köttgen*, a.a.O., S. 145 f., ihm folgend Hans *Schneider*, a.a.O., S. 22.

[99] *Grawert*, a.a.O., S. 263 (Übernahme einer Formulierung von *Dresbach*); *Kölble*, Gemeinschaftsaufgaben, S. 51, 59; ders., DÖV 1960, 657.

[100] Die ganz herrschende Meinung folgt der hier vertretenen Ansicht, siehe außer den Genannten die Nachweise bei *Kölble*, NJW 1966, 1083, Fn. 33; anders nur BVerwGE 22, 299 (308 f.) (ohne ausreichende Auseinandersetzung mit der h. M.) sowie *Herzog*, a.a.O., S. 199. Die Errichtung der Anstalt „Zweites Deutsches Fernsehen“ begegnet daher im Gegensatz zur Auffassung des Bundesverwaltungsgerichtes (E 22, 299 ff.) erheblichen verfassungsrechtlichen Bedenken; richtig *Kölble*, NJW 1966, 1084.

[101] *Grawert*, a.a.O., S. 263. [102] *Herzog*, a.a.O., S. 199.

[103] *Grawert*, a.a.O., S. 263; *Kölble*, Gemeinschaftsaufgaben, S. 40 f. Kritisch daher zur Zulässigkeit der jetzigen Organisation des Wissenschaftsrates und des Bildungsrates: *Grawert*, a.a.O., S. 274 f. Soweit eine Gemeinschaftseinrichtung des Bundes und der Länder mit der selbständigen Wahrnehmung von Verwaltungsaufgaben betraut wird, ergibt sich die Verfassungswidrigkeit schon aus dem im Grundgesetz (etwa in Art. 37 Abs. 2, 84 Abs. 1 etc.: nur landeseigene Behörden; Art. 36 Abs. 1, 85 Abs. 3 etc.: ausschließlich bundeseigene Behörden: ausführliche Untersuchung der einschlägigen Bestimmungen bei *Grawert* a.a.O., S. 264 ff.) verankerten *Verbot institutioneller Mischverwaltung* zwischen Bund und Ländern. Nur dann fügen sich Gemeinschaftseinrichtungen in die bundesstaatliche Ordnung des

f) Grenzen der Koordination von Gesetzgebungsaufgaben

An der Unantastbarkeit der Kompetenzen findet zugleich die *koordinierte Gesetzgebung* ihre Grenze. Weder der Bund noch die Länder dürfen auf Gesetzgebungszuständigkeiten verzichten oder sie übertragen[104]. Eine Ausnahme ergibt sich nur aus Art. 71 2. Halbsatz GG: hiernach kann der Bund einen Ausschnitt seiner ausschließlichen Gesetzgebungskompetenz an die Länder abtreten. Diese *durch die Verfassung selbst zugelassene Änderung der Zuständigkeitsverteilung* zwischen Bund und Ländern hat mit unzulässigen Kompetenzverschiebungen *durch Vereinbarung* nichts zu tun[105]. Eine ähnliche Ermächtigung des Bundes zur Gesetzgebung auf Gebieten, die der Gesetzgebungszuständigkeit der Länder unterfallen, ist dagegen nicht vorgesehen[106].

Unzulässig ist auch eine Verständigung des Bundes und der Länder über die Ausübung des Gesetzgebungsrechts[107], wohingegen man eine Vereinbarung zur Vermeidung von Kompetenzkonflikten wohl für zulässig halten kann[108].

Wie die Übertragung auf den Bund scheidet auch die Übertragung der Gesetzgebungsbefugnis[109] eines Landes oder mehrerer Länder auf ein Land oder eine gemeinsame Einrichtung als Mittel der Rechts-

---

Grundgesetzes ein, wenn sich Bund und Länder ihrer als *Hilfsstellen* ohne Aufgabe und Verlagerung ihrer Zuständigkeiten bedienen. Damit erweist sich die Vorstellung selbständiger, vom „Muttergemeinwesen" unabhängiger Organe mit eigener Hoheitsgewalt als unhaltbar (*Grawert*, a.a.O., S. 282). Auf den Widerspruch „freischwebender" Gemeinschaftseinrichtungen mit dem *Demokratiegebot* und der sich daraus ergebenden Notwendigkeit parlamentarischer Kontrolle weisen *Grawert*, a.a.O., S. 277 ff., *Bachof*, VVDStRL 21, 120, *Köttgen*, a.a.O., S. 145, *Kölble*, Gemeinschaftsaufgaben, S. 59; ders., NJW 1962, 1084 hin. Bedenken hat insoweit auch *Herzog*, a.a.O., S. 199. Ohne Bedenken in diesem Punkte bezüglich der Anstalt „Zweites Deutsches Fernsehen" BVerwGE 22, 299 (310 f.).

104 Vgl. dazu die Zitate oben unter d.

105 *v. Mangoldt-Klein*, a.a.O., S. 1422.

106 *Maunz-Dürig*, a.a.O., Art. 71, Rdnr. 14, Fn. 2; *v. Mangoldt-Klein*, a.a.O., S. 1365.

107 So richtig *v. Mangoldt-Klein*, a.a.O., S. 1347, unter Ablehnung der abweichenden Ansicht von *Maunz-Dürig*, a.a.O., Art. 70, Rdnr. 9. *Maunz-Dürig* meinen aber wohl die zulässige einverständliche Ausräumung von Zuständigkeitszweifeln.

108 Für die Zulässigkeit *Herzog*, a.a.O., S. 198, und *Maunz-Dürig*, a.a.O., Art. 71, Rdnr. 14.

109 Das gilt auch für Rechtsverordnungen und Verwaltungsvorschriften (*Klein*, Gemeinschaftsaufgaben, S. 158); so ist die „paktierte" Rechtsverordnungspraxis zwischen Bund und Ländern oder zwischen mehreren Ländern verfassungswidrig (dazu *Grawert*, a.a.O., S. 198 f.).

angleichung aus[110]. Das Grundgesetz hat die Setzung *„gemeinen Rechts“* dem *Bund* vorbehalten: die *Länder* können kraft eigener Kompetenz eine weitgehende Vereinheitlichung ihrer Rechtsordnung nur durch die Schaffung „gemeinsamen Rechts“ erreichen, also solchen Rechtes, das jedes einzelne Land für sein Gebiet in inhaltlicher Übereinstimmung mit dem Recht der anderen Länder erläßt[111], etwa auf Grund eines gemeinsamen Gesetzentwurfes.

4. *Anwendung der Ergebnisse auf die Verweisung*

Wendet man diese *Ergebnisse* auf die *Verweisung* an, so findet man die unter demokratischen und rechtsstaatlichen Gesichtspunkten gesammelten Erkenntnisse bestätigt.

a) Die statische Verweisung

Die *statische Verweisung* ist stets *zulässig:* sie führt zur Vereinheitlichung von Bundesrecht und Landesrecht oder Länderrecht ohne Verletzung der Legislativzuständigkeiten.

b) Die dynamische Verweisung

Die *dynamische Verweisung* auf Vorschriften eines anderen Gesetzgebers kommt einer unzulässigen Entlassung einer Teilkompetenz des verweisenden Gesetzgebers zugunsten des Bundes oder eines (anderen) Landes gleich und ist infolgedessen *bundesstaats-* und *verfassungswidrig.*

Diesem Ergebnis widerspricht Schröcker[112] in seiner der Verweisung von Landesrecht auf Bundesrecht gewidmeten Untersuchung. Die Zuständigkeitsordnung werde durch die dynamische Verweisung nicht verletzt. Der Bund erlasse Gesetze nur im Rahmen seiner Kompetenzen. Wenn die bundesrechtlichen Normen dann zugleich den Inhalt des verweisenden Landesrechtes bestimmten, so geschehe das allein durch die „geistige Anleihe“[113] des Landes beim Bund.

Richtig gesehen ist hier, daß dem *Bund* keine Verfassungsverletzung vorzuwerfen ist. Nicht beachtet wird aber, daß die *Länder* sich einer verfassungswidrigen Kompetenzverschiebung schuldig machen. Die Länderparlamente nehmen ihre Gesetzgebungskompetenz durch den Erlaß einer materiell-inhaltsleeren Automatik-Klausel nicht wahr, sondern verschieben sie de facto auf den Bund bis zu dem Zeitpunkt, in dem sie die Klausel wieder aufheben oder selbst

---

[110] *Klein,* Gemeinschaftsaufgaben, S. 158.

[111] BVerwGE 22, 299 (311); *Ossenbühl,* a.a.O., S. 405; *Klein,* Gemeinschaftsaufgaben, S. 158.

[112] A.a.O., S. 2289, 2290: dazu eingehend unter A AA II 4 c.

[113] A.a.O., S. 2289.

ändernd in die vom Bund bestimmte Fassung des Verweisungsobjektes eingreifen.

Für dynamische Verweisungen von Bundesrecht auf Landesrecht oder von Landesrecht auf das Recht anderer Länder gilt Entsprechendes.

Gegen die dynamische Verweisung von *Landesrecht* auf *Bundesrecht* spricht zudem — so wünschenswert die Rechtsvereinheitlichung im Einzelfall sein mag[114] — das *verfassungspolitische Argument*, daß die einheitsstaatlichen Tendenzen verstärkt werden[115].

Die dynamische Verweisung von *Bundesrecht* auf *Landesrecht* hat zwar den entgegengesetzten und unter Berücksichtigung der ohnehin geschwächten Länderposition verfassungspolitisch wünschenswerten Effekt einer Kräftigung der Gliedstaaten, ist aber gleichwohl wegen des Kompetenzverstoßes verfassungswidrig[116].

Die Sicherung der Eigenstaatlichkeit der Länder durch Zuweisung bestimmter Kompetenzen gilt aber nicht nur gegenüber dem Bund, sondern auch gegenüber den anderen Ländern, so daß auch eine durch dynamische Verweisung erfolgende Verlagerung von Gesetzgebungsaufgaben durch *ein Land* oder *mehrere Länder* auf *ein anderes Land*[117], das möglicherweise durch eine Vereinbarung mit der „Federführung" beauftragt ist, verfassungsrechtlich unzulässig ist. Die *Grenze zulässiger Zusammenarbeit bei der Gesetzgebung* liegt also bei schlichter *Konsultation* und der *Ausarbeitung gemeinsamer Gesetzentwürfe.*

KAPITEL DD

VERFASSUNG UND BLANKETTSTRAFGESETZ

Problematisch sind unter den Gesichtspunkten des *Rechtsstaates* und des *Demokratiegebotes* auch die *Blankettstrafgesetze.* Die Bedenken sind in Rechtsprechung — insbesondere in den Urteilen des

---

[114] Z. B. im Beamtenrecht, dazu oben unter A AA V 5 a und b und *Schröcker,* a.a.O., S. 2290. Einheitlichkeit der Rechtsordnung und Föderalismus stehen in einem gewissen Widerspruch zueinander, der aber in Kauf genommen werden muß, wenn man sich grundsätzlich für den Bundesstaat entschieden hat (*Ossenbühl,* a.a.O., S. 405, Fn. 43).

[115] Auch die Verweisung auf private Vorschriften kann im Einzelfalle eine zentralistische Wirkung haben, da die Verbände (insbesondere die Technischen Verbände) aus sachlichen Gründen Überregionalität anstreben: dazu oben unter I 2 b und *Hesse,* a.a.O., S. 88, für die Verbände (etwa die kommunalen Spitzenverbände) *Pohle,* a.a.O., S. 333 (357 f., 379); *Bullinger,* JuS 1964, 228 f.; für die Technischen Verbände *Nickusch,* a.a.O., S. 209, Fn. 5.

[116] A A. insoweit *Ossenbühl,* a.a.O., S. 405, Fn. 40.

[117] Ebenso für die dynamische Verweisung auf Vorschriften einer Gemeinschaftseinrichtung.

Bundesverfassungsgerichtes, die § 71 StVZO für verfassungswidrig[1] und § 21 StVG für verfassungsgemäß[2] erklärten — und Literatur[3] wiederholt angedeutet, aber erst in jüngster Zeit von Weidenbach eingehender untersucht worden. Die besonderen rechtsstaatlichen und demokratischen[4] Anforderungen an Strafgesetze haben sich in den *Art. 103 Abs. 2 und 104 Abs. 1 GG* niedergeschlagen: von ihnen hat jede verfassungsrechtliche Prüfung auszugehen.

In einem ersten Abschnitt werden diese Verfassungsbestimmungen als besondere Gesetzesvorbehalte gewürdigt (I); daran schließt sich die Untersuchung an, ob Blankettstrafgesetze dem Art. 103 Abs. 2 GG (II) und — soweit sie Freiheitsbeschränkungen androhen — dem Art. 104 Abs. 1 GG (III) genügen.

Abschnitt I

ART. 103 ABS. 2 UND 104 ABS. 1 GG ALS STRAFRECHTLICHE GESETZVORBEHALTE

1. Art. 103 Abs. 2 und 104 Abs. 1 GG als Konkretisierungen des Rechtsstaates

a) Verfassungsrechtliche und strafrechtliche Bedeutung des „nulla poena"-Grundsatzes

Der Grundsatz der Gesetzesbestimmtheit *„nulla poena sine lege"*, der in Art. 103 Abs. 2 GG — wie in Art. 7 Abs. 1 der Menschenrechtskonvention[5] — verankert und in Art. 104 Abs. 1 GG für freiheitsbeschränkende Strafgesetze verstärkt ist, besagt, daß niemand bestraft werden darf, wenn nicht Tatbestand und Strafdrohung[6] des Deliktes durch das Gesetz selbst vorher bestimmt worden sind.

---

[1] E 14, 174 ff. (dazu näher unter III 1 b cc).

[2] E 14, 245 ff. (dazu näher unter III 1 b cc).

[3] *Warda*, a.a.O., S. 10; *Michels*, a.a.O., S. 89; *Lange*, JZ 1956, 75 ff.; ders., JZ 1957, 237 ff.; *Paul*, a.a.O., S. 28; *Peters-Ossenbühl*, a.a.O., S. 70 f.

[4] Bedenken aus dem Gesichtspunkt des *Bundesstaates* ergeben sich nur, soweit es die zweifelhafte Kompetenzverteilung bezüglich strafrechtlicher Materien gemäß Art. 74 Nr. 1 GG — insbesondere im Nebenstrafrecht — angeht: vgl. dazu BVerfGE 13, 367 ff., neuestens OLG Köln, JZ 1966, 74; *Dreher*, NJW 1952, 1282; H. J. *Wolff*, DVBl 1962, 663; *Patzig*, DÖV 1956, 265.

[5] BGBl 1952 II, 686.

[6] Art. 103 Abs. 2 GG verlangt auch die Strafdrohungsbestimmtheit; das ist nicht unbestritten, aber h. M.: BVerfGE 14, 245 (252), auch *Maunz-Dürig*, a.a.O., Art. 103 Abs. 2, Rdnr. 108; *Hamann*, Kommentar, S. 423; ders., a.a.O., S. 47; *Sax*, a.a.O., S. 1006; *Paul*, a.a.O., S. 67 f. Besser daher: „nulla poena, nullum crimen sine lege".

Der „nulla poena"-Satz hat eine *verfassungsrechtliche* und eine *strafrechtliche* Bedeutung[7].

Die *verfassungsrechtliche Bedeutung* liegt primär in der Freiheitsgarantie für das Individuum[8]. Insbesondere aufklärerische Gedanken[9] führten zu der Überzeugung, nur durch das Gesetz könne der Staatsbürger vor willkürlichen Übergriffen des Staates, vor allem bei der Verhängung von Strafen geschützt werden[10]. In der Verfassungsentwicklung des liberalen Staates verband sich mit dieser Anschauung der demokratische Gedanke[11]: freiheitsbeschränkende staatliche Maßnahmen sollten der Mitwirkung der Volksvertretung bedürfen. In dieser Forderung nach Voraussehbarkeit und Berechenbarkeit der strafrechtlichen Sanktion anhand des demokratisch zustandegekommenen Gesetzes wurzelt das heutige Verständnis des nulla-poena-Satzes als eines Verbotes gewohnheitsrechtlicher Strafbegründung und Strafschärfung[12] sowie absolut unbestimmter Strafdrohungen[13].

Zugleich ist der nulla-poena-Satz aber auch ein Element der Gewaltenteilung[14] und damit des Rechtsstaates: nicht nur die Exekutive (Art. 19 Abs. 4, 20 Abs. 3, 93 GG), sondern auch die rechtsprechende Gewalt unterliegt der Maßgabe und Kontrolle durch die Legislative: der Richter ist (nur) dem Gesetz unterworfen (Art. 97 Abs. 1 GG). Aus dieser Sicht erklärt sich die Auffassung, der nulla-poena-Satz sei in erster Linie ein Verbot des „Richterrechtes", speziell ein „Analogieverbot"[15].

Eine rein *strafrechts-dogmatische Bedeutung* erlangt der nulla-poena-Satz im 19. Jahrhundert im Gefolge der Theorien vom psychologischen Zwang[16] des Strafgesetzes: „Gesetzesbestimmtheit des Strafgesetzes" wird primär als Verbot rückwirkender Strafgesetze[17] verstanden.

b) Grundsatz der Gesetzmäßigkeit der Strafjustiz

Diesen Bedeutungswandel muß man im Auge behalten, wenn man Art. 103 Abs. 2 und 104 Abs. 1 GG als Grundnormen des Strafrechtes würdigen will: sie sind die *Ausprägung des allgemeinen*

---

[7] *Sax*, a.a.O., S. 994.
[8] *Schmidt-Leichner*, NJW 1962, 1372; *Jesch*, a.a.O., S. 101.
[9] *Sax*, a.a.O., S. 992.
[10] Dazu (zum Gesetzesbegriff) siehe auch unter B BB II 1.
[11] Dazu unter B BB II 1 und 2. [12] *Sax*, a.a.O., S. 1003.
[13] *Kohlrausch-Lange*, a.a.O., S. 34; *Paul*, a.a.O., S. 68.
[14] *Hamann*, a.a.O., S. 46 f.; *Weidenbach*, a.a.O., S. 41.
[15] Zum „Analogieverbot" insbesondere die gleichnamige Schrift von *Sax*, ferner ders., a.a.O., S. 996; *Kohlrausch-Lange*, a.a.O., S. 34.
[16] Insbesondere in der Lehre Feuerbachs: dazu *Sax*, a.a.O., S. 994 ff.
[17] *Sax*, a.a.O., S. 995; *Leibholz-Rinck*, a.a.O., S. 509 mit weiteren Angaben.

Rechtsstaatsgedankens auf dem Gebiete des *Strafrechtes*[18]. Beide Vorschriften gehören zu den Grundrechten[19] — wie schon der Wortlaut des Art. 104 Abs. 1 GG zeigt — und stehen in unmittelbarem Zusammenhang mit Art. 2 Abs. 2 Satz 2 GG, als dessen „Konkretisierung" man sie ansehen kann[20]. Man darf daher den *Vorbehalt des „Gesetzes"* in Art. 103 Abs. 2 GG und des *„förmlichen Gesetzes"* in Art. 104 Abs. 1 GG auch in Verbindung mit den Vorbehalten des Grundrechtskataloges — besonders in Art. 2 Abs. 2 Satz 3 GG, aber auch in Art. 6 Abs. 3, 8 Abs. 2 GG etc. — und dem allgemeinen rechtsstaatlichen Gesetzesvorbehalt sehen[21], den sie für das besonders einschneidende Strafrecht[22] in seiner Bedeutung hervorheben[23]. In dieser Sicht gewährleisten Art. 103, 104 GG die *„Gesetzmäßigkeit der Strafjustiz"*[24].

2. *Vergleich mit dem grundrechtseinschränkenden Gesetzesvorbehalt*

Diese Erkenntnis bietet die Möglichkeit, von den Anforderungen an den grundrechtseinschränkenden Gesetzesvorbehalt — formelles oder materielles Gesetz? — Rückschlüsse auf die „Gesetzesbestimmtheit" in Art. 103, 104 GG zu ziehen.

a) Vorbehalt des materiellen Gesetzes

Es ist umstritten, ob dem *grundrechtseinschränkenden Gesetzesvorbehalt* ein *formeller* oder *materieller Gesetzesbegriff* zugrundeliegt, während über den Ausschluß von Gewohnheitsrecht Einig-

---

[18] *v. Mangoldt-Klein*, a.a.O., S. 601.

[19] Vgl. § 90 BVerfGG! Zum Grundrechtscharakter des Art. 103 GG BVerfGE 14, 174 (186); *Maunz-Dürig*, a.a.O., Art. 103, Rdnr. 98; *Hamann*, a.a.O., S. 45; *Sax*, a.a.O., S. 997: „den Grundrechten wesensmäßig gleichgestellt"; zum Grundrechtscharakter des Art. 104 GG: *Maunz-Dürig*, a.a.O., Art. 2 Abs. 2, Rdnr. 5; zur Entstehungsgeschichte JöRNF, Bd. 1, S. 63 ff.

[20] *Maunz-Dürig*, a.a.O., Art. 2 Abs. 2, Rdnr. 5; *Weidenbach*, a.a.O., S. 44.

[21] Wie es *Jellinek*, Verwaltungsrecht, S. 89 und, ihm folgend, *Weidenbach*, a.a.O., S. 42 tun.

[22] Art. 103 und 104 GG gelten nur für das Kriminal- und Ordnungsstrafrecht, nicht für Privatstrafen, Vertragsstrafen, Vereinsstrafen und Sicherungsmaßnahmen: *Maunz-Dürig*, a.a.O., Art. 103, Rdnr. 113 ff.; *Peters-Ossenbühl*, a.a.O., S. 68; Sax, a.a.O., S. 999 ff.; bestr. ist, ob sich die Geltung auf Disziplinarstrafen erstreckt: dazu *Maunz-Dürig*, a.a.O., Rdnr. 116 f.; BGHSt NJW 1963, 167 (168) sowie unter II 4 b.

[23] So *Hedemann*, Einführung, S. 337.

[24] *Weidenbach*, a.a.O., S. 43; ähnlich auch BVerfGE 14, 174 (185): „Grundsatz der Gesetzesgebundenheit im Strafrecht."

keit[25] herrscht, da es Voraussehbarkeit und Berechenbarkeit nicht garantieren kann. Die noch überwiegende Meinung[26] verlangt nicht nur für Art. 104 Abs. 1 GG, sondern für jeden Gesetzesvorbehalt ein Gesetz in formellem Sinne, allerdings nicht, ohne sich — wie Weidenbach[27] nachweisen kann — bisweilen in Widersprüche zu verwickeln. Bei der Begründung dieser Ansicht wird dem Wortlautunterschied zwischen Art. 104 Abs. 1 und Art. 103 Abs. 2,2 Abs. 2 Satz 3 GG und allen anderen Gesetzesvorbehalten im Grundrechtsteil — „förmliches Gesetz", „gesetzlich", „auf Grund eines Gesetzes" — zuwenig Beachtung geschenkt. Eine genaue Textinterpretation läßt es demgegenüber als richtig erscheinen, mit der Mindermeinung[28] in den Fällen des „einfachen Gesetzesvorbehaltes" ein *materielles Gesetz* mit Ausnahme des Gewohnheitsrechtes genügen zu lassen. Auch das dem Gesetzesvorbehalt zugrundeliegende rechtsstaatliche Prinzip erfordert nicht in jedem Falle ein förmliches Gesetz: jede verfassungsmäßig zustandegekommene Norm garantiert den Schutz des Individuums vor staatlicher Willkür, zumal das Prinzip der Gesetzmäßigkeit der Verwaltung — im besonderen Art. 80 Abs. 1 Satz 2 GG! — an abgeleitete Rechtsnormen strenge Anforderungen stellt.

b) Art. 103 Abs. 2 und 104 Abs. 1 GG

Dieses Ergebnis läßt sich auf den *strafrechtlichen „einfachen Gesetzesvorbehalt" des Art. 103 Abs. 2 GG* übertragen. Jede geschriebene materielle Rechtsnorm genügt der Gesetzesbestimmtheit für die Strafbarkeitsbegründung[29]. Zwischen das Gesetz und die konkrete Bestrafung auf Grund des Gesetzes darf eine untergesetzliche Norm eingeschaltet werden, die ihrerseits auf dem Gesetz beruht: insoweit unterscheiden sich die Anforderungen des Art. 103 Abs. 2 GG nicht von dem allgemeinen rechtsstaatlichen Vorbehalt des Gesetzes für belastende staatliche Eingriffe[30].

---

[25] *Maunz-Dürig,* a.a.O., Art. 2 Abs. 2, Rdnr. 6; *v. Mangoldt-Klein,* a.a.O., S. 190.

[26] *v. Mangoldt-Klein,* a.a.O., S. 190; *Wernicke,* BK, Art. 2, Erl. II 2 f.; *Hamann,* a.a.O., S. 83.

[27] A.a.O., S. 45 ff.

[28] *Maunz-Dürig,* a.a.O., Art. 2, Abs. 2, Rdnr. 7; *Weidenbach,* a.a.O., S. 48; *Dürig,* NJW 1961, 1831; *Süsterhenn-Schäfer,* a.a.O., Art. 3, Anm. 3 a.

[29] So BVerfGE 14, 174 (185) (das Urteil beschränkt sich allerdings expressis verbis auf die Zulassung von Rechtsverordnungen); *Leibholz-Rinck,* a.a.O., S. 510; *Sax,* a.a.O., S. 1001 f.; *Maunz-Dürig,* a.a.O., Art. 103 Abs. 2, Rdnr. 6; *Weidenbach,* a.a.O., S. 48; *Schönke-Schröder,* a.a.O., § 2, Rdnr. 11; *Paul,* a.a.O., S. 71 ff. (insbesondere S. 75). A. A. *Kohlrausch-Lange,* a.a.O., S. 34; *Holtkotten,* BK, Art. 103 Abs. 2, Erl. II 3 c.

[30] Dazu *Maunz-Dürig,* a.a.O., Art. 20, Rdnr. 126 ff.

Demgegenüber bedürfen Freiheitsbeschränkungen androhende Gesetze nach dem insoweit eindeutigen Wortlaut[31] des *Art. 104 Abs. 1 GG* der *formell-gesetzlichen Form.*

Abschnitt II

DER GESETZESVORBEHALT DES ART. 103 ABS. 2 GG

Anhand dieses Ergebnisses ist nun zunächst unter dem Gesichtspunkt des Art. 103 Abs. 2 GG die Ergänzung von Blankettnormen durch Gesetze, untergesetzliche geschriebene Normen, Verwaltungsvorschriften, Verfügungen sowie Regelungen Privater zu untersuchen.

1. Blankettausfüllung durch Gesetze

Gegen eine Blankettergänzung durch *Gesetze,* seien es Bundes- oder Landesgesetze — soweit es sich um denselben Gesetzgeber handelt, sind es „Blankettstrafgesetze im weiteren Sinne"[32] —, bestehen hiernach keine Bedenken. Der Blankettstrafgesetzgeber kann es bei einer Verweisung auf die blankettausfüllende Norm bewenden lassen[33] und hat damit die Bestimmtheitsanforderungen des Art. 103 Abs. 2 GG erfüllt.

2. Blankettausfüllung durch Rechtsverordnungen und Satzungen

Erfolgt die Blankettausfüllung jedoch durch eine *untergesetzliche Norm,* also durch *Rechtsverordnung* oder *autonomes Recht*[34], insbesondere *Satzung,* so genügt eine schlichte Verweisung nicht mehr: die Voraussetzungen der Strafbarkeit sowie Art und Maß der Strafe müssen vielmehr im *Blankettstrafgesetz selbst* deutlich umschrieben werden[35]. Soweit das Blankett durch eine Rechtsverordnung ausgefüllt wird, muß die Verordnungsermächtigung den Anforderungen des Art. 80 Abs. 1 Satz 2 GG genügen. Sind diese Voraussetzungen erfüllt, wird insbesondere auf eine korrekte Publikation der Verordnungen in den zuständigen Gesetz- und Verordnungsblättern, der autonomen Rechtssetzung in den dafür vorgesehenen Veröffentlichungsblättern geachtet, so ist auch gegen diese Art der Blankettausfüllung aus Art. 103 Abs. 2 GG nichts einzuwenden.

---

[31] Die Gegenstimmen (siehe *Weidenbach,* a.a.O., S. 50, Fn. 3) können insoweit ohne nähere Begründung verworfen werden.

[32] Dazu oben unter A BB II 2.

[33] BVerfGE 14, 245 (252); *Leibholz-Rinck,* a.a.O., S. 510.

146; denkbar ist z. B. eine Blankettausfüllung durch im Tarifvertrag festgelegte Normen der Sozialpartner, die den Charakter einer autonomen, objektiven Rechtsquelle haben *(Peters-Ossenbühl,* a.a.O., S. 72; *Kaskel-Dersch,* a.a.O., S. 48; *Hueck-Nipperdey-Tophoven,* a.a.O., § 1, Rdnr. 181).

[34] *Maunz-Dürig,* a.a.O., Art. 2 Abs. 2, Rdnr. 7; *Weidenbach,* a.a.O., S. 50,

[35] BVerfGE 14, 174 (185); 14, 245 (252); *Leibholz-Rinck,* a.a.O., S. 510.

Bestehen bleiben allerdings die Bedenken, die gegen jedes Blankettgesetz — soweit die Blankettausfüllung nicht selbst Gesetzescharakter hat — zu erheben sind: die Strafbarkeit hängt von positivrechtlichen, möglicherweise erst in Zukunft zu erlassenden Ge- und Verboten[36] ab, die nicht im Rechtsgefühl der Normadressaten verankert sind[37]. Das ist jedoch ein rechtspolitischer Einwand, der sich gegen das Ordnungswidrigkeitenrecht als Ganzes richtet und nur de lege ferenda Berücksichtigung finden kann[38].

3. *Blankettausfüllung durch Verwaltungsvorschriften und Verfügungen*

a) Die Blankettergänzung als Bestandteil des materiellen Strafgesetzbegriffes

Müssen gemäß Art. 103 Abs. 2 GG Tatbestand und Strafdrohung materiell-gesetzlich bestimmt sein, so scheint eine Blankettergänzung durch *Verwaltungsverordnungen und Verfügungen* schon auf den ersten Blick verfassungswidrig zu sein; denn diese sind keine Rechtssätze, obwohl sie als Blankettausfüllung zum Straf-„Gesetz" als der umfassenden Umschreibung des Tatbestandes und der Strafdrohung im Sinne des Art. 103 Abs. 2 GG gehören[39].

Ohne eingehende Begründung läßt sich schon auf Grund dieses Sachverhaltes feststellen, daß *vollergänzungsbedüftige Blankettstrafgesetze,* die für die Blankettausfüllung keine konkreten Maßstäbe festlegen (mit „freier Norm")[40] und sie ganz der Verwaltungsvorschrift oder Verfügung überlassen, verfassungswidrig sind[41].

Das braucht jedoch nicht für alle anderen Formen von durch die Verwaltung ergänzten Blankettstrafgesetzen zu gelten. Denkbar ist,

---

[36] *Warda,* a.a.O., S. 10; *Kohlrausch-Lange,* a.a.O. (39./40. Aufl.), S. 147; *Lange,* JZ 1957, 238.

[37] Diese Problematik schlägt sich insbesondere in der gegenüber den Vollstrafgesetzen unterschiedlichen Regelung der Irrtumsprobleme nieder: dazu *Warda,* a.a.O., passim; ders., JZ 1950, 546 (551); *Maurach,* a.a.O., A. T., S. 235.

[38] Dazu unten unter IV.

[39] In sorgfältiger Untersuchung hat *Weidenbach,* a.a.O., S. 55 ff. nachgewiesen, daß Art. 103 Abs. 2 und 104 Abs. 1 GG der sog. materielle Strafgesetzbegriff zugrundeliegt: „Strafgesetz" ist der gesamte Rechtszustand, von dem die Strafe abhängt (a.a.O., S. 56), nicht der sog. formelle Strafgesetzbegriff, nach dem das „Strafgesetz" mit dem Strafparagraphen identisch ist, die Blankettausfüllung also nicht Bestandteil des Strafgesetzes ist. Der materielle Strafgesetzbegriff liegt auch der Rechtsprechung des Bundesverfassungsgerichtes zugrunde: BVerfGE 14, 174 (185 f.); 14, 245 (252); dazu auch *Maurach,* a.a.O., A. T., S. 104 f.; *Paul,* a.a.O., S. 70.

[40] Siehe dazu unter A BB II 4 a.

[41] *Weidenbach,* a.a.O., S. 89, 146.

daß die Blankettnorm den Straftatbestand (und die Strafdrohung) mit einer dem Art. 103 Abs. 2 GG genügenden Genauigkeit selbst bestimmt und der Verwaltungsanordnung nur noch die *zusätzliche Konkretisierung* überläßt: die Blankettausfüllung brauchte in diesem Falle, weil die Strafnorm schon ohne sie „bestimmt" ist, dem Gebot materiell-gesetzlicher Form nicht zu entsprechen und erhöhte gleichwohl die Rechtssicherheit.

Das setzt jedoch voraus, daß sich mit hinreichender Genauigkeit angeben läßt, wieweit die *Tatbestandsbestimmtheit des Art. 103 Abs. 2* gehen muß und ob eine weitere Konkretisierung im „gesetzesfreien Raum" zulässig ist.

b) Die Tatbestandsbestimmtheit

aa) Definitionsversuche

Tatbestandsmerkmale wie „grober Unfug" (§ 360 Ziffer 11 StGB), „Gefährdung des sittlichen Wohles eines Kindes" (§ 170 d StGB) u. a. gaben im besonderen Anlaß, sich um eine Präzisierung der Tatbestandsbestimmtheit zu bemühen. Maunz-Dürig[42] meinen, die Tatbestände müßten so gefaßt sein, daß sie „eine feste und zuverlässige Grundlage für die Rechtsprechung bilden". Das sei der Fall, „wenn der Sinn und der Umfang eines Tatbestands durch Auslegung eindeutig ermittelt werden kann"[43]. Auch andere Umschreibungsversuche kommen über mehr oder weniger allgemein gefaßte Formulierungen nicht hinaus[44]. Im Einzelfall gehen die Ansichten von Rechtsprechung und Lehre darüber, ob ein Tatbestand noch ausreichend bestimmt ist oder schon gegen Art. 103 Abs. 2 GG verstößt, weit auseinander[45] [46].

Eine Definition der Tatbestandsbestimmtheit läßt sich kaum geben und ist letztlich auch entbehrlich. Wichtig ist, daß das Gesetz selbst so

---

[42] A.a.O., Art. 103 Abs. 2, Rdnr. 107.

[43] So auch BGHSt 11, 365 (377).

[44] Z. B. *Jagusch*, Leipziger Kommentar, § 2 Anm. I 1 d, *Schönke-Schröder*, a.a.O., § 2, Rdnr. 64. *Sax*, a.a.O., S. 1008, erklärt diese Deskriptionsversuche für gescheitert und bemüht sich um eine Präzisierung des Art. 103 Abs. 2 GG, indem er ein Gesetz dann für tatbestandsbestimmt erklärt, wenn der „Wertverletzungstypus inhaltlich eindeutig umrissen" ist (a.a.O., S. 1009); ähnlich *Hamann*, Kommentar, S. 423.

[45] Z. B. zum § 170 d StGB: *Maunz-Dürig*, a.a.O., Art. 103 Abs. 3, Rdnr. 107 und *Jagusch*, a.a.O., § 2, Anm. I 1 d; zum § 8 Abs. 3 StVO (ist das Einbiegen in eine Toreinfahrt ein „Einordnen" i. S. der Vorschrift?) die entgegengesetzten Entscheidungen BGHSt 8, 285 (268) und 11, 296 (299).

[46] Die amtliche Begründung zu § 343 Abs. 2 StGB (E 1962) läßt selbst erkennen, daß die Grenze der Tatbestandsgenauigkeit mangels Bestimmbarkeit der unter die Norm subsumierbaren Fällen unterschritten ist, weshalb von einer Strafandrohung für den Versuch Abstand genommen ist.

viele und so präzise Tatbestandsmerkmale enthält[47], daß das *Schwergewicht der Tatbestandsbestimmung* im *Gesetz* liegt, nicht in der *Blankettergänzung* oder bei dem gesetzanwendenden Richter. Art. 80 Abs. 1 Satz 2 GG kann hier einige Anhaltspunkte geben: im übrigen ist auf den Einzelfall abzustellen.

bb) Tatbestandsbestimmtheit und Generalklauseln

Das ist die *untere Grenze* der Tatbestandsbestimmtheit: es gibt auch eine *obere*. Vom Gesetzgeber kann nicht verlangt werden, daß er die Straftatbestände bis in alle Einzelheiten deskriptiv umschreibt. Es ist unbestritten, daß Strafgesetze allgemein gehaltene Begriffe und *normative Tatbestandsmerkmale* enthalten dürfen, die dem auslegenden[48] richterlichen Werturteil unterliegen[49].

Glaubte man früher[50], der Bürger sei vor staatlicher Willkür um so mehr geschützt, je breiter und konkreter die Tatbestände gefaßt seien, so erwies sich das bald als praktisch schwer durchführbar und unzweckmäßig: eine allzu große Kasuistik der Tatbestände und die darauf verwandten Interpretationskünste schaden der Rechtssicherheit mehr[51] als daß sie ihr nützen, während die Verwendung wertausfüllungsbedürftiger Begriffe[52] das Strafrecht anpassungsfähig macht und die Rechtsprechung auflockert[53] [54].

Die Grenze zulässiger Verwendung wertausfüllungsbedürftiger Tatbestandsmerkmale liegt bei den *Generalklauseln*, die das Schwergewicht der Tatbestandsbestimmung auf nicht der Legislative ange-

---

[47] D. h. den „Kern" des strafbaren Verhaltens sichtbar machen: so *Paul*, a.a.O., S. 74, 88 und auch *Redeker*, NJW 1963, 726.

[48] Es handelt sich um Auslegung, nicht um Ermessensausübung, anders als bei der richterlichen Strafzumessung: dazu *Jesch*, AöR 82, 163 (204, Fn. 161); *Peters*, Strafprozeßrecht, S. 569; *Merkl*, a.a.O., S. 140; unscharf *Sax*, a.a.O., S. 1006 f.

[49] Vgl. BGHSt 17, 21 (27); BGHSt NJW 1963, 167 (168): „Die Beantwortung dieser Frage ist selbstverständlich."

[50] Dazu *Weidenbach*, a.a.O., S. 74.

[51] So im Ergebnis BVerfGE 8, 274 (324); 14, 245 (251): „Das Gebot der Bestimmtheit des Gesetzes darf allerdings nicht übersteigert werden." *Larenz*, a.a.O., S. 187; *Sax*, a.a.O., S. 1008 ff.; *Bachof*, VVDStRL 12, 67 (68); *Schröder*, Juristentag, S. 70 ff.; *Woesner*, NJW 1963, 273 (274); *Roxin*, a.a.O., S. 119, spricht von einer „begriffsjuristischen Verfehlung des Sachverhaltes".

[52] Trotz der Gefahr der Verweichlichung der Gesetzgebung und der Schwierigkeiten bei der Anwendung des Gesetzes: dazu *Hedemann*, Flucht, S. 10.

[53] BVerfGE 14,145 (151); *Hedemann*, Flucht, S. 60, 61.

[54] Der Wert der Rechtsprechung würde zudem gesteigert, wie *Hedemann*, a.a.O., S. 60, 61 hervorhebt.

hörende Stellen oder den Richter verlagern[55]. So ist ohne weiteres einsichtig, daß der sog. „Schurkenparagraph"[56] — „jeder Schurke wird bestraft" — oder ein „Ungehorsamsblankett"[57] — „wer Ungehorsam gegen staatliche Gebote und Verbote begeht, wird bestraft" —, aber auch Strafvorschriften mit Generalklauseln wie: „gesundes Volksempfinden", „Gemeinwohl" (wie sie im nationalsozialistischen Strafrecht verwandt wurden[58]) *nicht tatbestandsbestimmt* sind. Auch die Vorschrift:

> „Mit Gefängnis ... wird bestraft ... wer gegen die öffentliche Ordnung verstößt oder ..." [59]

wird dem Art. 103 Abs. 2 GG nicht gerecht.

cc) Insbesondere: die polizeiliche Generalklausel

Gegen die Verwendung auch weitgefaßter wertausfüllungsbedürftiger Tatbestandsmerkmale bestehen aber dann *keine Bedenken*, wenn sich aus der Zielrichtung und dem Schutzzweck des Gesetzes entnehmen läßt, wie sie ausgelegt werden müssen. Das sei am Beispiel der *polizeilichen Generalklausel* als eines der wichtigsten und am häufigsten verwandten Tatbestandsmerkmale dieser Art erläutert. Was unter „öffentlicher Sicherheit und Ordnung" zu verstehen ist, haben Rechtsprechung und Lehre mit wünschenswerter Klarheit herausgearbeitet[60]. Wenn nun das Gesetz die strafbare Handlung im übrigen deutlich umschreibt und der polizeilichen Generalklausel nur noch eine zweitrangige, „lückenfüllende" Bedeutung zukommt[61], so kann das Strafgesetz als „bestimmt" i. S. des Art. 103 Abs. 2 GG angesehen werden. Die Generalklausel dient dem Richter in diesem Falle nur als Anhaltspunkt für die Entscheidung, ob die umschriebene Handlung im Einzelfall strafbar ist oder nicht.

---

[55] *Hedemann*, a.a.O., S. 58; *Hamann*, a.a.O., S. 47 (Problem der Gewaltenteilung!) und S. 51; *Jesch*, a.a.O., S. 219; *Herzog*, VVDStRL 24, 191 (Fn. 30); *Scheuerle*, a.a.O., S. 164. Methodische Bedenken gegen die Verwendung von Generalklauseln (insbesondere im Recht der Wettbewerbsbeschränkungen) erhebt neuestens *Schmidt*, JZ 1967, 267, in Erwiderung auf *Raisch*, JZ 1965, 625 ff.; dazu wiederum *Raisch*, JZ 1967, 404 f. Zur (faktisch unmöglichen) exakten Abgrenzung der Generalklauseln von einem Blankettgesetz: *Sax*, a.a.O., S.1007 f. und *Redeker*, NJW 1963, 726.

[56] *Beling*, a.a.O., S. 22; *Hamann*, Kommentar, S. 423.

[57] *Weidenbach*, a.a.O., S. 82. [58] *Sax*, a.a.O., S. 1007.

[59] Ziffer 21 des Bayerischen Gesetzes Nr. 3 über die Bestrafung von Verfehlungen gegen die Anordnungen der Besatzungsbehörden vom 16. 10. 1945 (GVBl Nr. 6 vom 12. 12. 1955, S. 2); dazu BayerVerfGHE 4, 190 (195 ff.) und *Maunz-Dürig*, a.a.O., Art. 103 Abs. 2, Rdnr. 107.

[60] Belege dazu siehe unter A BB II 5 b; H. J. *Wolff*, MDR 1950, 5 ff.; *Wacke*, DÖV 1955, 456; a. A. *Rupp*, a.a.O., S. 202, Anm. 328.

[61] *Weidenbach*, a.a.O., S. 88.

An einem Beispiel erläutert: Eine Strafbestimmung der Art:

„Wer aus polizeilichen Gründen (oder: zum Schutze der öffentlichen Sicherheit und Ordnung) erforderliche Feuerlöschgerätschaften überhaupt nicht oder nicht in brauchbarem Zustand hält, wird . . . bestraft."

ist tatbestandsbestimmt. Diese Strafnorm normiert aber inhaltlich nichts anderes als § 368 Ziffer 8, 1. Alternative StGB:

„Wer die polizeilich vorgeschriebenen Feuerlöschgerätschaften überhaupt nicht oder nicht in brauchbarem Zustand hält . . .",

nur wurde die *Verweisung auf die Blankettausfüllung* durch polizeiliche Vorschriften, also Polizeiverordnungen und -verfügungen, durch die *polizeiliche Generalklausel* ersetzt[62]. Ist aber die die Generalklausel enthaltende Strafbestimmung tatbestandsbestimmt, so ist es auch die Blankettstrafnorm.

Ähnlich lassen sich auch andere *teilweise ergänzungsbedürftige Blankettstrafgesetze*[63], die auf Verwaltungsanordnungen verweisen, durch die Verwendung von Generalklauseln in *Vollstrafgesetze* umformen[64]. Dabei braucht es sich keineswegs immer um die polizeiliche Generalklausel zu handeln: aus Wortlaut und Sinn der Blankettnorm müssen sich aber Rechtsgebiet und Schutzzweck der Ausfüllungsvorschriften so genau bestimmen lassen, daß sich daraus ein normativer Allgemeinbegriff formen läßt[65].

c) Schwerpunkt der Tatbestandsumschreibung im materiellen Gesetz

aa) Gründe für die Zulässigkeit blankettergänzender Verwaltungsanordnungen

Als *Ergebnis* der Untersuchung läßt sich also folgendes festhalten: Wenn Art. 103 Abs. 2 GG „gesetzliche Tatbestandsbestimmtheit"

---

[62] *Weidenbach*, a.a.O., S. 87.

[63] *Weidenbach*, a.a.O., S. 87 ff. kommt zu dem Ergebnis, daß teilweise ergänzungsbedürftige Blankettstrafgesetze stets tatbestandsbestimmt seien, voll ergänzungsbedürftige Blankettstrafgesetze mit freier Norm stets tatbestandsunbestimmt und daher nach Art. 103 Abs. 2 GG verfassungswidrig (siehe oben unter 3 a), mit gebundener Norm dagegen nur dann tatbestandsunbestimmt, wenn die Ausfüllungsnorm konstitutiv ist, jedoch verfassungsgemäß, wenn diese „generalklauselkonkretisierend" im o. a. Sinne ist. Die Entscheidung über die Verfassungsmäßigkeit hängt damit von der einzelnen, in Betracht kommenden, häufig ortspolizeilichen Ausfüllung ab, die nach Wortlaut und Tragweite genau zu untersuchen ist.

Eine so mühsame Prüfung der Verfassungsmäßigkeit einer Strafvorschrift ist unter dem Gesichtspunkt der Rechtssicherheit untragbar: man muß daher zu dem Ergebnis kommen, daß alle vollergänzungsbedürftigen Blankettstrafgesetze verfassungswidrig sind.

[64] Z. B. § 367 Ziffer 14 StGB: „von der Polizei angeordneten Sicherungsmaßregeln" — „polizeilich erforderliche".

[65] Vgl. das Beispiel zu § 360 Ziffer 2 StGB bei *Weidenbach*, a.a.O., S. 89: „Öffentliche Ordnung und Staatssicherheit"; dazu *Werner*, Leipziger Kommentar, § 360, Anm. II.

verlangt, so heißt das, daß der Schwerpunkt der Tatbestandsumschreibung in einem materiellen Gesetz liegen muß; die letzten Einzelheiten brauchen nicht gesetzlich geregelt zu werden; die Verwendung wertausfüllungsbedürftiger Allgemeinbegriffe ist in begrenztem Umfange zulässig.

Verzichtet der Gesetzgeber nun auf die Einfügung einer Generalklausel in den Tatbestand und verweist stattdessen auf die nähere Einzelheiten regelnde Tatbestandsergänzung durch eine blankettausfüllende Rechtsverordnung oder Satzung, so ist dagegen — wie unter II 2 gezeigt wurde — nichts einzuwenden.

Nun könnte man meinen, auch eine Verweisung auf *Verwaltungsvorschriften und Verfügungen* sei der Verwendung von Generalklauseln vorzuziehen: der Erkennbarkeit des strafbaren Verhaltens und damit der Rechtssicherheit sei durch die Konkretisierung eines Tatbestandsmerkmales — etwa des Merkmales „polizeilich erforderlich" — in generellen oder individuellen Anordnungen der Exekutive mehr gedient als durch Generalklauseln. Und ferner: erkläre man die Verweisung auf Verwaltungsanordnungen für verfassungswidrig, so sei der Gesetzgeber geradezu gezwungen, die „Flucht in die Generalklausel" anzutreten, um nicht auf den Strafschutz für ganz konkrete Anordnungen verzichten zu müssen[66].

bb) Gründe gegen die Zulässigkeit blankettergänzender Verwaltungsanordnungen

Vier Gründe sprechen dennoch *gegen die Zulässigkeit der Blankettergänzung durch Verwaltungsanordnungen*[67].

Zunächst verlangt Art. 103 Abs. 2 GG Meßbarkeit und Vorausberechenbarkeit strafrechtlicher Ahndung auf Grund des Gesetzes[68], nicht auf Grund irgendeiner staatlichen Anordnung, sei es auch der Exekutive. Ferner ist die „Flucht in die Generalklausel" nicht die unausweichliche Folge des Verbotes blankettausfüllender Verwaltungsanordnungen, da dem Gesetzgeber die Möglichkeit bleibt, auf untergesetzliche Normen zu verweisen. Auch ist die mangelnde Verkündung der Verwaltungsanordnungen ein unüberwindliches Hindernis.

Entscheidend sind aber die Bedenken aus dem *Gewaltenteilungsgrundsatz.* Der Richter ist allein dem Gesetz unterworfen: eine Bindung an Anordnungen der Exekutive, insbesondere Verfügungen, besteht nicht[69], was allerdings nicht besagt, daß der Richter Verwaltungs-

---

[66] *Peters-Ossenbühl,* a.a.O., S. 73; *Kistner,* a.a.O., S. 120; *Weidenbach,* a.a.O., S. 98 ff.

[67] Zum folgenden *Weidenbach,* a.a.O., S. 99 f.

[68] *Maunz-Dürig,* a.a.O., Art. 20, Rdnr. 86.

[69] *Bettermann,* Grundrechte, Bd. III 2. Halbband, S. 534 f.

akte nicht im Rahmen der Tatbestands- und Gestaltungswirkung beachten müßte[70]. Die Konkretisierung normativer Tatbestandsmerkmale — und damit die Entscheidung über die Subsumierbarkeit eines Verhaltens unter die Strafnorm — vollzieht der Richter. Wird hingegen der Tatbestand durch „lückenfüllende“ Verwaltungsanordnungen ergänzt, so schiebt sich zwischen den Richter und das Gesetz ein durch das Gesetz nicht legitimierter Akt der Exekutive[71]: zum mindesten eine Teilentscheidung wird von der dritten auf die zweite Gewalt verlagert, eine Konsequenz, die Art. 97 Abs. 1 und 103 Abs. 2 GG ausschließen wollen.

d) Ergebnis

Die auf den ersten Blick geäußerten Bedenken bestätigen sich also: die Verweisung von Blankettnormen auf blankettausfüllende Verwaltungsvorschriften und Verfügungen widerspricht dem Gebot des materiellen Gesetzes nach Art. 103 Abs. 2 GG[72].

Keineswegs kommt dieses Ergebnis einem „Verzicht auf die Ausübung der Strafgewalt für bestimmte Lebensbereiche und damit einer Verminderung der Ordnungskraft der Einzelverfügungen gleich“[73]. Man darf nicht übersehen, daß das Verbot der Blankettergänzung durch individuelle Anordnungen nur für die „rechtssatzvertretenden Verfügungen“[74] gilt, Verfügungen als Tatbestandsmerkmale hingegen nicht betroffen sind. Auf „rechtssatzvertretende“ Verfügungen müßte der Gesetzgeber bei verfassungsgemäßer Anwendung der Blankettgesetzgebungstechnik allerdings verzichten.

4. Blankettergänzung durch private Bestimmungen

Dieselben Bedenken, die sich insbesondere aus der verfassungsmäßig unzulässigen Einschaltung einer nichtlegitimierten Instanz zwischen den Richter und das Gesetz ergeben, bestehen auch bei der *Blankettausfüllung* durch generelle oder individuelle *Anordnungen außerstaatlicher Stellen*: zu denken ist hier — wie gezeigt — insbesondere an die §§ 330, 367 Ziffer 14 StGB, die den Verstoß gegen „allgemein anerkannte Regeln der Technik“ mit Strafe bedrohen, als welche vielfach die Vorschriften der Technischen Verbände angesehen werden.

[70] Zu der Abgrenzung von „Beachtlichkeit“ und „Verbindlichkeit“ siehe *Bettermann*, a.a.O., S. 535.

[71] Im Gegensatz zur Rechtsverordnung.

[72] A. A. *Michels*, a.a.O., S. 90, Fn. 273, ohne sich mit den wohlerkannten rechtsstaatlichen Problemen auseinanderzusetzen.

[73] So *Peters-Ossenbühl*, a.a.O., S. 73 für den Fall, daß die Blankettergänzung durch Einzelverfügungen an der mangelhaften Publikation scheitern müßte.

[74] Zur Einteilung siehe unter A BB II 5 c.

Die Bedenken reichen hier jedoch noch weiter: die (verbindliche) Beteiligung privater Stellen an der Strafgesetzgebung müßte die partielle Aufgabe hoheitlicher Tätigkeit durch die allein legitimierten staatlichen Organe bedeuten und damit das staatliche Strafmonopol verletzen.

a) Das staatliche Strafmonopol

Das Problem der *Unantastbarkeit des staatlichen Strafmonopols* ist in jüngster Zeit im Zusammenhang mit zahlreichen Fällen der Betriebs- und Privatjustiz wiederholt erörtert worden[75]. Die alleinige Strafgewalt des Staates ist wesentlicher Bestandteil des Rechtsstaatsprinzips sowie des Demokratiegebotes. Der Staat hat die Aufgabe, ein ungefährdetes Zusammenleben aller Bürger zu gewährleisten und zu diesem Zweck den Schutz bestimmter, wichtiger Rechtsgüter durch den Erlaß von Strafvorschriften zu übernehmen[76]. Das Strafmonopol umfaßt damit nicht nur das Rechtsprechungsmonopol[77], das in Art. 92 GG verankert ist, sondern auch das Strafgesetzgebungsrecht: eine Tatsache, die bisweilen übersehen wird[78]. Die Schaffung und Bewahrung gerechter Lebensverhältnisse ist nach heutigem Verständnis sogar die vornehmste Pflicht des Rechtsstaates[79], die seine Daseinsberechtigung erst begründet. Die Ableitung der Strafbefugnis aus dem Rechtsstaatprinzip hat aber zugleich die Konsequenz, daß nur der Staat, nicht auch andere gesellschaftliche Kräfte die Strafgewalt für sich in Anspruch nehmen können[80]. Die Übertragung auf außerstaatliche Stellen würde auch dem demokratischen Prinzip widersprechen. Private Stellen, etwa Gremien von technischen Fachleuten, entsprechen strukturell niemals — wie das Parlament — dem Gesamtvolk, das allein die Legitimation zur strafrechtlichen Ordnung seiner Lebensverhältnisse erteilen kann und nur dem Staat selbst erteilt hat[81].

b) Folgerungen aus dem Strafmonopol

Allerdings muß man fragen, ob das staatliche Strafmonopol auch in den Bereich der Blankettstrafgesetze hineinreicht, die durch private Regelungen ausgefüllt werden. Es gibt Blankettstrafnormen dieser Art zwar auch im *Kriminalstrafrecht*, also im Bereich der Straftaten, die sich gegen wesentliche Gemeinschaftsgüter richten und deren Ahndung mit einem sittlichen Unwerturteil verbunden

---

[75] So von *Arndt*, NJW 1965, 26 f.; *Kienapfel*, a.a.O.; *Meyer-Cording*, a.a.O.; *Baur*, a.a.O.

[76] *Roxin*, JuS 1966, 377 (381).

[77] Dazu *Bettermann*, a.a.O., S. 873 f. [78] *Hamann*, a.a.O., S. 15.

[79] *Peters*, Ermächtigung, S. 846; *Hamann*, a.a.O., S. 15; *Michels*, a.a.O., S. 25 f.

[80] *Michels*, a.a.O., S. 31; *Hamann*, a.a.O., S. 15.

[81] *Hamann*, a.a.O., S. 16; *Roxin*, a.a.O., S. 381.

ist, jedoch vorwiegend[82] im *Verwaltungsstrafrecht (Ordnungswidrigkeitenrecht)*, das die Einhaltung formaler Ordnungsvorschriften bezweckt, die aus Erwägungen sozialer und staatlicher Zweckmäßigkeit erlassen werden[83] und deren Übertretung als ethisch neutral[84] angesehen sowie nur mit einer Geldbuße geahndet wird (§ 10 Ordnungswidrigkeitengesetz)[85]

Trotz der minderen Bedeutung dieses Randgebietes gesetzwidrigen Verhaltens ist für die Frage des staatlichen Strafmonopols eine Differenzierung nicht angebracht. Im Recht der Ordnungswidrigkeiten handelt es sich in derselben Weise wie im „kriminellen" Strafrecht um staatliche Übelzufügung für ein in der Vergangenheit liegendes, persönlich vorwerfbares Unrecht[86]: beides gehört zum „Strafrecht im weiteren Sinne", das nach demokratischen und rechtsstaatlichen Prinzipien dem Staat vorbehalten ist[87] [88].

c) Verbot der Übertragung der Strafgewalt

Das staatliche Strafmonopol bedeutet Recht und Pflicht: der Staat darf weder die Rechtsprechung noch die Strafgesetzgebung auf außerstaatliche Stellen übertragen.

Einen unzulässigen Einbruch in den staatlichen *Rechtsprechungsbereich* bedeutet die Ahndung strafbaren Verhaltens im Wege der „Betriebsjustiz" durch Betriebsorgane, etwa „Kameradschaftsgerichte"[89] [90]. Aber auch die *Setzung von Straftatbeständen* durch

---

[82] Blankettstrafgesetze sind sogar ein typisches Kennzeichen für den bloßen Ordnungscharakter einer Vorschrift: *Michels*, a.a.O., S. 89 f.

[83] BGHSt 4, 1 (4). [84] BVerfGE 8, 197 (207).

[85] Zur näheren Abgrenzung *Michels*, a.a.O., S. 6 ff.

[86] *Michels*, a.a.O., S. 33 f.; vgl. auch die amtliche Begründung zum Gesetz über Ordnungswidrigkeiten (Bundestagsdrucksache 1. Wahlperiode 1949 Nr. 2100, S. 14 ff.).

[87] So auch *Bettermann*, a.a.O., S. 878; *Maunz-Dürig*, a.a.O., Art. 103 Abs. 2, Rdnr. 114; unentschieden bleibt die Frage bei *Peters-Ossenbühl*, a.a.O., S. 70.

[88] Nicht unter das Strafmonopol des Staates fällt hingegen das *Privatstrafrecht*. Zu nennen ist hier das Recht der *Vertrags- und Vereinsstrafen (Peters-Ossenbühl*, a.a.O., S. 70). Beide Strafarten haben ihre Geltungsquelle im Privatrecht und beruhen auf rechtsgeschäftlicher Vereinbarung — so die Konventionalstrafe — oder rechtsgeschäftsähnlicher Unterwerfung unter die Vereinsgewalt — so die Vereinsstrafe —, welche nach anerkannter Rechtsprechung (BGHSt NJW 1956, 1793; NJW 1959, 982) auch die Befugnis zur Verhängung begrenzter Sanktionen einschließen kann. — Umstritten ist, ob das *Disziplinarstrafenrecht* dem Strafmonopol des Staates unterliegt: zum Streitstand siehe *Bettermann*, a.a.O., S. 877, *Maunz-Dürig*, a.a.O., Art. 103 Abs. 2, Rdnr. 116.

[89] *Arndt*, NJW 1965, 26 (27); *Kienapfel*, a.a.O., S. 602; *Meyer-Cording*, NJW 1966, 225 f.; *Hamann*. a.a.O., S. 15.

[90] Was jedoch gemeinhin als *„Betriebsstrafe"* bezeichnet wird, sind zu der staatlichen Strafe hinzu- oder — bei Verzicht auf eine Strafanzeige — an

Private widerspricht dem staatlichen Strafmonopol; Blankettgesetze, die auf blankettausfüllende Regeln Privater verweisen, sind daher verfassungswidrig[91]. Die amtliche Begründung zu § 337 a des Entwurfes eines Strafgesetzbuches (E 1962) — wonach die Verletzung „allgemein anerkannter Regeln der Technik" bei der Installation, Instandsetzung, Unterhaltung oder dem Betrieb von Gas- oder elektrischen Geräten unter Gefängnisstrafe gestellt ist —, mit den „allgemein anerkannten Regeln" seien die Bestimmungen des Verbandes Deutscher Elektrotechniker (VDE) bzw. des Deutschen Vereins von Gas- und Wasserfachmännern e. V. (DVGW) gemeint, kann also nicht im Sinne einer Blankettausfüllung durch die Vereinsgremien verstanden werden[92]. Ebensowenig stellen die „Richtlinien für die Ausübung des Anwaltsberufes" der Bundesrechtsanwaltskammer eine verfassungsgemäße Blankettausfüllung des § 113 Abs. 1 i. V. m. §§ 43, 177 Abs. 2 Nr. 2 der Bundesrechtsanwaltsordnung dar[93], wenn man sich der Auffassung anschließt, Art. 103 Abs. 2 GG gelte auch für das Disziplinarrecht[94] [95].

d) Private Bestimmungen als Auslegungshilfe

Die Regelwerke können nur Auslegungshilfsmittel und Erkenntnisquelle dafür sein, was im Einzelfalle nach Auffassung der Fach-

---

ihre Stelle tretende innerbetriebliche Sanktionen, die dieser an Rang und Wertigkeit deutlich nachgeordnet und eher als Akte der Verwaltung denn als Justizakte anzusehen sind (*Kienapfel*, a.a.O., S. 602, 603; *Meyer-Cording*, a.a.O., s. 227). Wenn gewisse rechtsstaatliche Anforderungen (dazu *Maunz-Dürig*, a.a.O., Art. 103 Abs. 2, Rdnr. 120), etwa bezüglich des Verfahrens, erfüllt sind, wird gegen solche „Betriebsstrafen" unter dem Gesichtspunkt des staatlichen Strafmonopols genauso wenig wie gegen Vertrags- und Vereinsstrafen einzuwenden sein, vorausgesetzt, daß der Weg zur staatlichen Justiz nicht abgeschnitten wird (so *Kienapfel*, a.a.O., S. 603; *Meyer-Cording*, a.a.O., S. 229; *Baur*, a.a.O., S. 165, hält die „Betriebsjustiz" als Schiedsgerichtsbarkeit für haltbar. A. A. *Arndt*, NJW 1965, 27).

[91] Insoweit kann *Peters-Ossenbühl*, a.a.O., S. 75 nur im *Ergebnis*, nicht in der *Begründung* zugestimmt werden. Die verfassungsrechtliche Zulässigkeit der Blankettausfüllung durch Normen der Tarifpartner — eine ordnungsgemäße Verkündung vorausgesetzt! — ergibt sich daraus, daß die Tarifpartner auf Grund des Art. 9 Abs. 3 GG und des TVG autonome Normen setzen dürfen, nicht daraus, daß die Anknüpfung an ihre Regelungen keine Übertragung des Rechtes zur Blankettausfüllung wäre, sondern nur eine „staatliche Unterstützung" bei der Durchsetzung der arbeitsrechtlichen Ordnungsvorschriften.

[92] *Hamann*, a.a.O., S. 16; *Schiedermair*, a.a.O., S. 14, 15, 32 f. (zu Art. 11 des Polizeistrafgesetzbuches von Bayern): dazu näher unter A BB II 3 f.

[93] BGHSt NJW 1963, 167.

[94] Dazu oben unter 4 b.

[95] Neben den Bedenken aus Art. 103 Abs. 2 GG ist bei der Blankettausfüllung durch Private auch auf die mangelnde Verkündung zu verweisen.

leute und erfahrenen Standesgenossen als Regel der Technik, Standespflicht etc. anzusehen ist[96]. Das rückt sie zwar in um so größere Nähe zu verbindlicher Tatbestandsergänzung, je eher und konsequenter der Richter ihnen folgt. Damit ist jedoch ein Problem der richterlichen Rechtsfindung bei der Auslegung von Generalklauseln berührt und nicht eine Frage des Art. 103 Abs. 2 GG[97].

Abschnitt III

DER GESETZESVORBEHALT DES ART. 104 ABS. 1 GG

Das Ergebnis der verfassungsrechtlichen Prüfung des Art. 103 Abs. 2 GG ist also, daß dem „nulla-poena-sine-lege"-Grundsatz der materielle Gesetzesbegriff zugrundeliegt, eine Verweisung der Blankettnorm auf blankettausfüllende Rechtsverordnungen und Satzungen also zulässig, die Verweisung auf Verwaltungsvorschriften, Verfügungen und Bestimmungen Privater hingegen unzulässig ist.

Als Grundlage für *Freiheitsbeschränkungen* verlangt *Art. 104 Abs. 1 GG* weitergehend ein *förmliches Gesetz*. Auch hier ist zu untersuchen, ob die Forderung formell-gesetzlicher Bestimmung alle Einzelheiten des Strafgesetzes[98] umfaßt oder ob Blankettstrafgesetze, die auf geschriebene Normen, Exekutivanordnungen oder private Regeln verweisen, in begrenztem Umfange zulässig sind. Im Vordergrund steht dabei die Blankettergänzung durch Rechtsverordnungen; anhand des für diese Blankettgesetze gefundenen Ergebnisses läßt sich die Frage nach der Zulässigkeit nichtnormativer Blankettergänzungen beantworten.

1. Blankettausfüllung durch Rechtsverordnungen

a) Die strenge Auffassung des „förmlichen Gesetzes"

Blankettergänzende *Rechtsverordnungen* im Rahmen des Art. 104 Abs. 1 GG hält Dürig[99] für verfassungswidrig. Nach seiner Meinung müssen Voraussetzung und Ausmaß der angedrohten Freiheitsentziehung in vollem Umfang durch das Parlamentsgesetz geregelt werden. Die ratio des Art. 104 Abs. 1 GG sei, „daß sich bei Freiheits-

---

[96] BGHSt NJW 1963, 167; dazu ausführlich unter B AA I 7 d bb.

[97] Dazu auch unter B AA I 7 d bb am Ende.

[98] Die ganz überwiegende Meinung bejaht die Anwendbarkeit des Art. 104 GG auf freiheitsbeschränkende Strafgesetze, dazu statt aller *Maunz-Dürig*, a.a.O., Art. 104, Rdnr. 5; a. A. neuestens nur BayerObLG NJW 1962, 453 ff.: zur Kritik dieser Entscheidung *Weidenbach*, a.a.O., S. 101 ff.

[99] In NJW 1961, 1231; ders. in: *Maunz-Dürig*, a.a.O., Art. 2 Abs. 2, Rdnr. 7.

entziehungen das Parlament der ausschließlichen Verantwortung für diese Normsetzungstat auch nicht begeben darf"[100].

Diese Ansicht[101] hat den Vorteil der Klarheit; auch hat sie zunächst den eindeutigen Wortlaut der Verfassung auf ihrer Seite. Alles, was gemäß Art. 103 Abs. 2 GG vom materiellen Gesetz umfaßt sein muß, d. h. der volle Tatbestand und die volle Strafdrohung, muß bei freiheitsbeschränkenden Normen vom Gesetzgeber selbst geregelt werden.

b) Vermittelnde Ansichten

Gleichwohl wird überwiegend — in verschiedenen Variationen — die Auffassung vertreten, daß das förmliche Gesetz nur gewisse Grundvoraussetzungen der Strafbarkeit selbst regeln müsse, die Einzelheiten dagegen dem Verordnungsgeber[102] überlassen könne.

aa) von Mangoldt

Von Mangoldt[103] meint, der Vorbehalt des formellen Gesetzes verbiete zwar, daß Beschränkungen der Freiheit der Person auf Gewohnheitsrecht oder Rechtsverordnungen gestützt würden, schließe aber nicht aus, daß Rechtsverordnungen nur der mehr ins einzelne gehenden Regelung von Eingriffen dienten. So trügen sie zur Erhöhung der Rechtssicherheit bei. In dem zum Verordnungserlaß ermächtigenden Gesetz müßten allerdings auch die Formen der Freiheitsentziehung mindestens in den Umrissen gekennzeichnet sein[104].

Dem hat sich der Bundesgerichtshof[105] in seinem Urteil, betreffend die Verordnung zur Bekämpfung übertragbarer Krankheiten vom 1. 12. 1938[106], angeschlossen.

bb) Kistner, OLG Köln

Ähnlich wie von Mangoldt stellt Kistner[107] auf den durch Art. 104 Abs. 1 GG gewährleisteten Schutz der Rechtssicherheit ab. Der Gesetzgeber selbst müsse einen solchen Grad der Normenklarheit

[100] NJW 1961, 1831.

[101] Ihr folgen auch BayerObLG NJW 1962, 453 (454 f.); *Hamann*, Kommentar, S. 428; *Schmidt-Leichner*, NJW 1962, 413 f.

[102] Daß die Verweisung der formell-gesetzlichen Blankettnorm auf eine blankettausfüllende Rechtsverordnung nicht die Wirkung hat, die Ausfüllungsnorm zum förmlichen Gesetz „aufzuwerten", wie OLG Düsseldorf in: NJW 1961, 1831 f., annimmt, hat *Dürig*, NJW 1961, 1831 f. überzeugend nachgewiesen; ihm folgend auch OLG Köln NJW 1962, 1214 (1215): dazu näher unter A AA II 4 c.

[103] A.a.O., S. 549. [104] A.a.O., S. 550.

[105] BGHZ 15, 61 (64); so auch *Herrmann*, DVBl 1956, 638, der allerdings bezüglich der umstrittenen Verordnung zum entgegengesetzten Ergebnis (Gültigkeit!) kommt (a.a.O., S. 639).

[106] RGBl 1721. [107] DRiZ 1962, 118 ff.

erzielen, daß die Eingriffe für den Staatsbürger in größerem Umfange als im Falle des Art. 103 Abs. 2 GG voraussehbar und berechenbar würden. Art. 104 Abs. 1 GG verbiete dem Gesetzgeber, die Sachentscheidung auf den Verordnungsgeber zu übertragen — wie sich schon aus Art. 80 Abs. 1 Satz 2 GG ergebe —, hindere aber nicht, daß die gesetzgeberische Entscheidung durch eine Verordnung konkretisiert werde[108].

Zu ähnlichen Ergebnissen kommt das OLG Köln in einer nur teilweise[109] veröffentlichten Entscheidung: eine Blankettvorschrift genüge dann „den Anforderungen des Art. 104 Abs. 1 GG . . ., wenn sie inhaltlich den Bestimmtheitserfordernissen des Art. 103 Abs. 2 und des Art. 80 Abs. 1 Satz 2 GG entspricht"[110].

Die Ansicht Kistners und des OLG Köln kann jedoch nicht richtig sein, da sie den Vorbehalt des förmlichen Gesetzes in Art. 104 Abs. 1 GG im Endergebnis wieder auf die Ebene des einfachen Gesetzesvorbehaltes des Art. 103 Abs. 2 GG herabdrückt, bei dem ja ebenfalls jede Rechtsverordnung am Art. 80 Abs. 1 Satz 2 GG zu messen ist, und verkennt, daß die Verfassung das Grundrecht der Freiheit der Person besonders hoch bewertet und besonders schützen will, vom Gesetzgeber also mehr verlangt als beim einfachen Gesetzesvorbehalt[111].

cc) Bundesverfassungsgericht

Worin dieses „Mehr" besteht — auch wenn man die Rechtsverordnung nicht ganz eliminieren will —, hat das Bundesverfassungsgericht in drei Entscheidungen zum Straßenverkehrsrecht angedeutet: in E 14, 174 (Verfassungswidrigkeit des § 71 StVZO), E 14, 245 (Verfassungsmäßigkeit des § 21 StVG) und E 14, 254 (Verfassungswidrigkeit des § 49 StVO). „Nach Art. 104 Abs. 1 Satz 1 GG hat der Gesetzgeber beim Erlaß einer Strafvorschrift, die Freiheitsstrafe androht, mit hinreichender Deutlichkeit selbst zu bestimmen, was strafbar sein soll, und Art und Maß der Freiheitsstrafe im förmlichen Gesetz festzulegen. Dem Verordnungsgeber kann er aber die Spezifizierung des Straftatbestandes überlassen. . . . Der Gesetzgeber muß die Strafbarkeitsvoraussetzungen um so präziser bestimmen, je schwerer die angedrohte Strafe ist. Das Gebot der Bestimmtheit darf allerdings nicht übersteigert werden . . ."[112]. Das Bundesverfassungsgericht schließt sich bei der Begründung der grundsätzlichen Zulässigkeit ergänzender Rechtsverordnungen der Argumenten von Mangoldts an: „. . . überläßt er hingegen dem Verordnungsgeber nur die Spezifizierung des Straftatbestandes, so wird die Rechtssicherheit und die Freiheit des einzelnen nach Sinn und Zweck des Art. 104 GG gewahrt

[108] A.a.O., S. 120. [109] NJW 1962, 1214 ff.
[110] Insoweit wörtlich zitiert bei *Weidenbach*, a.a.O., S. 113 f.
[111] BGHZ 16, 61 (63); *Weidenbach*, a.a.O., S. 116. [112] E 14, 245 (251).

und dem Gesetzgeber die ihm vom Grundgesetz auferlegte Verantwortung nicht abgenommen“[113].

c) Anknüpfung an den Begriff der Tatbestandsbestimmtheit

Damit knüpft das Bundesverfassungsgericht für die Auslegung des Art. 104 Abs. 1 GG letztlich an den Begriff der *„Tatbestandsbestimmtheit“* an. Die Untersuchung der Zulässigkeit blankettergänzender *Verwaltungsverordnungen und Verfügungen*[114] nahm — wie gezeigt — ihren Ausgang von der Frage, ob nicht die letzte Konkretisierung durch Gesetz oder Verordnung (also materielle Gesetze i. S. des Art. 103 Abs. 2 GG) tatbestandlich bereits hinreichend bestimmter Strafgesetze einer Anordnung der Exekutive überlassen werden könne. Überträgt man diese Fragestellung auf Strafgesetze, welche Freiheitsbeschränkungen androhen, so lautet die Frage, ob Art. 104 Abs. 1 GG die letzte Präzisierung des durch ein förmliches Gesetz hinreichend genau bestimmten Straftatbestandes durch eine *Rechtsverordnung* gestatte[115]. Statt des Richters, der weitgefaßte normative Tatbestandsmerkmale, deren begrenzte Verwendung dem Gesetzgeber im Rahmen der Tatbestandsbestimmtheit nicht verwehrt ist[116], mit Wertgehalt auszufüllen hat, würde in diesem Falle die Exekutive das Strafgesetz durch untergesetzliche Normen konkretisieren.

Dafür spricht zunächst, daß der Gesetzgeber versucht sein könnte, sich häufiger der Generalklausel zu bedienen[117], wenn eine Detaillierung des Straftatbestandes schwierig oder nicht praktikabel und die Möglichkeit zur Ermächtigung der Exekutive abgeschnitten ist. Dieses Argument konnte im Rahmen des Art. 103 Abs. 2 GG nicht herangezogen werden, um die Zulässigkeit der Blankettergänzung durch Verwaltungsanordnungen zu stützen[118], da der Strafgesetzgeber sich beim „einfachen Gesetzesvorbehalt“ stets durch die Verweisung auf Rechtsverordnungen entlasten kann: im Rahmen des Art. 104 Abs. 1 GG läßt es sich schwerlich widerlegen.

Eine Blankettergänzung durch Verordnungen, auch im Rahmen des Art. 104 Abs. 1 GG, dient auch der *Rechtssicherheit*: was strafbar ist, läßt sich leichter erkennen, wenn es in einer ordentlich verkündeten Rechtsverordnung näher beschrieben ist, als wenn der Tatbestand generalklauselartig formuliert ist und letztlich erst durch richterliche Entscheidungen konkretisiert wird, die Änderungen unterliegen[119].

---

[113] E 14, 174 (187). [114] Dazu näher oben unter II 3.

[115] *Weidenbach*, a.a.O., S. 120 f.

[116] Dazu näher oben unter II 3 b bb und cc.

[117] *Kistner*, a.a.O., S. 120; dazu auch *Peters*, Ermächtigung, S. 856 f.

[118] Dazu oben unter II 3 c, bb.

[119] So — wie bereits angeführt — BVerfGE 14, 174 (187); *v. Mangoldt*, a.a.O., S. 549; *Weidenbach*, a.a.O., S. 123.

Da jede Verordnung auch unmittelbar auf einem Gesetz beruht und Art. 80 Abs. 1 Satz 2 GG einer unkontrollierten Verordnungpraxis vorbeugt, entfällt auch das im Rahmen des Art. 103 Abs. 2 GG bei der Blankettergänzung durch Verwaltungsanordnungen und private Regeln wichtige Argument, zwischen das Gesetz und den Richter schiebe sich eine zur Strafgesetzgebung nicht legitimierte Instanz.

Aus diesen Gründen ist der Tatbestandskonkretisierung durch Rechtsverordnung der Vorzug vor der richterlichen Auslegung normativer Tatbestandsmerkmale zu geben[120]. Das leuchtet besonders dann ein, wenn man Art. 104 Abs. 1 GG (wie Art. 103 Abs. 2 GG) im System der Gewaltenteilung unter dem Gesichtspunkt legislativer Kontrolle der Rechtsprechung und des Verbotes von „Richterrecht" sieht[121].

d) Ergebnis

Damit kommt man zu dem *Ergebnis*, daß die *Blankettausfüllung* durch *Rechtsverordnungen* im Rahmen des Art. 104 Abs. 1 GG unter folgenden *drei Bedingungen*[122] zulässig ist[123]:

1. *Der Kern des strafbaren Verhaltens* muß bereits dem *förmlichen Gesetz* zu entnehmen sein; dieses muß bis zur Grenze der Tatbestandsbestimmtheit vorstoßen.
2. *Gegenstand, Schutzzweck* und *Umfang* der blankettausfüllenden *Rechtsverordnung* müssen im förmlichen Gesetz deutlich gekennzeichnet sein.
3. Die Konkretisierungsanforderungen zu 1. und 2. sind *mit steigender Strafandrohung zu erhöhen.*

Unter *denselben Bedingungen* ist die Verweisung auf blankettausfüllende *Satzungen zulässig*[124].

Dieses Ergebnis entspricht der rechtsstaatlichen ratio des Art. 104 Abs. 1 GG. Dem Schutz der Freiheitssphäre des Bürgers wird nur Rechnung getragen, wenn man die Problematik der freiheitsbeschränkenden Blankettstrafgesetze von der Ebene der Form („förmliches Gesetz") auf die Ebene des Inhalts und Maßstabes der von der Verfassung geforderten Präzision des förmlichen Gesetzes ausdehnt[125].

---

[120] Weidenbach, a.a.O., S. 123; a. A. insoweit *Schmidt-Leichner*, a.a.O., S. 1372.

[121] *Hamann*, a.a.O., S. 47 f.; *Maunz-Dürig*, a.a.O., Art. 103 Abs. 2, Rdnr. 111 ff.

[122] BVerfGE 14, 245 (251 f.) und OLG Köln NJW 1962, 1214 (1216).

[123] So außer dem Bundesverfassungsgericht und den Genannten noch: OLG Köln NJW 1962, 1214 (1216); BayerObLG VerwRspr 7, 695 (698) und früher RGSt 55, 246 (248).

[124] *Weidenbach*, a.a.O., S. 146.

[125] *Schmidt-Leichner*, a.a.O., S. 1372.

Die Bedingungen verwehren es dem Gesetzgeber, sich seiner Pflicht zur Strafgesetzgebung mehr als nur in ganz bescheidenem Umfange zu entledigen; die Anforderungen an die Gesetzesbestimmtheit gehen weiter als bei Art. 103 Abs. 2 GG, und damit ist der besonderen Strenge des Art. 104 Abs. 1 GG als „Vorbehalt des förmlichen Gesetzes" Rechnung getragen[126].

2. *Blankettausfüllung durch Verwaltungsvorschriften und Bestimmungen Privater*

Die Blankettausfüllung durch *Verwaltungsanordnungen* und *private Regeln* bei Freiheitsbeschränkungen androhenden Strafgesetzen *verbietet* sich hingegen grundsätzlich, da sich in diesen Fällen eine demokratisch nicht legitimierte Instanz zwischen den Richter und das Gesetz einschiebt. Die Bedeutung dieser Blankettergänzungen als Auslegungshilfsmittel bleibt unberührt.

Abschnitt IV.

ZUSAMMENFASSUNG

Zusammenfassend läßt sich somit für die Verweisung von Blankettnormen auf blankettausfüllende Vorschriften folgendes feststellen: Gemäß Art. 103 Abs. 2 und 104 Abs. 1 GG müssen Tatbestand und Strafdrohung eines Strafgesetzes gesetzlich bestimmt sein. Die erforderliche *Tatbestandsbestimmtheit* muß bei Strafnormen, die keine Freiheitsstrafe androhen, durch das *materielle Gesetz* erreicht werden. Die Blankettergänzung durch Verordnungen und Satzungen ist verfassungsgemäß, die Ergänzung durch Verwaltungsvorschriften, Verfügungen und Anordnungen Privater dagegen verfassungswidrig.

Soweit Strafnormen *Freiheitsstrafen androhen,* muß schon das *förmliche Gesetz tatbestandsbestimmt* sein. Letzte Einzelheiten können durch Rechtsverordnungen und Satzungen ergänzt werden. Die Verweisung auf Verwaltungsanordnungen und Vorschriften Privater ist unzulässig.

Dieses *Ergebnis* muß zu einer kritischen Durchleuchtung des umfangreichen und schwer zu überschauenden Bestandes an Blankettstrafgesetzen, insbesondere auf dem Gebiete des Nebenstrafrechtes, Anlaß geben: sie wird zahlreiche Fälle verfassungswidrigen Gebrauches der Blankettgesetzgebungstechnik ans Licht bringen. Erst eine solche Bestandsaufnahme könnte erweisen, ob der Verzicht auf alle als verfassungswidrig erkannten Strafvorschriften einer *Aufgabe staatlicher Strafgewalt* für *bestimmte Lebensbereiche* und damit ei-

---

[126] *Weidenbach,* a.a.O., S. 124.

ner Verminderung der staatlichen Ordnungskraft überhaupt gleichkäme[127]. Ein umfangreicher Katalog verfassungswidriger Blankettstrafgesetze wäre noch kein Argument gegen die hier vorgenommene *verfassungsrechtliche* Analyse. Allerdings müßten sich an den Befund *verfassungspolitische* Erwägungen anschließen. Der Staat könnte entweder auf die Pönalisierung dieses Randbereiches sozialschädlichen Verhaltens verzichten, weil ohnehin schon „zuviel bestraft wird", oder er müßte auf Abhilfe sinnen. Möglicherweise könnte sie durch Einsatz anderer Mittel zur Einhaltung der staatlichen Ordnungsvorschriften in dieser Randzone des Unrechtes geschaffen werden: die Aufrechterhaltung der als verfassungswidrig erkannten Formen der Blankettstrafgesetzgebungstechnik wäre nur nach einer Verfassungsänderung möglich.

---

127 *Peters-Ossenbühl*, a.a.O., S. 73.

ZUSAMMENFASSUNG

Faßt man das *Ergebnis* zusammen und stellt die *Vorteile der Verweisungstechnik* den *Nachteilen* und *verfassungsrechtlichen Bedenken* gegenüber, so läßt sich feststellen:

Abschnitt I.

VOR- UND NACHTEILE DER VERWEISUNGSTECHNIK

1. Nachteile

Die Verweisung ist eines der wichtigsten und am häufigsten angewandten, aber auch eines der mißlichsten Mittel der Gesetzgebungstechnik.

Der größte *Nachteil* ist darin zu sehen, daß jede Verweisung die Ganzheit und Anschaulichkeit der Verweisungsnorm beeinträchtigt und eine Abweichung von der Regel bedeutet, daß jede Vorschrift eine Gedankeneinheit bilden sollte[1]. Auch die Geschlossenheit des Gesetzes wird beeinträchtigt[2]; die Anordnung wird zersplittert und dadurch unklar. Die Gesetzesanwendung ist umständlich und mühsam[3]; die sichere Auslegung wird gefährdet. Das Gesetz als Ganzes wird unanschaulich und wirkt künstlich; dadurch wird es unpopulär.

2. Vorteile

Dem stehen zwei entscheidende *Vorteile* gegenüber. Die Verweisung dient der Gesetzesökonomie. Der Text wird gestrafft, das Gesetz kürzer und übersichtlicher[4]. Außerdem ist die Verweisung wegen ihres Formenreichtums besonders geeignet, die Systematik eines Gesetzes und die Beziehungen der Normen innerhalb der Gesamtrechtsordnung sichtbar zu machen: damit ist sie ein Element der Einheit der Rechtsordnung[5]. Die Binnenverweisung gibt einen Hinweis auf die gemeinsame Quelle mehrerer Bestimmungen, stellt teleo-

---

[1] *Kastner*, a.a.O., S. 549. [2] *Müller*, a.a.O., S. 59.

[3] K. *Wolff*, a.a.O., S. 7.

[4] *Kastner*, a.a.O., S. 552; K. *Wolff*, a.a.O., S. 7; *Müller*, a.a.O., S. 59.

[5] *Kastner*, a.a.O., S. 552; *Müller*, a.a.O., S. 174; *Hedemann*, Festschrift, S. 35.

logische Beziehungen her[6] und erlaubt eine rasch erkennbare Gleichbehandlung normativ gleicher oder ähnlicher Tatbestände. Die Außenverweisung erlaubt das „Gleichlaufenlassen" von Vorschriften desselben Gesetzgebers oder verschiedener Gesetzgeber (z. B. bei der Verweisung von Landesrecht auf Bundesrecht oder Recht anderer Länder).

Der zweite Vorteil besteht in der Entlastung des Gesetzes von sehr komplizierten und speziellen Anordnungen: das Gesetz kann sich auf das Wesentliche beschränken. Das ist besonders häufig das Motiv für Verweisungen auf Verwaltungsvorschriften und Regeln Privater (etwa Technische Vorschriften). In diesen Fällen macht sich der Gesetzgeber zugleich die Erfahrung und Sachkunde der Exekutive sowie der unmittelbar interessierten und betroffenen Fachkreise zunutze[7] („Normierungsnähe"), paßt die Normen an die neuesten Erkenntnisse von Wissenschaft und Praxis an und verschafft diesen zugleich unmittelbar rechtliche Wirkung.

Die Verweisung kann durch die Aufdeckung rechtlicher Bezüge und Querverbindungen die Auslegung erleichtern[8], sie aber auch erschweren, wenn Verweisungsnorm und -objekt nicht genau „aufeinander abgestimmt" sind oder zur „entsprechenden", „sinngemäßen" Anwendung verwiesen wird.

3. *Widerspruch zwischen Kürze des Gesetzes und Rechtsklarheit*

Jeder Gebrauch der Verweisungstechnik führt damit in den *Widerspruch* zwischen den Forderungen nach Kürze, Prägnanz, systematischer Gliederung des Gesetzesstoffes einerseits und Klarheit, Verständlichkeit, Volkstümlichkeit andererseits[9].

Bei den Kritikern der Verweisung überwiegen die negativen Stimmen[10]: das muß der Gesetzgeber bei der Verwendung der Verweisungstechnik berücksichtigen. Auf der anderen Seite ist anerkannt, daß die Verweisung nicht ganz zu entbehren ist[11]. Es ist Aufgabe des Gesetzgebers, den richtigen Mittelweg zu finden.

---

[6] *Engisch*, a.a.O., S. 27, Fn. 3; *Aymanns*, a.a.O., S. 301; *Weck*, a.aO., S. 53.

[7] *Nickusch*, a.a.O., S. 204; *Bullinger*, Unterermächtigung S. 88.

[8] *Aymanns*, a.a.O., S. 303 f.

[9] *Kastner*, a.a.O., S. 549; K. *Wolff*, a.a.O., S. 7,

[10] Dazu die Zusammenstellung bei *Aymanns*, a.a.O., S. 304.

[11] *Bierling*, a.a.O., Bd. IV, S. 449; K. *Wolff*, a.a.O., S. 7; *Aymanns*, a.a.O., S. 307.

Abschnitt II.

VERFASSUNGSRECHTLICHE BEDENKEN GEGEN DIE VERWEISUNGSTECHNIK

Verfassungsrechtliche Bedenken gegen die Verweisungstechnik ergeben sich in erster Linie aus dem *Rechtsstaatsgedanken* (Gewaltenteilung, Rechtssicherheit), der *Demokratie* und dem *Bundesstaatsprinzip*.

1. Bedenken gegen die statische Verweisung

Die *statische Verweisung* schmälert die *Rechtssicherheit*, wenn das Verweisungsobjekt nicht ordnungsgemäß publiziert ist oder die Art der Verweisungsnorm oder des Verweisungsobjektes oder die Verknüpfung beider die rechtliche Anordnung unklar und unübersichtlich macht[12]. Insoweit bestehen Vorbehalte insbesondere gegenüber der stillschweigenden Verweisung, dem Gebrauch von Verweisungsketten[13], Begriffsverweisungen, vor allem in der Form von Fiktionen, sowie der Verweisung zur „entsprechenden", „sinngemäßen" Anwendung[14] [15].

Unter dem Gesichtspunkt nicht gehöriger *Publikation* sind bedenklich vor allem die Verweisungen auf Verwaltungsvorschriften und Regeln Privater: der vermeintliche Vorteil der knappen Form wird hier aufgehoben durch das strikt einzuhaltende Gebot formgerechter Verkündung; ist es erfüllt, so bleibt der Nachteil der schwereren Verständlichkeit[16].

Bei der Verweisung auf private Regeln besteht die zusätzliche Gefahr der uferlosen Ausweitung allzu perfektionistischer (insbesondere: Technischer) Vorschriften „im Schatten der Normen".

2. Bedenken gegen die dynamische Verweisung

Die *Hauptbedenken* richten sich gegen die dynamische Verweisung[17] auf Vorschriften anderer Instanzen. Die dynamische Verweisung ist eine Form *versteckter Übertragung der Gesetzgebungsbefugnis* und bedeutet daher die volle oder teilweise Verlagerung des Gesetzgebungsrechtes auf die Exekutive (bei der Verweisung auf Verwaltungsvorschriften) oder außerstaatliche Stellen (bei der Verwei-

---

[12] *Ossenbühl*, a.a.O., S. 401; *Bullinger*, Unterermächtigung, S. 20,

[13] *Aymanns*, a.a.O., S. 308; K. *Wolff*, a.a.O., S. 9.

[14] *Aymanns*, a.a.O., S. 306.

[15] Auch gegen die Verweisung auf ausländisches Recht, da die Rechtskreise oft nicht aneinander angepaßt sind: dazu *Engisch*, a.a.O., S. 26, Fn. 3.

[16] *Schäfer*, a.a.O., S. 112 f. [17] *Schröcker*, a.a.O., S. 2286.

sung auf Private); im letzteren Falle wird der Rahmen legitimierter Rechtssetzung gesprengt.

Die Bedenken gegen die gesetzgebungsverlagernde dynamische Verweisung resultieren sowohl aus der Gewaltenteilung und dem Demokratiegebot wie aus der bundesstaatlichen Ordnung (bei der dynamischen Verweisung zwischen Bundes- und Landesrecht).

Bedenken gegen eine dynamische Verweisung bei Identität des Gesetzgebers von Verweisungsnorm und -objekt können sich nur dann ergeben, wenn bei einer Änderung des Verweisungsobjektes die Verweisungsnormen und ihr Anwendungsbereich nicht ausreichend beachtet werden und es zu inhaltlichen Friktionen kommt: diese Bedenken können jedoch durch eine sorgfältige Technik der Parlamentsarbeit im Gesetzgebungsverfahren und -vorverfahren ausgeräumt werden.

Abschnitt III.

EMPFEHLUNGEN FÜR DIE ANWENDUNG DER VERWEISUNGSTECHNIK

Will man dem Gesetzgeber auf Grund dieser Analyse Hinweise geben, wann sich die Verweisung empfiehlt, wann sie sich nicht empfiehlt und wie sie sich empfiehlt, so läßt sich feststellen:

1. *Wann empfiehlt sie sich?*

Die Anwendung der Verweisungstechnik *empfiehlt sich nur dann,* wenn sie der Gesetzesökonomie dient, d. h. das Gesetz kürzer und präziser macht und damit das Verständnis erleichtert[18]. Erreicht sie diesen Zweck nicht, macht sie das Gesetz sogar länger:

„Die Vorschrift des § 276 Abs. 2 findet keine Anwendung"[19]

gegenüber:

„(Die) Haftung für Vorsatz kann ausgeschlossen werden",

so ist sie fehl am Platze. Systembildung und -darstellung sowie Rechtsvereinheitlichung sind gegebenenfalls erwünschte Nebenzwecke der Verweisung, dürfen aber nur ganz ausnahmsweise als alleiniges Motiv zu ihrer Anwendung Anlaß geben.

2. *Wann empfiehlt sie sich nicht?*

a) Bequemlichkeit des Gesetzgebers

Die Verweisung *empfiehlt sich nicht* und ist sogar schädlich, wenn sie der *Bequemlichkeit* des Gesetzgebers dient, wenn dieser also die

---

[18] K. *Wolff,* a.a.O., S. 7; *Aymanns,* a.a.O., S. 308.

[19] § 278 Satz 2 BGB; dazu K. *Wolff,* a.a.O., S. 7.

eigene Formulierung durch globale Verweisungen ersetzt. Eine Verweisung ist erst dann in Erwägung zu ziehen, wenn der Gesetzgeber die Rechtssätze sachlich richtig, methodisch klar, lücken- und widerspruchsfrei selbst schon „voll ausgeschrieben" hat[20], wenn also jede Anordnung auch ohne die Verwendung der Verweisungstechnik getroffen werden könnte.

b) Verfassungswidrige Entlastung des Gesetzgebers durch Anwendung der Verweisungstechnik

Die Verweisung ist sogar verfassungswidrig und *darf* daher *in dieser Form nicht verwandt werden,* wenn sie als dynamische Verweisung der Entlastung des Gesetzgebers durch Zuständigkeitsverschiebungen oder der Korrektur der durch die Verfassung getroffenen Zuständigkeitsordnung dient[21].

Unter diesem Aspekt ist die Ausweitung der Technik der dynamischen Verweisung ein Symptom der *Überlastung der Legislative* und der sich vergrößernden Diskrepanz zwischen den Aufgaben der Parlamente und den praktischen Möglichkeiten zu ihrer gesetzgeberischen Bewältigung[22]. Dieses Problem, das durch die Untersuchung der Verweisung nur ausschnittsweise zum Vorschein kommt, muß in absehbarer Zeit gelöst werden, wenn die Gesetzgebungskörperschaften nicht in der Flut der Gesetzgebungsarbeit ertrinken sollen.

Zwei Wege sind gangbar. Zunächst kann an der grundsätzlich *umfassenden Zuständigkeit der Parlamente* für alle Gesetzgebungsaufgaben, d. h. für den Erlaß jeder generell-abstrakten Norm, *festgehalten* werden. Eine Entlastung läßt sich in diesem Falle durch eine umfangsmäßig verstärkte Ermächtigung der Exekutive zum Erlaß von Rechtsverordnungen im Rahmen des Art. 80 Abs. 1 Satz 2 GG erreichen; möglicherweise auch durch eine Erleichterung der Verordnungspraxis durch Einräumung eines nicht an die strengen Voraussetzungen des Art. 80 Abs. 1 Satz 2 GG geknüpften, unabhängigeren Verordnungsrechtes der Exekutive, gegebenenfalls kombiniert mit einem stärkeren Verordnungskontroll- oder Einspruchsrecht des Parlamentes[23] [24]. Schließlich kann die Entlastung in der Beschleunigung

---

[20] *Aymanns,* a.a.O., S. 302.

[21] A. A. insoweit grundsätzlich *Schröcker,* a.a.O., S. 2288: zweckmäßige Korrektur der Zuständigkeitsverhältnisse zwischen Bund und Ländern!

[22] Dazu *Bullinger,* Unterermächtigung, S. 51; *Scheuner,* Übertragung, S. 121; *Bachof,* VVDStRL 12, 66; *Schack,* Verlagerung, S. 352; *Klein,* Übertragung, S. 78. Dazu schon *Jellinek,* Gesetz und Verordnung, S. 333 (Verordnungsdelegation zum Zwecke der Entlastung der Legislative). Dazu auch *Schneider,* Übertragung, S. 406.

[23] Zur Frage eines *selbständigen* oder *quasi-selbständigen Verordnungsrechtes der Exekutive: Stratenwerth,* a.a.O., S. 56 f.; *Krüger,* NJW 1966, 617 (618); *Imboden,* Garantie, S. 42. Zur Übertragung des *Verordnungs-*

des Gesetzgebungsverfahrens durch Verringerung der Zahl der Lesungen und Einrichtung eines Gesetzgebungshilfsdienstes bestehen[25].

Der andere Weg wäre *anzuerkennen*, daß ein großer Teil der Aufgaben, die von den Parlamenten wahrgenommen werden, *in Wirklichkeit Exekutivtätigkeit* ist, daß insbesondere die zahlreichen Spezialgesetze — wirtschaftslenkende Gesetze und Gesetze der Leistungsverwaltung — dem Wertgehalt nach sekundäre Normen sind[26], nicht Primärnormen[27] mit grundsätzlichem, staatsleitendem Charakter, deren Erlaß die ursprüngliche Aufgabe der Gesetzgebungskörperschaften ist[28]. Wenn sich hier ein *neues Verständnis des Gesetzesbegriffes* durchsetzt — das in Wirklichkeit die Anknüpfung an den früheren, erst später ausgeweiteten Gesetzesbegriff bedeutet — und man sich von dem weitgespannten Gesetzesvorbehalt löst, der als Grundlage für jedes staatliche Tätigwerden ein förmliches Gesetz fordert, so werden die Arbeitsbelastung der Parlamente auf ein zu bewältigendes Maß reduziert und Wert und Würde des Gesetzgebers wie des Gesetzes gesteigert[29].

Die Möglichkeit der *Entlastung* des Gesetzgebers im Wege *verfassungswidriger* und versteckter *Verlagerung* durch die dynamische Verweisung muß prinzipiell ausgeschlossen werden.

3. *Wie empfiehlt sie sich?*

Bei der Entscheidung über das *„Wie" der Verweisung* muß der Gesetzgeber beachten, daß das Gebot der *Rechtssicherheit*, also die

---

rechtes auf Parlamentsausschüsse: von *Schiffer* in einem Gesetzentwurf 1921 vorgeschlagen; *Triepel*, Juristentag, S. 28; *Klein*, Übertragung, S. 109. Zur Erweiterung des *parlamentarischen Kontrollrechtes* bei selbständigerem Verordnungsrecht der Exekutive: Übertragung, S. 77 ff., 192 ff., 287 ff., 332 ff. Insbesondere zu den *„Zustimmungsverordnungen":* BVerfGE 2, 237 (255), 8, 274 (320 f.); *Wolff*, AöR 78, 217; *Partsch*, VVDStRL 16, 92; *Bettermann*, JZ 1952, 65; Peter *Schneider*, Übertragung, S. 395 ff.; *Scheuner*, Übertragung, S. 152; *Klein*, Übertragung, S. 95 (zustimmend).

[24] Zur Entlastung durch Erweiterung der *Rahmengesetzgebung Krüger*, NJW 1966, 617 (619); durch Ausstattung gewisser Körper mit *Autonomie Krüger*, a.a.O., S. 618; ähnlich *Nickusch*, NJW 1967, 813 und *Scheuner*, Übertragung, S. 146.

[25] Dazu *Scheuner*, DÖV 1957, 633 (637); *Kipp*, DÖV 1957, 513; *Böckenförde*, Organisationsgewalt, S. 243 ff.; *Kopp*, a.a.O., Bd. I, S. 265; *Herzog*, VVDStRL 24, 199; *Kleinrahm*, a.a.O., *Partsch*, a.a.O., S. 86 f.; *Apelt*, a.a.O., S. 13.

[26] *Imboden*, Garantie, S. 42.

[27] *Imboden*, Garantie, S. 42, 43; *Giacometti*, a.a.O., S. 78 f.

[28] Zum neuen Gesetzesverständnis: *Imboden*, Garantie, S. 39 f.; *Scheuner*, Übertragung, S. 142; *Jahrreiß*, Mensch und Staat, S. 15 und 20; zum Gesetzesbegriff siehe auch unter B AA I 2.

[29] *Imboden*, Garantie, S. 39.

Forderung nach klaren, ordnungsgemäß verkündeten und leicht auffindbaren Normen, Vorrang vor der an sich erstrebenswerten knappen Formulierung und systematischen Anordnung des Gesetzes genießt[30]. Im Zweifel ist der *Wiederholung* der Vorzug einzuräumen[31]. Zahlreiche Verweisungen lassen sich auch durch die Verwendung einer eindeutigen *Terminologie* und den Gebrauch von Kernworten und -begriffen vermeiden[32] (insbesondere bei den Begriffsverweisungen).

4. Notwendige Einschränkung der Verweisungstechnik

Die Beachtung dieser Grundsätze muß eine *Einschränkung der Verweisungstechnik* zur Folge haben. Das führt keineswegs zu unerträglichen Ergebnissen. Bei Außenverweisungen, die nicht so zahlreich sind wie Binnenverweisungen, bringt eine Beschränkung zwar geringfügige Textausweitungen mit sich, die aber um der Klarheit willen in Kauf genommen werden müssen: auf Parallelbestimmungen in anderen Gesetzen kann, statt durch eine Verweisung, durch einen (zusätzlichen) Hinweis aufmerksam gemacht werden. Im Bereich der Binnenverweisung ist eine weitgehende Abstinenz schwerer zu erreichen, da die Ersetzung der Verweisung durch eine Wiederholung den Gesetzesstoff zu umfangreich werden ließe[33]. Allerdings muß bei den notwendigen Binnenverweisungen mit Nachdruck die Einhaltung der Rechtssicherheitsgrundsätze verlangt werden.

Abschnitt IV.

ZUR BLANKETTSTRAFGESETZGEBUNGSTECHNIK

Der Gesetzgeber sollte den Erlaß von *Blankettstrafgesetzen auf das Notwendigste beschränken*[34], *nach Möglichkeit ganz auf sie verzichten*[35]. Sie werden in der Regel zum Schutz von Rechtsgütern in der Randzone unrechtmäßigen Verhaltens erlassen: die Gebote und Verbote sind von positiv-rechtlicher Regelung abhängig und im Rechtsbewußtsein des Volkes nicht verankert[36]. Die staatliche Autorität wird kaum merklich geschwächt, wenn in diesem Randgebiet „weniger bestraft und geahndet wird"; oft läßt sich die staatliche Ordnungsfunktion durch andere Maßnahmen realisieren.

Bei regional oder lokal begrenztem Strafbedürfnis ist eine überregionale Strafdrohung entbehrlich; auf bundesrechtliche Blankett-

---

[30] *Aymanns*, a.a.O., S. 307 f.
[31] K. *Wolff*, a.a.O., S. 7; *Zitelmann*, a.a.O., S. 16 f.
[32] *Kastner*, a.a.O., S. 554. [33] *Kastner*, a.a.O., S. 549.
[34] *Warda*, a.a.O., S. 10; *Peters-Ossenbühl*, a.a.O., S. 72.
[35] *Neumann*, a.a.O., S. 147 ff.
[36] *Kohlrausch-Lange*, a.a.O., (39./40. Aufl.), S. 143.

normen mit landesrechtlicher oder regional begrenzter Blankettausfüllung sollte zugunsten einer Überlassung der ganzen Materie an den Landesstrafgesetzgeber verzichtet werden[37].

Es verbleibt die weitere Aufgabe, *den Bestand an Blankettstrafgesetzen* auf solche Gesetze hin zu *überprüfen*, die auf Verordnungen, Verwaltungsanordnungen und private Regeln verweisen und verfassungswidrig sind[38].

[37] Zur Kompetenzabgrenzung: BVerfGE 13, 367 (372 f.); *Dreher*, NJW 1952, 1282; G. *Wolff*, DVBl 1962, 662 ff.

[38] Dazu unter B DD IV.

LEITSÄTZE

I. Zur Formenlehre der Verweisung

1. *Verwiesen* wird zur Verkürzung des Gesetzestextes, Entlastung des Gesetzes, Entlastung des Gesetzgebers, zur Anpassung der Verweisungsnorm an das Verweisungsobjekt, zur Heranziehung sachverständiger Kreise und wegen der Unmöglichkeit, den gesamten Rechtsstoff in die Verweisungsnorm selbst aufzunehmen.

2. Die Verweisung *„im weiteren Sinne"* umfaßt den *Hinweis* („unechte", „deklaratorische" Verweisung) und die *„echte Verweisung"* („konstitutive" Verweisung, Verweisung „im engeren Sinne").

   a) Der *Hinweis* schafft keinen rechtlichen Zusammenhang zwischen Verweisungsnorm und Verweisungsobjekt: er erleichtert die Gesetzesanwendung, indem er darauf aufmerksam macht, wo eine ohnehin anwendbare Anordnung zu finden ist.

   b) Die *„echte Verweisung"* ist ein gesetzgebungstechnisches Hilfsmittel, mit dessen Hilfe der Gesetzgeber anordnet, eine ganz oder teilweise unvollständige Rechtsnorm durch eine andere Norm oder den Teil einer anderen Norm zu ergänzen, wobei das Verweisungsobjekt kraft der Verweisung Bestandteil der Verweisungsnorm wird.

3. Die Verweisung kann *stillschweigend* oder *ausdrücklich* erfolgen; sie kann in der *Verweisungsnorm* oder im *Verweisungsobjekt* und in mannigfachen *sprachlichen Formen* vorgenommen werden.

4. Die Verweisungsnorm kann auf eine Vorschrift desselben Gesetzes verweisen (*Binnenverweisung*) oder auf eine außerhalb des Gesetzes aufzufindende Vorschrift (*Außenverweisung*).

5. *Verweisungsobjekt* kann sein: ein Begriff, eine Einzelvorschrift, ein Vorschriftenkomplex, ein Gesetz oder eine Rechtsordnung.

6. Keine echte Verweisung ist der *Vorbehalt* zur Kompetenzabgrenzung, wohl aber der „Vorbehalt" als Form rechtssatzeinschränkender Verweisung zur Kennzeichnung des Regel-Ausnahme-Verhältnisses.

7. Verweisungsnorm und Verweisungsobjekt können derselben Stufe oder verschiedenen Stufen in der *Rangordnung der Rechtsquellen* angehören; Normen können auch auf außernormative Gestaltungen verweisen (Verwaltungsvorschriften, private Gestaltungen).

8. Verweisungsnorm und Verweisungsobjekt können denselben oder einen unterschiedlichen (weiteren oder engeren) *räumlichen*

Geltungsbereich haben. So kann Bundesrecht auf Landesrecht, Landesrecht auf Bundesrecht und Landesrecht auf das Recht anderer Länder verweisen.

9. Verweisungsobjekt kann eine *zur Zeit geltende*, eine *außer Kraft getretene* oder eine *erst später in Kraft tretende* Norm sein.
10. *„Statisch"* wird auf die *gegenwärtige Fassung* des Verweisungsobjektes verwiesen, *„dynamisch"* auf die *jeweilige Fassung*.
11. Die Verweisungsnorm kann das Verweisungsobjekt ohne *inhaltliche Veränderung* oder mit inhaltlicher Veränderung übernehmen.
12. In den Fällen der *Verweisungsanalogie* wird die „entsprechende", „sinngemäße" Anwendung des Verweisungsobjektes angeordnet.
13. *Blankettnormen* sind in besonders großem Umfange unvollständige Verweisungsnormen, deren inhaltliche Ausfüllung staatlichen oder außerstaatlichen Stellen zugewiesen oder überlassen wird.
14. *Blankettstrafgesetze* sind solche Strafgesetze, welche nur die Strafdrohung enthalten, für die Normierung des Tatbestandes jedoch ganz oder teilweise auf die Ausfüllung durch andere Vorschriften verweisen.
15. Die *Blankettausfüllung* kann in formellen Gesetzen, Rechtsverordnungen, Verwaltungsvorschriften, Verfügungen oder nichtstaatlichen Regeln enthalten sein.

II. Zur verfassungsrechtlichen Prüfung der Verweisungstechnik

1. Die *Ermächtigung* überträgt eine Befugnis und verändert die Zuständigkeitsordnung, während die *Verweisung* die Zuständigkeitsordnung unberührt läßt und nur den Wortlaut des Verweisungsobjektes unter Verzicht auf eigene inhaltliche Regelung übernimmt: Ermächtigung ist Machtverleihung, Verweisung Machtanknüpfung.
2. Die *statische* Verweisung begegnet unter den Gesichtspunkten der Gewaltenteilung und des Bundesstaates (bei Verweisungen zwischen Bundes- und Landesrecht) keinen Bedenken.
3. Die *dynamische* Verweisung ist eine verdeckte Form der Übertragung gesetzgebender Gewalt, verändert die Zuständigkeitsordnung und ist daher wegen Verstoßes gegen das *Gewaltenteilungsprinzip* verfassungswidrig; das gilt nicht für dynamische Verweisungen auf Normen, die der Gesetzgeber selbst erlassen hat.

4. Im Zweifelsfalle spricht eine *Vermutung* für die der Verfassung gemäße statische Verweisung, es sei denn, Verweisungsobjekt sei eine Norm desselben Gesetzgebers: dann gilt eine Vermutung zugunsten der dynamischen Verweisung.

5. Da der Wortlaut des Verweisungsobjektes Bestandteil der Verweisungsnorm ist, verlangen die Grundsätze *rechtsstaatlicher Publikation*, daß die Verweisung folgende *drei Mindestanforderungen* erfüllt:

   a) Die *Verweisungsnorm* muß *erkennbar* zum Ausdruck bringen, daß sie die außenstehende Anordnung zu ihrem Bestandteil macht.

   b) Das *Verweisungsobjekt* muß hinreichend *bestimmt bezeichnet* sein.

   c) Das *Verweisungsobjekt* muß in einem für den *Normaddressaten bestimmten amtlichen Verkündungs- oder Bekanntmachungsblatt* veröffentlicht werden.

6. Von den Anforderungen 5 a und 5 b gibt es keine *Ausnahmen;* von der Aufnahme in ein Verkündungsblatt (5 c) kann nur im Falle der *Unmöglichkeit* abgesehen werden. Ist ein Ausnahmefall gegeben (in der Regel nur bei der Verweisung auf Karten und Pläne), so tritt an die Stelle der Verkündung eine *Ersatzverkündung.* Sie erfolgt in der Weise, daß den Normadressaten der Zugang zum Verweisungsobjekt und seine Kenntnisnahme ohne größere Mühe möglich ist.

7. Die *Rechtssicherheit* verlangt *Vollständigkeit, Bestimmtheit* und *Klarheit* der Normen.
   Auch unter diesem Gesichtspunkt ist die *dynamische* Verweisung verfassungswidrig. Besondere Vorsicht muß der Gesetzgeber bei Kettenverweisungen, Verweisungshäufungen und stillschweigenden Verweisungen walten lassen.

8. Bedenken ergeben sich gegen zahlreiche Fälle der *Verweisungsanalogie.* Sie ist unzulässig, wenn der Gesetzgeber die Feststellung der die Analogie rechtfertigenden Rechtsähnlichkeit der Tatbestände oder die konkrete Bezeichnung des rechtsähnlich zu behandelnden Gegenstandes versäumt hat.

9. Eine *Gesetzessanktion ohne Gesetzesdeliberation* ist *demokratiewidrig.* Daher ist die *statische* Verweisung auf Verweisungsobjekte, die dem Plenum nicht im Wortlaut vorgelegen haben, verfassungswidrig; ebenfalls die *dynamische* Verweisung auf Normen, die der Gesetzgeber nicht selbst erlassen hat.

10. Wegen der Verschiebung der *bundesstaatlichen Kompetenzordnung* ist die *dynamische* Verweisung von Bundesrecht auf

Landesrecht, von Landesrecht auf Bundesrecht sowie von Landesrecht auf das Recht anderer Länder verfassungswidrig.

11. *Blankettstrafgesetze* sind gemäß Art. 103 Abs. 2 GG dann verfassungsgemäß, wenn die Grenze der Tatbestandsbestimmtheit durch ein *materielles Gesetz* erreicht wird. Eine Blankettergänzung durch Verordnungen und Satzungen ist zulässig, die Ergänzung durch Verwaltungsanordnungen und Anordnungen Privater dagegen unzulässig.

12. Soweit Blankettstrafgesetze *Freiheitsstrafen androhen,* muß schon das *förmliche Gesetz* tatbestandsbestimmt sein: letzte Einzelheiten können durch Rechtsverordnungen und Satzungen bestimmt werden; die Verweisung auf Verwaltungsanordnungen und Anordnungen Privater ist unzulässig.

III. Richtlinien für die Anwendung der Verweisungstechnik

1. Die Verweisung ist als Gesetzgebungstechnik *nicht grundsätzlich abzulehnen:* sie ist unentbehrlich und vielfach nützlich.

2. Die Verweisung soll der Kürze, Klarheit, Übersichtlichkeit und Verständlichkeit des Rechtsstoffes dienen. Sie darf nicht angewandt werden, wenn sie den Gesetzestext nicht verkürzt. Systembildung und Rechtsvereinheitlichung sind erwünschte Nebenzwecke der Verweisung.

3. Unzulässig ist die Verwendung der Verweisung, soweit sie *anderen als gesetzgebungstechnischen Zwecken* dienen soll. Das gilt insbesondere für die Entlastung des Gesetzgebers durch die Verlagerung von Gesetzgebungsaufgaben.

4. Allein der *Gesetzesredaktor* darf über die Verwendung der Verweisung *entscheiden:* die sachliche Richtigkeit und methodisch und logisch richtige Anordnung der Rechtssätze muß gewährleistet sein.

5. Mit der Verweisung ist *sparsam* umzugehen; jedes Übermaß ist zu vermeiden.

6. Die Gesetzessprache muß einwandfrei deutlich sein. *Oberstes Gebot ist, niemals auf Kosten der Gesetzesklarheit zu verweisen.*

7. Im Zweifel ist der *Wiederholung* der Vorzug vor der Verweisung zu geben.

8. *Blankettstrafgesetze* sollten nach Möglichkeit nicht erlassen werden.

FSC
www.fsc.org
MIX
Papier | Fördert gute Waldnutzung
FSC® C083411

Kolibri 360 GmbH
Ferdinand-Jühlke-Straße 7
99095 Erfurt, Deutschland
produktsicherheit@kolibri360.de